Tomorrow is another day 巻1

あたらしい旅のかたち てくてく日本一人歩きの旅
（千葉～東海道～三重・伊勢　編）

おだ ゆきかつ

はじめに

ＩＴ・デジタル化の世になればなるほど
人は何故かたった独りで
歩く旅に出かけるようになってくる
ＩＴ万能の世に真逆の愚挙
何の足しにもならぬような事に
セッセと精出す人は幸なり
誰にでも出来る事だから　誰もがあと廻しにする
そして　いつの間にか　本当に
追い詰められて　気が付く
かつて

遠くへ行きたい　という歌があった
いい日旅立ち　という歌もあった
自分を縛りつけているものから暫く離れて
いつか大きな一人旅に出てみたい　とは
多くの人が叶わぬ夢でもあるかのように胸に秘めている
やり直しのない自分の人生の中で
思い切ってたった一人の旅に出てみよう　すると
世の中には金に換えられぬ大切な事が　こんなにも
あったか　と気付かされる
生きている意味のようなもの
どうこれから生きてゆこうかの
指針のような力が心に
漲ってくるかも知れない

この本はサラリーマンを50年やって、会社をオサラバしてから始めた男の長〜い紀行文です。

レベルは中学生の修学旅行日記に毛が生えた程度の内容ですが、しかし長〜い。日帰り、一泊二日、二泊三日、三泊四日、四泊五日…といわば「四国お遍路」でいう「区切り打ち」スタイルのようなやり方で「出掛けては疲れ切って帰って来、また出掛ける」の繰り返しを延々とやったものです。

未だ旅の途上にある身ですが、若くはないので何時、何処で不慮の事故にあうかも知れぬ…と思い当たり「全国海岸線一人歩き一周・道半ば過ぎ」ではありますが、この辺でとりあえず文章にして記録に残しておこうと思い至ったものです。この「区切り打ち」の旅のやり方は、これから一念発起して一人旅をしてみようと心を決める方にとって、ささやかながら一つのヒントになるかも知れないなぁ…と。

勝手に想像したりしています。

Tomorrow is another day 巻Ⅰ

あたらしい旅のかたち てくてく日本一人歩きの旅

千葉～東海道～三重・伊勢 編で歩いたところ

番号	都府県	色別
①	千葉	
②	東京・神奈川	
③	静岡	
④	愛知	
⑤	三重	
	茨城	

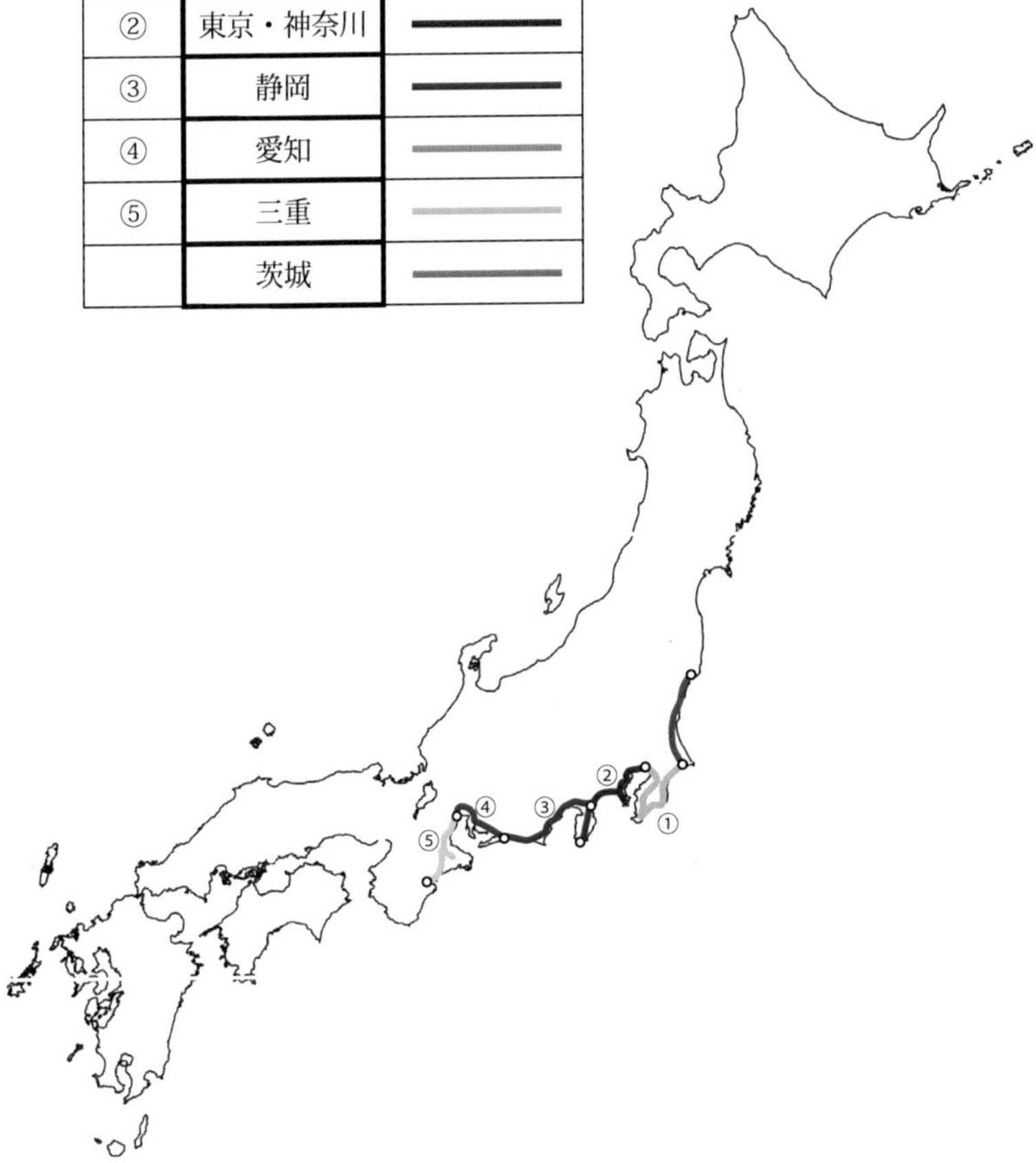

目次

〈東京都〉

〈**静岡県**〉

「てくてく日本・一人歩きの旅、時々山登り」

〈**静岡県**〉

鎌倉・極楽寺・稲村ヶ崎から歩く↓平塚

平成26年4月5日（土）晴れ

七里ヶ浜～腰越え～片瀬海岸東浜～境川～西浜～鵠沼《くげぬま》海岸～引地川～辻堂海岸～海岸出口～ゴルフ場～菱沼海岸～サザンビーチ～漁港～下水道管理センター～相模川（トラスコ湘南大橋）～高浜台～駅南口入口（平塚駅）

海岸歩き約6時間、海岸距離約23km

極楽寺駅 ←

明治37年開業の「江の電」大人気の駅。木製、「関東の駅百選」の一つ。稲村ヶ崎駅方向に下りつつ、手前で海岸へ下りる。ボート遭難慰霊碑を見て♪…「真白き富士の山嶺」…〝恨みは深し七里ヶ浜〟…を思い出した。

稲村ヶ崎 ← 七里ヶ浜 ←

稲村ヶ崎に出た、「江の島越しの富士の夕日」がよろしいとの事。あまりにも広大な砂浜に驚く。白くて広くて、心を解放してくれる。哲学者・西田幾多郎先生の碑あり。駐車場も綺麗に完備。やっぱり湘南はいいなあ。

腰越海岸・漁港 ←

小さな岬のそばに漁港（腰越漁港）あり。湘南海岸に漁港あるのか、フーンと納得。シラスが干してあったよ。なんとトビに注意!!との立札もあり。湘南でシラスといえばココ。10時からの朝市は大人気。売り切れにご注意!

片瀬海岸東浜 ←

腰越海水浴場、東浜とビーチは続き、左に江の島をみながら進む、確かに島だが立派な道路橋でつながり、島全体が巨大な施設のように見える。江の島は幸せなのか。泣いているのか。

境川（片瀬川） ←

江の島にみとれていると、河口の広い境川に出くわした。橋のある上の方に迂回、片瀬漁港あり、しらすやアジのヒラキが干してあり、こちらもトビに注意!!とあった。見上げればいるいる。電柱に、船のマストに。

片瀬西浜 ← 鵠沼《くげぬま》海岸 ← 引地川 ← 辻堂海岸 ← 海浜出口 ← ゴルフ場 ← 菱沼海岸・サザンビーチ ←

海水浴場で、4月初旬、泳いでる人は無論いないが、やはり、あっちにもこっちにも波間にイルカのような黒い点々が見える。サーファーだ。湘南といえばサーファー、さして風は強くないのに外海とあって、ウネリはそれなりにあり、波とたわむれている。

海岸のテラス、サーフビレッジ等、緑もちりばめた海と白浜を出入りするゲートテラス。これらがうまく溶け込むいわばサーフ銀座の風情。

大きな川が、行く手を阻む。裸足で砂浜を歩く心地良さ。浅い川ならジャブジャブ渡ってきたけど。この川では、橋のあるところまで大きく迂回、砂地に足をとられブツブツいいながら辻堂へ。

海岸と並行して走る国道134号線は交通量も多いが、環境が良いせいか、気持ちよさそうに走っています。海に寄り添って広がる公園は、県立辻堂海浜公園といって、なんと約20 haもあるんだって。国道134号線をまたぐ上も〝湘南の森〟と呼ぶらしい。

投げ釣りあり、サーフィンあり、緑の芝生とベンチでくつろいでもよし。

白くて広い砂浜、駐輪場完備、繰り返すけど日本で最も整備されている浜辺だと思う。

国道134号線をはさんで山側に瀟洒な住宅地が一段高みにならび、サーファーも車というよりは自転車で、その服装でやって来て、気楽に波のりをしている。自転車にサイドラックを取り付けて山の手からサンダルで若者が3人来たよ。

さすがに砂浜の流出も進んでいるとみえ、ジンベイザメのような「消波アンド流砂」防止の対策が施されている。浜をバシャバシャさせつつ歩いているが、東海道線でいえば、辻堂駅と茅ヶ崎駅の間あたりかしら。海の中2～3㎞先に島（姥島）か。湘南ビーチには何故か千葉の

← 茅ヶ崎漁港

九十九里浜と同様で砂浜に漁港はあまりフィットしないか。海岸から5～6百米あたりに平島と岩礁あり。ようやく浜に海藻などが波に揺れながら打ち寄せられている。砂浜を限って“茅ヶ崎漁港”がありました。

← 下水道管理センター

ここには参った。長大な砂浜が相模川とぶつかる直前に「下水道管理センター」の大きな施設が立ちふさがった。大迂回をさせられた。それにしても相模川は大きな河だ。特に河口付近は広く、丹沢などから集めた水量だもの。水源地域から「1，000m近い標高差」で落ちてくる。河口に来るまでが緩やかな滝のようなもので、河は基本的に水は淀まない。

← 相模川

湘南大橋を渡って、また速やかに浜に出る。港（平塚新港）となっていた。靴と靴下を脱いでリュックに縛り付け素足になってジャブジャブやり、しばらく行くと駅南口方面への指標あり。国道を越え、今日のビーチ歩きもここで終わりとしようと砂をはたき靴を履いて駅への県道608号線を辿った。

← 高浜台

駅入口交差点から駅南口に向かっては、広く真新らしく整備された、気持ちのよいプロムナードだ。駅南口まで鼻歌まじりで歩いた。

← 平塚駅南口入口

今日一日だいたい湘南の美しい浜を素足で歩いた。そのせいか今、足裏がほてっている。気持ちいい浜のお土産みたいなものです。電車で千葉に帰ります。足うらの水虫退治には、浜のジャブジャブ歩きが効果覿面デス。

← 平塚駅

・房総に生まれ育った私には湘南はまぶしいもの。〝お金持ちは湘南、ハイクラス坊ちゃんは湘南〟日がな一日歩いてみて、さすがに素晴らしい砂浜、品よく整備された海浜プロムナード、住宅地、真に日本を代表するモダンビーチだ。
・このすばらしい砂浜にも浸蝕は日々進んでいる。
・あの3．11を思うと、大津波には万全とはとてもいえない。（高い堤防造ればこの景観は犠牲か）
・岩礁が殆どないので、貝殻、海藻は、見当たらないことに気付く。
・砂浜は、寄するさざ波、引く波にやさしい。だが徐々に粒の大きな砂利風になりつつある。
・終日、遠く伊豆、箱根、丹沢の山波を見、その上に富士の雄姿、美しいロケーションだ。
・無数のサーファーが波とたわむれている景観は平和の象徴、幸せの若者達と目に写ったが…。
・トビ（トンビ・鳶）…羽をひろげると成鳥は１ｍにもなる。カエル・昆虫・ミミズ・屍肉の他、漁港などで魚や干物などさらう。湘南に限らず海岸の行楽客のパンや菓子、果物まで、背後から見事に攫って飛び去って行く。

平塚・ひらつかビーチパーク・袖ヶ浜→小田原まで（相模湾）

平成26年4月24日（木）晴れ

駅南口入口信号から浜へ～花水川（花水川橋）～大磯海岸～漁港～ロングビーチ～プリンスホテル・ゴルフ場～西湘海岸・袖ヶ浦（二の宮）～押切川～国府津～森戸川～西湘バイパス～酒匂川（酒匂橋）～御幸ヶ浜（小田原駅）

海岸歩き5時間30分、約距離22km

平塚駅南口 ← 南口入口(交) ← 袖ヶ浜 ← 花水川(橋) ← 大磯海岸 ←

駅舎を背に南口から県道６０８号で海岸目ざす。国道１３４号交差の駅南口入口信号（交）をつっきって浜に出る。

袖ヶ浜あたり前後、気持ちのよい砂浜、しばしの間だろうけど、早速、靴下を脱ぎ、裸足で歩く。貝殻はなし。海藻も殆ど見かけぬ。歩きやすいよ。

やがて花水川というしゃれた名の川にぶつかり、面倒だけど靴を履き一旦国道１３４号の橋へと迂回する。シブシブ花水川橋をわたり、また、砂浜に戻る。いわゆる大磯海岸海水浴場だ。国道１３４号線は、大磯港手前で、駅方向に向い国道1号線の駅入口交差点で消滅。

この先、国道1号線とその海側、砂浜にのしかかるようにして「国道1号線バイパス＝西湘バイパス」が浜を占領する。

漁港（大磯港）
国道１３４号が砂浜に一旦のしかかって、のち駅方向に上ると間もなく漁港が現れる。砂浜続きの中で漁港？よく見ると岩礁照ヶ崎に依って港を形成しています。昼間だからか閑散としている。魚市場、漁協もある。

港を越えて、気持ちのよい浜辺を、靴を担いで素足で歩く。前方はるか、高ぐもりの中、箱根から伊豆半島にかけて稜線がうっすらと遠く見える。

ロングビーチ
気持ち良い砂浜も、道路がせり出したりして狭くなったり歩きにくい。国道1号線バイパスのインターチェンジが通せんぼ。川に沿って陸にはい上り、橋を渡って、また、浜方向へ戻ろうとしてもＩＣに阻まれた。無理して浜に出ようとしたがダメ。なんと西武の『大磯ロングビーチ』で立ち入り禁止のようだ。仕方なく「ホテルやゴルフ場」の北側を流れる川（葛川）沿いの小道を行く。なおも直進という所で、畑のお百姓さんに「行き止まりだよ」とたしなめられる。それでは…と、少々強引ながら小橋を渡って、西武のテニスコートに続く細い道を行くと、なんとか『ロングビーチ』の北側から浜方向に抜けることができた。

プリンスホテル
ゴルフ場
それにしても日本を代表するビーチの一画が…と西武をうらめしく思う。

西湘海岸
二の宮あたりから国道1号線＝西湘バイパスは、完全に海岸線に張り出して、まるで城壁のようだ。その下を縫って、歩いて行けぬこともなく、玉砂利も出てくる。

二の宮
バイパスの城壁に遠慮しながら浜を歩く、袖ヶ浦というところか。押切川に前途阻まれ、何度目かの陸巻きをする。水量はそれなりにある。また、迂回後、浜に出る。このあたりから、

押切川
遠浅ではなく、ストンと落ちて深くなっているのではないか。投げ釣り人も３～４人見かけた。

← 国府津
← 森戸川
← 西湘バイパス
← 酒匂川（橋）
← 御幸ヶ浜（山王川）
← 小田原駅
←

浜からあがり、国府津駅方向に行くと、すぐ国道1号線だった…と思ったらJR国府津駅だった。このあたり山が海にせり出しており、鉄道も幹線道路も皆、狭い海際に集中している。だからバイパスも海スレスレ!!（バイパスを走る車からすれば海の上を走っている気分か）。

森戸川の橋を渡って、また、性懲りもなくなんとか砂浜に出る。砂利浜?実によく丸くなった大・中・小の砂利のオンパレード。なにか貴重なものを見ているようだ。（こんなに大きな丸い砂利だらけとは…）ジャブジャブは波打ち際はもう深そうで出来ない。浜を進む。

そして相模湾にそそぐ大河、酒匂川だ。相模湖の奥、桂川から流れる相模川程ではないが、こちらは主に西丹沢から発しており、急流もあり、海にそそぐあたりの川幅は広い。橋から山側を俯瞰して見ると、中洲をはさんで幾筋かにわかれた流れがゆったり見える。酒匂橋を渡り、また、しばしで浜に出る。バイパスの城壁、その下を固める武骨なテトラポット。その左側に砂利浜が狭苦しそうにある。

御幸ヶ浜の一角であろうか、浜の景観の破壊という意味では、このバイパスは大罪である。山王川も、橋によって超える。程なく、疲れた身体と足を引きずり国道1号線に上がる。「東海道小田原宿」の外燈あり。駅に至る両側は、小田原としては新しい街らしく悠然として気持ち良い。駅に至るタイル伝いの歩道も幅広かった。

楽しい「てくてく」の一日でした。砂浜歩きは思いの外、足に疲れが残ったか。前回と同じく足裏がジンジンしています。

〈小田原市〉

現在人口は約19万人。これは小田原より東京寄りの、藤沢・平塚・茅ヶ崎の各市よりも少ない。私にとってこれは意外なデータでした。けれども当市は、古来、城下町として、宿場町としての歴史、更には現在でも一大交通の要衝地です。在来東海道線・新幹線停車駅、小田急線、箱根登山鉄道、伊豆箱根鉄道線の発着ターミナル駅です。それに自慢の「3階4層の天守閣」がそびえています。明治維新後の明治3年（1870年）には廃城となったが、天守は昭和35年（1960年）に復元されている。

小田原・御幸ヶ浜　↓熱海温泉貫一・お宮の松

平成26年5月10日（土）雨降らず時々晴れ

御幸ヶ浜～早川～小田原漁港～西湘バイパス～石橋漁港～国道135号に沿って米神漁港～根府川（新白糸橋）～江之浦漁港～岩海岸～真鶴港に寄って～真鶴駅から国道135号に戻る～湯河原海岸～新崎川（吉浜橋）～郷清水～大黒崎～熱海海岸（熱海駅）

海岸沿い歩き6時間30分、約距離25km

小田原駅←

南口に降り、駅前広場（駅広）で身支度をチェックする。「北条氏五代祭」が近いとの様子。急遽、城見学を済ませる事とする。

小田原城←

小田原城、城路出口など、ソソクサと歩を進める。駅舎を背に南口に立ち、東海道線に沿うよう右側（西側）に、歩道をたどると城に着く。マンホールの蓋は、小田原城模様だ。

御幸ヶ浜←

浜の方から上ってきた国道1号線を横切り、浜に出る。のさばる西湘バイパスに目をひそめつつ浜を歩く、サーファーはまばら、投げ釣りの人三々五々？

早川←

「箱根山塊・芦ノ湖」に源流を発する早川。延長粁は短いが、急流が相模湾に流入、浜から一旦上り国道135号の橋で早川を越えた。（いつもこの迂回が堪えます）。

小田原漁港←

漁港に降りる。久々に大きな漁港だ。地域を代表する港である。西湘バイパスが視界に邪魔だが、大きな市場があり、船もチャッカ船あり、中型船多数あり、港の活況を見ると何時も嬉しくなる。浜を歩くと、前面高く山々が迫り、海岸線も細くなりバイパスと砂浜が場所をとり合う。

西湘バイパス←

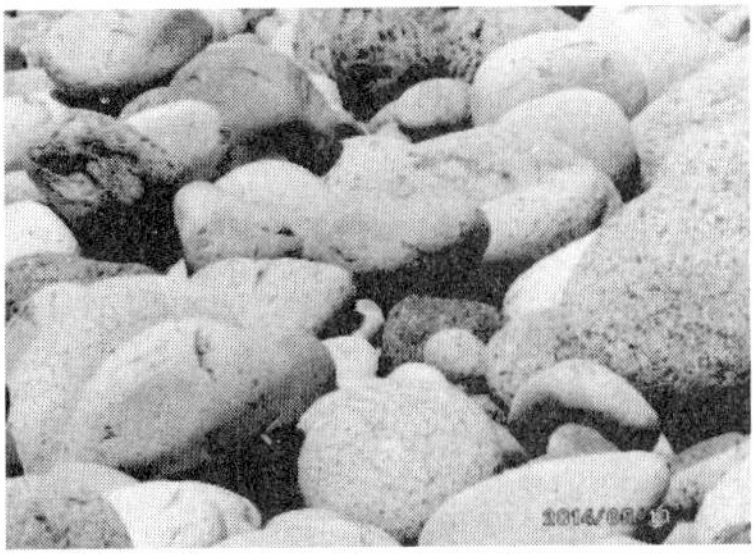

石橋漁港 ← 米神漁港 ← 根府川（新白糸橋）←

砂利浜の石ころの丸いこと、大きいこと、丸い石の海岸はめずらしくはないが、ここの石ころはルイルイと、しかも小もあれば沢庵石サイズもある。いずれも見事に丸い。小から大まで一揃を持ち帰りたくなる。人なつっこい顔をしている。いろんな物にぶつかって丸くなったんだネ。しかし歩きにくい。…石も大変なんだ

西湘バイパスもついに終り石橋ＩＣからは国道１３５号を歩かざるを得ない。この先、石橋・米神と小さな漁港を左下にみながら狭い山裾を歩く。「米神」バス停の手前あたりで右側の山の上に「石橋山古戦場」があると思う。（頼朝公、歴史的大敗の地。）右から落ちてくる急激な山肌が石橋山からのもので、ＪＲもトンネルの連続。国道１３５号は山ヒダをぬってクネクネ、緩やかな上り下りを混じえ乍ら歩く。

江の浦漁港 ← 真鶴料金所 ← 岩海岸 ←

相模湾は、今日は真っ青。岩を洗う白波も所々見える。とにかく右上絶壁、左下は崖、よくもまあこうして幹線道路が出来たものだ。ドライブインもへばりついて点在。観光バスで幾度も通った事あり。まさかここを歩くことになるとは…歩道部分はさすがになんとか歩けるだけある。時々、ススキなどが覆いかぶさり、車は行き交い気の抜けぬ事甚だしい。ドライブインの自販機ジュースで一息入れる。折々松の大木が倒れず斜めに根張っておりその木や枝の間から紺碧の海等、眺望はすばらしい国道１３５号線。地形（崖）に沿っ

真鶴港・駅前←
湯河原海岸←
新崎川（吉浜橋）←
郷清水←
大黒崎←
熱海海岸←
熱海駅←

ているので大汗をかきかき頑張る。このルートは長くてしんどい。『天下の剣』とはよくいった。往時から東海道（国道1号線）は、箱根の山を越えるしかなかった。熱海、伊豆へは崖沿いに国道135号ルートで通じるしかなかった。根府川、真鶴、湯河原と夫々わずかの平地に設けられた駅。みかん山を背負って押し潰されそうにも見える。湯河原は、標高600～700m級の山ひだ斜面に、よくもまあこんなにホテルを建てたものだ。温泉の力は凄い!!有料老人施設も温泉付、医者付で人気だそうだ。私の同級生（女性）も、この辺のどこかに入所しているはずだ。山の斜面に「みかん畑」を潰してホテル、マンションが林立、今度は熱海ビーチラインだ。渋滞の解消策としてどうしても造らざるを得なかった。がしかし、場所によっては崖から海に突き出して走っているようにも見えるぜ。50年、100年の大地震でも大丈夫なのかしら。

大黒崎は国道135号でもない旧道を歩く。頭上にビーチラインがのしかかっているみたい。舗装が残っており充分歩けるが大きな岩や木が道に崩れはみ出していた。忘れられつつあるルートだ。サイクリングの青年とすれ違う。海の中にポッカリ浮かぶ初島が少しずつ大きくなるのを楽しみに、汗をたらし舗装の上り坂を越え、廻り込み下りにかかると、やっと熱海のホテル群が視界に入ってきた。とにもかくにも「お宮の松」に辿りついて、放心状態。コンビニビールで一人乾杯!!しかし気を許したのは少し早かった。JR熱海駅への上り坂で、フーフーハァハァともう一汗かかされた。

◎毎回そうだけど、今回もへばったなぁ。浜歩きから行く手を張り出した崖に遮られ、国道135号線歩きが長かった。海に落ち込む断崖を削った貴重な道…交通量も多く大変だった。そんな崖を削って温泉ホテル、保養所、別荘のおびただしいこと。海上近くから見たらさぞかし白亜のビルが山の斜面に林立する様はヨーロッパ風の景観だろうか!東西往来としての箱根路、足柄路、そして幕末期の下田往来。そして1934年(昭和9年)の丹那トンネル開通。…と立ちはだかる箱根連山貫通に至るまでどんなドラマが繰り返されたのか更に勉強したいなぁ…と思った。

◎小田原から真鶴・湯河原・熱海へと絶壁沿いの国道一号線や市道など拾うように歩いてきた今日のルート。眼下の海は白波をたて飽くまでも蒼く景勝の連続であった。フト汗を拭いつつ歩を止め右肩上を仰げば断崖は険しくとても稜線までは見えず更に進めば、ミカン畑・別荘・マンション・ホテルなど斜面にどうやって切り開いたのか巧に点在している。緑とミカンの橙それに白い別荘など繁栄を象徴する景観…。けれども大丈夫なんだろうか。想定外、異常気象もいわれる中、新幹線・東海道線・高速道路・国道そして住む人々は未来永劫安全だと楽観していても良いのだろうか…。

静岡県　伊豆半島ウォーク①　熱海→伊東

平成26年5月31日（土）晴れ

お宮の松〜後楽園〜ニューアカオ〜熱海城〜赤根崎〜長浜親水緑地〜小山臨海公園〜大縄海水浴場〜水神川〜網代温泉（網代駅）〜網代漁港〜長谷寺〜トンネル（お石ヶ沢新宇見）〜留田浜公園〜島川〜宇佐見駅入口〜海水浴場〜サンハトヤ〜しおさい広場〜伊東マリンタウン〜伊東海岸〜伊東駅

歩き5時間30分、約22km　30℃暑い、断崖絶壁など

熱海駅
↓
お宮の松
↓
後楽園釣り堤防
↓
ニューアカオ
↓

ＪＲ熱海駅舎を背にして右に伸びる「温泉地」「名店街」を下り気味に進む。うわさでは「熱海は温泉地として、過去の栄光から取り残され斜陽の中に在る」…との先入観あるも、来てみてぬぐえない面もソコカシコにあるものの、再生の途をそれなりに歩んでいるかにみえた。頑張ろうぜ湯の街熱海。

急坂を下り、国道を突っ切り、お宮の松の前に立つ。遊歩道を進む。親水公園、糸川、初川、和田川の小さな橋を越え、きれいに整備されたプロムナードを行く。左50〜１００ｍあたりの海に、防波堤・テトラを見る。国道１３５号にもどり熱海港を廻り込む。浄水センターまで進むと、港をかこむ堤防となる。海釣り公園で大勢の釣り人が楽しんでいた。後楽園施設をまわり込み、海沿いに行けるところまで挑戦したが行き止まり、５００ｍ程引き返す。なんと国道１３５号まで戻り、道なりに高巻きし、錦ヶ浦トンネル（歩道）を二つくぐり抜ける。抜けて、左下を見ると絶壁が海に落ちている。後ろを振り返り、仰ぎ見ると白亜のホテルのその左下に熱海城の天守閣が光っていた。この崖が、かつて『自殺の名所』といわれた場所

<ホテル・ニューアカオあたり>

熱海城 ← 赤根崎 ←

かしら（錦ケ浦）。曲がりくねりつつ歩を進めると、崖にくっ付くようにホテルあり。庭園あり。特に「ホテル・ニューアカオ・ハーブアンドローズガーデン」は気持ち良い。崖沿いの歩道は、いつかローズプロムナードとなり、ツルバラはじめ春のバラのオンパレード「タイルの歩道、バラの花」厳しい地形に、よくここまでと感心する。左、崖下に時折、狭い砂浜も見える。更にトンネルを超える。歩行者用には万全とはいえぬが、この地形、お互いさまか。なおも崖沿いの道を頑張ると、前方に大きく開けてきた。

長浜親水緑地 ←

上多賀から下多賀あたり久しぶりの砂浜（長浜）、2ケ所川を越える。先程、大分前から左手に初島が見え、グングン近くなって来、島全体がホテルのような景観。アイランドリゾートというらしい。大縄海水浴場ビーチ、手前が臨海公園、テニスもゲートボールも出来、マリンタワーもあるゾーン。水神川を越えるあたり、左側の浜は網代漁港となり小型船中心の港、魚市場、漁協の建物もある。

← 小山臨海公園 ← 水神川 ← 網代温泉 ← 網代漁港 ← 新網代などのトンネル群 ← 留田浜公園 ← 島川 ← 宇佐見駅入口 ← 海水浴場 ← サンハトヤ ←

国道沿いのホテル、旅館街も右手に見つつ、（右前方に張り出した網代半島ともいうべきか）大まわりをする。旧道あるところは、旧道を進む。左下は、またもや断崖。国道１３５号線もつらそうな地形をぬって進む。朝日山から張り出した屏風岩を越えているのだ。景観は凄いというより恐いようなところ。初島に最も近い地点かと思う。行き来する船もみえその航跡が白いスジに波立っている。今までの私は、こうした所を、社用車や観光バスなどで、景色を楽しみながらも、或いは猫の額ほどの地形にできたドライブインなどに立ち寄りつつ、楽な旅をしたものだ。今こうして、一人で足で歩く旅をしていると、「この地形にしてこの道路!!」先人達の途方もない苦労が、実に身にしみてくる。国道のトンネルをはなれ、残っている旧道をまわる。こちらにもトンネルはあるが、車は全く通らず、ウス気味悪いぐらい。サイクリングの青年一人とすれ違った。景観のすばらしさを思うと、もっとゆっくり行こうよ！と疾走していく青年に声掛けしたくなる。

クネクネ辛抱づよく、廻り込むと大きなおだやかな浜とホテルなどのビルがみえてきた。どうやら宇佐見エリアだ。

島川を越え、スカイライン入口を右に見て開けた砂浜を行く。宇佐見海水浴場を左に見て国道を行く。更に２㎞内外進むと、前方に大きなホテルが近づく。

疲れてきたなあ。砂浜におり、ポットから氷水を飲む。持参してきたリンゴをかじる。汗はビッショリ。ぬれて乾いてまたぬれて…。サンハトヤホテルだ。「子供がカツオを両手で抱きかかえるコマーシャル」のホテルかなあ。

このホテルをやわらかく廻り込むように進む。道路がダブルとなり、右側を電車が走り抜けていった。狭い地形に併行してひしめき合う。一方、海側は、埋め立てて、開発したらしく、

しおさい広場

↓

伊東マリンタウン

↓

伊東海岸

↓

伊東駅

ホテルにつづいてしおさい広場。潮のかおり、そして更にいよいよ伊東か。オーシャンバザールなど諸施設の大きな人工ゾーン＝道の駅・伊東マリンタウンとなっている。湾曲した砂浜、そびえたるホテル群がグングン近くなる。観光遊覧船発着所ソバで、先が見えたぜ。今日は伊東どまりだ。ビジネスホテルも予約済みだ。テトラポットにコンクリートの護岸、湾の北側は、侵蝕も一段と激しいらしい。

国道１３５号線も「湯川」まで来ると沖50～１００ｍどころの護岸堤防・テトラに守られた「伊東オレンジビーチ」となった。サーファーがあっちに10人。むこうに10人とプカプカ浮かんでいる。伊東港のそばまで行って駅方向にひきかえす。伊東港は長い堤防に囲まれ、観光桟橋、漁港、漁協もあった。伊東駅まで戻り、予め知らされていた道順で小さなビジネスホテルに入館となった。

さあ、まずはシャワーで汗を流そう。

◎熱海から網代、宇佐見、伊東と知る人ぞ知る！の「海と温泉」を海沿いに歩いてきた。天気もよかったので途中、30℃になったと思う。伊東着は15：30は過ぎていたが、陽はまだ高く、海辺で30分ほどボンヤリ過ごした。忘れぬうちに…とメモ帳にも鉛筆を走らせた。汗と気持ちが落ち着いてくると忘れていた食欲がわいてくる。…「空腹を覚えたら…腹が減ったら食べる」…この循環の大切さを「てくてく歩き」で思い知らされている。普段、空腹も覚えぬのに昼だから、夜だから…と如何に栄養を取り過ぎてきたことかしら。お腹がペコペコならなんでもおいしい。

九十九里ウォーク①　成東↓横芝

平成26年4月29日（火）晴れ　昭和の日

成東駅から歩く～広域農道～県道～本須賀海岸～白旗～木戸～橋本食堂～蓮沼海岸～栗山川手前～横芝光町～横芝駅まで

成東駅～海岸　8.5km
海岸歩き　8.5km
海岸～横芝駅　7.5km
海岸線と駅への往復同程度か　計約24km強
歩行時間6時間、9：00～15：00

○はじめに

50年をも勤めた会社員人生を70才過ぎでリタイアした。それからの人生をどうしようか…と。さして迷うこともなく（70才になる前から心に温めていたこと）〝私の人生での最大の旅〟をしよう。それもタイトル（旗印）を掲げようとし「てくてく日本、一人歩きの旅」を標榜することとしました。この「弓なりの長大な日本」のどこから歩くか。やはり私の故郷・千葉県からだろうと思い、それも日本最大級の砂浜九十九里浜から…と思い至りました。これまで趣味でしてきた登山よりは「楽で安全だろう」とは思いしも、幾回も1人で歩き続けるとはどんなものなのだろう。…ま、こうして私の「全国を巡礼するような感謝の旅」は、平成26年のゴールデンウイークから始まりました。

JR成東駅←

今日は意気込みもあるので、JR成東駅から、すぐ歩くことにしました。確か、成東海岸まで5㎞位あるかと思いきや、おっとどっこい約8.5㎞もありました。（畑↓たんぼ↓集落↓畑↓集落↓海）

県道121号線本須賀←本須賀海岸入口（交）←九十九里浜（本須賀海岸）（成東海岸）←白旗納屋←木戸川←橋本食堂←

一汗二汗かいて成東本須賀海岸に立つ。広大無辺、前は太平洋、左を見ても右を見ても霧たなびいて見えなくなる程、砂浜、浜、浜…砂にうもれそうな舗装の遊歩道を海に沿って左へ（銚子方面）進む。すぐに波うち際を歩く。しめった砂は固くしまり、足跡がつくも、もぐらない。実に快適、点々と霧の中に人影が見える。遠浅とみえて、相当海に入り込んだゴム合羽のオッサンが、いかつい熊手のようなもので海底から砂ごとさらっていく。ハマグリを探っているのだ。波うち際には近隣の人らしい女性も見える。「ハマグリ等貝禁漁！」との看板も多い。ゴム合羽のオッサン達は本職なのだろう。その他浅瀬で遊ぶように採っている人は、違反かもしれぬが地元のオカミサンなのだろう。貝とる人々と、入り乱れた部分もあるが、その先の波間にやはりサーファーは多い。波間に頭を出している…アザラシの群のようにも見える。砂浜の駐車場には直《じか》にワンボックスカーが乗り入れ、十数台ならんでいる。

成東海岸～白旗納屋を木戸川へと、ただただ広い遠浅の浜を行く。木戸川は渡れず、陸巻きをする。橋のたもとに橋本食堂…ここは、〝あの3．11〟で木戸川は津波であふれ食堂建物も大被害にあったと聞いた。地元の人なら知る人ぞ知る！のウナギのおいしい店。私も2～3度は来ている。あった！あった！。仮設店舗でしたが、暖簾をくぐると、昼時とあって奥に7～8人はおりました。ウナ丼1，800円を食しました。木戸川や、作田川にしかけたヤナのようなもので獲ったウナギでは？……という人あり、よかった、よかった。そうした目で浜を歩いて行くと、砂浜と住宅地域とを別ける緩衝の土手や防潮林について、浜沿い、至る所で改修工事が施されていた。

蓮沼西浜
←
蓮沼海岸
←
蓮沼海岸公園
←
栗山川手前
←

蓮沼に入り砂浜の山側（左側）は細長い大きな海浜公園（蓮沼海岸公園）だ。延々３㎞以上もある。蓮という名がよくある地区です（県道30号線ビーチラインを歩くと、忘れられたような田んぼで、蓮の花が満開だったな）。海で腰までつかって、ゴム長靴でハマグリ採りをするのが亭主でそのオクサンかなあ。数人のオバサンが浅瀬で足と腰を使って貝とりをしていた。聞いてみると「…浅瀬はネ、チョンスケといって、朝鮮ハマグリだよ！」と小ぶりのシマシマの入った10ヶ程の収穫をみせてくれた。

貝とり漁師等から目を離し、前方を見ると、砂浜で数台の車が何やら角をつき合わせるように停まって、その周りを6～7人の人が居る。なんだろう、更に近づいてみると、若者のランドクルーザーが砂にはまってタイヤをとられ、エンジンかけようにも脱出できないでいた。これを友情出演の、近くに居た人たちが助け舟を出しているのだが出られない。上げ潮に入りつつあり心配顔の若者。頼みのＪＡＦ到着には30～40分はかかるそうだ。心残りだが、私も30分程道草をしているので、その場を去らざるを得なかった。その後無事に脱出できただろうか。

広大な砂浜は、白馬にまたがった散歩者もおれば、車で波うち際を走って楽しむ者、それにハマグリ採りやサーファーも多く、結構、浜には車も停まっている。何しろ広大すぎて5台や10台の車が点にしかみえぬし、ハマグリとりもサーファーも、イルカが波間で遊んでいるのかしら…程度にしかみえない。

水路を引込んだ蓮沼公園も尽きる頃、栗山川の手前から浜を離れた。

←屋形、開場
←横芝光町
←横芝駅

今日の海岸歩きは「オライ蓮沼ビル」までとし、県道78号線を辿って横芝光町の「よこしば駅」に一直線で向う。「成東駅から成東海岸間」と同じく、横に長～い九十九里平野とでもいうべき田や畑や点々とする集落をぬって、途中コンビニで缶ビールをのんで体のエンジンをふかし、元気をつけて７㎞以上あった単調な道を粘り強く歩いて駅についた。駅広は整備され広いものの、ジュースの自販機以外、なにもない。さみしい駅でした。もはや、駅から４００～５００ｍ離れた街道方面にしか商店街はなかった。またしても、ベイシア、カインズ、イオンとコンビニに駅前商店街は負けてしまったようだ。

○２０１１年３月11日発生の大震災、確か「福島・宮城中心の災害」と思いしが、この九十九里一帯でも津波による大被害の傷跡…３年以上経った今もまだまだ生々しい。まさに〝東日本〟の大災害だったのだ。

○悠久の九十九里浜も裸足でピチャピチャ歩いていると、広大だったり、狭まったり、幾本もの小川が流れ込んだり、自然の営みのとてつもない大きさに身震いするような感覚に襲われます。

〝陸の話を砂が、海の話をさざ波が、優しい姿で語り合っている九十九里の浜。〟

〈見て！この広大な砂浜〉

九十九里ウォーク② 横芝↓旭

平成26年6月16日（月）概ね晴れ　風強し

コミバス～（海岸そばの）看護施設マンション前～栗山川河口・漁港～国民宿舎望洋荘前～消波テトラ出現～九十九里温泉「かんぽの宿」～グランドパターゴルフ場～矢指ヶ浦温泉看板から海岸離れ～旭駅まで
9：30歩き出し　15：00すぎ旭駅　訳25㎞　5時間30分

（JR総武本線）横芝駅 ← コミバス ← 養護マンション前・南川岸♀ ← 栗山川河口（マリンピア） ← 栗山川漁港 ←

前回「駅～浜」は歩いたが今回は9：00すぎ、駅前からミニバスに乗り、蓮沼公園の東の端、バス停「南川岸」で降りる。前回（4／29）比45分も節約。ここから歩き出す。小さな川をわたり浜近くの屋形海岸バス停をすぎ、右側にマリンピアという観光施設だか漁港だかわからぬ『よさそうな施設』を見て、突き当たった栗山川を陸巻きし、屋形橋をわたる。渡った橋のたもとに「ポケットパーク」があり、そこで半そで、単パンにはきかえ、気合いを入れる。（県境の利根川や江戸川を除けば大きな川の無い）千葉県内でも栗山川は大きな流域をもち、身をのり出してのぞくと、大きな鯉が悠然と泳いでおり、また、ごく河口付近では、ボラが何が嬉しいのかハネていた。

そして、浜に下りる。目に入ってくるのは、相変わらずの広大な浜と海。貝とりとサーファー…寄せては返す波。遠浅の浜砂は足に優しく、大きく、小さく、うすく、厚く寄せては引いて行くを果てしなく続けている。砂、海水、小さな蟹、貝が一つのリズムで流されたり、潜ったりして唱っているかのようだ。ハダシの足に実に心地よく、浜に入るのをためらうようにひとしきり岸近くで水溜まりを造ってから流込んでくる小さな川ならジャブジャブ渡ってし

←砂浜護岸工事←消波テトラ←防潮土地修復工事←国民宿舎望洋荘←新川←かんぽの宿（旭）←

まう。遠くの方の陸地側にノッポの大きなビルがかすんでいる。

大布川、新堀川らしき小川を越え、堀川浜、今泉浜と進む。左側一帯は護岸の改修工事。延々と続く堰堤と覚しき斜面に草付きをつくり、その上に急斜面には枯れた細い竹をおびただしい数量で立て、防風・防砂していく。その「土手地」を超えると一段下るが、植林帯となって、恐らく一帯は3．11の津波で奥深く大被害を受けたのだろう。見ているだけだと、気の遠くなるような地味な改修だ。頭が知らず知らず下ります。

砂浜が狭まり、ついに無くなるあたりから、完全なコンクリートによる緩やかな斜面を成す防潮堤となった。わずかな浜と緩やかなコンクリートの防潮堤、それにテトラポット…。この波が寄せるテトラ群に2人ばかり漁師が何か採っている。

水中眼鏡をかけ、腰まで水につかり…どうやらカキをはがして採っているようだ。そういえば、海の家の看板に「名物磯ガキ」とあったっけ。砂浜消えて、テトラ・テトラに貝がら付着して磯カキ…何か痛ましいようなたくましく励まされるような感に打たれた。『国民宿舎望洋荘』という建物でした。〝ノッポのビル〟とはこれだったか。

さしもの、広い所では、幅100m余もある九十九里浜も、弓なりのカーブがやや強く、このあたり、これから飯岡方面にかけ、3．11津波の被害が一番大きかったエリアのようだ。土手も植林帯もこえ住宅地まで襲ったのだから。新川は陸巻して新川大橋で越え、また浜に出る。脱いだり履いたり煩わしいぜ！

コンクリートの緩斜面とテトラ、時々現れる砂浜。旭の「かんぽの宿」は約10階建てでもあろうか、肌色の巨大なホテルだった。廻り込んで玄関側に出ると、この3日間は休業だとい

← 足川浜♨（矢指ヶ浦温泉）
← 県道35号線
← 文化会館
← 旭駅（総武本線）

う。閑散としており誰もおらず、だが、歩を道沿いへ進めると、周辺には「旭パーク・パターゴルフ場」があり、車で来られた周辺のオバサンオジサンなどが多勢、楽しんでおられた。中谷里浜には看板があり「旭市中谷里浜保安林」と題し、地元豊畑小3、4年生徒と先生によるクロマツ352本の植樹が行われた（平成24／2）旨、書かれていた。

さて楽しかった今日の「てくてく」歩きもそろそろ店仕舞いとすべく矢指ヶ浦温泉の看板のところから、旭駅に向かう。4㎞弱とみて、元気を絞り出して歩く。午後の容赦なき陽射しは強く負けそう。2股別れのコンビニでへたり込んで一息入れたあと、立派な文化会館を左に見て、さびれ果てた旭銀座を嘆きつつ、遠近に見えるイオンや量販店のケバケバしい色を恨めしく眺めつつ駅広につく。ソバを食べよう、メシを食うにも、コンビニに寄ろうにも、駅前には一軒もなく、名門旭の表玄関の落ち目を実感した。

〝横芝も旭も好きさ
　駅前に何も無くても…
　　いつかきっと。
　　　どっこい生きていると〟

〈防潮土手とそれに続く植樹帯（海は手前）〉

九十九里ウォーク③　旭→銚子

平成26年6月19日（木）晴れ

コミバス〜椎名内（温泉前）♀〜西足洗《あしあらい》〜東足洗〜三川浜〜飯岡海岸〜飯岡港〜刑部岬〜国道１２０号線〜銚子駅

歩行　8：50〜16：00　7時間10分　約25km

旭駅 ← コミバス（コミュニティバス）← 千潟駅近く ← 温泉前♀ ← 九十九里ビーチライン ←

今朝は予め乗合バス時刻を調べてきたので、8：00過ぎ、海岸方面行ミニバスに乗車。ところが隣駅の千潟駅の方までグルグル廻り、集落をぬって走る。都合なんと50分も乗車してしまった。しかし人口減で、商業ベースの民間バスは撤退。沿線にお年寄りは4人に1人となり、医者に買い物に…と、どうしても公共交通は不可欠…ということで生まれたコミバスだろう。もとより、採算は合わぬ、割切って、水道やガスと同じインフラとの見方だ。したがって、一過性の訪問者の利便というのは、マア、二の次でやむを得ない。地元のお年寄りや車を運転しない住民の利用が多く、若い娘さんもそれなりに利用。

なんとか温泉前♀で下車し、海岸方面に歩き、車道で橋を渡り右折して、矢指ケ浦海岸に出る。砂浜に立つと、左、行手はるか前方に小高い段丘が海に突き出ている。あれが九十九里浜のはずれ刑部岬だろう。砂浜は、幅、

（修復されつつある防潮堤）

テトラ → サーフィン → 飯岡海岸 → ワンボックスカーの大群 →

40~50ｍといったところ。3．11の津波被害の修復工事あちらでもこちらでも。西足洗、東足洗、海岸遊歩道も立派なアスファルト道です。その左は防潮の土手、斜面に根を張る草を、一面に植え、更にその上の斜面におびただしい枯れた笹をたてている。土手の反対側（居住地域）には、広大な植林（松やトベラの幼木）帯、基本的には手間暇のかかる忍耐作業だ。

一方、砂浜は相当狭まってきているがまだそれなりに健在。海中50~100ｍ程のところにテトラの壁。延々と、「テトラ・空間・テトラ」。空間には海水がドッと入り込む。そこは、サーファーの活躍するところ。〝テトラとサーファー〟なんとか共存関係にも見える。砂の流出を少しでも減らそうとまた、波の勢いを和らげようとの考えで、波打ち際に一定間隔で消波ブロック。ブロックの切れたところは100ｍも空いているか、そこが寄せる波と砂浜を結ぶサーファーのメッカ。な～るほどうまく適応したな…。

進むにつれ何ヶ所もサーファーであふれた砂浜とブロックが交互。飯岡海岸を中心に、ズラリと海岸線に並んだワンボックスカーの駐車の列、なんと数百台もあるのではないか、今日は平日だよ！車は駐車スタイルとして一様に海に後を向け、うしろドアをはね上げている。セダンでは駄目なのだ。若者が、どうして大きなボックスタイプに乗るのか、それはファミリーで出かける為や、サーフィンやバーベキューをやる一切の道具を積み込む為なのだ。低所得のフリーターなどでは購入費も維持費も大変だろうと余計な心配する。（太東港からずっと見てきたが、）今日の飯岡海岸のサーファー数は、1番のようにも思えた。昔のイワシのキンチャク船や地引網の姿はみえず。さて、ついに、砂浜を歩き、尽きたるところ、そこは飯岡の集落だった。

飯岡港
↓
刑部岬
刑部灯台
（飯岡灯台）
↓
沖縄・飯岡記念碑
↓
ベランダのあるレストラン
↓
国道126号
（常世田薬師）
↓
常橙寺
↓
銚子大橋前（交）
↓
JR銚子駅

食彩の宿・飯岡・飯岡温泉（※旧国民宿舎「食彩の宿いいおか荘」）は、「大震災津波以降、営業中止中で、運営事業者公募中」です。の看板を見つつ、陸に上り切ると飯岡漁港だった。鼻をチョン切られた象の巨体のような刑部岬の根元にへばりつくように深く、四角に切った港、100隻あまり係留していたか。昼間のこと故、舟の出入りもなく静かそのもので良き港だが、港構内のそこかしこに、水ハケの悪い草むらが（水溜り）があり、ヤケに異臭をはなっていた。どこから刑部岬に上るのかな？一旦、国道126号まではい上り、バイパス東（交）から右手の小山のうえを目指し、広い舗装道路の登り坂を行く。10分足らずで突端へ。絶景かな絶景かな！越し方、西方をはるか見渡せるではないか。はるけくも歩いてきたものか、眼下に先程まで居た漁港そして飯岡の街。灯台に至る手前、道路沿いにあるベランダのある気持ち良さそうなレストランで昼食「イワシ丼とビール」うましうまし。1，180円は安いぜ！印象に残る美味しさでした。

「刑部岬展望台、飯岡灯台」を満喫し、一路国道126号（交）にもどり、そこから国道を歩き、ひたすら銚子を目指す。緩やかな上り坂、下り坂、キャベツ畑、落花生畑を左右に見て、排気ガスに負けぬよう歩く。やがて、タイヤ館、カインズ、イオンの大きな建物と看板を見て、なおも進み、JRの踏切を越え、国道356号線との十字路（銚子駅前（交））を右折、更に進み駅前（交）を右に行くとJR銚子駅だった。

汗にまみれた上半身は、駅待合室の隅っこで着替え、売店でビールとおつまみをゲットし、17：00前の特急にのり、千葉迄帰った。車窓から見る夕陽が燃えるように真っ赤っ赤でした。

○飯岡助五郎の墓○

飯岡港から国道126号線に這い上がった「バイパス東入口（交）」を左に数百m行くと、「光台寺」という寺がある。もともと江戸の桜田(千代田区)にあった寺を江戸城拡張のため、この地飯岡に移転したものという。境内墓地に「天保水滸伝」で有名な飯岡助五郎の墓がある。講談の中では〝遊侠渡世の悪役〟とされているが、その一方で土地の網元として漁業経営を行い、港の護岸工事に尽力している。(千葉県の歴史散歩)

九十九里ウォーク④　成東↓入山津

平成26年7月2日（水）くもり

バス～成東海岸～作田川～片貝漁港～自動車道～不動堂～サンライズ九十九里（国民宿舎）～真亀川～白里中央海水浴場～堀川～剃金～国民宿舎～中里宿～入山津～一本松～バス茂原駅
歩行　9：30歩き出し～15：30　6時間　約25km

成東駅（バス）
←
井之内
←
作田海岸（片貝・豊海）
←
片貝漁港
←
九十九里有料道路
←

4月29日の時は、成東駅から県道121号線沿いに白旗、本須賀と成東海岸まで、汗を流し歩いた。今回はバス時刻を確認し、コミュニティバス利用で海岸まで行く。但しバスは1本手前を本須賀から左折してしまい、泡を食って「井之内」で降り、そこから井之内浜へ下り、県道30号線にぶつかり右折し、成東海岸バス停へ着く。そして更に伊藤左千夫の歌碑のある本須賀海岸に出た。

この辺りの砂浜は広い。この幅１００ｍはあろうかという広大無辺の砂浜は、波打ちをランドクルーザーだって走るし、白馬にまたがり観光も出来るよ。早速、靴・靴下を脱ぎ身も心も解放した。

〝思い出の九十九里浜〟（♪）を口ずさんで、ハダシで作田海岸をジャブジャブ。作田川で遮られ、一旦くつをはき橋のとこまで戻る。広い流域だ。この河口の一角を削り片貝漁港がある。砂浜の海岸でどうやって港を造ってきたか、（或いは昔の人はどんな所を船の発着場としてきたのか）興味は深い。昔からイワシ漁の一大基地だったと聞くが、（作田川河口と流入してきた海水域を、港のベースとしたか）。

広い港内をほっつき歩きつつ、県道30号線（ビーチライン）をはずれて浜を歩く。片貝海岸から県道30号線と併行するように海側に（有料道路）九十九里道路がはじまる。

←（波乗り道路）
不動堂ＩＣ←
真亀川（橋）←
白里中央海水浴場←
北四天木←
南四天木←

今日も地元の漁師が腰まで海水に浸かって、道具を使って、また波打ちの浅瀬では近所の主婦達が夫々足をもぞもぞさせ、ハマグリを採っている。上ってきた漁師のカゴには、大きなハマグリが沢山とれていました。遠浅の海で実に明朗・シンプルな作業、うちよせる波、ひく波、と一日中、戯れていられそう。不動堂、豊海…などの手製立て札をみながら、貝がらがないな！海藻がないな！などと思いつつジャブジャブ。前方に大きな建物＝サンライズ・ホテルがみえて近づく。そして真亀川に出くわし、また、靴をはき陸へ少し行き橋を渡った。途中、右手の有料道路そばに、船が陸にあがったままの建物＝この近くでは知られた「いさりび食堂」があった。幾度か来たことあり。何といっても、ハマグリを囲炉裏で焼いて食べるあのおいしさを思い出す。他にアワビの踊り食いもあったが、イワシづくし（天ぷら、塩焼き、酔いもの）も絶品だった。とにかく九十九里といったらイワシだったのだ。

大網白里市域に入る。１～２ケ所、浜の波うち際に10ｍ四方ぐらいのコンクリートで固め、鉄柵、金網で囲った堅固な施設が波に洗われながら、ありました。２片の立て札の文字が読めず、何なのかな？右手の土地に上ってみると、いわゆる住宅地と海との緩衝地帯を成す植林地域が幅１００ｍ以上ベルト状に延々と続く。松はなぜか、或る程度背高はあるが、一様にヒョロヒョロで貧相。そして新たに植えられた松の若木もおびただしい。これ程、広ければ枯れる松はあっても「後からの松も成長し、結果として20年も経てば立派な松林となる…という作戦かしら。」強い砂嵐や潮風に耐えつつも緑のグリーンベルトを実現させる困難さを思います。

堀川 ←
牛込内屋 ←
剃金海岸 ←
南白亀川 ←
白子温泉 ←
国民宿舎 ←
白子荘 ←
自転車道路 ←
県道30号線 ←
入山津 ←
一松海岸入口 ←
（バス）
茂原駅

南四天木、剃金海岸、ドンドン、ドンドン歩く。たしか真亀川があって、それより広い南白亀川があった。九十九里平原のような平地にこんな流域の広い川、むしろ一気に海に流れ込む事が出来ず、たまってしまう…なんて事があるようです。入江、汐溜り、沼地のようなものが河の流域に多いなあ。そして浜にはサーファーも多い。広い浜、大きなウネリにのり浮いたり沈んだり実に楽しそう。九十九里浜を代表する風物詩だ。

海岸線を山側に目を転ずると、遠く右前方に先程からビル群がみえている。あんな所にあんなに大きなビルがあったかなあ…茂原市街としたら近すぎる!!

どんどん近づくにつれ、土手に上り、地図を見ると、白子町のホテル群だ。テニス民宿等で賑わっている事は承知していたが、こんなに旅館、ホテルがあるとは思わなかった。但し一時のブームが去り来客は減っているらしい。

県道30号線（九十九里ビーチライン）に上り、よりもう一本山側の道路民宿街道?・ホテル街道を歩いて行く。中里海岸入口を過ぎ、入山津を過ぎた。

そのまま更に進む。一松海岸入口（交）・15：30か。程良く疲れた。更に進めば上総一ノ宮を目指すこととなるが、本日はここで右折する。程なく「一松海岸」♀着。バスで茂原駅に出て外房快速で千葉稲毛に帰ります。

○伊藤左千夫…成東町生まれのアララギ派歌人。正岡子規に入門し短歌の革新に役割を果たした。成東駅から約1㎞、殿台♀近くに生家がある。自伝的小説「野菊の墓」は幾度も映画化されている。生家に隣接して左千夫記念館を兼ねた山武市歴史民俗資料館があり左千夫の遺品が多数展示されている。

○九十九里の鰯《いわし》…「九十九里といえばイワシ漁」といわれた程イワシ漁で栄えた。もともと紀州出稼ぎ漁民が漁法をもたらしたが、元禄の大津波以降、地元漁民による「地曳網」や「揚繰《あぐり》網漁」で、主として「干鰯《ほしか》」として関西の綿花、ミカンの肥料として流通した。今は当時の面影は薄いが、網元を中心に〝いわし文化〟は「大漁節」や「万祝《まいわい》」として残っている。

○海水浴場…九十九里は海水浴場としても旧い。神奈川県大磯に明治18年開場したのが始まりのあと、全国に「潮湯治《しおとうじ》」という海水浴療法で普及した。房総半島では「稲毛」に海水療養所が設けられ、九十九里浜では1910年片貝に開かれた。無料休憩所。麦湯の接待など東京近郊の行楽地として名は広がった。

（千葉県の歴史散歩より）

九十九里ウォーク⑤　入山津↓三門

（千葉県）

平成26年7月6日（日）晴れ時々くもり

バス〜一松海岸（ビーチ）〜有料道路沿い〜渡れぬ橋〜一の宮川〜地引網〜長生村〜東浪見〜太東港〜太東岬〜夷隅川〜長者町駅〜三門駅

歩き出し8：40終り15：30　6時間50分

茂原駅（バス）駅ターミナルから小湊バスで一松海岸行、一松海岸バス停下車。県道30号線（九十九ビーチライン）と「九十九里・一宮・大原自転車道路」も、突っ切り浜に出た（一松海水浴場）。入口には歓迎のゲートもあり、海の家等並んでいます。とりあえず自転車専用道に沿って浜を行く。

一松海岸 ←

九十九里有料道路沿い「波うち際＋30〜50mの砂浜＋自然石を積み並べた防潮＋植林帯」これで防災対策だ。更にこの付近一帯は自転車専用道そしてその内側には、北中瀬・南中瀬という細長い水路、運河？がこれから向かう一の宮河口と繋がり、自然がとても豊かだ。更にその内側に県道や集落が広がっている。

←

渡れぬ木の橋浄化センター 荒地に手を焼いているようであり、観光資源として活用の途上にあるようでもある。浜を素足でジャブジャブ、気持ちよさを満喫しつつ歩くと、どうやらこの先は川が流れ込んでいるらしく一宮休憩所の施設あり、しかし徒歩では川は渡れず、戻る。高台を数百m戻って、どうやら水路を渡る由緒ありげな木橋を見つけ、渡ろうとするが、この立派な木橋、接岸部の

←

3～4mのみ、橋が切ってあり渡れない。くやし涙を流しつつ、地団駄踏み更に戻って遡ると、ようやく永久橋にぶつかり、これで水路を渡り、北中路を渡り、北中瀬と呼ばれる瀬の山側歩道を進む。

先程の木橋の反対側に辿りつくと、やはりこちらの接岸部も途切れていて渡れない。誠に風情のある長くて立派な木橋なのだが、想像するに老朽化し補修もママならず、いっその事、通行不能に！ということだろうか。もったいない次第。一の宮川の流域にかかる歩道橋から見ると、この一の宮川、利根川や江戸川をのぞいて県内河川では、大河に属するが、この流域の広大さは尋常ではない。海に入れない川水が、横に広がったか、満潮時に海水が入り込んだのか…とにかく「楽園!!」のような気分だった。

一の宮川（一の宮大橋）←

一の宮川にかかる「新一の宮大橋」の景観も同様。右に国民宿舎（？）を配し、緑豊かな土手が双方構えてる。歩道も整備された橋も気持ち良かった。

ヘッドランド←

運動公園の近くで浜に出て一宮海水浴場を歩く。時折「ヘッドランド（ジンベイザメのような堤防のこと？）による潮流変化に気を付けて」とする長生土木事務所の看板あり。ジャブジャブ透き通ったさざ波と戯れながら歩き進むと、人だかりとカメモ乱舞するポイントが目に入る。ぐんぐん近づくと、いわゆる「地曳網」を、漁師やオバサン、観光客で曳き上げているところ。勇壮だ！ビチビチ跳ねる小アジ、イワシ、それにエイやサメ!!など大歓声の中、また、うちよせる波もあって、大騒ぎ。差配の漁師の声が乱れ飛ぶ。

地曳網←

ひとしきり地曳網曳き上げの雰囲気を楽しむ。そしてまた歩く。30分も歩かぬうち、ギョッとして立ち止まる。何と1mもあろうかという海亀の死骸だ。

海亀←

〈無惨やな亡骸さらす大海亀！〉

→ 浸食対策 → 東浪見《とらみ》海岸・港 →

甲羅に藤ツボや海藻がまだついている。目玉はカラスにでもとられたか。勇姿というにはあわれ!! 合掌ス。白子一の宮海岸は今でも海亀の産卵場所です。道中２ヶ所ほど、砂浜が柵で囲まれていたよ…（秘密）。

「一の宮海岸浸食対策事業」なる説明板があらわれる。昭和40年代までは、幅１００ｍにも及ぶ砂浜だったが、浸食が進み、今、「ヘッドランド工法を中心に対策を進めている」と図入りで紹介。一帯を見わたせば、一定間隔で、浜から海中に人工岬が何ヶ所も突き出ている。本当にごくろうさまです。宜しくお願いします。

右側にマンション、大鳥居を見て進む。実に長かった九十九里浜も南端の東浪見だ。山なみが迫り海岸線を区切る手前、東浪見の海水浴場では幾つもの海の施設あり。これを歩き越えて東浪見漁港だ。数十隻の中小の船舶係留中（大東漁港）。ビーチラインも終点でした。

←大東港・崖下
←遊歩道
←須ヶ谷
←和泉
←飯縄寺
（大東崎）
←夷隅川
（江東橋）
←長者町駅
←三門駅

一旦国道128号に出て、しばらくして強引に海岸線に出る。断崖に近い波うち際には、幅3～4mはあるコンクリートの遊歩道が、延々と続いているが、この先進行禁止、大きな波がくると、カブッテしまう。安全そうな7～8百mを進んでみる。実に爽快勇壮な眺め。〝禁止区域〟にもぐり込んだ釣師には、よく釣果が上がっていた。獲物は中型アジが多い。入れぐいも!!だが、一般的には危険。補修には金がかかりすぎで放置か?

大東崎灯台には二度程訪れたが、今回どうした事か飯縄寺で一服したあたりから道を間違え、遠くから白亜の灯台をチラチラみたのみとなった。

夷隅川をこえるために道まで戻る。この河も流域は雄大、一の宮川の兄貴分のような景色、橋の上から振り返り上流を見ると流域は急速に狭まっているもよう。江場土《えばど》（交）から一旦長者町駅前に行き、もうひとふんばりJR　MIKADO　STATIONまで歩いた。

この2駅、駅前、全くなにもありません。地元の方々が長年お世話になったはずの駅が余りにも小さく、ひっそりとしているのを、さびしくながめた。

○はだか祭…全国にも知られた「はだか祭」が二つあります。

・一宮（上総）のはだか祭…上総国一宮としての「玉前神社」の上総十二社祭り。12基（現在は9基）の神輿が九十九里の浜（東浪見）7㎞を上半身裸の担ぎ手がで波飛沫を上げて疾走する。1200年の伝統があると伝わる。

・大原はだか祭…天保年間（1830年代）からの歴史があるが、1973年の〃千葉国体参加〃から全国にブレイク。18社の神輿が漁港に集まり、五穀豊穣、大漁祈願祭のあと殆どの神輿が担ぎ手が胸まで海に入り神輿をもみ合う（汐もみ）豪快なおまつり。
以上二つの祭はいずれも9月に行われる。神様を浜に移しての「浜降り神事」は海に囲まれた房総半島には多く見かけられる。房総半島突端の館山市内の二つの祭にも山車・屋台・お船による〃お浜出〃という曳き廻しがある。

○飯縄寺…太東漁港と崖下を散策して太東岬へ向かうに、国道や県道でなく、いわゆる地図上の〃白い線の道〃を辿って歩くうちに散在する民家・別荘を右に、左にかわしているうちに迷ってしまった。ヒョッコリ辿り着いたのが飯縄寺だった。帰宅してから調べて見てビックリ。南房総地区に数多くある祭の山車、屋台、神輿に施されている彫刻は〃波の伊八〃という名工の手による。飯縄寺本堂の欄間の「牛若丸と大天狗の図」はこの伊八（初代・武志伊八郎信由）の作だったのだ。

以上「千葉県歴史散歩」参考

外房ウォーク① 三門→御宿

平成26年7月10日（木）台風前・風強し！

（千葉県）

〈九十九里浜ウォークも終え、外房海岸沿いを南下します。外房ウォークと称します。〉

長者町駅～三門駅～半潟湖（？）突き抜け浜へ～王前神社前～滝内神社で一服～大原漁港～小山隧道～大舟戸公民館～防潮テトラ歩き～国道128号～浪花小～地蔵尊～釣師隧道～沢崎トンネル～岩舟地蔵尊～小池隧道～海洋生物環境研究所～小納戸隧道～メキシコ塔～御宿の港～岩和漁港～御宿海岸～御宿駅

9：30歩きスタート 17：40御宿駅 約8時間10分、28㎞

今朝、また、あたふたと出てきたのだ。台風8号接近の中、その影響も強まりつつある朝、どこの馬鹿が…と思いつつも（日がな一日、結果として雨もふらぬ時間を家で地団駄ふんでイラついているよりは）たとえ運悪く通り雨にさらされ、目的の半分も歩けなかったとしても行くべし…という選択。誘惑に負けて、家を飛び出しバスにのり、今、電車にのりついできたところだ。

急げば忘れ物も増える。前回は歩行中に、どこかに、大事な大事なメモ帳を失くしてしまったのだ。アワテたから。フッと一息ついたから。齢だから。…理由づけはどうでも失くした事に変わりなく、注意力散漫であったという事だ。舌の根も乾かぬ今朝は携帯を忘れました。何かが欠けたまま…というのは今や常態となるのか。

乗った電車も、家を出るのが一息おくれたので、その次の電車にしたのだが、これが目的地までいかず、その手前四つも前の「上総一の宮止まり」だってさ。どうしよう。待てば更に1時間無駄に過ごすことになる。ならば、ダブってもうらみ節だが、4駅分、都合10㎞超おまけに歩きますか。と思案しているところです。これからも1年2年とかけてやろうとしている〝てくてく歩き〟では、多分手違いは日常茶飯事となるであろうか。少々のことでは、慌てません！僕は大物なのだ。

・落ち込んでまた立ち直る僕の旅　・兎にはやっぱり成れぬ亀のてくてく

・夕焼けがゆっくりしてけと色じかけ　・てくてくを1人殺すにゃ刃物は要らぬメモの一つを失くせばおわり

長者町駅・三門駅 ←

半潟湖つき抜け浜へ ←

和泉浦・日在浦 ←

玉前神社 ←

塩田川 ←

大原漁港 ←

小山ずい道 ←

長者町駅とは「岬町長者」を意味するそうだ。７００ｍ北側に夷隅川、その支流にかかる江場土橋をわたり別荘地帯に入り、細長い和泉浦の「せきとめ沼」を突っ切り九十九里南端の浜辺へおりる。「入江湿地＝日在潟」と称し、ワイズユース（自然保護視察）地域だ。湖の干満があり、小魚、鳥はもちろん海岸植物も貴重だという。夷隅川の流れがあふれ湖沼化したのか、ハタマタ海水流入なのかしら。

更に、海岸は和泉浦から日在浦へと続き、この一帯はアカウミガメの産卵のある自然の宝庫という。以前は、自然漂砂の供給で１００ｍもの広い砂浜だったが、近年浸食が進み、ヘッドランド工法などで浸食を緩和している…という。それでもウワアー広いなあ！と今でも感じる。どんより曇り空、風やや強く、なぜかサーファーは見渡しても何人いるか。「砂浜・防潮提・歩道（サイクリング）・植林帯・湿地・住宅地」がこのエリアの目指す基礎整備パターンか。そこに「ふれあいの海辺をめざして」と県が中心で骨格の実現化を進めている。大原海水浴場そして、塩田川の立派な橋（日の出橋）を渡る。

ほどなく大原漁港に入る。大きな（外房を代表する）港内を歩くも、一隻の船も動かず日昼はこんなにも静かなのか。漁港から上がって浪切不動尊、大聖寺揠、更に進んで滝内神社境内で一服。

〈岩船地蔵尊〉

大舟戸・防潮テトラ ←
大井浜トンネル ←
矢指戸トンネル ←
大舟谷トンネル ←
いったん国道128号へ ←
浪花小 ←
光明寺 ←
岩船隧道 ←
岩船漁港 ←
岩船地蔵尊 ←

樹液を出すアキニレの木か。枝股にクワガタが3匹もいた。ともかく海岸に強引に出てみる。

断崖絶壁の下にコンクリートの遊歩道あり。行けるだけ行く。波にさらされる、危険。だが凄い眺め。通行禁止、釣り人ももぐり込まない？今となっては寄せる荒波の緩衝が役目か、もったいない。延々と戻る。八幡神社方面行くだけ行く（このエリア〝八幡神宮〟が結構多いなぁ）。

行き止まり、また、大戻り（矢指戸トンネル行ってはもどり、大舟谷トンネル行っては戻る）。ウワァ！これは堪らない…。一旦国道128号へ逃げるように迂回、由緒ある石柱あるも判読できず。

浪花小付近から左に折れて海岸線をめざす。光明寺を右に見て、畑、田んぼ沿いの1本道を行く。岩船隧道をくぐり岩船漁港。こんな所にも漁村があり港がある。道路があり車は往来可能だが、100年も200年も前から漁をして生計をたてていた人々がおられることに感動を覚えました。

港の右手、先に岩船地蔵尊あり、日本三大岩船地蔵（下野岩船、越後岩船、上総地蔵）の一つ。歴史は700年前に

釣師隧道←沢崎隧道←小池隧道←海洋生物環境研究所←ドン・ロドリコ上陸地←小納戸トンネル←メキシコ塔←

遡るという。瓦屋根に真紅のお堂は、海に突き出ていて青い大海と空に映えていた。このあたり釣師海岸一帯は、高さ60m程のほぼ垂直に切り立った断崖で、外房第一の景観という（碑があった）。釣師隧道、ひようたん堰のそばを通り、沢崎、小池隧道とくぐり左へと道をとる。失礼ないい方だがこんな所に民家か、こんな所に別荘が…と感心したり驚いたり、人間って凄いものだなぁ。元気だして進む。県道にぶつかり左折しひたすら一本道を南下した。

海洋生物環境研究所は低層だが広大なものだ。海から直接海水を引き入れている。少し行った道路の左側に〝絶景ポイント〟あり、車で通ると気づかないだろう。崖下の防潮提は、遊歩道を兼ねて造ったようだが、今となっては、アッチコッチ崩壊し、年中通行禁止？もったいないなあ。「ドン・ロドリゴ上陸地」の碑あり。こんな険しい浜から上ったのかなあ～。

［1609年（慶長14年）フィリピン前総督ドン・ロドリゴ一行を乗せたサンフランシスコ号が、マニラからスペイン領メキシコのアカプルコへ向かう途中、暴風雨の為岩和田沖で座礁し、乗員のうち56人は溺死。317人は地元の海女を中心とした村民により救助された。救助の地、田尻海岸がドン・ロドリゴ上陸地となっている。また、岩和田岬の丘の上に高さ17mの大理石の巨大な「日・西・墨・三国交流発祥記念碑（通称「メキシコ塔」）が立っている」。］

山肌をぬっての上り坂。一汗かく間もなく「メキシコ塔」到着。海に突き出ている突端は絶景でした。白亜の塔に一組のカップルのみ。

岩和田漁港←御宿海岸←御宿駅

岩和田漁港めざして下り、御宿の海を一望す。岩和田海水浴場から御宿海岸沿いと進む。砂浜も通りも綺麗に整えられており、「月の砂漠公園」と称し、像もあった。おりしも台風接近中ということで南風強く、砂浜の砂が巻き上げられ、砂がすみで写真も撮れぬ。それでも近くのヤックスで、抜け目なくおつまみと缶ビールを購入。誰も居ないホームで、外房線の電車を待つ。

2本目のビールをチビチビッていると電車が来た。18時21分の特急わかしお号で千葉へ。

今日は道に迷ったり行き止まりを戻ったりで気疲れしました。〝東京に隣接〟する千葉県であっても外房海岸沿いは険しい。小さいが起伏が多く、入江のような小さな平地に旧くから漁師や住民があるのは、遠い祖先、紀州や伊豆、三浦などとの漁業とのつながりで移住してきた人々も多かったに違いない……と正直、歩きながら空想しました。

外房ウォーク②　御宿↓小湊

（千葉県）

平成26年7月12日（土）風強し！

御宿海岸～（犬と泊まれるホテル）サザンテラス～つる石隧道～東魚見隧道～部原簡易駐車場～稲子橋～合気道練成場～豊浜漁港～津慶寺・川津神社～官軍塚～勝浦灯台～八幡岬～与謝野晶子碑～勝浦港～橋脚海の中～郁文小～田原橋～松部漁港～舟津隧道～よしおトンネル～海中公園・博物館～小吉トンネル～鵜原漁港～守谷海岸～興津歩道トンネル～行合歩道トンネル～浜行川港～おせんころがしトンネル～誕生寺～小湊駅

9：51スタート　17：10小湊駅着　約7時間20分、25～30㎞行ったり戻ったり曲がったり

御宿駅
←
御宿海岸
←
御宿漁港
←

昨日は台風一過でまだ荒れていたが、今日は曇りがち。まずは安定した天気だ。昨日32度にもなった気温、今日はどうだろう。約25㎞歩けるかなあ。自宅から、今日の歩き始めの御宿駅まで、「バス＋ＪＲ」利用なんだけど、先ず自宅から駅までのバスに1本乗り遅れ、その影響で電車も予定より1時間遅れを使うハメとなり気持ちが落込む。暑くなる日は早く出て…と思うも出鼻くじかれた。大原駅・浪花駅と車窓から外を見るに、線路沿いは空地だらけ。耕作放棄の農地。草ぼうぼう。御宿駅から「てくてく」スタートは9時50分過ぎとなった。

← つる石隧道 ← 第二部原《へばら》トンネル ← 東漁見トンネル ← 豊浜漁港 ← 津慶寺
川津神社 ← 川津港 ← 官軍塚 ← 勝浦灯台 ← 八幡岬 ←

国道128号線を横切って先ず浜に出る。月の砂漠公園から、波うち際を歩く。「海のホテル」、「犬と泊まれるホテル（サヤンホテル）」、御宿漁港と進む。大きな船は居ないなあ。国道に上る。御宿トンネル、鶴石隧道、抜けたら海側（左側）眺望絶佳！絶壁の下にも小さな磯があり、家族づれが楽しんでいる。第2部原トンネル。東魚見トンネル…このトンネルは短いけど歩行者には最悪。恐かったよ！御宿のトンネルは、歩行者・自転車の通れる子供トンネルが設けられていて、とても有難いが、時折、手付かずの恐いトンネルあって度胸試しをさせられる。

「部原《へばら》簡易パーキング」、思わず磯遊びしたくなるような岩ダタミと砂浜。「事故多発海域、遊泳禁止」の大きな看板。それでもあっちこっちで、波打ち際でたわむれている。「危険はあるが遊びたくなる場所」…外房はそんなイメージの海が次から次へと現れる。

部原港入口、合気道練成場、豊浜漁協…〝生活できるだけ採る漁業です〟といっているような港です。何故か懐かしさがこみ上げてきました。

「津慶寺・川津神社」…本当に仏様と神様は仲がいい。捩じり鉢巻きした網つくろいの漁師がいう「この先の坂を登んな！」とふりかえれば、豊浜海岸も好ましい浜だったな。

できる限り浜沿いを行く。そしてクネクネ急坂を登る。汗が流れる。ここでも振り返ると、左下に川津港か、手掘りトンネルも抜け「官軍塚の碑」（＝榎本武揚討伐軍の熊本藩士を乗せた米国製パーマン号が川津沖で難破。二百余名の死者。地元村民が生存者救済に尽力）があった。犠牲者の供養塔もありました。更に進むと勝浦灯台（犬吠埼、野島崎灯台と並ぶ白色八角形）に達するも敷地内中には入れず、崖に沿った道をもう少し行くと、八幡岬の絶景展望台、三陸にも負けぬリアス式の男性的なる景勝地。岬の突端から太平洋の大海原や勝浦湾が一望です。まあ知る人ぞ知る…。房総の海も凄い！

「八幡公園」…室町時代から3代続いた勝浦城主、正木氏の勝浦城の跡地公園。
豊臣秀吉の小田原攻めで勝浦城が落城した際、正木頼忠の娘で当時14才だった「万」が母と幼い弟を背負い、八幡岬の東側40ｍの断崖を白布をたらして海に脱出。「お万の布さらし伝説」が残る。その後お万は17才で家康の側室となり、紀伊徳川家水戸徳川家の祖となる頼宣、頼房の生母となった。水戸光圀はお万の孫にあたる。（千葉県の歴史散歩より）

←与謝野晶子碑

白くて丸い巨岩の与謝野晶子碑を右に見て、勝浦港目指し下る。

←勝浦港

勝浦港そばの日影の自販機そばにヘタリ込んで、ポットの冷水をのむ、ついに無くなる。カツオ漁朝市で有名な外房を代表する大きな漁港。ただしこの時間、眠っているかのように人影ナシ。

←中央海水浴場
橋脚海の中

勝浦海岸を左に見てしばし国道を行くと、海の上に張り出した勝浦（串浜）大橋、橋上から下の海をのぞめば、うすい板のような岩が砂浜と一体となり、たえまない小さな波に洗われ、見ているだけで美しい、その先でサーファーが30～40人もいる（彼等青春真っただ中）。

←松部《まつべ》漁港

郁文小前のトンネルは段差の歩道のあるトンネルでルンルン気分で通過（ダンプなんか恐くないよ）。松部から国道128号線とわかれ漁港方面の道に入る。

←舟津隧道

日原橋、松部漁港（舟溜まり）舟津隧道、牛堀トンネル、いいトンネル、いい景色、名なしのゴンベエ隧道出たら左に海がひらけ、「めがね岩の景勝地」だった。この辺「尾名浦」と称し、大漁の神「稲荷神」が赤い小さな鳥居に祀られていたよ。手掘りと思われる風情あるトンネル多し。

←よしお隧道←

→ 砂子の浦 ← 海中公園・博物館 ← 鵜原漁港 ← 鵜原理想郷 ←

「よしおとんねる」、砂子の浦（勝浦市民バスのバス停アリ）。

海中公園入口、海の博物館（これは赤煉瓦の超立派な建物）。入口から海沿いに導かれて進むと「海中展望塔」に入館できる（過去に2度入館しており、本日は割愛した）。

○勝浦海中公園…リアス式海岸の自然美あふれる景勝地。勝浦市鵜原地先の一帯が勝浦海中公園に指定され、中央部に東洋一の規模を誇る海中展望塔（高さ24・4ｍ水深8ｍ）がある。海中展望室からは水族館とは一味違った海洋生物や海底の様子が、また海上展望室では鵜原理想郷や八幡岬の美しい眺めが楽しめる。

（地元パンフ）

小吉《こよし》トンネルをくぐって下り気味に行くと、少し大袈裟にいえば迫る山と山の間の海際に鵜原漁協（新勝浦市漁業協同組合鵜原支所、千葉県新漁連鵜原営業所）があった。小さな入江の港3ヶ所あり、何だろう。岩壁の暗い穴を覗くと、岩肌をくり抜いた「イケス」となっており、岩の穴の中で、水が流れ、魚が活かされ、漁師が作業している。中をみせてくれました。百年近くも、こうして生計をたてていたのだな。元気を出して理想郷に登って行く。日本人って凄いぜ!!

旅館に入ってしまいそうな小さな道を行く。岬の突端に出る。同年配のカメラさげたオッサン一人、やあ、こんにちは。悌二郎の句碑あり。いやあ、これは180度海原で、山のヒダ（絶壁）がいきなり海に落ち込む凄い眺め。戻って、鵜原第一、第二トンネル、渚百選の鵜原海岸の眺めにウットリしつつ守谷海岸方面に急ぐ。鵜原駅方向への道を見送り左へ。

〈岩壁をくり抜いて造ったイケス〉

→ 守谷海岸 → 上総興津駅 → 興津歩道トンネル → 行合トンネル →

そして少し行って国道128号線に合流する。青海小前 ○⊥、鵜原（交）バイパスを右に見送って、旧国道を行く。トンネルをくぐり、レールを右側に見るようになり、ゆるく下ると守谷中央 ○⊥。そして守谷海岸の明るい海がひらけた。しばらく左に海岸を見つつ国道を行く。

好ましいサイズの砂浜を見つつ、興津三叉。上総興津駅前交差点から、一旦、駅に入る。平屋の自販機だけのひっそりした駅。さらに国道を進むと、「興津歩道トンネル、このあとの長～い行合歩道トンネル」夫々大金もかかったろうに、こんなに安心して歩けるトンネルに感謝します。決して大人数が使うわけでなくとも、自転車の通学生や、歩いて通る人には、この「歩道トンネル」は実にありがたいのです。

浜行川、興津港海浜公園が立派に整備されていました。浜行川港（興津港）を高台のお寺境内から見下ろす。海岸線は険しくて廻れず、やむなく国道行く。

行川《なめかわ》アイランド駅
←
行川小、行川アイランド駅、閉園したはずのアイランドそばの、この駅はまだあった（営業していた！）しかし、駅施設としてホーム（一面）と改札設備のみの駅で、果してどこから利用者が来るのだろう…という雰囲気。国道挟んだ反対側が、元アイランドの広大な駐車場跡、草もしげっておりました。閉園時に園から、シカに似た「キョン」が逃げ、今、南房総一帯の山の中で大繁殖しています。農作物を食い荒らすなど地域の大問題になっています。

おせんころがしトンネル
←
付近に県道、市道もなく、仕方なく国道を行く。逃げ場なく「おせんころがしトンネル」を歩く。車は少ないものの歩行者泣かせだ。ようやく出ると、高さ数十mの断崖絶壁が迫り恐い程の景観が続く。越後の難所「親知らず・子知らず」にも比すべきか（〝越後つついし親知らず〟の弟分くらいだな）

境川トンネル
←
境川トンネル手前から海沿い、崖沿いの道を行く。全く凄いというか素晴らしい眺めです。ひたすら山への道を進むと突然誕生寺境内の中に入って行く。大迦藍あり。本殿あり。アプローチの燈籠群あり。抜けるとホテル群・内浦漁港。（隣に小湊漁港）。

誕生寺
←
内浦湾の東側を、続く家並みの中、進むと、ようやく砂浜沿いとなり、安房小湊駅に辿りついた。

安房小湊駅

○誕生寺…1276年創建。日蓮宗、日蓮の誕生を記念して建てられた。宝物館には「富城殿女房尼御前御書《ときどのにょうぼうあまごぜんごしょ》」がある。日蓮58才直筆のもので中山法華経寺にあったものを水戸藩2代藩主徳川光圀が祖母養珠夫人（お万のかた）の追善供養のために、その生誕地に近いこの寺に十界本尊を奉納した。

○清澄寺…（せいちょうじ・きよすみてら）日蓮は1222年、安房の国東条（現鴨川市）で漁師の子として生まれた。12才で清澄寺にのぼり、16才で得度。その後各地で修行を重ね、法華経こそが仏教の神髄であるとの信念を持ち、1253年、故郷の清澄山・旭の森頂上で題目を唱え、日蓮宗を開宗した。「立正安国論」も有名。…清澄寺には安房天津駅から歩いて1時間。

（千葉県の歴史散歩より）

〈おまけ〉

「てくてく歩き」とは大きく脱線するが、山梨県JR身延駅下車で、身延山 ♀ から歩きはじめ、巨大な山門をくぐり287段の石段を登ると日蓮宗総本山久遠寺（くおんじ）本堂がある。標高1，153米の身延山は山全体が総本山久遠寺の境内と云われ、枝垂れ桜の巨木も美事。本堂に向かって左の奥から奥の院（山頂）への参道があり、4000体もの無縁仏を見つつ進むと奥の院・思親閣にたどりつく、東南方向には天子山塊を従えた富士の姿。又身延山頂から西に屏風を立てた様な南アルプスの雄姿が忘れられない。

又、別の日の山行で、身延山の西・奥にそびえる七面山（1989m）に登ったが驚いたことにこの山は日蓮登拝路で白装束姿の信者が多かった。五十丁を数える丁目石を頼りに登ると敬慎院境内に入る。富士山遥拝所、随身門、本堂、宿坊が立ち並びよくぞこの深山に造った伽藍かな…と感動と信仰心の底知れなさに驚いたものです。

外房ウォーク③　小湊↓江見

平成26年8月4日（月）猛暑・強風

千葉県内「てくてく」は、千葉市の自宅が使えるので、これをベースキャンプ（宿泊地）として、各地日帰りのウォークを繰り返しています。その分その日のスタート時刻は、（そこまでレール・バスを使うので）遅くなるのが欠点です。今は陽が長いので助かります。前回は房総の海でもリアス式海岸ともいえるアップダウンの多い地域で人家は思いの外少なく、道迷いもありましたがそれに比べたら今日の方が少し〝気が楽〟そうです。

千葉大研究所そば～実入海岸～海鮮丼・三楽流《ミラクル》料理～神明川～右側山の中腹・鴨川ヒルズ巨大ホテル～天津漁港～「明神の鯛」の石柱碑～ふれ合い橋～ロシア人上陸の地～多聞寺～貴船神社～汐入り歩道橋～待崎川～天津湾西側廻り込む～鴨川東条海岸一望～ホテル群・シーワールドの大の浜・遊歩道～鴨川漁港～八岡隧道～なぶと橋（曽呂川）～太海駅～天面漁港～大夫崎～オーシャンパーク～江見駅

9：10歩き始め～14：30着　約5時間、約20km強

小湊駅←内浦海岸←千葉大研究所入口←実入トンネル←実入海岸←海鮮丼・三楽流《みらくる》←

急遽、小湊～鴨川を歩くことに。予想気温34度、朝6：00で26度という酷暑。あわてたせいか、てくてく歩きの「三種の神器」の一つ、カメラ忘れる。映像なしのメモ中心。特急で小湊駅へ。

9：10歩きはじめ、まず天津駅まで、約5km見当。

内浦海水浴場を左手、船溜りの先松ケ鼻（半島）へは、千葉大研究センターで行けず、豊明殿ホテルのそばから国道128号の「実入トンネル」をくぐる。下り気味に進むと海が広がった。

海沿いを歩く。実入り海岸。三楽流（ミラクル）料理（海鮮）。岩礁を眺めながら、国道から左の旧道と海沿いを行く。

神明川 ←
鴨川ヒルズホテル下 ←
天津漁港 ←
明神の鯛の石碑 ←
ふれあい橋 ←
ロシア人上陸の地 ←
多聞寺 ←
貴船神社 ←
磯貝坂下 ←
高架下 ←
亀田病院下 ←
東条海岸 ←
前原・横渚海岸 ←

神明川を越える。右手山の中腹に巨大ホテル（鴨川ヒルズリゾート）、海沿いから旧道で天津漁港へ。

昨今、漁業不振から漁業協同組合は合併が相次いでいるが、ここは〝勝浦漁港の天津支所〟というらしい。漁港としては船舶数も多く、典型的な漁港らしい漁港。

漁港の更に西のハズレの岩礁に、たて長の石柱あり〝天然記念物・県指定・明神の鯛〟と読めた。あたりは泥岩のような粘土質のむきだしの岩。小さな波絶え間なく寄せている。

バス停「仲宿」「城戸」「天津局前」のある旧道の海岸寄り一段下の浜沿いを行く。二夕間川の河口付近から海岸線を振り返る、天津湾は想像より広く、大きかった。ビーチあり、漁港あり。葛ヶ鼻を海沿いに行く。ロシア人上陸の地、貴船神社、多聞寺などの標識あり。小さな舟溜りと漁協。磯貝をすぎ、左手前方に鴨川、太海方面の弓なりの雄大な景色が見えてくる。右手、山側後方から国道128号の天津バイパスが高架橋もろとも下り降りてくる。広がる海は東条海岸だ。海岸のそこかしこにサーファーも見える。それよりも民間病院「亀田」の巨大な病院施設が、一大観光ホテルかのようにそびえている。「白砂青松・渚百選」と地元が自慢するところ。「鴨川シーワールド」も見える。

海岸は保全されてはいるが、イメージとしても、巨大施設に海岸が占有されかかっているかの感もある。だが雄大で良き浜だ。鴨川グランドホテルは30階もありそうだ。

〈鴨川・東条海岸〉

安房鴨川駅下
←鴨川漁港
←八岡隧道
←曽呂川
←なぶと橋
←太海駅
←仁右衛門島入口
←フラワーセンター入口
←太海小前
←天面漁港
←房州大橋
←

待崎川（橋）を渡り、安房鴨川駅下あたりの公園化された歩道を行く。このあたり夏祭りでみこし、山車の出そろうところ。
そして鴨川市内を代表する加茂川、河口、マリンブリッジも過ぎると、漁港となる。近くに弁天島が見える。外房では、大原、勝浦などに次ぐ、代表的な漁港のようだ。青年の家の方へと迂回して「太海・海岸」に入る八岡隧道をくぐり曽呂川のなぶと橋を越えると、太海駅に着いた。更に旧国道を進み、左手に「仁右衛門島入口」を見送って進むと、入りくんだ海の上を高々と高架で大きく国道（別名：房州大橋）が跨ぐ。下を覗くと青い海、海藻、泳ぐ魚さえ見えた。

太夫崎←国道のトンネルを越えて江見太夫崎、そして道の駅・「鴨川オーシャンパーク」へ。やれやれやっと腰が降ろせる。３００円のソフトクリームペロペロなめてから、さあもうひと頑張り！

道の駅・鴨川オーシャンパーク←海につき出るようにして広がる江見吉浦の方へ入り過ぎ、戻り、国道を元気をふり絞って、汗ダクダクで、ひたすら歩く。もうじきだ。太海～江見は長かったな。駅前５００m手前の日用品店で抜け目なく缶ビールとオツマミを買い駅へ。案の定、駅前なにもなし。但し14Fのリゾートマンションが駅そばにそびえているも、真夏シーズンなのに人影ナシ。

江見駅　江見駅々舎そばに大きなヤシの木。跨線橋を越えた線路の山側にも4本、ツタのからまる大きなヤシの木々。往時、にぎわったレール利用の人々の目を楽しませたであろうヤシの木、今は草むらの中に立って寂しそうだった。いつの日か、また多勢のお客さんが来ますように。いくら海辺とはいえ35度もあったか。舗装道路歩きはこの時期変人だよね…。今日の「てくてく歩き」は「江見駅」で終ります（まだ15時前だけど、スッカリ疲れた！）。

○仁右衛門《にえもん》島…周囲４㎞の小島で民有地（平野仁右衛門さんが代々住んでいる）。島へは昔ながらの手漕ぎ舟で渡る。散策路の途中に「頼朝の隠れ穴」がある。石橋山の戦いに敗れた源頼朝は海を渡り安房にのがれた。この時、平氏方の長狭常伴の急襲から島の住人・平野仁右衛門が頼朝を助け、その礼として島を与えられた…と伝わっている。

○鴨川・東条海岸…ここの松並木は樹齢50年以上の松も多く、千葉県内ではもっとも見栄えする松並木です。

国道沿いの松並木　松くい虫の被害には幾度も見舞われたが、最小に食い止め、偉観を維持している。しかし一方で開発の影響も大きく、巨大病院・ホテル群・観光施設等が充実する傍ら、松並木が縮小しつつあるようです。「松並木あっての東条海岸エリア」と再確認したいものです。

内房ウォーク①　蘇我→長浦

平成26年8月12日（火）暑いのお！

今回の日帰り「てくてくウォーク」は、ＪＲ内房線の蘇我駅から、東京湾岸を、房総南端の館山方面に、内房線をイメージしつつ南下して行くものです。

本日のルートは、蘇我駅（千葉市内）からスタートし、五井→姉ヶ崎→長浦と歩くものです。

蘇我１丁目～千葉蘇我郵便局～蘇我陸橋の下・レール《貨物船》～塩田町～生浜高校～浜野川・橋～浜野北町交差点～浜野駅西側（交）～村田川（村田橋）～八幡北町～観音町～菊間出道～八幡宿駅～飯香岡《いいがおか》八幡宮～白金通り～市原ふ頭入口交差点～五所橋～神明橋～若葉小前～五井駅西口～中央通り～大宮神社～養老橋東側～松ヶ島通り～青柳２丁目交差点～潮見通り～姉ヶ崎駅西口～東口へ～仲町～姉崎橋～八坂神社～久保田笠上（交）～ビリーブゴルフ～長浦駅

7：55歩きスタート～13：45長浦駅　約6時間　25㎞位

ＪＲ蘇我駅（西口）

内房線、外房線、京葉線の集まる鉄道の要衝駅の西口からスタート。臨海に「川鉄」の大工場のある玄関駅ですが、今は、名はＪＦＥスチール東日本製鉄所と名も変わり。日本の重厚長大産業にかげりが出ている中、工場敷地の半分は、処分され、今は大ショッピングゾーンとサッカーのジェフユナイテッドのホームスタジアムなどとして賑わっている。臨海部に国道３５７号↓国道16号があり、少し山側を走るＪＲとの間に旧道が走り、名も、今では県道24号線＝千葉鴨川線と称し、今日はこの道を、今井町、蘇我神社と進む。

←蘇我1丁目←郵便局前←陸橋下←塩田町←

バス停♀今井町そばの信号近くに、石柱のモニュメントあるも、判読できず。蘇我一丁目、蘇我神社、郵便局、国道357号の蘇我大陸橋の下を行く、単線京葉臨海鉄道＝貨物線の踏切をこえる。レールは貨車がよく通るらしく、ピカピカしていた。廃墟と化したガソリンスタンドとセルフで巨大な新設ガソリンスタンドが並んでいる。＝ガソリンスタンド業界の競争の激しさをしばし想う。

〈養老川〉

←生浜《おいはま》高校♀←浜野川（橋）←北野交差点←浜野駅←村田橋（村田川）←八幡北町♀←観音町♀←菊間出道←八幡宿駅←飯香岡《いいがおか》八幡宮←白金通り

生浜高校、浜野川（橋）…10m程の川に5～6艘のベカ舟あり。どこで漁をしているのかなあ？

県道24号線を進み浜野駅西側交差点左折で駅を捜して約500m、レールにぶつかり、振り返ると駅は左後方、新築されたいい駅のようだ。

県道24号線に戻り、村田橋、市原市に入る。村田川＝新村田橋。護岸で、釣り人3～4人この辺でハゼでも釣れるのか。八幡北町すぎるあたり、海苔屋さんが2軒、駅入口から八幡宿駅、立派な駅舎。折りしも、東海大望洋高校甲子園出場の垂れ幕あり。県道24号に戻るとすぐ「飯香岡八幡宮」あり。一の宮から五の宮までの「みこし」が遷宮したとの碑あり。菊間出道、市原出道という名称、そしてこの通り（県道24号線）を白金通りという。八幡町と菊間村の合併更にこれに市原村の一部も合流して市

←ふ頭入口交差点←五所橋・神明橋←若葉小前←五井駅西口←大宮神社←養老橋東側（交）←松ヶ島通り←青柳2丁目←潮見通り←姉ヶ崎駅西口←東口から仲町←

原町。そして昭和38年に市原市。どっちから読んでも市原市！

その昔、八幡港という海上交通の拠点でもあったという。

今は臨海工業地域となり、当時、漁業権を放棄させられ、代償に大金を手にした成金も多かった。ふ頭入口交差点をすぎ二つの小さな川と橋、いずれも汚いドブ川、観光地ではないにしろ、夏はたまらない。悪臭もしようというものだ。白金橋は護岸コンクリートでガッチリ。

西広下水路（交）…左折して駅西口へ。人口28万都市の表玄関としては、少し寂しい。市勢が両隣駅に分散しているからか。

県道24号線に戻ってすぐ大宮神社…大きな神社で、近隣28村の総鎮守で11月初旬の例大祭には山車も出る…という。

養老川をはさんで東側交差点、西側交差点とあり。養老川は、県中央部を代表する河川で、さすがに流域は広く、いいたたずまいが残っている。

養老橋を西側交差点で、すぐ左折すれば、近かったが直進して松ヶ島西（交）で左折、これが遠回りで、いい加減長かった。前川の青柳橋、2丁目交差点、潮見通り、道路そばに判読不明の碑あり。潮見第一、第二と進み県道13号を突っ切り左折（西口入口を）してやっとこ立派に整備された姉ヶ崎駅に着いた。まあ人間味の薄そうな駅舎ではあるが…。機能的ではあるが、旅人は喜ばないかも（失礼!!）。

東口に廻り、駅前レストランに入る。クーラーは有難いなあ。「ソバ定食とビール」で一息つき、店を出るとムッとする暑さの中、長浦へ向かう。

本町通りに昔日の面影あり。漁業補償たけなわなりし頃、豪壮な住宅建て替えラッシュ

姉崎橋 ←

八坂神社 ←

久保田笠上（交）←

ＪＲ長浦駅 ←

（内房線）

があったが、あの小城のような住宅は、どこにあるのかな。金物屋、薬屋、釣り道具屋、呉服屋、八百屋の旧いタイプの店、トンボ鉛筆の看板なども仲町あたりまでです。姉崎橋を渡って左側になかなかの八坂神社。これから先、約２㎞以上あったか。旧国道だったとしても、あるかなしかの歩道で白線あるも、草がしげり、大型車が来ると端により、怯えながらなんとか長浦駅へ。つくづく車社会を思い知らされる。小雨ふりはじめる。歩く馬鹿などいないよっていわれているような気分。気力じゃ負けないけど避けて立ちすくんでいるばかりじゃ惨めになるぜ。

内房ウォーク② 長浦↓木更津

平成26年8月22日（金）残暑34度　晴れのちくもりのち小雨

JR内房線・長浦駅から（南下して）木更津駅をめざす。

> 県道287号・内房線に沿って～国道16号高架下～奈良輪東町～奈良輪大井戸～袖ケ浦駅～市役所入口・県道87号～フラワーロード横切る～坂戸市場～昭和小～福雲山（寺）～小櫃川～県道270号へ～初崎～高柳八幡神社前～いわね駅入口～高柳三角～長須賀交差点・県道90号へ～朝日2丁目～JR高架橋～新宿町～県道87号と合流～木更津港～内港～富士屋・季眺～八剱八幡神社～木更津駅
>
> 9：15スタート～13：30木更津駅西口
>
> 約4時間、猛暑、約12km

関東は猛暑。西日本と北日本は集中豪雨。Ｎｅｗｓを見ていると生きているのが不思議なようにも思えます。71歳の爺さんは、この猛暑の中、今日も短パン、半袖で、東京湾内房側の町を放浪します。

今日は34度にはなるという。一方、広島市で豪雨による大規模な土砂崩れで沢山の方が亡くなった…との報!!千葉（稲毛）の家を出て電車を一回乗り換え、内房線長浦駅に降り立ったのが9時過ぎです。朝からムンムンしてるぜ!!

長浦駅 ←

駅前のその昔国道だった県道287号を線路沿いに歩き始め南下開始。〝散髪1，905円＋税〟の看板あり。この業界1，000円床屋も出来、どの商売も安閑とはしていられない時代だ。

県道287号線 ← 内房線沿 ←

左手は、ずーっと、大木雑木が繁茂した鬱蒼たる森の土手です。右のレールとの間を道は進む。白線歩道があったりなかったり。あっても、草で覆われたりで、気が抜けない。後から来る車、前から接近する車に十分注意を払う。

← 国道16号高架下 ←

〈おびつ川〉

海の埋め立て工業地帯から、伸び上がってきた国道16号高架をくぐり抜け、今となってはなつかしい町名。「奈良輪《ならわ》」が出てきたぞ。今の袖ケ浦駅は「奈良輪」という駅名でした。臨海部が昭和30〜40年代にかけ、一大工業地帯化に伴い、袖ケ浦市となり、駅名もその中心として改名された（?）。

← 奈良輪東 ← 奈良輪大井戸 ← 袖ケ浦駅 ← 市役所入口 ← 坂戸市場 ← 小櫃川《おびつがわ》 ←

右側にはおびただしい旅館・ビジネスホテル。いわゆるラブホテルではなく、工業地帯に用のある仕事人が利用するのだろう。40年も前なら水田や蓮田《はすだ》だったところだ。長浦一帯も天然の海苔を採る竹ざおや、海苔篊《のりひび》が内房線の車窓から、目の前に見えたものだ。今は昔だ。ダンプ多し、右側はいつしか住宅中心。9：00すぎに出て駅入口で10：00、右手奥がモダンな橋上駅舎・袖ケ浦駅。フラワーロードを横切り、市役所入口（交）、昭和小と進む。浮戸川（坂戸橋）、今どきの繁栄は、山の手を走る国道16号沿いに移ったが、昔からの家並みや新しい商店も、それなりにある。坂戸市場（交）、右に県道87号線をわけると、正面に「小櫃川《おびつ》」にぶつかる。房総半島側から東京湾に注ぐ川としては、養老川と並んで川らしい川だ。小櫃橋を渡る。

県道270号←
アクアライン←
高架下←
高柳八幡神社前
巌根《いわね》駅入口←
高柳三角←
長須賀交差点←
県道90号～←
朝日2丁目←
ＪＲ高架橋←
新宿町←
87号線と合流←
木更津港←

橋の手前、交差点で右に走る県道87号線を分け、橋を渡って県道270号線を行く。（県道87号線を行けば、東京湾に面した中島・金田地区となり、アクアラインの千葉側の付け根ＩＣに至る）。今の国道16号が整備される前は、この県道270号線が大幹線だった。さすがに小櫃川は川らしい風情だ。

正面にアクアラインの大高架下、右手奥にアウトレットも見える。既に木更津市内へ。高柳八幡神社（小さなもの）前で小休止。ヘタリ込んで給水だ!!（人間はどうして疲れてしまうのだろう）。木更津駅までまだ４．３㎞ある。右手、いわね駅まではざっと500ｍあるか。

神社前、高柳、高柳三角。道路左側沿いのドブ川（1～2ｍ）に、なんと、アメリカザリガニ、ドジョウ、手のひらサイズの亀まで見つけたよ。通りの両サイドは木更津中心街に近づくにつれ、ガソリンスタンド、自動車販売会社、などが多くなってきた。

ローカル線丸出しの草の生えた線路＝久留里線を跨ぐ、そして長須賀交差点を右折。県道90号線に入る。

農協前、朝日2丁目をすぎ、ＪＲ内房・久留里線をまたぐ高架道路を行く。新宿町バス停すぎ、（中島、金田方向を廻ってきた）87号が合流してくる。その先から木更津港の一角に入る。水門のある舟溜り海際を右手、港内を見つつ、右手海の上に大きな吊り橋が見える。あのあたりが「中の島公園」だ。後方北側に自衛隊木更津基地、南側に1，000～2，000屯クラス着岸の工業港、その真ん中にささやかな漁港だ（自衛隊基地にオスプレイが配置されるそうだ）。右側の島田川水路を挟んで、手前の旧町と埋立地域を分かっている。

料亭富士屋←木更津港バス停を過ぎ、古くからの「料亭富士屋・季眺」から、左折して、矢部川沿いに駅に向かう。

八剣《やつるぎ》八幡神社←木更津の守護神社とも称される八剣八幡神社で手を洗い、駅西口へ。整然とした西口であるが、真夏の炎天下とはいえ、人影はなく、商店も寂しい。これが人口17万人程の駅前かと嘆いた次第でした。

木更津駅←

正味4時間ほどのてくてく歩きでしたが、今日はこれでお仕舞です。35度にもなる舗装道路歩き…自分の趣味でやっているにしても「齢を知れ」という事でしょうか。

・汗まみれ　進む舗道にアブラゼミ　生きるだけ生きたね　サヨウナラ
・力尽くし　生きた証か　ツクツクホーシ　仰向け姿で往生す
・さよなら　車に轢かれしカエル君　生まれ変わったら　今度は君が人間だよ
・セミ・カエル・ヘビ・タヌキ　恨みは深し　車社会
・紅いザリガニ　泳ぐ小魚　田んぼに連なる場末の下水　どじょうも小ガメも　ドッコイ生きている
　ここが天国、まさかの発見

○港沿いの県道から、駅西口に向かう際、八剣八幡神社にぶつかる手前、右側の奥にあの「證誠寺《しょうじょうじ》」があった。野口雨情の童謡「狸ばやし」で知られています。境内に狸塚や歌詞の碑もあった。
木更津市のマスコットキャラクターは、「狸と花火と吊り橋」もようの可愛らしい「ギザポン」です。マンホールの蓋にも狸がいたよ。

○木更津市の人口は、全国的地方都市の例にもれず、減少し続けてきた。駅前デパートなど大型店舗閉鎖も相次いだ。そんな中東京湾アクアライン開通。通行料金の大幅引下げ等により交通量も大幅アップ。アクアライン・千葉県側の着地点近くに、新たに大型ショッピングセンター、バスターミナル、ホテルの進出も相次ぎ、これに呼応する如く、木更津市内に移住してくる人も増え、ここ数年では、毎年着実に人口回復、増加傾向にある。それ故に今日の「市街地～駅」をてくてく歩く中で、なにか従来の繁栄復活を感じさせる活気のような動きを期待していたが、残念ながら回復の息吹はなかった。私の認識の甘さも思い知らされた気分。そこかしこに元気が戻るにしても、…それは以前の繁華街や駅前に戻ってくるわけではないのだ。新興の住宅地は生まれても、栄えてくるのは、国道のバイパス沿いだったり、大規模駐車場完備の巨大ショッピングモールや高速バスターミナル周辺から人々は集積し始めたのだ…という事。余程の荒療治を施さねば、駅やその周辺の昔の一等地といわれる地域の再生は難しい…と。

○猛暑の夏は我々人間にとっても今や重大事件のようなものだけど、一緒にこの地球の日本に住んでいる昆虫や魚などにとってもどれ程大変になっているのかしら。人間社会の〝更に生産性をあげる、効率化推進、害虫駆除、外来種排除〟……これ等のお陰で、…雀がいなくなった。カエルの声をきかない。あの虫たち（テントウ虫、ミツバチ、クモ、バッタ…）、メダカ、オタマジャクシ、段々減ってきて皆んなどこへ行ってしまったのか。小さな命の危機は人類の危機だ!!と云う人もふえてきたなあ。

内房ウォーク③　木更津↓佐貫

平成26年8月24日（日）残暑！

〈東京湾千葉県側南下〉

市民会館～潮見交差点県道90号線～畑沢川～坂田漁協解散碑～国道16号～君津市漁港資料館～君津市人見～人見橋～小糸川（人見せき）～大和田から国道16号～創業明治10年・青堀温泉・𠮷楽館（バス停・青堀鉱泉）～大堀神社～大堀中央交差点～青堀駅～内裏塚古墳入口（亀下）～青堀小～忠魂碑～西川～新井（交）国道465号線へ（富津岬と分れ）～川名（下洲漁港方向を見送る）～日東交通富津営業所～千種新田局～駅へ右折～大貫駅～迂回路を通って～大貫海水浴場～大貫漁港（をかすめ）～小久保～観音裏参道～観音下～佐貫駅

木更津駅西口9：30スタート～佐貫駅15：00

約5時間30分、約20km強

JR内房線
木更津駅西口 ←

西口から歩き出す。近くにある市役所からの広報スピーカー「……34度を超える予報です。午後の外出は出来るだけ控えましょう…」と流れる。そんな猛暑照り返しの中を歩く。右手の市役所はまるで海からの水路に囲まれたように見えなくもない。

市民会館 ← 潮見交差点 ← 畑沢川 ←

右手、烏田川の舟溜まりには早くもハゼ釣りの人を見ながら、県道90号を進む。潮見交差点をもこえ、左から旧国道（？）と交差、それを右へ、県道90号線を行く。（まっすぐ上れば新住宅地「港南台」へ）、右手は国道16号と工業地帯、左手の崖に沿うように、（館山道への）畑沢も、畑沢川（ドブ川、残念！）も過ぎた。「坂田」には往時を偲ぶ「漁協解散碑」あり。

坂田 ←

坂田漁協解散碑 ←

今でこそ京葉工業地帯と称せられるが、昭和40年以前は、木更津・君津・富津の一帯は、一面遠浅の穏やかな海原で沿岸漁業やのり・あさりの一大産地だった。昭和の高度経済成長を支えるエンジンとして埋め立て、工場進出となり、多くの漁業関係者は涙をのみ、転業する人も多かった。…そんな推移を思い起こさせる「解散碑」でした。

製鉄正門入口 ← 国道16号合流 ← 君津市漁業資料館 ← 小糸川（人見橋）← 青堀温泉「㐂楽館」←

新日鉄住金君津製鉄所の入口です。その先、大和田で県道90号は右へ、逆に国道16号が山側に来て、しばらくは国道16号を行く。

右手に漁業資料館、すぐ先に水量充分の小糸川（人見橋）。橋を越えると富津市域へ。

青堀温泉（バス停は青堀鉱泉）創業明治10年「㐂楽館」と、そして昔なじみの商店街が少し続く（小糸川が東京湾に流入する手前に小糸川漁港あり）。

小糸川はその水源は房総奥深く、三島湖・豊英湖から流れて来ているという。〈往時には、この辺、一帯から富津岬にかけ各種商店街、宿泊施設も多かったという。今は運河と工業ゾーン、その先に富津漁港、漁協、造船所もあって、それから富津岬にかけて、今でも盛んな汐干狩地帯、そして先端には「明治百年記念展望塔」が建っている。〉

大堀神社 ← 大堀中央交差点 ← 青堀駅 ← 内裏塚古墳入口 ← 青堀小 忠魂碑 ← 新井（交） ← 川名（交） ← 日東交通富津（営） ← 千種新田局 ← 大貫駅 ←

大堀神社はなかなか目立つ、境内に立派な一対の、旗掲揚台（コンクリート）ありて「浜田幸一」奉納とある（あのハマコーさんです）。

そして、青堀駅へ。東京湾岸には、東電富津火力、新日鉄関連の工場地帯となっており、青堀駅から工場群の方角のゾーンについては、新築住宅が目立つ。但し、青堀駅とその周辺は、その新築住宅の恩恵を受けているようにもみえない。駅周辺は既存の街並み（家並み）で、その先の畑などが新住宅開発につながったらしい。更に国道16号を南下する。青堀小前、道そばに〝忠魂碑〟どうして日露戦没碑ばかりなのか?太平洋戦争はただ反省するのみか…世の為、人の為、祖国の為、死んだ兵士の魂は誰が弔うのか。敗戦後の戦争否定が祖国否定の嵐となり、一方でアメリカの核の下で平和を享受している我々は何者かしら。

新井交差点で左折して国道４６５号線を行く。（直進すると富津漁港、潮干狩りエリア、プール、明治百年記念展望塔へ）。

川名（交）（で直進すると下州漁港に至るが、）左折して国道４６５号線を進む。左右畑の見通しの良い通りをさらに行く。

左に日東交通富津（営）をすぎ、民家と畑の中のシンプルな道を耐えて歩く。

千種新田局前で内房線とぶつかる。手前を右折してレール沿いに進むと大貫駅に到着。

例によって何にもない駅舎。ポツンと駅前にそば屋あり。

これに入り、ビール生小３５０円と〝ヤサイラーメン〟合計１，０００円。生き返った。

無愛想の夫婦に思えたが、店を出るときはなぜか愛想を崩してニコニコ顔・・・マッいいか！

迂回路経由 ←（店員の笑顔一つで味も変わる！）さてメシ食って、今、13：30すぎ、元気取り戻したところ
大貫海水浴場 ← でもうひと踏ん張りやるかと、佐貫駅をめざす。迂回路を通り大貫漁港＋中央海水浴場に出る。
想像もしなかったような弓形の広大な浜が富津岬の突端まで伸びている。
大貫漁港 ← しかし浸蝕に悩んでいると見え、テトラポットの波よけがやたらに多かった。
小久保 ← 岩瀬川の橋を渡り、漁港そばから国道（漁港入口（交））に上った。小久保地区でレールと
観音裏参道・ 併行となったが、それからの約３㎞は暑い中、長かったなぁ。内房線のレールを左に見なが
観音下 ら変化の乏しい道を行く。観音裏参道、観音下のバス停あり。これは右側山の頂上に、南向
きの大観音様への参拝ルートだ。「観音下 ♀」からクネクネ坂を登ると大展望の公園となっており、
更に観音像の中を登って、肩のあたりからの大展望に会う事も出来る。
佐貫駅 ← ようやく駅着。ここも全くさみしい。ポツンと電車が発着するから駅がある・・・という風情だ。

〈駅前はスーパー一つにしてやられ〉

○富津岬…新井（交）で国道４６５号線に左折せず、まっすぐ16号線を進むと、しばらくして左側に医光寺がある。
①陣屋があった（医光寺境内）。江戸湾防備を命じられた陸奥白河藩が１８１０年に設置。家族を伴って陣屋に駐留した。「富津陣屋跡」あり。②岬先端部（富津公園）に明治17年竣工した。「元洲堡塁砲台跡」があり、レンガ造りの兵舎壕や弾薬庫跡などが保存。③岬突端に明治百年展望台があるが、そこからは明治時代から大正時代にかけて海中に島を築き造られた第一海堡から第三海堡まで眺めることができる。いずれも江戸防備、首都防衛線として設置、構築されたもの。（千葉県の歴史散歩）

○内裏塚《だいりづか》古墳群…「全長145ｍの前方後円墳・南関東最大規模」が小糸川下流の砂州上に分布する古墳群の中心をなしている。この古墳群は2㎞四方の中に、5～7世紀にかけての古墳が41基も確認されている。（千葉県歴史散歩）

○コンビニが先導する街（地域）のポイントづくり
旧くからあった商店街がなくなったり、大型スーパーまでは遠すぎる…といった中で、地域の人々に〝助かるよ！〟と思われているスタイル（中心街からは外れたローカルで、時々見かけるようになった）。「コンビニ・コインランドリー・千円床屋・ガソリンスタンド」などが、大きな駐車場を取り囲むようにして立地しているもの。コンビニエンス・ストアと珍しがっていた頃は、大都会市街市中心の出店だったが、その後郊外に延びた住宅街や新「幹線道路」沿いへと急拡大し、今では出店はほぼ飽和状態とさえいわれている。そうした中で一つ注目すべき点は、（以前は注目もしないような）ローカル地域にもいつの間にかポツンポツンと進出し、これがローカル地域で買物不便をかこってきた過疎集落などのお年寄りに「頼りになるし新しい時代の〝よろづや〟として食料をはじめ身の回り品が手に入る拠り所となってきている。いわゆるセーフティーネットとしての公共的性格を発揮している。
○これから「てくてくの旅」を延々と続けていくなかで、「過疎ローカルでポツンとコンビニが在る」事の有り難味をもっともっと思い知る事となった。そのコンビニに「車・自転車・徒歩」で行ける人は、まだまだ幸せといえようか。
テレビの人気番組ではないけれど、…「ポツンと一軒家」程ではなくとも利用できる店もコンビニも無い集落が、今、全国津々浦々で急増しつつある…部落や集落が崩壊消滅の危機に晒されているのだ。

内房ウォーク④　佐貫↓金谷

平成26年9月4日（木）くもり

〈東京湾千葉県側南下〉

県道256号線・新舞子海岸線～右手山の上・東京湾観音～川向橋～鶴峰八幡神社～新舞子海水浴場～「弟橘姫をしのぶ」碑～稲郷笹毛～慈眼寺そば踏切～国道127号線～海浜公園へ～上総湊海水浴場～上総湊SL～湊川（橋）・明聖学校～海良～十宮～大棚海岸～白狐川（竹周川）～竹岡漁港～城山歩道トンネル～津浜海水浴場～崖の下造船所前～竹岡駅入口～荻生漁港・黄金井戸～別荘入口・豊貴橋～平磯海岸～うしやまトンネル～梅花亭～島戸倉トンネル～砲台山入口～フェリー乗り場～浜金谷駅

スタート10：22～15：30　約5時間、20km

佐貫駅 ←――― 川向橋 ←―――

昨日は雨が降ったり止んだり。今朝は太陽がサンサン。でも秋の気配濃厚です。「短パン」をリュックに入れ8時過ぎ、自宅を出て電車乗り継ぎで佐貫駅へ。10時20分過ぎ、てくてくスタート。線路沿いを南に向かい踏切渡る。広がるタンボで稲刈り進む。組んだ丸太に刈った稲を束ね、逆さY字に下げて行く。右手後方の山の上に「東京湾観音」が首から上を出し、こちら（南）を向いています。大きいなぁ！

ほどなく下りとなり、小さな川にかかった川向橋を渡る。「染川」という細い流れ。オヤオヤちょっとした渓谷を成しているぞ。橋そばにお稲荷様ありて、そこに看板がかかっていた。お賽銭泥棒に対する警告文でありました。（最近アッチコッチの寺や神社が狙われているからネ）。

←鶴峰八幡神社
←新舞子海水浴場
海岸線←
弟橘姫の碑←
どん詰まりから笹毛へ←
慈眼寺前ＪＲ踏切←
県道２５６号から国道１２７号へ←
「湊」（交）右折←
海へ向かう←
海浜公園←
上総湊駅←

少し先の右上に朱塗りの場違い程の立派な神社ありて「鶴峰八幡神社」と称す、天羽郡総社とあり。９／14～９／15は祭礼という。この神社は３００ｍ先の舞子海岸から鳥居がある。

ここの海岸は印象に残った。北側の浸蝕はあるものの、長い弓なりの砂浜が展開し、とりわけ波うち際の貝がらは多分今では県下トップクラスの種類と量がある・・・といえそうだ（三浦半島から湘南小田原まで、浜沿いを歩いたが、この浜ほど量と種類で圧倒している所はなかったなぁ～）。私もポケット一杯めずらしいものを採集した。

古事記を思い出す。「弟橘姫」の碑があった。海を鎮める為身を投じたあの姫の碑。

新舞子海水浴場から高良浜へと貝拾いを励みスッカリ童心にかえりつつ、そろそろ浜も尽きようとする辺りをドン詰まりまで砂浜を歩き、頃合いよろしく左手の草付きの斜面をよじ登って集落に這い上った。ザクロの実がぶら下がっている小さな集落をすり抜け、更に小沢に沿って上り県道２５６号線の笹毛に出て踏切を渡った。しばらく県道のアップダウンを歩くと左から来た「国道１２７号線」に合流した。

佐貫から国道１２７号を使う時異常ありし場合の迂回ルートとして県道２５６号線をマイカーで通った事はあるが、本日はそのまた更に海辺の砂浜を可能な限り歩いて来ました。国道を下り、左カーブになる頃、右に折れて上総湊海浜公園へおりた。ここの浜も大きな弓型を成しているが、一大特長が幅が50ｍ以上もある海岸植物群生地（浜昼顔・浜ボーフー・ハマユウ）が美事に拡がっており、砂浜は、それの更に右側の浜辺に弧を描いて展開している。この浜も貝がらは多彩でした。

←カメラヤかコンビニか
←湊川（橋）
←海良《かいら》、十宮、大棚
←国道１２７号線
←マリーナ竹岡漁港
←紅い橋、弁天様
←城山子供トンネル
←

10分足らず歩いて上総湊駅へ。東側に駅広と商店街が国道１２７号線に通じている。ご多分に漏れず商店街は寂れていた。

私のデジカメのメモリー残量ゼロとなったので、駅前のカメラ屋に入ったが、〝置いてません〟という。しかし近くのコンビニにはあった。カメラに使うものはカメラ屋さんにあると思ったが…。そういえば街からいつの間にか、写真屋さんカメラ屋さんは減ってしまったなあ。さて、無事、メモリを入れ替えたし、駅入口（交）を右折して南下する。

国道１２７号線にかかる湊川（橋）を渡り、右カーブ、海良、十宮で内房線レールを高架で越え、大棚海岸と進む。

草の覆いかぶさった歩道を注意して進む。右は崖、その下は海。落差10m～20mはさ程でもないが、東京湾と神奈川側が一望で、まことに景色よろしく、猫の額程の平地にアッチコッチ別荘あり。

国道１２７号から右にわかれ漁港の方に降りて、漁師さんの家並みの中を進むと、クルーザー・プレジャーボートなど20隻ほど係留したアリーナが2ヶ所あった。この辺の漁師さんが有しているとも思えず、都会のお金持ち所有かしら。或いは、漁師さんが漁船として使っているのかしら？

漁港（結構盛ん）の南ハジに白狐川が注いでおり、そこに朱色の橋がかかり小島状に突きでたミニ半島に弁天様あり。

これを左廻りして国道１２７号に出て、城山トンネルへ。いいあんばいに立派な歩行者トンネルがあり一安心。（１３７ｍ）

津浜海水浴場←崖の下造船所跡・クルーザー係留←竹岡駅入口←荻生漁港←黄金井戸（ヒカリゴケ）←打越隧道←洞口トンネル←平磯海岸←丑山トンネル（梅花亭）←島戸倉トンネル←金谷マリーナ（インター入り口）←砲台山入口←フェリーのりば←鋸山観光（施設）←

左手は山からの崖、右下も崖、そして海。要するにその昔、山が落ちる崖のフチを削って道を使った…という雰囲気。その崖下のわずかな広がりに漁村集落があるわけだ。漁業盛んなりし頃は小規模だがあっちこっちに造船所もあった。今や造船は廃り、その跡地がクルーザーの係留に適している。…ということのようです。

バス停はまだ、「造船所前」となっていた。

竹岡マリーナを過ぎて左上方向にJR竹岡駅への表示を見る。小型漁船10隻程係留した小ぢんまりの漁港（荻生漁港）があった。国道に戻り、少し進むと左側、山裾に「黄金井戸」の表示あり。明るすぎると見えにくいが、目を凝らして中を覗き込むと、確かにキラキラ光るもの無数あり（ヒカリゴケ）。トンネル（打越隧道）を一つ越えると、右手に大きく東京湾が広がった。洞口トンネルは短いけど歩道なく怖いトンネルです。

豊貴橋、平磯海岸、長い海岸線の右側道路の小さなふくらみに高級別荘あるも殆んど表札なし。配達員泣かせだと思う。防犯対策？個人情報だから？悪い風潮だ。トンネル出ると、昔、造船所だったところが今、梅花亭レストランとマリーナ専用となっていた。島戸倉トンネルは付け替えか。

そして金谷の町へ、東京湾アクアラインが通じても生き残った東京湾フェリー。但し、他の要因もあるがアクアライン開通で客数（車も）が激減した中で頑張っているようだけど、観光植物園、宿泊施設、レストラン施設の店仕舞いはさみしい。丁度浦賀からのフェリーが着岸するところ。漁船がフェリーに航路を譲っているみたい。岸壁で釣り糸を垂れている人も。陸側の駐車場で待機しているマイカー等、台数も減っているようだ。国道を先に少し行って左に入ると、内房線浜金谷駅でした。昔ながらの淡い空色・平屋建ての駅舎です。売店もなく、自販機のみ。年配の駅員がおりました。今日の「てくてく」はこちらで切り上げます。

←浜金谷駅

●フェリー発着場近くのセブンで「缶ビール、おにぎり」を買い、岸壁近くのベンチに腰を下ろし、ようやく陽も傾き、色付き始めた海を見つめながらのひと時は心に残りました。

●上総湊から湊川を越えて、東京湾浦賀水道を右手に見つつ南房総南端をめざし南下した。頬っぺたを大きくふくらませたような竹岡海岸沿いの国道127号線を歩いているが、右手は海（東京湾）だが、左手は崖や山の斜面がかぶさり、左手の崖の上に何があるの全く見えない。海沿いからかけ上がるには、いささか急坂続きだけど、実はその山（丘）の上には、別荘地帯やゴルフ場が展開しているのだ。天羽マリンヒル、富士見丘別荘地、随縁カントリー等がある。眺望はとてつもなく素晴らしいが、常住して暮らすにはなかなか大変そう。別荘をもつ…という素晴らしさと大変さが思われる。（また、車でクネクネ道を登り、辿り着いたゴルフ場から東京湾を越え丹沢の山波はるか上空にそびえる巨大な富士の雄姿は真に大観で忘れ難い。）

●鋸山（329．5m）…今日竹岡から歩いて南下してきた際、小さなトンネルを抜けると手前に金谷港。その南側にゴツゴツ切り立った屏風の如き岩山と対面。これが鋸山。最近「低名山」として一段と人気も出つつある。是非電車で来て、浜金谷駅から直接登って欲しい。そして頂上からの下山は向こう側（南側）の保田駅まで歩いて欲しい。眺望絶佳・スリル充分…駅から歩いて駅に至る。きっと足腰にも、心にも、今日一日たっぷり歩き快く疲れた満足感に浸れるでしょう。

内房ウォーク⑤　館山↓金谷

平成26年9月5日（金）くもり

東京湾千葉側の「稲毛海岸」（千葉市）から房総半島南端「野島崎」までの東京湾沿いを「内房ウォーク」と称することとした。そしてこれまで蘇我から南下し、木更津〜浜金谷までの「てくてくウォーク」と「その紀行」を記してきた。今回のウォークは、JR館山駅をスタートし、（これまでの南下とは逆ですが、）富浦↓勝山↓保田↓浜金谷と北上した。

西口海岸通り〜北条海岸〜市民グラウンド・平久里川〜那古・川名〜船形漁港〜那古船形駅〜崖観音〜岡本川（橋）〜富浦駅〜日露戦争記念碑〜逢島〜豊岡海岸〜国道127号〜坂下トンネル〜七面山入口〜南無谷海岸〜南無谷トンネルの左側トンネル〜石小浦（漁港）〜小浜（漁港）〜南無谷コミ集会所〜岩富トンネル弁天鉱泉〜小浦トンネル〜左下の小浦（富山町）漁港〜ハーバーアイランド岩井〜高崎漁港〜岩井川〜岩井海岸〜岩井袋〜トンネル〜勝山漁港〜佐久間川〜勝山海岸〜頼朝上陸碑〜大六漁港〜大六海岸〜亀ケ崎〜鋸南道の駅〜保田漁港（バンヤ）〜保田川〜保田海岸〜元名海岸〜国道127号辿り上る〜元名トンネル〜明鐘トンネル〜ロープウェイ入口〜浜金谷駅到着

8：10スタート〜16：10　約8時間、25＋α約30km

館山駅西口←鐘ケ浦←船形漁港←

館山湾は鏡のように波静かなことからまた鏡ケ浦ともいう。弓なりの美しい海岸だが砂浜の浸蝕おびただしく昔の姿を知るものからすると痛々しい。平久里川を渡り砂浜を歩く。はるかに富士や伊豆の天城山が遠望されやがて船形港だ。館山市内最大の漁港で往時は日本一のカツオエサイワシ港といわれたが今は衰退著しい。鏡ケ浦（館山湾）も終わるころ国道

崖観音 →
富浦駅 →
豊岡海岸 →
坂の下トンネル →
七面山入口 →
南無谷トンネル →
石小浦、小浜漁港 →
岩富トンネル →
小浦漁港 →
高崎漁港 →

１２７号（旧道）の右手、船形山断崖の中腹に朱色の観音堂あり。（通称「崖の観音様」という）観光バスによる観光参拝客がみられる。海食による幾層もの地層は小学校の教科書にも載っていた。国道１２７号（旧道）から１２７号本道へ。南房総市富浦は（日本一の長崎には及ばぬが）「枇杷」の一大産地で毎年皇室に献上されている。私も毎年6月になると一年間お世話になった友人知人への御遣い物として活用している。富浦は南房総市のへそとして市庁舎がある。駅もユニークで好ましい駅舎だ。国道横切り浜へ。ここも弓なりの砂浜で、南房総の東京湾側には穏やかな砂浜が多い。公衆トイレの整備もよし。又国道に上るとすぐ「坂の下トンネル」。たかだか１００ｍもないトンネルだが狭くて急カーブの為、危険だと知られ、現在改修工事中。車は通しているのに、歩行者は15分待たされ絶句。通行車両を止めてバンで送ってもらった。右手七面山は全くの低山だが、里見氏の居城であったところ。歩行者、自転車にとって危険な結構長いトンネル。改修のそぶりもないままの問題箇所も多し。幸い左手に遠回りになるが、道別れするように左手の小型のトンネルを行く。（南無谷トンネル）出た所に小漁港と集落が隠れるようにして存在。小浜というところ。ここは昔なつかしい本来の漁村らしい漁村です。

ここから先また、国道に出るしかなく、出た国道を少し進むと岩富トンネルとなるが、これが最悪。たかが３００～４００ｍだが命カラガラ抜けたら、国道から浜への道に逃げるように下ると、漁港を中心とした２～３百戸はあろうかという集落。組合魚市場から小浦、そして高崎漁港へ。歩道も無き旧いトンネルの「歩き通過」には懐中電灯が欠かせません。車に私を知らせるのです。富浦町から富山町へ、国道歩きを避けて、砂浜伝いで、進む。砂浜の右手には東京都内各区の臨海学校が沢山あり、内房を代表する子供向けの海水浴場。レジャー

岩井袋 ← 勝山漁港 ← 勝山海岸 ←

が多様化してなかった昭和35～45年頃は民宿利用の海水浴客が殺到した。民宿では、ひと夏で一年分の生計費が稼げる程収入がある…といわれていたもんだ…今は昔の話だが。岩井川、みかさ橋、河口は幅15～20ｍ程もあるが、海に流れ込む口はなんと「1～2ｍ」しかない。波打ち近くで海に注ぐのをためらうように、池のような水たまりが出来ていた。オヤオヤ！広い砂浜の真ん中に昔ながらの「手押しの井戸」があった。なんで砂浜の真ん中にあるのかしら？ゴミもないけど貝殻も海藻もない！弓なりの砂浜の北側は浸蝕も大きいと見え、テトラ・防潮堤あり。岩井海岸の北から西へ張り出している低い半島に上り、トンネルをくぐった。岩井海岸さようなら。更に崖沿いを進みかろうじて半島を回り込んだ。12：00

すると左手に入り江が見え、寄り道をした。

岩井袋というかくれたる漁港と集落があった。海に突き出たところに廃墟となった大型クレーンの残骸あり、絶好の魚釣りポイントに見えた。福蔵寺の脇を通って進むと、苔むした石段付きの「鯨塚」があった。鯨を解体する出刃組が一年に一基の供養碑を建てた。１２０基もあったが、風化して現存52基だそうです（説明碑文あり）。

その先を更につき抜けると、国道１２７号線にぶつかり勝山の町に出、左に行くと勝山港。右手におむすび型の大黒山がそびえている。その昔、東海汽船の橘丸が寄港して観光地として知られていたところだ。あの頃は賑わっていたなぁ。昭和30年代ごろまでのことだけど…。今も、漁港は健在。別名ターザン島と呼ばれる浮島やめがねの島も昔と変わらず、親しみ易い勝山海岸もさすがに侵蝕にさらされているようだ。勝山海水浴場の突端に「源頼朝上陸地」を示す碑あり。それを越え進むと大六海岸と家並み。

〈「ふしぎな岬の物語」の舞台〉

頼朝上陸地点の碑 ←
大六海水浴場 ←
亀ヶ崎（島）←
道の駅「鋸南《きょなん》」←
保田港（ばんや）←
保田海岸 ←
元名海岸 ←

大六橋から国道に出て進むと、道の駅「鋸南」、菱川師宣記念館、を越えて歩くと、保田港となる。観光客に人気の〝バンヤ〟（海鮮料理）中心に、活気はある。人口減少を続ける漁港・漁村の一つの成功例といえる。今日も大いに賑わっていたよ。

保田・元名と弓なりの海岸を行く。

前方の鋸山の壁のような大きな図体が迫ってくる。左側の海岸は遠浅というよりは砂浜からはストンと深くなっているようにも見える。投げ釣りの人2人、キス狙いとのことで、釣れていないせいか話しかけても不機嫌でした。元名海岸から国道に上った地点に、以前はあった公共トイレ設備等は今は撤去されて何もない。

元名第1第2トンネル ←
明鐘トンネル ←

さて今日の最大の難所。岩富トンネルも怖かったけど、ここの第2、第1元名トンネルはもっと怖い。トンネル自体もカーブしている。疾走してくるトラックが突然目の前に現れる。歩道はゼロ。トンネルの壁にへばりつく。何とかしてくれぇ！

その先の明鐘トンネルも恐怖。但し工事中。とうとうトンネル外の崖っぷちを歩き、岩だらけの磯に降り、何とか突破！

ふしぎな岬の物語←ロープウェイ入口←金谷川←内房線浜金谷駅

磯から崖の上10m程のところに、カナダ映画祭グランプリを受賞した「不思議な岬の物語」で舞台となった喫茶店あり。客が今日も列を成して大混雑。

ともかく難所通過。岬を国道沿いに大きく廻り込み、鋸山へのロープウェイ駅入口を通り、金谷の街へ。横須賀市浦賀とのフェリーターミナルで南房地区の一つの拠点だが「鋸山観光」経営の施設閉鎖は寂しい。「東京湾アクアライン開通で大打撃」は何ともいいようがありません。浜金谷駅はこれといった特徴もない駅舎です。この日は鋸山ハイキング帰りのグループ6～7人で少し賑やかでした。

今日のてくてく…も今16時を過ぎて終わりとします。波穏やかな風光明媚な内房海岸沿いの「てくてく」は楽しいものでしたが、東京近郊にしては、道路事情はまだまだです。館山道の開通延伸で高速経由は随分よくなったが、国道127号線の改良は高速開通でむしろ忘れられなければ…と危惧するものです。特にこれからの時代自転車や歩く旅人の増加することを思えば観光要素の強い国道127号線の安心安全に向けた改良は強く望むものです。

○鋸山（標高329．5m）

標高は取るに足らぬ低さだが、内房線電車から、或いは館山道を車で走る時、東西に空を限って峨峨たる岩壁が立ちふさがる。この山塊は外房の清澄山まで概ね連なっており、これより南を〝南房総〟と呼ぶ。北側の木更津と南の館山では、気温も2度程差がある。鋸山のシンボルである絶壁群は、石材を切り出した跡。土木・建築用として江戸時代初期の頃より産出し「金谷石」「元名石」と呼ばれていたが明治40年、房州石材業組合設立以降「房州石」と呼ばれるようになった。（千葉県の歴史散歩）

別の日の話だけど「てくてく」で対岸の三浦半島を三崎港方向めざし歩いていた際、対岸・房総半島に（海を挟んで）目を移して見ると、低い房総の山波の中でスッキリとした〝三角錐〟の山が見えるではないか。結論は〝鋸山〟でした。こちら側から見ると、鋸山山脈を縦に見る為に330mの三角形に見えるのだった。（同じものでも見える位置・角度によってはこんなにも異なるものか…。）

○おまけ…古い話で恐縮だが、昭和50年10月初旬、秩父の百名山、両神山（1，723M）に登った際、日向大谷に一泊。翌朝、御来迎を拝んだが、一面雲海の中、東の空遠く雲の上に双子峰の高山が見えた。あの方向にあんなに高い山は無いとの先入感はみごとに打ち破られた。茨城の筑波山（877M）だったのだ。更に、私の故郷・房州館山・鏡ケ浦（浜）から、伊豆大島や富士山はともかくとして、西の方向・水平線の彼方、海の上に伊豆半島天城連山（万三郎岳1，407M）を仰ぐ事が出来、子供心にいつか、富士山や天城山に登ってやるぞと憧れていたものでした。

内房ウォーク⑥　館山→安房白浜

平成26年9月23日（火）

（館山駅西口から）

汐入川〜渚の駅〜館山港〜自衛隊〜塩見・浜田港〜休暇村〜波左間漁港〜坂田〜洲崎灯台〜洲崎神社〜平砂浦ビーチ〜アクシオン館山〜ゴルフ場〜南房パラダイス〜いこいの村〜国道410号線〜相浜〜布良富崎漁港〜ジャングルパレス〜根本海水浴場〜キャンプ場〜長尾川〜白浜温泉〜野島崎灯台
（県道257号線…房総フラワーライン沿いを中心に）　約26km、約7・5時間

館山駅西口 ←

「地中海沿岸・スペインの海岸都市」をイメージしたオレンジ色瓦の街並み風の駅西口をスタート。駅舎西口から海に一直線の「夕映え通り」を約300m程行くと、北条海岸（鏡ケ浦）に出る。

汐入川・渚の駅 ←

左折して汐入川＝汐入橋を渡る。渚の駅〝たてやま〟。夕日桟橋を右に見、左に館山総合高校を見つつ進む。（旧・県立安房水産高校）

館山港 ←

漁港（小規模）と商業港を右に見つつ県道250号を進むと、「海上自衛隊館山基地」にぶつかる。

自衛隊・館山基地 ←

左折して更に信号を右折して、県道257号に入る（この先当分の間この道を行く）。海上技術学校（国立）、各大学、会社保育所が多数ある。地名は「香」こうやつ…バス停は「香谷」こうやつ。

香谷《こうやつ》・見物《けんぶつ》 ←

小さな漁港と別荘、宿泊施設、海水浴場など。国民休暇村は大きな施設ではないがアットホームなホテルで、一年を通して人気が高い。県道257号線は、房総フラワーラインともいうが、このあたり自慢する程の花々はない。波左間海岸は、このあたり一番の砂浜です。民家も多い。

国民休暇村 ←

波左間漁港 ←

波左間漁港、観光用の海中透視船もある。坂田《ばんだ》、この山側にわけ入り30分も上ると眺望抜

← 坂田《ばんだ》
← 洲崎灯台
← 洲崎神社
← 平砂浦ビーチ
← アクシオン館山
← ゴルフ場
← 南房パラダイス
← いこいの村館山
← 国道４１０号線へ

群の「坂田の大山」がある。

そして岬の突端に辿り着くと、洲崎《すのさき》に至り、立派な灯台がある。東京湾を往き来する大型船や、上空たかく西の方向東京湾の海の上に大きな富士の嶺が（運が良ければ）見える。

洲崎灯台を右に見つつ、半島先端を回り込むように進むと「神社前」〇あり。山側の高台には岩陰に神社の自然林に囲まれた「洲崎神社」があった。この神社では毎年2月の初午《はつうま》と8月21日の例大祭の日には「洲崎のミノコオドリ」が奉納される。１１８０年（治承4年）に安房に落ちのびてきた「源頼朝」が参拝し、ここに神田を寄進したと伝わる。三浦半島を「てくてく」時に、この洲崎神社から分祠した同名神社があったのには驚いた。例大祭の日、神社の急な石段を駆け上る勇壮な姿はこの界隈では有名だという。

今や半島を背に、正面、太平洋をはさんで伊豆大島が大きく近く見える。伊戸海岸地先で二股となり右のフラワーラインに入る。自転車道路も併設され、松林をはさんで広大な弧を描いて平砂浦ビーチの砂浜がつづく、投げ釣りの人、サーファーがいます。

ここまで来ると、海を挟んで洋上50㎞もない距離に伊豆大島が三原山を擁して雄大に横たわって見える。今から35年ほど前の11月（１９８６年）三原山が大爆発し噴火した。この平砂浦からは遮るものなく（特に夜間は）赤々と吹き出る溶岩が目撃され大騒ぎだった…。と伝えられる。間に海が横たわる意味に想いを馳せました。平砂浦は館山市民自慢の自然豊かなスポットです。宿泊よし！マリンスポーツよし！ゴルフ場もサンドスキー場もあるよ。

ゴルフ場とセットとなっているスペイン風ホテル、ファミリーパーク、南房パラダイスと続く。〝通称南パラ〟は経営が行き詰まり、民間資本にゆだねられて、新しく出発するそうです。広大な砂浜松林が尽きるところで国道４１０号線に入る。

（前方のこんもりした山に入ると「館山野島の森公園」と安房神社に至る。）

〈大漁神様〉

相浜 ← 富崎漁港（布良漁港）←

相浜、富崎《とみさき》、布良《めら》と小さな漁港を辿ると、白浜町域に入る。布良は、故青木繁画伯の「海の幸」で知られているところ。雄大な「平砂浦」を振り返ると東半分は、護岸・テトラ・砂浜ですが、西半分の砂浜は健在。富崎寄りのわずかな砂浜（駐車場があるせいか）に30人ほどサーファーがひしめいていました。

根本海水浴場 ← オートキャンプ場 ←

布良浜（阿由戸《あゆと》浜）は小さいけれど綺麗な浜です。「秘密の浜」という感じ。サーファー15人ほど。日帰り温浴施設「ジャングルパレス」あり。根本海岸♀。意外に大きく白くて広い砂浜です。いい浜だ。弓なりです。東の隅に小さい漁港あり。（釣り人、禁止だって）キャンプ場前♀。

白浜町スポーツジム公園駐車場あり。ここはオートキャンプ場となっており、シーズンにはキャンピングカーも含めて大賑いとなる。増える自動車（マイカー）によるキャンプ＝オートキャンプ場は、とてもニーズに追いつけない。今や世の中はオートキャンプ指向は増すばかり。「館山・白浜地区」は人気スポットであり、公営・民間を問わず〝グランピング〟のような総合的な施設充実が欲しい。虫食いを放置すると〝公害〟が増えるぞ。

長尾川→白浜温泉→野島崎灯台

砂浜近くの自転車道を行く。岩礁あり。サーフィン適所あり。
更に進むと長尾川・長尾橋をわたる。５００ｍ程上流にバス通りがあり、その山側に〝目がね橋〞がかかっているという。
「めがね橋」…明治21年に村民の寄付金で建設された石積みアーチ工法の様式三重橋で、関東大震災でも倒壊しなかった。（千葉県の歴史散歩）
徐々に左側・ホテル群、右側・荒々しく波がくだける豪快な岩礁群を見つつ、前方に見える野島崎灯台に辿り着いた。（15時）…今日は館山市内にある私の実家に宿泊。
○野島崎灯台（＝白浜灯台）は１８６６年（慶応2年）に江戸幕府が欧米列強と結んだ条約に基づいて設置することとなった全国８ヶ所の洋式灯台の中で2番目に建設された。
（千葉県の歴史散歩）

〈白砂青松の海岸〉

松でいいのかしら?

なぜ海岸際の防潮防風林は「松」でならなければいけないのか、「能代の松原」「気比の松原」「平砂浦海岸」「稲毛の浜」「沼津千本松原」「清水の千本松原」それにあの3．11で全滅した宮城、岩手の松林等々。松の虫喰い対策、松枯れ現象はあっちこっちでも繰り返されている。松が枯れても植える木はやはり松の植樹（松だけでないところもあるが）というのが定番です。

どうして軒なみ海岸植林は松でなければならないのかしら。何百年も前から、全国各地で沿岸の植林について種々苦労した挙句、防風・防砂・塩害・風光…などの観点から松に落ち着いているとは思うけど…。

〈一つの例〉

和歌山県御坊市関西電力・御坊発電所。海につき出た埋立地に立地した大工場。ここに広大で見事な緑地があるが松ではない。アラカシ、タブ、シイなどで立派な防風、防潮林になっている。30年もたって背丈10～15mの林。・・・宮脇教授89歳、横浜国大、〃植生の神様〃と尊敬されている先生の「自論」。

あの「3，11」では大津波が来て松は根こそぎ失った。しかし、ネズミモチ、アサギ、タブなどは生き残っている。

↓昔からその土地本来、根を張ってきた苗を植えよ！シイ、タブ、カシ・・・その土地本来の木を。「千年希望の丘づくり」宮城県岩沼市海岸、全滅した松林の土地に今回タブノキ、アラカシ、アサギなど幾万本も植えた。4年たった今、立派な林になりつつある。あわせて15ヶ所の台地もつくり、避難場所づくりもしている。10㎞にわたって植林。↓鉄筋コンクリートにも負けない森づくり。

その土地本来の木を植えよ!!肝心なのは人・人・人・人なんです。…と主張されている。

外房ウォーク④　安房白浜→千歳

平成26年9月17日（水）晴れ　29度

小戸海岸～名倉港～乙浜漁港～お花畑～白間津～漁港・潮風王国～ふれあい広場～七浦漁港～水産研究センター～川口漁港・忽戸《こっと》漁港～千倉港～南千倉海水浴場～瀬戸浜海岸～千倉駅～国道410号に戻り～瀬戸川～白子漁港～千歳《ちとせ》駅
約15km、約4時間強

今日は、館山市内にある私の実家をベースにして、「安房白浜」までバスで行き、房総半島南端白浜町の「野島岬灯台」から、南房総漁業の一つの中心地「千倉」経由でいわゆる外房方面に歩いて行く。

安房白浜 ← 野島崎灯台 ← 小戸海岸 ← 名倉港 ←

公共交通では館山から乗合バスで来ると「灯台口」「安房白浜」で降車。東京千葉からだと高速バスが同じく通じている。昭和40～50年代では夏（海水浴シーズン）の来訪者が最多だったが、昭和50年代～平成にかけては、春のお花畑シーズンに訪れる人々が最も多くなっている。

野島崎灯台から歩きはじめる。周囲には大きなホテルが林立し、みやげ物屋など多く、訪れる人も多い。但し、鉄道が直接乗り入れていない為、車での来訪が圧倒的。しばらく国道410号線を外房・千倉方面へ行く。国道といっても小さな入江を丁寧にぬって行く海際のローカル道だ。（房総フラワーラインともいう）

岩礁多く結構荒々しい。漁港も小規模のもの多シ。漁船も個人所有で小型の「チャカ船」が圧倒的。岸から1km内外で漁をしている。「和田、白浜、館山自転車道」を行く。「磯釣り人」目立つ。

乙浜漁港 → 白間津《しらまつ》花のパーキング →

名倉港を過ぎて、国道と別れ、右手海岸沿いの「和田・白浜・館山自転車道」を行く。右手は、１８０度以上遮るものの無い太平洋。右手やや後方に伊豆大島とそれに点々と続く七島。岩礁に砕ける白い波の迫力。港が近づく。県水産会社と隣接する形で乙浜漁港だ。素っ裸の海岸線にコンクリートとブロック等で力任せで作り上げたような武骨の大きな漁港だ。だが漁船は50～１００セキあるとしても小規模の漁船中心。岸壁から覗く海は青く深そう。堤防には本格的な釣り人多く石鯛狙いとか。餌は１㎝程の小さな生きた蟹でした。港を過ぎて海沿いを更に進む。右手、海上では小さな漁船４～５隻がグループを成し、旗を立てて漁をしている。網を巻き上げているのか。荒れたら手も付けられぬ荒磯も今日のように好天であれば心も弾む。どこまでも続く丸～るい大海原です。海沿いには国道４１０号線が走っており、乗合バスも通っている。まさにフラワーラインらしく、特に左側には、キンセンカ、ポピー、ストックなどの花園。

〈小型貨物線の船首に錨を巻き上げる鎖に付着した貝〉

→ 千倉大橋（白間津漁港） → 大川漁港 →

〝白間津花のパーキング・ちくら潮風王国Ｎｏ．３〟がある。私の歩いている自転車道は、その国道の更に海寄りに市道と並んで走っている。白間津漁港の海の上を「千倉大橋」で越えた。越えた所に「千倉大橋公園パーキング」です。

一方、左手国道４１０号線沿いの山側は近年特に春に人出が多く、白間津のパーキングから花畑の連続だ。路地栽培、ハウスともに盛んで観光客がお花畑を散策しています。

千倉潮風王国←
ふれあい広場←七浦漁港←水産研究センター←魚っちんぐ千倉←川口漁港←忽戸《こっと》漁港←（木戸港・境港）←千倉漁港（平舘港）←

〝どうして女性はお花が好きなのだろう？〟散策している人の、何と見た目8～9割が女性です。男性はついでに付き添っている程度か。

〝オッサンは妻や娘をベンチで待ち〟潮風王国で大休止です。

広い駐車場に「陸にとり込まれた大きな船」（見学できる）。海鮮物産店など賑わっていた。ベンチに腰掛け、穏やかなそよ風に身を任せてカキ氷を時間をかけてサクサクと削っては口に放り込む。いつか焦ってカッ込んだら冷たさに胃がギュッと硬直したっけ。

近海で地魚を釣る漁師の漁協というべきか…イサギ、カマス、カワハギ、キスなどあがっていた。「サザエ、アワビ、イセ海老」が豊富な漁場であり、至るところ、海岸線に密猟者への警告看板が見られる。「東安房漁業協同組合や千葉県、市」の名による。地元の権利を持たない人や行楽などで訪れた人が、素手で磯遊びがてら3～4個のサザエをみつけたりする…あの喜びは許されないのだろうか。＝許されません。私は今となっては古い人間ですが、小・中学校（15才くらい）までだったか。夏は毎日海に入り、サザエ・タコ・エビ・バッテイラ…など（素潜り）採り放題で、大いに自慢したものだが、その後どういうわけか…今は漁業権など持たないケースでは違法になるのだ。包丁の神様…高塚不動尊への道標あり。

七浦、川口、忽戸の各小さな漁港を右に見つつ、「魚っちんぐ千倉」もこえると、南房有数の千倉漁港の領域に入る。平舘《へだて》漁港ともいい、（特に最近は資源枯渇、気候変動で不漁続きだが）、秋のサンマ漁船団の出漁には派手にテープが舞ったものだ。今でもシーズンには出漁するが、2隻程度で、舞うテープも淋しそうです。

夏祭りには山車、屋台、みこしも多数出て往時ほどではないが賑やかです。

←清国船遭難救助の碑
←南千倉海水浴場
←ＪＲ千倉駅
←瀬戸浜海水浴場
←国道410号線
←瀬戸川
←千歳《ちとせ》駅

漁港をすぎると、南千倉海水浴場。といっても近年はサーフィンのメッカの一つで、一年中サーファーが訪れる。国道410号線の右側（海側）に海岸通りがあり、その更に右に「清国船元順号遭難救助の碑」があった。また、410号に合流し、右に林と砂浜を見つつ進む。「瀬戸浜」は延長1．5km位あるかしら。太平洋の荒波も寄せるが弓形の良き浜だ。近年とみに若者サーファーが押し寄せてきている。訪れてくれる若者増加は有難いにしろ、一方で迎えるための施設整備（駐車場・シャワー・更衣室…）も迫られてくる。

瀬戸浜～白子浜にかけては旅館ホテル、食事処など多くフラワーラインとして気持ち良く歩けます。また、大会社の寮や、千倉海底中継所等海に関する役所の出先建物も目につきます。フラワーラインの途中から千倉駅に向かう。1km足らず千倉市街地を行くと駅着。東京発千倉駅終点の「特急さざなみ号」が運転されていたのが懐かしい。駅舎は当時の勢いを示すかのように、ＪＲ駅にしては斬新的デザインでガッチリした構造です。この先内房線は千倉駅から鴨川間のお客様が特に少なく益々無人駅化が進むのではないかと危惧されている。

瀬戸浜海水浴場を右手に見て、松枯れ現象の進む松林の中のフラワーラインを歩きながら、防潮林、防風林について、やはりツラツラ考えてしまう。本当に松がベストなのか。実によく松枯れ立ち枯れを目にする。枯れたそばから松の苗の植林をくり返す。意外にトベラやグミが健闘している。また、竹はもともと強いが見栄えが悪い!!…等々と。

そこそこのサイズのホテルが点在するなか瀬戸川の橋を渡る。白子漁港方面への海沿いの道を右に見送り、海から少し離れるようにして国道を行く。左手にヒョッコリ、千歳駅があった。これ以上簡素な駅舎はない！と自信を持っていえそうな無人駅です。（貨車一箱で駅）

本日の「てくてく歩き」は短いですがここで終わりとします。

外房ウォーク ⑤ 千歳→江見

平成26年9月15日（祝日）晴れ　29度

国道410号から県道297号へ〜ローズマリー公園〜丸山川（大橋）〜白子・海発《かいほつ》海岸〜国道128号合流〜温石川〜真浦海水浴場〜和田漁港・市場〜和田浦駅〜道の駅和田浦〜和田浦海岸〜花の公園広場〜観音堂〜東真門〜洲貝川、京王マンション〜江見海水浴場〜江見駅
約13km

（千歳駅から）

館山市内にある私の実家を宿泊のベースキャンプとして、今朝は電車で千歳駅まで行き、千歳駅から江見方面へ歩く。内房線は千葉から館山、千倉を通り安房鴨川駅までをいうが、千倉から鴨川にかけては地理的には外房海岸沿いを走る。千倉の隣、千歳駅も外房海岸の一角に面している。

千歳駅は貨物車両一両を思わせる外観だが、その前が国道410号線だ。国道を突っ切り浜沿いを歩き始める。

千倉町白子海岸、「県道297号線・和田丸山線」＝房総フラワーラインを歩く。ミニ九十九里浜ともいうべき弓形の雄大な浜です。白い大きな名ナシの近代建築はソフトバンクの中継所？海岸砂浜は雄大であるが、波がすでに土手の一部を削り洗っているところもある。

公園入口（交）を左に入ると、程なくローズマリー公園。建設当初は、地域から浮いた違和感もあったが、今では道の駅も併設され、しっとり溶け込んでいるように見えた。南房では貴重な行楽ポイントとなった。

千歳駅 → 国道410から県道297号へ → ローズマリー公園 →

白子海岸 ←
海発海岸 ←
フラワーライン入口 ←
温石川 ←
三原川（サーフ橋） ←
白渚《しらすか》海岸 ←
和田漁港 ←
漁協市場 ←
都亭 ←
和田浦駅 ←

丸山川＝丸山大橋を越え、右側の「和田・白浜・館山・自転車道」を歩く。和田町海発《かいほつ》「飛砂防備・潮害防備保安林」ずいぶん長い看板あり。3人のお地蔵様がおわした。

フラワーライン入口（交）この辺は（和田町）南三原《なみはら》駅の海側にあたる。砂浜歩きも川のため一旦フラワーラインに戻ると、国道128号との合流点です。

温石川をすぎて、また、浜に出る。「国道・松林・遊歩道・防潮堤・砂浜」のラインナップの中遊歩道を行く。

小川のようなドブ川のような水路が浜に入り、大きな水たまりのように蛇行し、波うち際で砂に吸い込まれている。砂浜に残された水溜りの水は淀み…。既して水質悪く、環境に悪シ。

もう少し遊歩道を行くと三原川です。三原川に大きな、近代的な橋が架かっている。和田サーフ橋だ。国道の橋（旭橋）とは別の橋です。先ほどの丸山川は上流の安房中央ダムから。この三原川も上流に小向《こむかい》ダムを控えている。南房総での貴重な水源。房総半島（特に南部）にはいわゆる高い山がなく、最も高い山でも400m程です。よって雨は良く降る方だが、水資源には恵まれていない。他県のように大きな川が無いのです。（水のストック力が弱い）

真浦から白渚と浜辺を歩き、振りかえると、遠くに千倉海岸のホテルを遠望として弓なりの美事な海岸線が見えた。足を切りそうな貝殻も、まとわりつく海藻も少なく、細かい砂のサーファー天国です。

漁港入口（交）から漁港方面に入る。真浦地区、小浦地区、和田地区にまたがる和田漁港だ。千倉に次いで盛んな漁港だが、和田は調査捕鯨の基地としても有名。最大でも10m未満の小型クジラで国際捕鯨委員会の管轄外であるツチクジラについて、農水省が年間捕鯨枠を54頭

和田駅 ←

に設定。函館、網走、鮎川（宮城）、和田浦に頭数と期間を制限しつつ鯨の食文化を守っている。鯨料理は竜田揚げ、刺身、ステーキを扱う店が町の各所に点在。特産品の「鯨タレ」は有名です。

由緒ある都亭の下を通り、和田駅は何処かいな。

この地域多くの駅が海側の国道近くに駅舎をもつが、和田浦駅は国道から一旦山側に小さく廻り込むと1本の大ヤシの木といかめしい重厚な駅舎があった。…大正11年12月開業。関東の駅１００選。南房総ならではの巨大なフェニックスの大木が自慢。

〈ＷＡＯ！〉…鯨の骨

道の駅・和田浦 ←（ＷＡＯ！）花の広場公園 ← 花園橋 ← 引田橋 ← 花園お花畑 ← 花園海水浴場 ← 京王マンション ← 洲貝川 ←

いい駅舎だがいかんせん人の気配なし。

もどって国道１２８号線、「駅舎レール」の南側は道の駅「和田浦ＷＡＯ！」だ。こちらは人も車も多く、建物も物販も盛況だった。少し歩くと左側一帯に「花の広場公園＝花夢花夢（カムカム）」だって。引田川。「お花畑、花嫁街道、黒滝、抱湖園ターミナル」よく整備されています。「海岸防災林造成事業」、「快水浴場百選」、「元禄地震津波再来予測水位」、なる標識、あっちこっち。予測水位は少々低すぎないかしら？

鴨川市・江見外堀・観音堂そして砂浜へ。見事な砂浜ライン。サーファー多シ。砂浜広く岩礁もあり。風光明媚だ。程よいサイズの良き浜だ。花の駅・花つみ・三角トイレ・オドヤ・コメリ・・・いちぢくが深紅に熟していた。

江見海水浴場←「海岸高潮対策工事、真間海岸、昭和51年度、千葉県」防潮堤の銘を見て、江見駅に這い上がる。

江見駅←今日の「てくてく」は江見駅到達で終わりとします。房総半島は紀伊半島に次ぎ巨大半島です。「漁業＋農業」の半島から、ここ30年来「花とサーフィン」が目玉として加わっています

○花嫁街道コース

外房は確かに海と花が訪れる人々にとっての華だが、オットドッコイ、手頃な山歩きもあるよ…という事で触れておきます。千葉県の山案内ブックでは「烏場山《からすばやま》コース」として掲載されていることが多い。ＪＲ和田浦駅から歩きはじめ、同じ駅に戻ってくるハイキングで、全長およそ13㎞・所要時間5時間半程度か。その昔、山深い集落から山越え・峠越えで嫁入りした際の峠道が土台になっているとか。そのルートにオプションのように標高２６７ｍの烏場山をとり込み、周遊コースとしたものです。私がサラリーマン現役時代関係していた千葉市内のバス会社に提案して、県北西部居住の数百万人の方々に（いつも伊豆箱根や日光でなく）もっと是非同じ県内の南房総に足を運んで欲しいとの願いで、南房総日帰りバスハイクシリーズ（全20コースもある）を催行した実績があり、毎年大人気で開始以来17年になるが、その中で「花嫁街道コース」は毎年１月～２月に設定すると毎回バス2～3台ぐちの大人気です。身体が寒さで縮こまる早春に、毎年、同じ人が仲間を連れ参加します。「お花畑・花嫁街道・黒滝・抱湖園ターミナル」を使えば「マイカープラスハイキング」も勿論可能です。

湾岸ウォーク① 稲毛海岸→蘇我

平成26年8月11日（月）暑い！体調良くない

稲浜ショップ～稲毛海浜公園～花の美術館～アクアリング千葉～東京湾沿い幸町団地～千葉みなと駅～ポートタワー～出洲港～都川～川鉄～蘇我パークシティ（ハーバーシティ）～ジェフユナイテッド～蘇我駅

約13km

（稲毛海岸駅から）

私の現住所千葉市美浜区の最寄駅からスタートです。「てくてく」の後回ししてきた区間を埋める「てくてく」です。

京葉線
稲毛海岸駅 →
海浜大通りへ →
稲毛海浜公園 →
花の美術館 →

千葉海浜ニュータウン輸送の大動脈・JR京葉線。その一部「稲毛海浜ニュータウン」は約12，000世帯の規模で今から30年前から造成。その中心駅。現在ではこのエリアに約3万人住んでいます。第二湾岸とも称される「海浜大通り」へ。

「日本一の海浜公園、人工砂浜」ともいわれ、30年以上たって、植林した松林も大木となり遊歩道、ジョギングコースも整備され1年中人出が絶えない。砂浜の浸蝕がすすみ、最前列の松が被害を受け始めています。

その一角に、広い敷地のお花畑と巨大温室による花の美術館が市営で公開され、その費用一切捻出のため、命名権を売却、それがＱＶＣ。全国に燎原の火のように広がっている〝命名権〟売却。自治体にとって貴重な財源。グッドアイデアということでしょうが、何でも金に換えるという風潮。私は好かん!!

→ プール → アクアリンク → 京葉線沿い 幸町団地 → 千葉市役所 → 千葉みなと駅 → ポートタワー →

また、一画に屋外巨大プール施設もあり、同日「プールと海の双方」が通路を通って利用できる…が売りです。左（東方向）に地続きで歩み進めると、ゴミ焼却による熱利用で始めた温水プール施設のわんぱくランドもあって、その後、アイスリンクとして使途をかえ、スケートリンクの一つとなっている。

入居世帯最盛期5，０００世帯あった住宅公団のマンモス「幸町団地」。35年以上の時が流れ今や空室が激増。アジア系住民の入居者も少なくない。台湾、比、中国人など移住入居して共に地域に暮らすと、風俗、習慣の違いから地区内、町内会で「ゴミ出し、共同作業等」でなかなか一つにまとまりにくい…との話を耳にする。外国人たちと共存共栄のコミュニティのあり方…は、日本国内でも益々現実のこととなってきている。

そのまま市道を進むと、右に千葉みなと地区の高層マンション群、左手に千葉銀本店、京葉銀行本店、千葉市役所、ホテルなどが目に入る。

ここから千葉都市モノレールが千葉駅方向に伸びている。

地の利の良さから、ここ10年海側に高層マンション林立。また、千葉港は漁港としての今日は風前の灯火です。〝川鉄進出〟を期に工業港として大きく成長した。その工業化も一段落した現在、もっと市民等に開かれた港に変身すべく、公園整備の他旅客船就航などの新しい道を進めている。

その一区に30Ｆビルに相当する高さでペンシル型の展望タワー（ポートタワー）がある。これも築30年ともなり、頭初の賑わいに比べれば、入館者は激減し、むしろ静かな名所となっている。

出洲港、都町
←
川鉄（ＪＦＥスチール）
←
蘇我ハーバーシティ
←
ジェフ・ユナイテッド
←
・京葉線
・内房線
・外房線
蘇我駅

川崎製鉄所進出前からの千葉漁港のなごりのあるところ。今は木材や自動車の海外への（からの）輸送基地となっており、広大な埠頭には数千台にもなろうか…と思える新車が並んでいる。

昭和30年代、京葉工業地帯のさきがけとなった、当時としては「世界最新式の製鉄一貫工場」として進出した。その後時代は流れ、２００万坪もの敷地の半分は、今や商業やスポーツ施設に転進している。

それがハーバーシティとして、現名称「東日本製鉄所（ＪＦＥスチール）」から敷地の数十万坪を譲り受け、千葉市第三の拠点地域づくりが進められている。

千葉市が誘致したプロサッカーチームでそのフランチャイズスタジアム（フクダ電子アリーナ）も拠点づくりの目玉となっている。

蘇我駅は従前は外房線、内房線の分岐するレールの要衝。今はそれに京葉線も加わり、一大ポイントで県南のＪＲ特急の多くは千葉駅を通らず蘇我経由で、東京と県内を結ぶスタイルとなっている。このことが千葉駅への一極集中を緩和したことにもなったが、県都千葉市（千葉駅周辺）が空洞化を招き地盤沈下してしまったのもまた一つの事実。

今日の「てくてく」も短い距離となりました。体調が万全とはいえぬ時でも、その日にできる範囲内で、という一日でした。万里の長城も足元の一里から…などと自分を慰めております。

湾岸ウォーク②　稲毛海岸→舞浜

平成26年9月8日（月）　くもり

（稲毛海岸駅から）

稲毛海浜公園＝海浜大通り～ヨットハーバー～検見川浜海岸～美浜大橋～幕張の浜～マリンスタジアム～幕張新都心（メッセ）～芝園～パークゴルフ場入口～新習志野駅入口～谷津干潟～国道357号～南船橋駅～ららぽーと～船橋漁港・漁港商業港～国道357号の歩道歩き～日の出（バス停）～千葉・美浜区から11km標識～栄町～末広橋～西浦町～上り線の歩道へ～時計付看板～二俣新町駅～地下道で国道357・下り線歩道～高谷・田尻外装大工事～市川大橋～ちどり大橋～右手行徳富士～宮内庁・新浜鴨場　（真間川水門＝原木大橋）～市川塩浜駅～横道それて防潮堤に出る～三番瀬を臨む約3kmの防潮堤・行徳漁協・南行徳漁港（往復）～市道から県道276号へ～塩美橋～浦安警察～入船交差点～新浦安駅～国道357号に戻り～順大病院～弁天2丁目～見明川～サンケイ新聞右折～舞浜駅

約28km　8：30～16：20　約8時間弱　疲れた・涼しかった

JR京葉線

8月下旬からの「残暑なし」が続いており涼しい中での「てくてく」スタートです。

稲毛海岸駅
海浜大通り ←

稲毛海岸駅から南に伸びる街路を1km程進み、海沿いの大通りへ出て、これを右折し、上下4車線、両サイドに歩道充分の「第2湾岸」との通称のある立派な海浜大通りを西へ行く。

ヨットハーバー ←

左に東京湾の海を見つつ、海浜公園沿いを進みます。

（検見川浜） ←

ヨットハーバーでは地元高校生などの練習用ヨットが浮かんでいます。

美浜大橋←
幕張新都心（幕張メッセ）←
千葉ロッテマリンスタジアム←
芝園地区←
新習志野駅入口←
国道３５７号へ←
南船橋駅（ららぽーと）←
船橋親水公園←
海老川大橋←
漁港・漁協・海老川←

花見川に架かる美浜大橋を渡ると、右手にマンション群です。このマンション群は「21世紀・西洋スタイル」を謳った千葉県主導のマンション群です。

「海浜幕張駅」を核として、周辺に大手企業の高層ビルや、トータルで３，０００室を越えるホテル群がそびえています。昼間就業人口は３万人を超えている。全国にショッピングモールを展開している「イオン」の本社もここにあります。２両連結の「連節バス」も一日１００往復以上運行されている。新都心の海寄りにプロ野球ロッテの本拠地マリンスタジアムが、大通りに面して海側にあります。ＱＶＣは命名権による名称です。

習志野市に入る。巨大なイオンタウンが右手。２０２３年に新駅オープン予定。左側はこの辺から工場、倉庫群、この湾岸地域一帯はいわゆる３．11による液状化で大被害を受けた。

右手には、今では建物で見えにくくなったがラムサール条約認定の干潟があります。野鳥の楽園です。

新習志野駅への道を右手に見送って進むと、湾岸大通は国道３５７号線にぶつかり、左折してこれを進む。凄い交通量です。

国道沿い右側に日本初の郊外ショッピングセンター「ららぽーと」あり。また、京葉線南船橋駅が左側に。ショッピングセンターのある敷地は、永い間「船橋ヘルスセンター」として多勢のレジャー客を集めていたところです。

国道３５７をはずれて海老川河口にある船橋漁港へ。家康の時代から宿場を兼ねた漁師町。今はすっかり工業地帯だが、しっぽりと根強く漁業が残っている。

〈三番瀬〉

国道３５７号へ・日の出・栄町・西浦町 ←
二俣新町駅 ←
高谷・田尻・外環工事 ←
市川大橋・ちどり大橋 ←
行徳富士 ←

国道３５７号歩道に戻る。湾岸道路と併行しているが、ものすごい車の通行量。環境悪化のさいたるところ。上ったり、下ったり、交差点だったり、高架だったり、横切る水路は護岸も泥で水もまっくろけ。鉄道、道路、そして乗り入れてくる外環関連で大工事のまっただ中（令和元年時点↓工事完了）。真間川を渡る原木大橋、江戸川を渡る市川大橋、そして千鳥橋と越える。とりわけ市川大橋の長さは５００ｍ程もあるか。行徳富士とはゴミの山の別称。すっかり草木が成長してしまった。汚染土の小山であり問題です。

宮内庁新浜鴨場 ←
市川塩浜駅 ←
三番瀬防潮堤 ←

一般にはあまり知られていないが、知る人ぞ知る皇族や国賓の客をおもてなしする、鴨の御猟場。入ってみたことないが、木立に囲まれた池を中心にした静寂境のようだ。それを囲むようにこのあたり倉庫港湾荷あげ等の巨大施設群で住宅、商店街は殆んどなし。ここから防潮堤方面に足をのばす。崩壊の恐れで約１㎞通行止。そこを避けて海際を延々２．５㎞程歩く。「堂本元知事」が開発を阻止していた三番瀬の海が拡がっている。遠浅の海です。

行徳・南行徳 ← 漁協 ← 市道から県道276号へ ← 浦安警察入舟交差点 ← 新浦安駅 ← 順天堂大学・病院 ← TDRリゾート地 ← 舞浜駅

昭和50年頃までは、遠浅の漁貝類の宝庫といわれた地域だが、今は埋め立てに追われ、漁業はまことにけなげにも船溜まりと事務所と共にボート舟多数を海沿いの海岸に係留して細々と漁をしている。

京葉線と併行する市道を浦安市に入って行く。

新興住宅地、高層マンション群、全国的にも埋めたてニュータウンの典型だろう。

山本周五郎「青べか物語」の舞台。当時「沖の百万坪」といわれた地域は、その後埋め立てが完了し、造成され、鉄道（京葉線）が開通。駅がオープン。東京都心まで15分！ということで、住宅ニュータウン、商業施設、大学等が進出し、瞬く間に一大発展を遂げた。〝高級住宅街〟といわれた新浦安、舞浜地区もいわゆる3．11（大震災）では強烈な液状化災害に見舞われた。復旧までに3年以上もかかった。

ご存知、ＴＤＲ＝東京ディズニーリゾートの施設群、モノレール、ホテル群。オープン当時は採算も危ぶまれたが、１９８３年開園以降大盛況。現在はＴＤＬとＴＤＳを合わせ、年間３，０００万人以上の入園者があり、増え続けている…という。

ＴＤＲの玄関口として知られる駅。

湾岸ウォーク③　舞浜→芝浦口

平成26年10月3日（金）晴れ

（舞浜駅から）

舞浜駅北口～舞浜大橋～葛西臨海公園前交差点～葛西水再生センター～荒川河口橋～夢の島少年野球場～新江東清掃工場～辰巳2丁目～国際水泳場～有楽町線辰巳駅～東雲2丁目～有明小・有明中～有明2丁目～有明コロシアム入口～東京テレポート駅～フジテレビ南口～都立潮風公園～レインボーブリッジ～芝浦アンカレイジ～ゆりかもめ「芝浦口」駅

約15km　9：16～13：45　排気ガスを浴びた1日

舞浜駅北口
↓

名にし負う東京ディズニーリゾート駅。平日ながら若者等でごったがえしていた。北口はどこにあるのかな。あった、あった。北口から大きな蜘蛛の足のような歩道橋が伸びていました。

北口から出ると、江戸川を渡る歩道はあるのかな、周辺をウロウロ捜したらありました。京葉線沿いの海側歩道を歩く。

舞浜大橋
↓

河は「旧江戸川」です。〝旧江戸川・舞浜大橋〟という。満々として河口にかかる長～い橋。

橋の半ばで、東京都、江戸川区に入った。

葛西臨海公園
↓

下りつつ左に葛西臨海公園の森とそのへりをウォーキングする人が多くみえた。

葛西水再生センター
↓

そして公園前大陸橋（交差点）環七とぶつかり突っ切る。これから先しばらく「京葉線＋国道357号＋高速湾岸線」に沿う。歩道を海側から山側に移動。歩道には何故か干からびたミミズが多数みられた。（地中が高温・乾燥が続くと呼吸困難になり、地表に出てくる…とか）。

荒川河口橋
←
夢の島・少年野球場・植物園
←
新江東清掃工場
←
辰巳2丁目
←
国際水泳場
←
有楽町線辰巳駅
←
東雲《しののめ》2丁目
←

右手に「葛西水再生センター」、頭上には「高速葛西ＪＣＴ」、そして、左側遠くに観覧車もうしろに遠くなった頃、荒川橋にさしかかる。

舞浜大橋も長いが、これはその倍もあろうか。１，３５０ｍ位あって通過に20分近くかかった。荒川本流に中川も合流し、更に左前方からは水門を抱える砂町運河も集まって1本になり、東京湾に流入しています。

見渡す限り高層ビル、清掃工場、マンションなど典型的な近代的大都市景観だ。スカイツリーが右手、前方遠く高く見える。

昭和30年代までは、「都民のゴミの島」といわれた地区が、埋め立てと宅地造成が進み、今では、少年野球場、夢の島マリーナと生まれ変わり、沢山のクルーザー等係留されているなど都民の憩いの場に再生されています。京葉線と地下鉄の「新木場駅」です。この駅の南側一帯は、海に突き出して造成されたいわゆる木材団地、貯木場など、独特の雰囲気を持った街が拡がっている。右側に銀のノッポ塔が見える。（新）清掃工場です。この辺りから京葉線は右に大きくカーブし東京駅方向へ、「国道３５７号＋湾岸高速」から離れていった。

まっすぐ進んで辰巳駅。これは地下鉄有楽町線の駅で地下です。

右折すれば、辰巳国際水泳場です。辰巳の森・緑道公園も続きます。

左側（海側）はやや後ろ遠くに、若洲ゴルフ場と東京ゲートブリッジが見えた。曙・辰巳・東雲などの運河が入り込み、海なのか、河なのか。とにかく見渡す限り高層マンション群で目を丸くします。

右側、スーパーオートバックス。左側は高架湾岸線などで見通せません。

有明小・有明中 ←
有明2丁目 ←
有明コロシアム入口 ←
東京テレポート駅 ←
フジテレビ南口 ←
都立潮風公園 ←

東雲交差点、有明小中学校、その右側も、更にその先、湾岸をはさみ、左も右も広大な空地。小さな車両6両編成の電車が高架で横切りました（ゆりかもめ）。右側、有明テニスの森公園（今日は錦織選手が試合をしているらしい？）楽天ジャパンオープンイベント中。国道357号を歩いている。

湾岸挟んだ反対（左）側に東京ビッグサイト、鉄鋼埠頭、ホテル群が見える。巨大な観覧車の手前に大きな運河あり。右奥は内海に連なる。右側も東京湾、要するに「東京湾＝東京港域内の埋立地上に築かれた海上都市」を歩いているわけです。但し、眼下の水は黒く汚れているようにみえたのは残念でした。

有明橋西交差点、左側臨海鉄道、東京テレポート駅です。

Diver City Tokyo（左）トレードピュアお台場。お昼休みにかかりサラリーマン、ウーマンがビルからはき出されている。お台場海浜公園が、この人工基盤都市ビルをグルリと囲っている。今、日本で一番トレンディなオフィス街として、もてはやされているゾーンです。

ドンヅマリ、国道357号線。いつしか海底トンネルに潜ってしまっていたらしく、私は都立「潮風公園」の突端。海に突き当たった。もう前進不可。「オニギリ2ケ、ミカン2ケ」とポカリをゴクゴク飲んで簡単な昼食。

釣り人も1～2人居る。前面の何ともいえぬ海色。大きな貨物船、旅客船、高速船、材木船など上・下ひっきりなしに行き交っている。対岸は大井ふ頭方面かターミナル、ビル、クレーンが林立。お台場海浜公園を歩き驚きました。白砂青松かと思える人口の浜、キレイな海岸線。

〈レインボーブリッジからフジテレビ方面〉

レインボーブリッジ ← 芝浦アンカレイジ ← ゆりカモメ「芝浦口」駅

そこで憩う多くの人々。そして対岸には、緑豊かな無人島を挟んで、高層ビル群が凄い。この景観は世界に誇れるものだろう（実は夜景がもっとすごいのです）。

レインボーブリッジに歩道があるという事、知らなかった。無料で挑戦。1，523m、いやぁ～凄い凄い!!渡ってみないとその爽快感はわからない！橋の真ん中は、中央の「ゆりカモメ＝電車」その両サイドに高速道路もあって、凄い橋を造ったもんだとただただ感激。

橋の終わりの芝浦アンカレイジで7階相当から2Fレベルに階段でおり、地上に。こちらは辺ピなコンテナが置いてあるようなところです。歩き出し、三差路を右へ、800mでゆりカモメ「芝浦口」駅で今日のゴールとしました。

大都会の景観も「ピカピカ・チカチカして」、時代遅れのジーサンには結構堪えました。

「光るビル、行き交う新交通、立ちすくむ時代遅れのジーサン一人」

湾岸ウォーク④　芝浦口・天王洲アイル→川崎

平成26年10月11日（土）　くもり時々晴れ

（天王洲アイル駅から）

県道317新東海橋（山手通り）～国道357、海岸通り～昭和橋～北埠頭橋～八潮橋～都道316号～運輸支局～鮫洲橋～大井競馬場～勝島三丁目～品川水族館～大森海岸駅～平和の森公園～大森ふるさとの浜公園～大森南2町目～東糀谷1丁目～大鳥居～大師橋～大師河原～産業道路～塩浜～塩浜陸橋（国道132号）～夜光～池上町（交）～新川橋交差点～駅前大通り・37番街～京急JR川崎駅

約17km、9：40～14：42　約5時間　今日も排気ガスと一緒！

「超高層ビジネスビル群」、「超高層マンション群」更に「海岸沿いの大工場群」、「ガスを吐き行き交う大型トラック群」…「歩いて旅するところではない！」が、過密過疎の日本…その一方の過密をつぶさに見たよう。「集中・効率・生産性の象徴！」「そうだ、人が立体的に住めばもっと効率アップ」と、ここにも。「地方ではイオンタウンが地方都市の銀座を潰し」、大都会は…大手巨大IT企業外の巨大会社という怪獣の巣だ。労働は厭わないし、額に汗する事も結構。我々庶民が願う幸せの未来とはこうした街だったか。集めた儲けはどこに行ったのか。競争の果てに頂点に立つマンモスに集まり過ぎてはならない。広く分配する方向に社会の舵を大きく切る…その必要性を肌で感じます。

・そんな過密都市を結ぶ運河の河岸には、ハゼ釣りを楽しむ家族連れ多くて安心します。…「釣り針の数にて日曜ハゼも知り。」（読み人知らず）。

・ここには庶民の守り神「川崎大師」様がいらっしゃる。

・海には羽田空港…歩行者には近づき難し。
・ヤマザキのコンビニ。普通は嫌われ者の大型ダンプもここでは歓迎されている。おかげでダンプ（の運ちゃん）が、運転席の窓に足を延ばし伸び伸びくつろいでいる。
・埋め立て地での近代都市ゾーン…故事来歴を示すもの捜そうにも「元海」だからか見当たらず。本来の漁業の痕跡も殆んどなし！

臨海高速鉄道天王洲アイル駅 ←
新東海橋 ←
海岸通り（国道357）←
昭和橋 ←
北埠頭橋 ←
八潮橋 ←
都道316号 ←

一週間前（10月3日）に舞浜から国道357号沿いに都内に入り、お台場海浜公園の突端まで歩いたが、国道357は東京港トンネルとなり、これと別れ、レインボーブリッジ歩道を歩き、芝浦口に出た。今日は、海底トンネルが大井側に地上に出たあたりの少し手前、臨海鉄道、「天王洲アイル駅」から前回の続きとして、てくてく歩く。

周辺は超高層ビル林立の異次元のビジネス街。317（都道）で天王洲運河にかかる新東海橋をわたる、60～70ｍもあろうか。水の色は見た目〝まっ黒ケ〟。

左折して国道357号の旧海岸通りを行く。こんな所で千葉県の小湊バス「高速品川行」とすれ違う。相変わらずの多客路線だ。キャナルサイドビル、ラグナタワービルなど…あっちでもこっちでもビルを囲む植栽の手入れを見る。今がシーズンなのかしら。

東品川3丁目、目黒川の昭和橋（50ｍ程）をこえ、品川警察入口、「品川ベンツ」を見て「北埠頭橋交差点」へ。

〝秋の陽や、どこにもあります、イオンタウン〟などと浮かんで「八潮橋」。（念の為、イオンそのものが悪いのではなく、とり巻く政治経済の仕組みがイビツだと思っているのです。）

品川シーサイド、楽天タワー。右を見ても左を見ても超高層。右手500ｍ足らずで京浜急行線があるはず。

東京運輸支局 ← 鮫洲橋 ← 大井競馬場 ← 勝島3丁目 ← 品川水族館 ← 大森海岸駅 ← 平和の森公園 ← 大森ふるさとの浜公園 ← 東糀谷1丁目 ←

東京運輸支局だ！警視庁運転免許本部だ！なつかしい。東京バス協会会長をしていた頃、幾度となく訪問した。免許本部では運転記録証明書を発行してもらったな。都民が運転免許を取得するにはみんなここの世話を受ける。最寄り駅は京急「鮫洲駅」です。歩いて7〜8分です。

橋を過ぎた木陰に警官2人乗ったパトカーが居た。何してんだろう？100mも行った先に婦人警官が立って無線を持って道路をウォッチングしていた。ハハアー、鼠とりだナ!!

“東京競馬場”とあり“大井競馬場”ともあり“Tokyo city KEIBA”ともある。正解どれ？右側の区民公園のあるあたり「鈴ヶ森」（交）の名が示す通りかつてここには「鈴ヶ森刑場」があったのだ。

海岸通りの上に高速1号線がのっかり、暗い右側は石垣と高い植え込み、何だろうと思ったら、どうやら品川水族館だ。左折して「南大井」で国道15号線に出て、左折する。

国道15号の右側に「京急大森海岸駅」、500m離れて「JR大森駅」を右手にして、「平和島口（交）」左に入ると太田区平和の森公園。ここのベンチで小休憩。

雑踏からシバシ逃れ林を抜けると、浜公園だ。予想外の景観。引込まれた広〜い運河を利用して、人工砂浜が弓なりに続く。嘘っぽいけど、美しい浜です。それなりに様になっており、都民は楽しんでいた。首都圏でも至るところの砂浜が侵蝕されており、参考になりそうな景観でした。浅草海苔の生育実験中。

大森南地区を抜け、釣り舟が多い「東橋」をすぎると。東糀谷1丁目（大きなタオルに猫を大切そうにくるんで歩く中生女性＝動物病院に行くのだネ）

産業道路 ← 大師橋 ← 夜光（交） ← 池上町歩道橋 ← 駅前大通り ← 37番街 ←

国道131号線（産業道路）と分かれ県道6号線となる大鳥居交差点。そして長くて大きな橋梁の大師橋。流れる下の川は多摩川（つけ替える前の旧大師橋は552mとある）。これより東京都大田区から神奈川県川崎市へ。頭上に高速1号が川を渡るあたりからカブサッてきて暗〜くなってしまった。

排気ガス臭くてイヤなところ。泣く子も黙るここは産業道路。良くも悪くも日本の大動脈の道路の一つか。これを平面で横切る京急大師線の赤い電車。

右に1㎞も行けば、厄除大師として有名な川崎大師があります。〈1128年、漁師の平間兼乗《かねのり》が夢のお告げにより海中から弘法大師像（本尊）を拾い上げ、これを安置する堂を建立したのが始まり、と伝えられている。現在は正月3が日だけで300万人もの初詣客を迎え、明治神宮に次いで全国2位とのことです。本堂は1964年完成。コンクリートの大伽藍です〉

頭上を高速道路で蓋をされた下を走る産業道路は、超大型トラックが頻繁に通る。歩行者、自転車の通る道では無いなぁ…（通れば通れるけども）。

更に辿って塩浜陸橋へ左折、貨物線を渡り、下り切って「夜光」地区、珍しいネーミング。この辺は運河が縦横にあります。これを右折。大同特殊鋼、温水プール（入江崎）、夜光水路橋（屋形舟7〜8艘）、崎水処理センター。臨海工場群を行き、川崎南部斎苑を経て、池上町歩道橋を右折、川崎駅方面へ向かう。

JFE池上正門を左に見、デイリーヤマザキは大型トラック可…のコンビニ。いかめしいダンプでなんと満車！グローバル・ロジスティック・プロパティーズ、コストコホールセールなど（？）を右に見て、新川橋交差点を突っ切り、37番街とやらの駅前アーケードから駅へゴールイン。右手は京急川崎駅。レールのガード抜けてＪＲ川崎駅（西口）です。

←ＪＲ・京急川崎駅

・塩浜…川崎市塩浜地区は江戸時代、幕府の奨励で塩の生産が始まった。県立大師高校近くにこの地の鎮守神明社がある。

京急川崎駅東側至近の寺

・宗三寺…かつての「川崎宿」の中心地であったこの辺り、往時には本陣や問屋場《といやば》が集まり、活気に満ちていたというが、駅（京急）のお向かいに「カメの由来」をもつ宗三寺があります。

・一行寺…宗三寺の東隣に「おえんまさま」の名で親しまれている一行寺がある。１月16日と７月16日には、参拝客に甘酒が振舞われるとのこと。戦前は閻魔様開帳の日には屋台が多数立ち並んでいたという。

・稲毛神社…〝駅近くの寺〟としてもう一つ、稲毛神社がある。駅から東へ約10分。幕府から20石の朱印地を下賜され、川崎宿、堀の内など近隣６ケ所の村の総鎮守府とされ、明治維新に際して、「山王権現社」から稲毛神社と改称し、郷社に列せられた。地元では「山王《さんのう》さん」と通称されている。

以上「神奈川県歴史散歩」より

湾岸ウォーク⑤　川崎→横浜中華街

平成26年10月16日（木）　晴れ

川崎駅～新川橋～元木～南武線ガード～京町小北側入口～池上1丁目～JR国道駅～生麦町～大国町入口～横浜市営バス車庫～遍照院～新小安駅～良泉寺～神奈川警察～洲崎大神～みなとみらい大橋～新高島橋～すずかけ通り西～ランドマークタワー～北仲橋～県庁～山下糸口～中華街駅（地下鉄）
約14km　9：44～14：12　約4時間30分

（川崎駅から）

川崎駅 ←

さすが140万人都市。人口密度も高く、「地方に見られる中心市街地や、商店街の衰退」の気配は微塵もなく活気もあり。駅舎を背にして東へてくてくスタート。

新川橋 ←

程なく新川橋交差点「第一京浜」と称される国道15号、右折50m道路とおぼしき立派な道路。街路樹もよろしい。横浜までは11kmとある。

市電通り横断 ←

元木交差点で、交通量の多い市電通りを横切る。今は市電も走っておらず、絶え間なく流れるトラックその他の交通量で廃止されたのだろう。

鉄道高架線 ←

海の方へ向う鉄道高架線をくぐる、JR南武線だ。「ゴム通り入口」とある。ゴムの街でもあるのかな。そういえば横浜ゴムの看板や、ゴムタイヤだけで造った遊具の児童公園があった。

鶴見川（橋） ←

100m程のある鶴見川にぶつかった。町田あたりに源流をもつ鶴見川としては、この流域の広さ、水量の豊かさはどうだ。

鶴見市場駅入口 ←

河口からに海水が入っているのだろう。この橋でこれまでの前後の広々とした道路幅は橋の

→鶴見３丁目交差点→鶴見警察署→總持寺避難所→ＪＲ国道駅→生麦町→銭湯朝日湯→大黒町入口→

幅に制約されボトルネック風に極端に狭くなっており、自転車、歩行者はすれちがうこともままならない。

鶴見駅入口（交）から、また、道路は50ｍ道路へ復帰した。

警察署前（交）、左手には鶴見区役所です。ＪＲ…京急鶴見駅入り口（交）。右へ行けば駅。

そのまま国道15号線を進む。

總持寺は鶴見駅近くにあり、避難場所としての誘導標識あり。立派な道路に古ぼけたレールの高架橋あり。交差点も「ＪＲ国道駅前」交差点とある。エッ！と思うような暗～いガードの下の駅（？）貨物線かな？と振り返ると折よく貨物列車がゴトゴト通過（家に帰ってから調べると、鶴見線（旅客併用）で鶴見と浜川崎駅を結んでいるらしい）。

そして生麦町へ。生麦５町、生麦北町、生麦仲町商店街、生麦地区センター、生麦駅入口など、沢山の地名、施設に〝生麦〟が付いている。今から約１５０年前薩摩島津侯の家来が４人のイギリス人を殺傷したいわゆる〝生麦事件〟の地。地元の人々はことのほかこの生麦の地名を愛しているのではないか。勿論、生麦小もあった。

大幹線第一京浜国道15号線沿いに、銭湯がありました。先細りの中、頑張っておられる。〝朝湯の会〟をＰＲしていました。聞くところによると、今、大人４５０円、子供80円位らしいです。

大黒町入口↓神奈川県の人が４人で千葉県内のゴルフ場に来るときは、大黒ふ頭の駐車場に駐車し、１台にしぼってアクアライン経由で（通行、代金節約）千葉側のゴルフ場に来られる…というあの大黒町だな！

市営バス車庫 ←
← 大高架橋工事
← 遍照院
← 入江橋
京浜小安駅
中華料理屋
← 笠程稲荷神社

市営バスの車庫、大きなマンションの1Fが車庫、上が住宅、平家《ひらや》の車庫を有効活用で立体化にしたのだな。いい事です。車庫出入の門柱にバス向けに「行き先をしっかり確認!!」とありました。2ケ月も前だったか、営業の路線バスが「行先」を勘違いして走行し、運輸局から、大目玉をもらった事件があったな。バスでも行先を間違える事があるんだ。

そうこうしていると左側（海側）に巨大な高架工事の工事現場に出くわす。地上30～50ｍもあろうかという大工事。どうやら左側からこの国道を横切って右へ抜けるようだが、国道を横切るレールの高架もあり、これもまとめて高くのり越えようとするもの。この「東海道生麦ガード」をこえる工事は「横浜環状北線」という高速道路のものなのだ。「きたせん」と呼んでもらいたいようです。付近のマンションには、「生麦にはもう高速道路は必要ない!!」という反対キャンペーンの看板もありました。

密厳山遍照院というお寺あり。〝山門入って踏切、踏切越えて本殿、そのうらも鉄道線路〟というユニークなものです。

入江橋：川は5～6ｍの貧弱なドブ川。ボラの幼魚のイナッコが群れなして泳いでいた。プラタナスの並木も気持ちよし。

そろそろお昼、中華料理の店が俄然目立ってきた。そのうちのこぎれいな店に入る。これがマズかった。ご飯ボロボロ。スープさめている。店員不愛想…。

ヤレヤレ。地元じゃ人気がないと見えて、出てから他の店をのぞくと、並んで待っているではないか・・・・。

一の戸陸軍大将揮毫による「笠程稲荷神社」の大きな石碑あり。更に進んで右側、洲崎大神

→洲崎大神→青木町4丁目→みなとみらい大橋→新高島駅→ランドマークタワー→山下公園→中華街駅

という神社あり。今から800年余前（御鎮座810年という）、源頼朝が安房の国の安房神社の霊を移して祠ったもの・・・と碑にあった。

驚きであった。千葉県館山生まれの私にとって、安房神社や州崎神社は地元での名刹として親しんで育ったが、まさか東京湾を挟んだ対岸に霊を移して祀られていようとは！不勉強の至りでした。

この辺から街道行くか海沿い行くか…で海沿いとする。右、街道（国道15号線から国道1号線へ）行けば、「横浜駅東口、そごう方面」へ。左、海沿いを行くと、「みなとみらい地区」の真ん中を行く。

大きな長い橋だ。右側、運河を挟んでまん中に「そごう・丸井タウン」。「左側の日産グローバル」、「右側のベイクオーター」が、帷子川、新田間川を越えるウォークデッキの橋で結ばれ、雨にもぬれず歩けるようにつながっている。大したもんだ。

真《まさ》に「新世紀のタウン」と隣接して「ススキとセイタカアワダチの秋風にゆれる広大な空地」あり。その風変りのコントラスト。それに続く巨大なビル群。大阪の阿倍野ハルカスに越されるまでは日本一の高層ビルだったランドマークタワー、レンガ造りの県庁舎などやりすごし、山下公園埠頭へ。停泊中のロイヤルウィングや氷川丸など、周囲の景観にみとれ、浜風に当る。散策中の人も多く、みんな幸せそうに見える心和む光景です。

神戸と並ぶみごとな港湾市街です。マリンタワー目指しひとふんばりで地下鉄の駅（元町中華街駅）にたどり着いた。

偏頭痛と発熱の中、自分なりに頑張りました。

湾岸ウォーク⑥　中華街→金沢文庫

（みなとみらい線中華街駅から）

平成26年10月24日（金）晴れ

中華街駅～港の見える丘公園、外人墓地・アメリカ山・イタリア山公園、元町公園～横浜雙葉学園（高・中・小）～上野町2丁目、本郷町1-2～商栄会アーケード～見晴トンネル入口～本牧町1丁目～山手警察署前～本牧宮原～エスパン屋通り～三の谷交番前～三溪園通り入口～ルンビ幼稚園～八聖殿参道～山の上公園～本牧大里・本牧三の谷～三溪園～間門小（交）～池袋～根岸七曲り下～根岸駅前～八幡神社前～ほりわり川～磯子警察署前～旧道入口～磯子駅入口～浅間神社～屏風ケ浦橋～新杉田駅～金沢緑地～シー・サイドライン～柴漁港記念碑～称名寺・金沢文庫～京急金沢文庫駅

8：20～15：20　正味7時間（昼食含む）　約20km

みなとみらい線中華街駅←
港の見える丘公園←

8：20スタート。ここは横浜のど真ん中。高い所に上ろうという事で、数分で「港の見える丘公園」へ。

展望台へ。左は「ランドマーク、MM21」、正面には、「横浜港、石油コンビナートとベイブリッジ」が一望。よき眺めです。そして道路に降り、少し坂を上ると、「外国人墓地」につき当った。

←外人墓地←雙葉学園←商栄会アーケード←本牧町1丁目←本牧宮原←三溪園通り入口←八聖殿参道←

中へは入らなかったが、西洋スタイルの石塔が沢山、個性的且つ「異国情緒」がプンプンします。

このあたり、洋館多シ。貝殻坂あり、女性が好みそうな散策路！（秋のバラ満開！横浜開港以降、横浜在住の日本人は、西洋人がもたらしたバラの花を見て、イバラボタン、洋ボタンなどと称していたそうだ）そして、瀟洒な建物、学校？ここがお嬢様学校（？）、雙葉学園だ。なにやら女（の子）の城！という感じ、こんなところで、私のようなジイ様はウロウロせぬ方がよさそう。陽当たりのいい高台にあって、何とも幸せそう。この近くにフェリス女学院もあったよ。

庶民の街へもどる（階段を下りて）。県道2号線？を行く。上野町、本郷町と進み、本郷町商栄会アーケード（個性的な八百屋、肉屋など多数）、見晴トンネル入口、本牧町1丁目、小港町山手警察署、本牧宮原（横に細長い公園をつっ切る）、エスパニア通り（？）～と歩く。タイル敷の幅広い舗道、車道片側3車線30ｍ～50ｍ道路か。桜の老木並木も美しく道路再サイドには5Ｆ～10Ｆの「こ綺麗」なマンション群が城壁のように並ぶ、この美観は得がたい。商魂たくましいイオンでさえまた、コンビニも、うまくこの街にひっそりと納まっている。旧来の商店街が勝っているのだ。右手の小高いエリアは本牧山頂公園となっている。

三溪園通り入口につられ、そちらに進む、しかしその名の通りの商店街は、殆んどなし。バス停バス待ちのオバサンと少し話す。…30年前までは身近で、色んなものを売る店が沢山あったけど、今は、皆なくなっちゃったの！少し側道に入ると、バスしかなく、不便なのよ!!見ると住むでは、やはり違うのかなあ…ローカルを沢山見てきた私には少し贅沢な話にも思えたけど…。

八聖殿に登る、小高い丘の公園、そこに八角形の聖堂あり、眼下にプールが見え、その下に

本牧《もく》大里
←←三の谷
←三溪園
←根岸駅前
←八幡神社前
←磯子警察署
←旧道入口
←浅間神社
←

高速道路が見えて、その先が工業地帯。少し降りて、山の上の市民公園を下り、左下に煙突、高速道路を見ながら歩く。海からみれば高台の上に拡がる住宅地（区画整然、中流住宅）は、本牧大里町。そして下りながら三の谷町と続く。結構坂だらけ、上部の林を越えんと登ったが、

2度程行き止り。汗かいて、来た道を戻る。私をカラスがカアカア、馬鹿にしていました。

廻り込み下がり気味に行った所に「三溪園」がありました。本日は大茶会とかで、入場口には多勢のオバサン達が群がっていた。タクシー数台が着き、和服で正装したオバサンが6～7人。私は園の中へは入らず、覗き込むと大きな茅ぶきの四阿、池、芒、松…など清潔で奥深い庭園が見てとれました。

新本牧公園、そして元の広い通り（県道82～国道16号）に出る。三の谷、大里町、間門小、本牧中学、「中区本牧間門《ほんもくまかど》歩道橋」。昭和30年代はこの通りに市電が走っていたという旧道入口から旧道に入ってみる。それなりに商店あり、車の往来もある、が、置いてかれた感あり、地区の人達の商店街として相応に残っているといったところ。

「浅間神社参道」の矢印あり。これに沿って右に入り行ってみる。無い無い！あるのは斜面を削って建つ新興住宅のみ、諦めかけると、また、標識。よしそれなら…とこれに沿い、住宅の間の細い道をクネクネ上って行くと、幼稚園の先の崖に、つつましく社はあった。「伽沙羅山・森・浅間神社」それにしてもひどい。本来この浅間様から見下ろすと、横浜・横須賀の街と浜が…そしてはるか遠く房総まで開けていた絶好の由緒あるポジションなのに。なんと、信じ難いことだが、お堂の5～10m前面のところをグロテスクな高架道路（?）が左から右へ横切り、完全にお堂の視界を失わせている。こんな事があるのか、木花咲耶姫も泣いておろうか・・・怒!!どんな経緯があったのだろう?

屏風ヶ浦橋←新杉田駅←金沢緑地←シーサイドライン←柴漁港記念碑←称名寺←金沢文庫←京急金沢文庫駅

そしてまた広い道へ。この辺、道路には国道16号の表示あり。いつの間にかまた、国道16号線であった。八景島シーパラダイス矢印表示をみ、これに沿って進んだ折、ぶつかったのが「高速＋357号線＋側歩道」。この歩道をたどる。そして右側には連綿と続く団地、マンション群。「高速道路＋国道357号＋歩道それにシーサイドライン」そして「細長い金沢緑地」。行けども行けども続く銀杏並木。シーサイド駅。3km以上はあったのではないか。近代的に整備されたストリートです。

そろそろ15：00近く。ようやく陽も傾きかけた頃、「紫漁港記念碑」に出くわす。…鎌倉時代から「浜千軒」といわれた漁業盛んだった地。地元民の誇りの町であったが、昭和46年、金沢地先、計画埋立に合意。芝漁港は消える運命に…。

東京湾の千葉側、神奈川側いずれの浜も昭和30年代に埋めたてられたのだ!!海岸沿いを離れ右の上り傾斜の街を行く。「湾は西側から開発が進む」という。（東京湾・大阪湾・伊勢湾…。昭和30年代に千葉側も神奈川側も埋立工事は進んだが、神奈川側の方が、量・質共に圧倒していた）。

やがて称名寺の立派な山門に出くわす。通り過ぎるを、ためらう気となり山門をくぐり並木と石畳を進み朱ぬりの太鼓橋、池、本殿へと進む。（真言律宗別格本山）

境内左のトンネルを出ると金沢文庫館（北条時代からの古文書）。そして、天使幼稚園前を通り駅に到着。

・三渓園…横浜の生糸商人として財を成した原善三郎の養子、原富太郎（雅号三渓）が各地の名建築を収集して作った純日本式の庭園です。19万平米の広大な地に池を掘り丹精込めて造園。…移築した建造物↓燈明寺の三重塔。白川郷からの合掌造り住宅。鎌倉縁切寺の東慶寺仏殿。等々多数。いずれも「国重文」とのことです。

・八聖殿《はっせいでん》…三渓園の東約500mの「丘」の上に法隆寺夢殿を模した三層八角形の「八聖殿」があった。国民精神修養の場として建てられた（1933年）。2階講堂に「キリスト・ソクラテス・孔子・釈迦・聖徳太子・弘法大師・親鸞・日蓮」という東西8人の聖人の等身大の彫像がおさめられている（現在は「八聖殿郷土資料館」となっている）。

・称名寺《しょうみょうじ》…鎌倉時代、瀬戸入江をのぞむこの地は、六浦荘金沢と呼ばれ、鎌倉と房総を結ぶ要地として北条氏が支配。北条実時は1267年、下野国薬師寺の審海を迎え、開山後に、執権となった北条貞顕は称名寺の保護と拡充につとめた。仁王門の左右にある金剛力士像は関東最大。また、弥勒菩薩立像・浄土図・釈迦如来像・称名の梵鐘などいずれも「国重文」です。

湾岸ウォーク⑦　金沢文庫→久里浜

平成26年10月27日（月）快晴

（京急金沢文庫駅から）

金沢文庫駅～称名寺～海の公園（八景島近景）～野島公園～夕照橋～鷹取川～追浜中・高校～追浜本町・筒井隧道～浦郷町・光龍寺～日向トンネル～船越隧道～田浦港町～吾妻トンネル～ベイスターズ総合練習場～新吉浦・逸見隧道～ＪＲ横須賀駅～ヴルニー公園～本町１町目～三笠公園～小川町～合同庁舎・警察署新築～魚市場前～魚釣公園～大津漁港～馬堀海岸～京急馬堀海岸駅～矢ノ津坂・桜ケ丘入口～京急浦賀駅～浦賀通り～浦賀港交番前～光風台入口～久比里坂上～夫婦橋（平作川）～尻こすり坂通り～アーケード～京急久里浜駅～ＪＲ久里浜駅

10：00～16：25　約6時間30分　20km超

金沢文庫駅 ←

総武快速品川行、東京駅で東海道線乗り換え、横浜で京急乗り換え文庫駅へ10：00スタート。前回のてくてく終点、称名寺前を通り海の公園南口へ。

海の公園 ←

金沢シーサイドラインをくぐって浜へ。５両編成が音もなく通り過ぎて行く。目の前に開けた緩やかな弓なりの砂浜。説明板によると、もともと乙舳（おつとも）の浜を埋めたてて生まれた。砂は千葉県の浅間《せんげん》山から運んできた…という（昭和53～54）。砂浜の幅は、満潮時60ｍ干潮時２００ｍもあるという…。うらやましい。南のはずれに金沢漁港が慎ましくあった。都会の漁港といったところ。つり舟多シ。

〈馬堀海岸（釣り公園）〉

野島公園 → 夕照橋 → 鷹取川 →

この先、しばらく幹線道路（国道・県道）をはずれ、海寄りを意識して、市道中心で歩く。野島運河を公園橋で渡る。野島公園となっている島だ。伊藤博文の旧別邸あり。

夕照橋《ゆうしょう》で島を出るが、この橋なかなか趣きあり。上流を見てみると、はるか遠く、雪化粧した富士山が見えた。橋の上から「ハゼ釣り」の人、数人。

そのうち1人、顔が赤光りしたテカテカの漁師曰く…先月はハゼ釣って30万儲けたよ。客には一匹100円、料理ヤには一匹50円で売ったという。毎日こうしてハゼ釣って、9月は20万、10月は30万の稼ぎだ！という。（内心本当かなぁ～とも思うけど、凄いことです）。

更にたかとり川沿いを行く。40歳がらみの女性が、見るからに立派な大型犬を連れている。聞けば秋田犬という。

追浜中・高・ → 追浜高校、追浜中学、北図書館、追浜本町、「ザパークのハウス追浜」の丘の上の巨大マンション群も横目に見て、レンガ造りの筒井隧道、そして浦郷町光龍寺（真宗大谷派）、レンガ造りの日向トンネル、トンネルの真上も住宅。

筒井隧道 →

・日向隧道

・新吉浦隧道　田浦中学下、東芝クラブ、小さな港湾に出る。左手は自衛隊、真向いは米軍施設のある島らしい（箱崎町島）。軍艦停泊中。交差点そばの大きな景徳寺（三浦札所21番）、船越隧道、田浦港町（交）。池ノ谷♀、田浦5丁目。

・新逸見隧道

・舟越隧道 →

トンネル内の歩道について

横浜市域から、横須賀市中心に至るまで沢山の隧道（トンネル）があったが、この地域も含めてトンネル内の〝歩道のさまざま〟についてメモしておこう。

・単に穴をあけただけ。市道でもいささかローカルの道に迷い込むと出くわす。
・上り下り車線の隅に50㎝程度の白線のみ。（車道をとった残りがあれば、それが歩道…U字溝の上だったり）
・上り下り車線に50㎝〜1ｍ程度の幅で、段差を付けた歩道。
・歩道と車道の境目に柵が並べてある。
・トンネルの壁に手すりがあり、つかまることができる。
・歩道と車道の境に高さ1ｍ以上のシェルターあり。
・車道トンネルの他に「自転車、歩行者専用」トンネルあり。

← 海上自衛隊 ← 第2術科学校 ← 自衛隊横須賀病院 ← ＪＲ横須賀駅 ←

横須賀といえば軍港。海上自衛隊と米軍横須賀基地。ものものしい町の風情ともいえるけど、整然としており、清々しい印象あり。自分の国の防衛を米軍にいつまで依存するのか…は、もっと真剣に考えよう。他国の軍隊、核抑止力に頼り、自国の平和を謳歌する…というのは国際的にはずるい生き方だろう。（慎太郎さん曰く、〝アメリカの妾〟とはよくいったものだ）。ベイスターズ総合練習場。吾妻川、（「普通河川」とある珍しい。

ＪＲ横須賀駅、意識して地味な装いなのか、目の前は公園ではあるが、軍港そのもの。（3月にも一度来ている）

横須賀本港 ← ヴェルニー公園 ← 横須賀の街並み ← 新港臨海部・うみかぜ公園・海辺釣り・馬堀海岸 ← 新安浦港 ← 魚市場 ←

…地元の人なら慣れた景色だけれども、たまに訪れる私は、「他国（アメリカ）の軍艦」が私たちの日本を守る目的で駐留している。それを〝よし〟としている我々。これを想うと、悲しくなる。思想の右・左なく、もっとオープンに議論し日本の将来指針のコンセンサスを得るべきだ。目の前にひらけているのは、横須賀本港。軍艦が残念ながらよく似合う。この港を見学する遊らん船が出ていた。「自分の国は自分たちで守る」。戦後の日本人は、その精神の根幹に「自主独立」の思想を失ってしまっている。人を助けることはあっても助けられる事を潔しとはしない気概を失っている。他人（米国）の核に依存する中でのイビツな平和に浸りすぎている。戦後75年も経った今、この依存体質が様々な矛盾を露呈させている。

ヴェルニー記念館、ヴェルニー公園のバラ（秋）が美しく咲き誇っていた。手入れも充分。

ＪＲ線は横須賀駅を出るとすぐ２㎞もあるトンネルに入り、山の中を衣笠駅へ。一方、京急はビル群、繁華街沿い、臨海部沿いを走っておりその中心は横須賀中央駅。県立大学駅などニーズに応えている。45万人を越える人口。国際色ある人々（水兵さん…）。街や商店街、大いに活気ある。日の出町、平成町などは埋立地に展開されたニュータウンで整然としている。公共施設も充分と見られる。山口百恵さんの「横須賀ストーリー」を口ずさみ歩きます。海沿いの公園、並木、遊歩道、釣り公園…と景観もレジャーのうえでも得難い公園だ。こうした施設を活用してストレスを発散できる市民は幸せだなぁ。（車道と歩道の境目の植栽で「グミ」が使われ繁茂している…グミも良いではないか!!）…「横浜から横須賀にかけて」古い街並み、家並みもあるが、十分に開発し尽くされている印象あり。海岸沿いも美しい。社会資本投下も充分。日本を代表する景観だと思う。

馬堀海岸←
京急浦賀駅←
浦賀通り←
夫婦橋←
久里浜駅←
（ＪＲ・京急）

超近代的景観であっても、空にはトビがピーヒョロロ…と盛んに啼いていた。大津漁港のたたずまいは生きのびた昔風情だった。陽も傾きはじめ、海岸を離れ、京急馬堀《まほり》海岸駅前を廻り込み坂を上り、２０８号線を行く。観音崎を持つ山稜を突っ切る小さな峠越えです。

矢の津坂をダラダラ登る。桜ケ丘入口、浦賀インター入口、そして下り始めて少し前が開けてきた。駅はどこだろうとキョロキョロすると、左手高台に京急浦賀駅がありました。浦賀港の切れ込んだ最奥に位置します。ひと休みする間も無く、左手に細長い港を見つつ浦賀通りを行く。なんと海の向こうに「房総富山《とみさん》」の双児峰と「鋸山々脈」が見えるではないか。浦賀港交番前（交）を右折して坂を行く（久比里坂上）。「廻船問屋跡」の看板を見る。憶い出したよ！ここは去年3月に通ったところ。

坂をこえ、光風台入口をこえ、平作川にかかる夫婦橋も越え「尻こすり坂通り」へ。まもなく右へアーケード街を行く。賑わっています。京急久里浜駅周辺は、大いに活発な商店街だ。これらに隠れるように裏に廻ると、ＪＲ久里浜駅が遠慮しがちにゆったり鷹揚に構えていました。今日は、あっちこっちと小さな寄り道をしたせいか疲れたなあ。もう16時半でもあり、この続きの「てくてく」は次回といたします。日帰りで千葉の自宅に帰ります。とっぷりと陽も落ちてきました。

〈横須賀アレコレ〉

・トンネルの歩道について…日向トンネルや新逸見隧道には、幅1m程の（段差のある）歩道だったが、壁際に「手すり（パイプ）」があり、車の風圧にも怯えることなく安心だった。これは歩行者にとって大助かりです。

・港に停泊中の護衛艦等を目のあたりにすると、（男として）武者震いする私は異常でしょうか。水兵さんもあっちこっちに。

・安浦→大津→馬堀の海岸の美しさよ…「自然＋人工の美」とでもいうか。中でも、海釣公園や、長さ700～800mもの岸壁には200人近くにもなろうか、大勢の釣り人がおりました。「私は朝6時にきたよ。もう100人程いて、〝釣りの場所確保〟も潜り込まないととれないよ」だって。

・海の真ん中に、こんもりとした森を持つ小島あり。人家も見えるよ（あれが「猿島」かなぁ…）。

・山口百恵さんの「横須賀ストーリー」のイメージ、理解できました。

・平成町1丁目、2丁目、3丁目、平成埠頭…とあり、新しい町なんだなぁ。

・充分、開発された街…トンネルの上にもマンション。絶壁の上にも戸建て、城壁のような巨大マンション…何か危ないなぁ！見晴らしのいいところは危ないよ。建築基準法や開発行為の法はクリアしていても…自然の力は底知れないよ。……事実……数年温暖化による異常気象で災害が頻発している。人災とならなければいいが……

・茱萸《グミ》の街路樹もいいもんだなぁ。黄色っぽい小さな花が無数に咲いていていた。

・釣り上げた魚に歓声をあげる人々、バタバタ跳ねてもがく魚…「金子みすゞの詩」を思い出したりしました。（魚の世界では今晩は合同慰霊祭かしら）

湾岸ウォーク⑧　久里浜→三浦三崎

平成26年11月5日（水）くもり

（JR久里浜駅から）

久里浜駅〜ペリー公園〜フェリー発着ターミナル〜火力発電所〜千駄崎トンネル〜北下浦海岸〜ビッドル広場〜久里浜医療センター〜サニ・ステージ野比〜海浜駐車場〜牧水の碑〜長沢駅入口〜津久井浜駅入口〜法蔵院前〜上宮田漁港〜三浦海岸交番〜南下浦町〜第一種金田漁港〜小浜から坂上へ〜関東ふれあいの道分岐〜第二種間口漁港（江奈海岸）〜毘沙門トンネル〜毘沙門港〜高架橋〜風力発電〜宮川橋（大・小・本）〜白秋文字碑〜台向ケ崎〜三崎港〜狭塚川〜三崎本港

9：15〜15：00　約5時間45分　約20km

久里浜駅 ←

JR稲毛6：44久里浜行にのる。平日なので通勤者でほぼ満員。ドンドン乗車してくる中、東京駅でやっとこ着席。そこから品川、横浜とまた混雑。大船すぎるとガラガラに。11月も5日となり、曇空でもあり、ドアから入る風も冷たい。前日10月29日は晴れで汗ばんだ…というのに。陽ざしもなく冷たい空気にさらされながら、人の流れに逆らい、リュックを背負い、「てくてく」歩き続ける我を思うと少々自虐的にもなってくる。…俺は俺だと!!

← ペリー記念公園 ← フェリー発着場 ← 東電火力発電所 ← 千駄崎トンネル ← 北下浦海岸 ←

横須賀総合高校のそばを行くと久里浜海岸が視界に飛び込んできた。丁度、フェリーの白浜丸（？）が港から出て行くところだ。

黒船食堂などという看板を見て、ペリー記念公園となる。

１８５３年７月来航「泰平のねむりを覚ます上喜撰、たった四はいで夜も眠れず」日米和親条約締結。鎖国から開国へ。

フェリー発着ターミナル。久里浜と千葉県金谷を結ぶフェリーは、アクアライン開通後も（打撃は受けながらも）存続し、商業ベースで維持されている。駐車している車を見ると、大部分横浜ナンバーだが、神奈川の人々が車を置いて南房総の方へ行っている…という事なのか。

横須賀名物の海軍カレーを食する。８００円也。半カップの牛乳（まずい）とサラダ少々。肉は牛だった。とりたてておいしいとも思えず、まずくもなかった。後の山の上に公園「花の園」があるらしい。

県道２１２号線（ペリー通り）の緩やかな坂を行くと、東電横須賀火力発電所を左に見る。巨大な施設。三本の煙突…。１３０億キロワットアワーの発電量を誇り、県内使用の30％をまかえる…という。また、海底ケーブル（？）で千葉の姉ケ崎・富津の発電所ともつながっている…という。原子力でない点で少し安心して見られる気分だ。「生化学工業」という名前の工場が隣接している。「生」とは何を造っているのだろう。

千駄崎トンネルを越えて下りにかかると、一気に視界が拡がった。

北下浦海岸という。右手には津久井浜・三浦海岸の広大な弓なりの浜。左手に海をはさんで遠く房総の山々。子供の頃から、房総館山育ちの私は海岸から、或いは内房線の列車の窓から、

← ビッドル広場
← 久里浜医療センター
← サニーステージ野比
← 海浜駐車場
← 牧水の碑
← 長沢駅入口
← 津久井浜駅入口
← 法蔵院入口
← 津久井海岸
← 北下浦漁港 ←

三浦半島の火力発電所の煙突や、「防衛大学」の校舎を見ては、先進地域の風景を見る気分だったものだが、今日は反対の横須賀側から房総を見ている。鋸山も富山も伊予ケ岳も皆んな見える。いつもの慣れ親しんだ姿と一味違う房総の山並です。

「ビッドル広場」とは海岸に沿った県道212号線際にある小さな公園。ペリー来航に先立つ7年前の1846年、インド艦隊のビッドル提督が、この地の沖合にイカリを下ろし、種々偵察を行った…その史実にてらい、ここに記念碑を建ててあるという。

それにしてもこの長い海岸線は、左は海、右手は背後に山を背負った斜面(崖)が続いているが、温暖、風光明媚という事も手伝い、実に多くの施設がある。福祉援護センター、特養ホーム、横須賀老人ホーム、国立久里浜病院、久里浜医療センター、国立や筑波大などが関わる研究施設も多シ。バスでの乗降利用者も多い。市のシルバー人材センターが、温水シャワーもある公共駐車場を管理していました。

「若山牧水の歌碑」あり…鋸山の歌「海こえて　鋸山はかすめども　比処の長沼　波立ちやまず」

(病んで転地養療にこの地に来ていた年に詠んだ)

1550年頃、房州里見氏に攻められ寺消失。貴重品盗まる。里見氏、引き上げる際シケに合い荷を投げすてその仏像がこの地の海岸に流れついた…云々、この転末が碑に刻まれている…法蔵院。

それにしてもこの北下浦海岸は長いなあ。浜の侵蝕も著しく、沖合い50m～100mあたりに間隔を置いてテトラの城壁がつづく。そのテトラの切れたあたり、ウィンドサーファーが

←三浦海岸←金田漁港←松輪←剣崎←間口漁港（江奈地区）←毘沙門トンネル←毘沙門漁港←

多数波間に浮かんでいた。漁港というよりは、浜に舟を引き上げ留置した〝舟溜まり〟という印象です。三浦海岸は、砂浜も広く延々2㎞以上もあろうか。往時海水浴客であふれていたのも納得です。

右ヤヤ後方の山側に高層マンション群、そびえています。京急三浦海岸駅あたりだろうか。南下浦町、走湯《そうとう》神社。「「三浦漁港金田湾朝市食堂」と書いたレストランあり。長い海岸線の尽きた所、本格的な第一種・金田漁港ありました。港を過ぎるところに、「鋒《とがり》」というバス停あり。その先の小浜から金田湾とわかれ右上の丘をめざし登る。登り切ると左右一面の大根畑。〝三浦大根〟の葉っぱのジュータン。美事なものだ。緩やかな起状の丘の上。うねる緑の畑。遠くそびえる房総鋸山の三角錐と双児峰の富山。大根畑とキャベツ畑をわける畔道に軽トラを止めてお百姓がエンジンを切って昼飯をおおらかに頬張っていたよ。

さらに歩を進めると、松輪間口漁港への「関東ふれあいの道」を別け、また剣崎灯台も左奥に見ながら、急カーブ、クネクネ下って三崎港をめざす。間口漁港は松輪と江奈の二つある。第二種間口・江奈漁港では、老漁師が椅子にかけて、港の沖合の方を眺めつつ、ハゲ頭をしきりにかいていました。弓なりの防潮堤沿いに進む。道沿いの鉄柵に100mにもわたってまたがった大根を干していました。

毘沙門トンネル（278m）、茶屋、三浦漁港毘沙門支所（毘沙門港）、港外には5m程のウネリが寄せている。高架橋をあがって行くと、大根とキャベツ畑。風力発電キ2基あるも、風はあるのに廻っていない。振り返ってビックリ房総鋸山が正に三角錐に見える！見える角度・位置によってはこんなに外観も違うものか。…今日は千葉まで帰らず横須賀市内泊。

水が流れているようには見えぬが宮川大橋、小橋、宮川橋と続く左前方下を見ると、トンガリ帽子風の島が見える。こんな地形が多いな。八景原、白秋文学碑が現われる。「台向ヶ崎・牛頭観音」由緒ありげに見えます。坂を下ると、「椿の御所」というバス停、もう三崎港の一画です。狭塚川（5ｍ足らず）、北条、日の出、栄町と北條湾をぐるりと廻ると奥まったところが、三崎本港でした。

宮川大橋←←

北条湾・三崎港←

三崎公園・魚市場

三浦半島ウォーク　三崎↓逗子

平成26年11月6日（木）　くもり

（三崎港から）

三崎港（三崎公園）～みさき魚センター～見桃寺～小さい漁港・2谷町～造船所～ベイサイド・三浦浄苑入口～諸磯湾マリーナ～油壺湾（ヨット）～T字路～小網代～油壺入口～三崎警察・合同庁舎～松輪入口～引橋～京急三崎口駅前～三浦臨海学校～三浦総合体育館～矢作入口～円徳寺～和田・長浜海岸～佃嵐崎～栗谷浜漁港～荒崎海岸～荒崎公園～荒井漁港～漆山湾～番湯～長井港・漁港・市場～防潮堤～豊浦公園～陸事工科校～御幸浜（自衛隊）～横須賀市民病院～電力中央研究所～佐島入口～Rサフラン～大楠小・中～秋谷漁港～秋谷海岸～立石公園～久瑠和海岸～峯山～長者ケ崎～西海岸通り（国道134号線）～葉山御月邸前～郵便局前～大道～町役場前～長柄交差点～新桜山トンネル～田越橋～駅入口～京急新逗子駅～市役所～JR逗子駅

8：20～15：10　約7時間　25km位か

京急横須賀中央駅徒歩3分のホテルをスタート。昨日はてくてく終点の三崎港付近や、久里浜駅周辺等でビジネスホテルが見付からず、横須賀中央まで戻って泊まった次第。シングル素泊まり6，000円…雨が心配ではあるが、「電車プラスバス」で三崎港の今日のてくてくスタートラインに立った。

三崎港　←

三崎公園から左に港を見て、うらり（三崎フィッシャリーナウォーフ）、卸売市場をすぎる。さすが三浦港というべきか、マグロ丼、マグロ粕漬、味噌漬、まぐろ定食…まぐろのオンパレード（過日、まぐろ漬丼1，200円を食したが、シンプルでおいしかったよ）。〝歌舞島《かぶ》〟とか〝魚籃〟とか〝見桃《みもも》〟、更に〝海外町《かいと》〟など耳なれぬ地名が多い。小さな漁港、舟だまりが2～3出てくるが、いずれも第三種三崎港の範囲とのことです。

見桃《みもも》寺・二町谷 ←
ベイサイド・三浦浄苑 ←
諸磯湾アリーナ ←
油壺湾ヨットハーバー ←
T字路 ←
小網代 ←
県道26号線 ←
三崎警察署 ←
合同庁舎 ←
引橋（交）←

二町谷《ふたまちや》には白秋の文学碑「寂しさに　浜に出てみれば　波ばかり　うねりくねれり　あきらめ切れず…」。石黒造船から海を一旦はなれて、半島ともいえぬ「出っ張り」を突っ切る。

「ベイサイド浄えん」を左に見送る。

尾上町、屋志倉と進み、右に「老人ホーム・エデンの園」を見て、下って行くと左手に入江の蒼い海と夥しい白いヨットの帆柱が真に林立しているヨットハーバーだ。１００～１５０隻あるか。庶民とはなかなか縁のなさそうな景観です。（それとも日本人高級庶民がふえたか）更にその先でまたビックリ！油壷のヨットハーバー。こちらにも１００～２００隻はありそうなヨット。この恵まれた油壷や諸磯湾、マリンスポーツの基地として理想的な地形。うらやましい。それにしても並の人ではヨットを所有したり遊んだりは出来ない。やはりお金持ちの象徴のような景観だ。

そのまま進むとT字路となった。左へ行けばマリンパーク、これを右へ行く。バス停に「小網代」とある。今歩いている県道２１６号線、そして県道26号線、更には引橋からの国道１３４号線に囲まれた西側一体は、小網代湾を抱え込んだ広大な地域…ここに入る有力な道路は見当たらず、見た目、原生林原野のようにも見える。この一帯はなんなのだ!!

三崎口駅と三崎港を結ぶバス路線の県道26号線にぶつかり、これを左折。三浦市は、鉄道は私鉄の京急が乗り入れているが市域の一部にしかかかっておらず、市役所や三崎港へは、バスで５～６km行かねばならない。バスだけが頼りとなり、変則な交通体系といえる。京急があと４～５km延伸出来ればなぁ…とは市民の嘆息が聞こえてくる。（計画はあったが消えてしまったとか）合同庁舎周辺は商住宅地も多い。右側も左側も商店や住宅の奥は一面の大根畑とキャベツです。緩やかに上下する県道26号線は松輪入口（交）を過ぎ、引橋で国

→京急三崎口駅前←三浦総合体育館←矢作入口←和田・長浜海岸←

道134号線となり、アップダウンをくり返しながら、三崎口駅に着く。駅名からして中途半端なところが「終点」だなぁ…と思えてくる。…見るからに、延伸とりやめたかのように畑の中に駅です。欅のようなカシのような大木の並木の坂をドンドン下る。

人口5万人足らずの街にしては立派すぎるような箱もの行政の体育館！大丈夫かな。潮風アリーナと称す（一番川に沿って左にドンドン行けば初声《はっせ》町入江となりヨットハーバー、黒崎の鼻へ）。郵便局をすぎて、バス停矢作入口。

このバス停手前を左折して右側の山裾をまわり込むと、海に出た。円徳寺そばから磯を歩く。(明瞭なウォーキング道は無いけれど、神奈川県おすすめのコースです)。岩礁地帯から和田・長浜海岸を歩きます。

> いつしかに　春の名残となりにけり
> 　昆布干場のたんぽぽの花
> 　　　白秋
> 　（明治43年、三崎初遊）
>
> 搗芽（カジメ）を昆布とまちがえた…といわれている。

〈三浦市について〉

三浦市の人口は、令和2年9月・4万2千人です。年々減少を続けている。東京都心から電車で約90分程度、三浦三崎港は衰えたりといえど、マグロ漁で有名…それなのに、神奈川県内の市で唯一将来の存続が難しいとされる「消滅可能性都市」に位置づけられている。市内に空家は多く、地価の下落率も県内では最も大きい。気候温暖、野菜栽培も盛ん。東京にも近い…なのに、今、何故消滅可能性都市などと区分されるのだろう。「地方創生」が呼ばれる中、東京一極集中の是正対策に、何か徹底しないものを強く感じます。

← 佃嵐崎
← 栗谷浜漁港
← 荒崎海岸
← 荒崎公園
← 荒崎漁港

滑り易い岩を気にしながら行くと、小広い砂浜。てくてく行くと、波うち際で何かを拾っている中年の女性3～4人。何ですか？波で丸くなったガラス片を拾っているの！だって。手芸に使うらしい。ごくろうさんです！小さな入り江の船だまり。その先の緑の小山はどう行くのだろう。小舟にペンキ塗りしているオッサンに尋ねると、「あそこの段々を登って行くださ！」と指さしてくれた。その通り行き、佃嵐崎を抜けて今度は急に下り坂。また、次の小さな浜に下りた。小さな漁港のヘリを歩き、岩礁の縁に着いた。ここからがこのコースのハイライトだった。右断崖。左荒磯。寄せる波を気にしつつ岩場を歩く。橋やハシゴそれに鎖につかまりつつ、ヘツル場所…なかなかどうして海辺のハイキングだ。「発案した人、決断した人、造った人たち」に敬意を表します。でも満潮時や荒れている時は、用心が欠かせない。思わぬ海辺のハイキング。堪能しました。そしてこの岩礁コースのおわりに休憩施設がありました。ここには「お絵書きさん」が1人、カメラの人が1人、各々熱心に作品作りに集中していたよ。私は魔法ビンから熱いお湯を出し、アンパンで一服したよ。遊歩道で上に上がると立派な荒崎公園がありました。

歩いて思う事の一つとして、南房総にもある地名がこちら三浦半島にも多いということ。白浜、安房、富浦…云々。海を隔てているが、マァ隣同士みたいなもので、魚を追って船をこぐ漁

← 長井港・魚市場

→ 小田和湾防潮堤 → 富浦公園 → 御幸浜 → 自衛隊基地 → 〔工科学校／陸自武山駐屯地／海自教育隊〕 → 市民病院 → 電力研究所 → 佐島入口 → 秋谷漁港・海岸 →

師にとっては房総も三浦も親戚みたいなものだったのだ。荒崎公園から坂を下って行くと、荒崎 ♀。左手に漁港、右手に熊野神社（よき社です）。更に新宿 ♀、番場 ♀、そして長井町漁協第二種・長井漁港。左は長井港、右に不断寺。漁港突き当りの土手に上る。高台から大きく視界拡がった。小田和湾です。防潮堤・絶壁、右手一帯は自衛隊か。湾の向こうは「佐島地区」更にその奥は葉山方面だろうか。右手は御幸浜というらしい。御幸浜一帯は、殆ど全て自衛隊関連の施設だ。強固なフェンスと植栽に遮ぎられ、内部をのぞく事も出来ない（陸自工科学校・陸自駐屯地・海自教育隊…）。整然として気持ちよく歩けるが、何か他人の家にお邪魔しているような長～い通り、三崎街道・西海岸通り。これをやりすごさぬと逗子にも行けぬ。国道１３４号線三崎街道、林交差点。大きな三角形の交差点。左に行けば国道１３４号線で鎌倉、葉山。右へ行けば山を越えて横須賀港。左、葉山へ向かう。小田和川と竹川合流のたけ川（５ｍ）を渡る。

県立海洋科学学校。横須賀市市民病院（大きな建物だ）。

松越川の前耕地橋を渡ると、これまた巨大建物「電力研究所」だ。大きく広くため息が出る程どっしりしています。「佐島入口（交）」・左へ行けば「佐島港マリーナ、天神島」に至る。

佐島入口（交）を過ぎ、サフランというレストランで昼食。カキフライ、サラダ、ビールで1，９００円也。店はキレイだが、客の入りが少ない。経営は大変そうだ。…ひと工夫加えて頑張ろう！

一息入れて、緩やかな下り坂で大楠中入口、大楠山入口などの大楠地区をこえ下り秋谷漁港、秋谷海岸に至る。途中浄楽寺で「前島密」の墓あり。「前島密」… 〝郵便の父〟と称された前島夫妻の墓あり。この地に別荘を建て、大正8年84才で没。

立石公園←長者ヶ崎
西海岸通←葉山御用邸前←新桜山トンネル
京急新逗子駅←ＪＲ逗子駅

右側崖沿いにマンション群あり。レールもなくバスだけのこの地区も京浜ゾーンに近く開発されしつくされている。海に突き出るようにドングリのような大岩（山）あり。この一帯は風光明媚で立石公園という。…大岩は高さ12ｍの「立石」という。江戸時代の絵師…安藤広重は「相州三浦秋屋の里」と題して富士山を遠くに見えるこの辺りの風景画を残している。泉鏡花「草迷宮」の碑あり、湘南口などに高級感ケバケバしいマンションなど林立している。久留和地区。ヘチマ加祷の本峯山入口。拡がる弓なりの砂浜。久しぶりサーファーを見る。あのグループは上手だな!!上級も初心者も夫々華麗に楽しんでいるよ。西海岸通りといわれる国道１３４号をたどり、ようやく長者ヶ崎をこえ、葉山町に入る。…長者ヶ崎から江の島、伊豆半島、富士山を望む景色は「神奈川の景勝50選」に選ばれているそうです。

公園前♀、葉山♀と進むと「葉山御用邸前（交）に到着しました。〝御用邸〟をギラギラさせぬような配慮がバス停名一つにも感じます。下山川などが流れ込み、葉山署もある。また交差点の一角に伯爵「金子賢太郎揮毫による碑「思光碑」なるものあり。（枢密院・顧問官）森山神社、玉蔵院あり、海岸沿いの道県道２０７号をわけ、国道１３４号はこの交差点で一旦海をはなれ長柄（交）方向へ。これを行く。更に私は長柄交差点を直進し（国道１３４号とわかれ）、桜山トンネルを抜ける。田越川にかかる田越橋をわたって進むと、京急新逗子駅への道を行く。駅前を過ぎると市役所ありて、尚も数百ｍ進むと、ＪＲ逗子駅の駅前広場にたどりついた。小振りだけど賑やかな街です。15時半ともなると、気の早い街燈はもうついています。陽もそろそろ沈むのかしらと思うと忘れていた疲れがドッと湧いてきました。今日も自分なりに良く歩いた。合格です。これで千葉に帰ります。

葉山、逗子ウォーク　葉山御用邸↓極楽寺

平成26年11月11日（火）　くもり時々雨　寒～い1日

（葉山御用邸から）

> 御用邸～しおさい公園～三ケ下海岸～葉山漁港～堀内～森戸大明神～森戸海岸～マリーナ（葉山）～渚橋～逗子海岸～太陽の季節像～浪子不動～さくら貝の歌・歌碑～逗子海岸西端～伊勢山トンネル～飯島トンネル～観世音の碑～滑川交差点～トビに注意～林木座海岸～由比ヶ浜～愛されて百年～稲瀬川碑～坂の下～鎌倉海浜公園～稲村ケ崎～公園～湘海亭～江の電・稲村ケ崎駅～極楽寺駅～喫茶極楽寺
>
> 11：05～15：00　約4時間　12km

日帰り「てくてく」は湘南の浜を歩きます。今日は11月11日その11時にご用邸スタートだ。偶然です。

予報では日昼弱い雨降りだという。どうする?小雨の度に中止もできぬ!というわけ。幸い今日のコースは葉山～極楽寺駅までで10km強3～4時間といったところ。何とか降られても歩き通そう。今日が終ると銚子から始めて～南房総～東京湾岸～三浦半島と鎌倉までつながる。今日のコースは4月に既に歩いたが大事なメモを紛失。よって再チャレンジで今日また歩くということです。

葉山御用邸　前回（11／6）、御用邸から逗子駅までは徒歩の記録を残したので、今日は省略。御用邸（文）から県道207号、森戸海岸線を中心に進む。一色公園は寄らず、しおさい公園わきから浜に出る。（葉山しおさい公園、大人300円）このあたり林は松一本も枯れてない。一色海水浴場の浜を歩く。誰も居ない。「松くい虫対策」も場所柄万全を期しているのか知れない。

（文）

←三ケ下海岸
←葉山海岸
←葉山漁港
←堀内
←森戸大明神
←森戸海岸
←マリーナ
←渚橋
←逗子海岸
←太陽の季節

右から大峰山裾が海岸にせり出し、崖を成し、別荘のような様子の佳き建物が海まで張り出して、岩づたいには行けず、一旦県道207号に上り、迂回するようにしてまた浜に出る。三ケ下海岸という。砂浜と岩礁、右の一段高みには別荘、会社寮、ホテルなど。ほどなく真名瀬漁港漁協がチンマリとあった。また、砂浜を歩く。海中に点々と小さな島。そんな海中の島の群れの一つに、朱塗りの鳥居と白い灯台が見える。これだけ岩があると、舟も座礁しかねない。…「菜島」と「裕次郎灯台」？

浜沿いをなおも行き、陸にあがると、小ぢんまりした神社に出くわす。何やら女性が20～30人は居る。一つの名所？まわり込んでみると、なかなか立派な大明神だった。すぐ西側を森戸川が神社の裾を洗うようにして流れ、朱塗りの太鼓橋はみそぎ橋という。安産、子育てにゴリヤクがあるとみえ、女性のお参りが多いのだ。このあたり細かい雨に降られつつ歩く。

しばらく森戸の浜を行く。整理整頓された清潔な浜だ。また、県道に上り、元町 ♀、清浄寺♀と歩を進める。葉山アリーナ、ヨット多数。（お金持ちはいいな）そして葉山港、葉山漁港（鐙摺（アブスリ）葉山）右手に日影茶屋という古民家風の店あり。葉山町の汚水桝の絵柄は「ヨット」です。

浄水管理センターの敷地を突っ切り、国木田独歩の碑（「たき火」の一文）まで行くも行きどまり。もどって切り通し下国道へ。田越川（川幅30ｍ）にかかる渚橋。渚橋コーヒー店おいしそう！

ほどなく石原慎太郎による「太陽の季節」の碑あり。（前にもあったぞ）ここは逗子海岸の中心ということか。岡本太郎氏作のような金色の顔をとりこんだ大きな碑。台座を構成する階段状の一枚一枚のブロックタイルにファンからのメッセージが書き込んであった。

「夢はとおく　白い帆にのって　消えて行く　消えて行く　水のかなたに
太陽の季節に実る　狂った果実達の先達」
（石原裕次郎を偲んで）

逗子海岸は（全国あっちこっちの砂浜が浸蝕されている中にあって）立派な幅50ｍ以上もある。（侵蝕もされずに）さすが手入れ充分。ゴミもなし。約１㎞位の長さはあるか。これの波うち際を歩く。のち、国道１３４号線に上り、歩く。「ロードオアシス逗子海岸」とある…車対応の施設で歩行者としては少々不満ではあります。浜に降りたり、国道に上ったりで忙しいな。ウィンドサーファー…50人もいるかしら。波間で戯れています。裸足で踏む砂浜は気持ちいいが少々硬めです。

浪子不動←
さくら貝の歌←
伊勢山トンネル←

その先に右手階段上（１００段もあったか）に浪子不動ありて、海を見下ろしていた。

ここに「浪子不動の秋月」（逗子八景の一つ）。逗子の海を見て作った…という「さくら貝の歌（土屋花情作）」の碑。そして「蘆花の故地」という大きな一種の四阿あり。〝道のオアシス〟の別名あり。

小坪漁港・大崎方面への道わかりにくくて、そのまま国道１３４号線行く。「５００ｍ先歩道なし。３５０ｍのトンネル歩道なしの看板」。そして伊勢山トンネル手前でも同様の看板。

←飯島トンネル←滑川交差点←林木座←由比ヶ浜←稲瀬川碑←鎌倉海浜公園←稲村ケ崎←

どうしろ、どこへ迂回しろというのか。わからない。とにかくトンネルのむこうに行かねば…とトンネル際に行くと、トンネル内に、段差のある1m足らずの管理歩道のようなものあり。これだけあれば…と入って行く。何の問題もなし。但し、交通量極めて多く風圧がすごい。歩行者を想定していないとみえて、トンネル出てからも歩道は無きに等しい。もう一つの小さなトンネルの歩道も含めて、やはり危険だと思った。天下の国道として、これでよいのかなぁ。歩行者に冷たい国道行政です。飯島トンネルも歩いて抜けるには怖いトンネルでした。

抜けて下って行くと、鎌倉の「材木座、由比ヶ浜の美しい海岸線」が一望です。海ぞいを進んで、滑川（交）、なめり川（橋）…幅30m程か。二級河川。大きな交差点です。この交差点、右折すれば「若宮大路」の「一の鳥居」を経て「鶴岡八幡宮」に一直線です。

佐藤栄作氏、観・世・音の三つの碑。

「さくら貝の歌」の全文歌碑（大）あり。トビに注意看板。そばの電柱てっぺんに大きな鳶が見下していたよ。（トンビだって生活してる。どっかに何かないかなあ、キョロキョロ！と）

鎌倉海浜公園、ボランティアとおぼしき人々20名くらいが砂浜のゴミ拾いなど掃除をしていました。こんな天気なのにご苦労様です。

相当、この砂浜維持には市も市民も手間をかけているのだなあ。

海水浴場として「愛されて百年」の碑あり（縦長、巨大な黒い石碑です）。

萬葉の時代から歌に出てくるという「稲瀬川を示す碑」あり。「美奈能瀬橋《みなのせ》」という石造りの大正12年建立の小さいが立派なものです。公園、プール、テトラを見て遊歩道で（ベンチで）一服。ここで私にとって事件発生！リンゴをとり出て食べ始めたら、どこから見ていたのか

稲村公園←→湘海亭←江の電、稲村ケ崎駅←極楽寺駅←喫茶、極楽寺

トビが急降下。私の右手からなんとリンゴだけさらっていった。電光石火。おみごと!!俺ともあろうものが…再三の「注意看板」を甘く見ていたバチだ!と地団駄ふんでくやしがった。ドジ!!そして稲村崎へ。ここにも公園（新田義貞徒渉の碑、明治天皇の歌碑など多数）。鎌倉海浜公園となっており、近くに十一人塚・ボート遭難碑もあります。「夕日に浮かぶ江の島と富士山が絶景」とパンフは謳う。

道沿いの湘海亭レストランで（シラスカキアゲ丼＋めばる煮付け＋アツカン）で昼食。2,900円也。極楽!極楽!!(外は冷たいジトジト雨)。極楽寺駅まで坂をあがり、さらに登り切ってすぐのところにある馴じみのコーヒー店。「極楽寺」に寄り、20余りも飾ってある大・小アンティークな時計のチクタクチクタクの心地良いリズムに囲まれ、熱いコーヒーをすすった。脇息にもたれながら、店主のオヤジと、よもやま話をし、くつろいでから電車に乗りました。今日は約4時間程でした。天気も思わしくなく…。充分に手入れの行き届いた海岸線。国内有数の都会派の海。江ノ電で鎌倉駅に出て。同じ海でも湘南ほど垢抜けてはいないけど千葉の海の待つ稲毛への帰路につきました。

〝私が休めば私の指にアキ茜もとまった。お前もひと休み、さああるくよとそっと指で押す。〟

「てくてく日本・一人歩きの旅、時々山登り」

加入道山と大群山（大室山）・（1，590m）

平成26年　10月25日（土）晴れ
単独マイカー登山

（東京湾岸・三浦半島一周、それに鎌倉まで歩いてきた。一休みする形で、この10〜12月、隙間を狙って日帰り山行しました。）

今日は10月25日（土）晴れ…今日はマイカーで道志の湯（神奈川・山梨）から懸案の大群山に登って日帰った。その山行について記す。昨年の秋10月〜11月にかけ、私はJR中央線沿線の石老山、高畑山、倉岳山、九鬼山、二十六夜山、本社ケ丸など憑かれたように登った。夫々の山頂から南方向見廻した時、富士の高嶺の左側にドンブリを伏せたような独立した大きな山が気になった。それが大群山《おおむれ》だった。私の若かりし頃20代から30代は丹沢山塊に日参し稜線歩き、沢登りと単独で或いは友と楽しんだ。それも檜洞丸《ひのきぼらまる》までの話で、さらにその西にそびえる大群山は、そのうちいつか…で先送りしてきたものだ。それからざっと40年が過ぎ、70才も少し過ぎた身ながら、登り残した低山ハイクの延長戦ということで、この10月、道志山中を車中泊のつもりでマイカーで出かけた。

稲毛の自宅を5：30出発。苦手の首都高通過の際、道をとり違えるハプニングはあったが、中央高速相模湖東出口で高速を出て、国道４１２号〜４１３号経由で道志集落へ。それから約30㎞近くも山間の集落をぬって進む。南側も北側も1，０００mを越える山々が、鋭く道志川に落ち込むわずかの平地沿いに集落がへばりついて続いている。（…道志エリアは古くからテニス民宿・キャンプで賑わってきた休養地だが、２０１９年9月、キャンプに来ていた小倉美咲ちゃんが行方不明になった。）

こんなにも山奥の、こんな所で昔から人が住み。生活してこられた事に驚くと共に人の凄さを思い、同時に頭が下がる気分となる。どの集落も山と川の恵みの中で生活している。林業、農業、漁業、その他キャンプ場、釣り堀、民宿、旅館などだ。「道志の湯」を目ざし、国道を左折。程なく「日帰りの湯・道志の湯」に到着。

その先の登山口にある駐車場に車を止めてさぁ出発だ!!同じタイミングで1台のワゴン。60歳半ばの夫婦づれのようだ。挨拶をかわし登っていった。15分遅れで私もつづく。沢沿い、あずまや、鹿よけネット、小尾根のヘツリ。エグレタ歩きにくいルートを辿り、稜線にとび出す。

明瞭なルートを頑張り、加入道山頂へ。一旦下って、登りかえす。出会った山道整備中の方々に感謝の挨拶をし、大汗かいてようやく広い大群山山頂到着。天気は悪くないが、視界が拡がらず、30分程休んで下山へ。登り返しはききますなぁ～。特に下山中の崩れやすいトラバースは慎重に下りに下って、湧き出でている清水をゴクゴクといっぱい飲む。アーア幸わせ！！そして登り始めてから約5時間で駐車場に下り立った。

14：30汗を拭き、ほこりを払って、スニーカーに履き替え、一仕事やりおえた気分になり（予想外に早く片づいたので、道志に山中一泊することをやめ）、帰路についた。
　中央高速、箱崎、湾岸と通り、次の外出に備えガソリンスタンドで満タンにし、18：00には無事帰宅。1人住まいのマンションの風呂を沸かし、飛び込む。
　一人ではあるが、湯上りにビール。一休みして湯どうふに熱カンで今日一日をしめくくった次第。
○71歳の春先・サラリーマンを完全卒業して以来、一念発起で「全国てくてく歩き」の身となったが、山登りはどうする？↓念願のマイカー登山指向となりました。行ってみたい山は、公共交通（特に地元連絡バス）が次々と廃止となり、登りたくても「現地での足」が無い（不便）！という山がいつの間にか残ってしまった。セダンから四輪駆動のクルーザー型に車を変え、寝袋、ツェルト外を積み込み、「てくてくの合間」にいそいそと出掛け、車中泊を繰り返しながら〝宿題の山〟を登る。今回の「道志・大群山」もそんな対象の一つ、宿題の山でした。

○〝口あけて尻を上げ下げカラス啼く、さあ家にかえろう〟

三ッ峠山（1，780m）

平成26年　10月15日（水）　くもりのち雨
（千葉中央バスハイク）

〈富士山を取り囲む北辺の山並みを御坂《みさか》山塊というが、その山塊の東端に一際目立つのが三ッ峠山です〉

● 御坂山脈をトンネルで貫ぬく天下茶屋手前の三ッ峠登山口でハイキングバスを降りた。（国道137号とわかれた県道708号線沿い）

● 今日参加者はバス2台で70人の仲間です。バスから降り足ごしらえ、各々体操をして、登山開始。

● 70人中女性が40人、男30人見当。平均年齢は想像で64歳位か。真に中高年男女によるハイキングです。

● スタートから小雨シヤシヤ。色付きはじめた木々の中、緩やかに車道ともいえる林道歩き。天候のせいで気分も沈みがち。

● 山小屋「四季楽園」まで林道歩き、高度は1，600m内外。さすがに黄葉真っ盛り。3軒ある小屋は早くも全て閉鎖中。

● ガスが一面たち込め、視界はざっと100m位でお互い離れすぎてバラバラにならぬよう用心・用心です。

● 一時間足らずで急斜面を登り終えると三ツ峠山山頂。（開運山1．785m）山頂の一角は、各種電波塔が林立。

● 林立しているアンテナもぼっと霞んでいる。勿論富士山も見えず、山頂では雨と風で寒く昼食もとれず、各自持参した昼食は、下山してからのバスの車中で！となった。

● 下山ルート予定の「〝母の白滝〟コース」は悪天候によりコース変更して辿らず、登ってきた車道（林道）をソソクサと下山。「襟首に雨粒落ちて武者震い」「戦果という程のものもなく敗退ハイク」

● 途中休憩分も含めて3時間足らず、皆も欲求不満あらわ。しかしこの天候では皆心の中では納得。

●聞くところによると一週間前の同じコース催行では、快晴で、9合目以上に積った新雪富士を堪能したと聞いて悔しがる。まあ、よくあることですが。

●登る途中、70歳内外の男性参加者、ガン放射線治療の影響（本人曰く）で、心拍早くなり、途中でリタイアー。大事にならずよかったなぁ…というオマケあり。〝元気モリモリで参加〟・〝持病はあるが黙って参加〟。…色々あります。…（同コースを下山して来ますから…と同伴者と共に現地に残す）

●三ッ峠山は、昭和50年頃二度ほど、大月経由の電車で三ッ峠駅から直接懐中電灯で照らしながら列を成して登ったことあり、標高差（約1，200m）もあり険しくゼイゼイハアハアしてやっと登った。若くて馬力はあったのでコースタイム4時間のところ3時間弱で登れた…との当時のアルバムが語る。…夜行日帰りだった。

●御巣鷹山＋開運山＋木無山＝三ッ峠山　1，785m
「これで三ッ峠山だ」

昭和45年（1970年）発売の登山ガイドブックによる「ダルマ石から三ッ峠山」コースについて、「三ッ峠山は富士をめぐる山々の中でもっとも人気があり、訪れる人の数も他とは桁違いに多いだけあって、登りがいのある素晴らしいコースだ。富士の展望台として絶好の地でもある。上部にある岩場はロッククライミングとしても古くから有名。休日など多くのクライマーが岩壁を登降している…」とある。ダルマ石コースは、富士急行線・三ッ峠駅から直登するメインルートだ。私は昭和50年前後・ということは当時は29～30才の頃・夜行で来てこのダルマコースを辿り、3時間かけて登ったものでした。その時からざっと45年も経って、懐かしい「三ッ峠山」に行こうと思い立ち、身近にある「バス・ハイクツアー」に参加したのでした。気軽に登ってあの時の感動を今一度…としたのが裏目に出て、前述したような無残な雨中ハイキングとなってしまい、「古き良き思い出」の世界は遠いものでした。

石割山（1，413m）

平成26年11月18日（火）晴れ
（千葉中央バスハイク）

京成津田沼7：00発～首都高～中央道～山中湖ＩＣ～平野：歩↓石割山登山口↓石割神社↓石割山々頂↓平尾山分岐↓登山口：石割の湯～高速・中央・首都高・湾岸・津田沼へ
約5㎞　約4時間

今日はどんな一日になるでしょうか。天気も上々だ。バス車内で隣りのオバサン達（見知らぬ人）は、ヤレ折立だ。ヤレ薬師だ。涸沢だテントだ…と勇ましい。本当にこの節の中高年女性のパワーは凄い。一人一人と話をする限りでは〝所詮女性は女性！〟とも感じるのだが、隠している部分は実は結構パワフルなんだ。多分、今の私（71歳）よりは余程達者で山への入れ込みも深いのでは…と思わされる。世の中大きく変わったものだ…が実感!!

中央高速から分かれ富士山口、山中湖畔、平野、そして駐車場やトイレの有る石割山登山口へ。ここからバスと別れて、車道歩き20分で神社入り口の赤い鳥居。一直線に延びる気の遠くなるような４０３段の年輪を経た石段を登り切りあづまやのある休憩地点へ。富士山がチラチラ見えます。さしたる苦労もなく石割神社に着く。二つに割れた大きな岩の割れ目をくぐる。ワイワイ、キャーキャーいいながらもう少し頑張ると、１，４００m余の山頂にとび出した。今日は1日中〝富士山漬け〟かと思いきや、ム！残念7合目あたりまで雪化粧した富士は八合目以上は雲の中。なんと山頂付近の雲以外２７０度見渡す限り晴れ上っている…というのに。広い山頂でも70人からが陣取ると、もう隅っこしか座るとこなし。ともかく自分であつらえてきた弁当を食べ、リンゴ一ヶを丸かじりで平らげ、テルモスの湯で作ったコーヒーで暖まり、下山にかかった。滑り易い急斜面では案の定、おしゃべりオバサンがスッテンコロリン！危ない危ない！富士山は下山中の我々の視界にはとても入り切らぬほど大きく、また、水溜り程度に見えた山中湖がグングン迫って巨大になってきた。平野分岐から一気に車道に出た。バスで移動して「夕焼の湯、虹色の湯」の露天風呂につかる。「体温＋α」程度でヌルイヌルイ。ともかく室内湯であったまり、ビールとワンカップを買い込んで帰りのバスの人となった。隣り合った山好きのオバサンと夫々水増しした武勇伝など披露し合うのも楽しいひとときでした。

（〝石割神社の御神体〟の割れた大岩を三周すべし…との事で、70名からの老男女がグルグルと忠実に周りました）

千葉中央バスの「バスハイク」について

保有車両１５０台程度の地方中堅バス会社ですが、毎年赤字経営に悩んでいた。２０００年（平成2年）に、赤字対策の一環として始めた増客増収策です。

◎基本コンセプト

・会社の社員が自らコース選定
・社員による現地踏破
・難易度、トイレ等の有無確認
・事前踏破した社員が引率
・リーズナブルな費用（日帰３，０００～４，０００円、一泊でも２０，０００円以下）
・「シンプル・イズ・ベスト」精神の徹底

◎それでどうなったか

・大当たりです。予約がとれぬほど。バス同じコース一日4台も珍しくない。希望者を野放図に引き受けると。…これは反省、多すぎる)

・15年間の集計では述べ40，000人以上参加。現在も大好評

・バス2台口の日でも参加者は80人近くになる。山道では100mを越える列になり、一般ハイカーにとっては迷惑。また、休憩・食事タイムでは山頂など〝占拠〟してしまう横暴につながる。

◎何がいえるか

・健康志向の時代、また、高齢化の時代…〝誰か山に連れてって！〟のオッサン、オバサンの大量参加につながった

・広い意味では、ストレス発散・夫婦円満・サプリメントに頼りすぎず日頃のトレーニング（散歩・ジョギング）により足腰強化に効果。

◎課題

・人の欲には限りなく「より遠く、より高い山へ」の声強し。但し、ローカルバス会社の能力を超えるツアーはしない。安全に徹する。をこれからも守って行く。

・繰り返し参加する会員の（本人了解のうえでの）データ管理。…性別・年齢・持病申告・過去に参加したコース実績などなどを。何事も調子にのりすぎると失敗する。…一コース一日の最大人数の制限・コースによっての年齢制限・主催者側の同行者・ガイドの更なる質の向上・「シンプル・イズ・ベスト」の精神徹底。

高尾山（599m）＋城山（670m）（東京・山梨）

平成26年　11月24日（月）　雨
（千葉中央バスハイク）

●前日から天気が崩れ気味。予報では24日は遅かれ早かれ雨降りとなる…小雨決行との事でバス2台、74人で出かける。

●10：00高尾山口、そして日本一急傾斜といわれるケーブルカーで展望台へ。標高210mから485mまで一気に。男坂女坂を避け。巻き道50分で山頂へ。シヤシヤ雨の中、うすら寒いベンチで昼食。テルモスのコーヒーはうれしい。展望殆んどなし。レストハウスは大改装中。茶店は一軒空いていた。上り下りを繰り返し、一丁園地で小休止。更に進んで〝オーオー・マーマー〟の登り。登り切ると城山々頂本日の最高点。

●ここからは東海自然歩道を下る。冷たい雨はさかんに降りしきる。雨合羽装束、水を含んだ泥の斜面。良くすべる。最後の下り。集落が真下に見えはじめてから、更にジグザグの急斜面。

●60歳台の女性、幾度も滑り疲労困憊のもよう。最後の坂でとうとうヘタリ込む。もう動けない！という。

●ガイド役の伊藤君と私で肩を貸し、腕を抱えながら、待機中のバスまでお供する。雨中の下り急斜面はさすがに堪えたみたい。

どんなにちいさな山行でも、今日の雨のようにハプニングはつきもの。そうした事を「お互いさま」の精神で助け合い、無事完歩することは、それなりの喜びと充実感が得られる。しかしいかに低山でも一人の故障者の為、大事に至る事があるのも山だ。自己責任の心構えはしっかり持つことが大切だ…と皆心の中

でそう思った。

●バスに乗り込む頃は、もう本降りとなり、異口同音に「小雨のうちに下山できてよかった…」との声しきり。

●高尾～景信～陣場、この稜線からの夫々のとりつきルート、ゆうに10コースはくだらないが、いずれも実によく整備されて安心安全だ。春・秋冬、雪の時さえ楽しめる全山自然のオアシスだ。さすがに盛夏の低山は敬遠だけれども。

●高齢者中心の集団ハイキングでは〝社会的ニュース〟にはならぬまでもいろいろなトラブルは、やはり下りに発生する。それも〝足〟です。下りに滑って頭を打つことも少なくないが、「筋を伸ばす」、「ふくらはぎを痛める（ツル！）」、「捻挫・骨折」など…。お喋りに夢中で…、足元を見ないで…の時に起きる。↓日頃の運動不足を、山で解消しようとするよりも、大切なのは楽しい山歩きを台無しにしない為にも、日ごろのウォーキング、軽いジョギングなど心掛ける心得は自分の為にも同行仲間の為にも欠かせない…と痛感します。

生藤山（990m）＋茅丸（1，010m）（山梨）

平成26年11月29日（土）　晴れのちくもりのち小雨
（日帰り単独）

JR中央線、藤野駅バス～鎌沢入口↓生藤山・三国山↓茅丸↓連行峰↓醍醐山↓和田バス～藤野駅
8：27～13：45　約5時間強

5：20前に家を出、5：35の電車に乗る。一面の曇空、幾分雲の切れ目あり。駅まで途中のコンビニで110円サンケイ朝刊を100円で安いので買う。駅自販機で1，660円切符購入。ホームの階段を登ると、乗車まで1分もなかったぜ。前から2両目で半分座席空いていた。6：18東京着。6：28の快速は見送り、6：34の特快高尾行に乗車。7：33高尾で乗り換え。（平日なので中央線下りなのに満員。殆んどが働く人々の通勤だ。遊びに行く私は端の方で大人しく座っている。）7：33高尾到着後、河口湖行（7：47）に乗り換え8：02藤野着。ウワァッ寒い!!駅前から予定通り8：10の和田行バスに乗車。運転手の接客よく出来ている。駅からは5～6人乗車。だが途中バス停から小学生が乗り込み、その数ざっと15人…。学校の統廃合でバス通学だな。北小学校で子供たちは下車。私は鎌沢入口で下車。

連行沢に沿い舗装道を行く。あたりの風景、全山、紅葉もよう。茶畑、葉を落とした渋柿の木、橋、民家…高度はグングン上るも息が切れた。この三国山ルート（相模・甲斐・武蔵・国境の）は昔から桜のプロムナードなのだ。樹齢50年の内外の老木が頂上近くまで続く。だがその後の植林により成長した杉、檜に囲まれ、陽も当たらず、桜の老木は次々と枯れ、その切り株、朽ちたる幹がそこかしこにあった。今ごろ保存活動しても残念ながら手遅れ。元に戻らずか。10：00を過ぎる頃、富士山も含めた南側の展望が木の間越しに見えた。…「口あけたアケビの先に白い帽子の富士の嶺見ゆ」

三国山・生藤山には10：30着。アットいう間にいつの間にか湧き出た忍者のような霧で一面覆われてしまった。途端に冷気が迫り、テルモスのお湯が殊の外有難かった。茅丸で1，000mを越える、50歳台とおぼしき女性の2人づれ、中年の男性のみの3人づれ、70歳台後半とおもえる元気者の単独ジーサン！などと抜いたり抜かれたりだ。もう展望は得られず。

連行峰《れんぎょうほう》（1，000m）で「ウナギカバ焼きと赤飯の弁当（今朝自分で100均の弁当箱に詰めてきた）」をパクつき、コーヒーを一杯飲んで下山にかかる。陣場山方面～の縦走路とわかれ、植林帯の急なジグザグルートをトントコトントコ下る。グングン下って、沢の源流にぶつかる。有難い！ゴクゴク飲む。水筒にも満タンに入れる。アッー幸せ。和田浄水場そばの林道に降り立つ。「山あいの田舎集落」というなかれ！豊富な水、澄んだ空気、猫の額ほどであるけど段々畑、茶畑、四季の潤いある自然が、醸し出す風景は、心にしみ込む。涙ぐむ程美しい。

そのくらし、反面の重労働。上り坂下り坂、子供の学校、医者や買い物不自由…山林の山仕事、畑の手入れなどなど都会人にはわからぬ厳しさ…。道端のシモタヤで缶ビールを買う（やっているのか休みなのかわからぬ店にオーイオーイと声かけると、意外に愛想のよきオバサン出てきたよ）。グビグビ飲み歩き。写真をとり、立ち止まりながめ…身体中が、心も身も晩秋から初冬の山景色に包まれ、且つ染ってバスの人となり、駅に向かった。

矢倉岳（870m）（神奈川）

平成26年12月13日（土）晴れ
（日帰り　千葉中央バスツアー）

京成稲毛6：20〜津田沼7：00これよりバス〜市川PA〜湾岸〜東名（大井松田）〜矢倉沢（バス停）↓歩きはじめ↓本村十字路↓矢倉岳↓山伏峠↓足柄万葉公園↓足柄峠↓関所跡↓足柄古道↓地蔵堂：ここからバス往路戻る
約8・5km　約4時間30分

●このコース、ツアー2日前は大雨で中止。今朝は快晴。バス2台、82名で出発。いつも乍ら女性50人と圧倒的。麓から早くも今日の目的である矢倉岳のオムスビ型の整った山容が丸みえ。

●矢倉沢本村の里山・山村風景を見つつ橋を渡り十字路を左折。緩やかに坂を歩き、案内表示も見て神社をすぎる頃、山の斜面に茶畑が。丹精に手入れされて、横目で見つつ次第に急坂を登る。イノシシ除けをすぎ、うす暗い杉の植林をジグザグに登る。イノシシが掘り返したヌタ場というか、穴がそこかしこ。

●矢倉岳はたかだか900m足らずの山だが、外形が三角にとがった山容通り、急坂もある。麓からこの標高600m付近までが一つの登り。緩やかになり、雑木林がすっかり葉を落としたため、右手の稜線がよく見える。

●気持ちよく歩くと、頂上めざしての一直線の登りとなる。80人余も歩けば、体力、コンディションに差が出て遅れたり道端にへたり込んだりする人も居る。70歳以上の高齢者も10人以上いる。高血圧、心筋、ガンなど治療中の参加者も10人以上は居るという。

●互いにフォローし合いながら、声かけ合って、頂上まで辿りつく。山麓では感じなかったが、カヤトの広い頂では、結構な風で、せっかくの昼食も冷えびえ食べる。天気は良く、遠景も充分拡がっているが、富士の山頂近くは、雲に被われ残念。箱根神山、駒ヶ岳、明神ヶ岳、愛鷹連山はよく見えました。

●熱いテルモスの湯でコーヒーを飲む。私はいつもそうだが、むいてきたリンゴ、柿などをまわりの人にふるまった。

●このバス会社のハイキングツアーは、社員が数人で事前踏破をし、且つ同行するのがミソ。そして料金も日帰りならせいぜい5，000円止まり程度なのでいつも大人気だ。「暇と金と体力の三拍子そろい、誰かどこかつれてって」の中高年にとって、このハイキングは実によろしいとの大評価。

●頂上からは、幾人かが滑って尻モチをつくなど、いつもの事だけどワイワイキャーキャーで清水越（山伏峠）、万葉公園を楽しみつつグングン車道や旧道を繰り返して地蔵堂の三差路におり立つ。私はいつも一人参加なので、少しさみしいが、それでも今回も見知らぬオッサンと、また、たまたま2度隣席となった50歳台のオバサンとすっかり仲良しとなり、楽しかった。大きい声でいいにくいが、後部座席の私の周り、いつも小宴会です。

●さしたる渋滞にもあわず、首都高、湾岸と走り、17：30に京成津田沼帰着となりました。

〝ウリ坊が飛び出し大の大人が大ハシャギ〟
〝いつものオッチャンがいつものように山座同定解説す〟
〝霜枯れしススキの原にも昼の月〟
〝尻もちついたオバサン目が合い苦笑い〟

外房ウォーク　番外　銚子・波崎

平成26年12月3日（水）晴れ

（銚子駅から）

駅前シンボルロード～河岸公園～第一卸売市場～第二卸売市場～第三卸売市場～ウォッセ21～黒生漁港～海鹿島海水浴場～君ケ浜～犬吠埼～県道254号～外川漁港～犬吠駅（銚電）＝JR銚子駅～銚子大橋前～大橋～波崎漁港～かもめ公園～波崎新港～県道波崎港線～大橋～銚子駅

10：00～16：20（銚電乗車をのぞき）約5時間強　17～18km

プロローグ

自宅前バス停7：08乗車。JR稲毛から先ずJR千葉駅へ。千葉駅で7：32発成田行乗車。成田で銚子行乗り換え。千葉駅で新聞朝刊を買い車内で読もうとしたが、ところが生憎通勤、通学時間とあって座れない。新聞読めない。（JR稲毛～銚子駅、片道1，490円也）。

天候晴れ、風強し。日昼13℃まで上がるとの予報だが、体感は寒そうだ。今朝はもともと奥武蔵の蕨山ハイキングすべく前の晩、準備万端ととのえ21：30すぎ就寝。目覚まし3：30で目をさましたが、その後モジモジしている間にウトウト。気付いたら5：00。5：15の電車乗車不可能。さあどうしよう?と思案の果て、銚子界隈散策となった。一連の「私のてくてく歩き6／19」で既に銚子駅ドンで来ていたが、日本一の漁獲高を誇る銚子には歩くべき所多々あり…として、急拠本日当地を訪れることにしたもの。そうと心を決めれば、やるべき事をやる。マンションの階段そうじ当番なので、責任を果たすため、夜も明け切らぬ早朝、1階～5階までそれなりに掃き掃除する。更に今日はゴミ出し指定日。生ゴミを出し、これでさぁ出発!!靴をはき、ごみ袋もって、リュックをかつぎ、お出かけするときのルーチンで、各部屋の各スイッチＯＦＦを「指差し、確認」して、ドアを出た。

成田を出た4両編成電車。さすがにガラガラ。朝の太陽に照らされた景色を楽しむ。

成田のとなり、久住駅近くは住宅多いが、降りた人３人。ワンボックス風駅舎。たぶん無人駅とみた。

駅の手前も先も田んぼと里山だが駅から離れた高台に分譲住宅群。

・田んぼと里山、時々民家。遠くに筑波嶺見ゆる。
・右へ行ったり左に見えたり筑波山、滑河の駅あたりでは。
・風冷たく吹き抜けて行く、通過待ち車内を
・稲刈りの跡をさらして田んぼかな。
・筑波嶺は低くも高くもなくて遠ざかり。
・ススキの穂枯れて揺れてる下総神崎
・ススキ３本揺れてます駅舎の屋根で。
・里山も持ち主ありたる他人（ヒト）の山。
・ボックスシート田舎の電車気持ちいい。
・やまぎしの台地の上に発電プロペラ。

〈銚子港〉

銚子駅前←
駅前シンボルロード←
河岸公園←
第一卸売市場←
第二卸売市場←
第三卸売市場←
ウォッセ21←
黒生《くろはい》漁港←
海鹿島《あしかじま》海水浴場←
君ヶ浜←
犬吠崎←
県道254号←
外川漁港←

衰えたりといえども銚子駅ロータリー、北向き利根川岸に向かってシンボル通りを行く。真に大通りだ。

300m程で河岸公園。目の前に坂東太郎「利根川」、河口近くとはいえ、川幅1㎞にも及ぶか。大河の貫録充分。

特定第三種銚子港。〈漁船以外の船停泊不可〉ヒゲタ醤油：浜口吉兵衛銅像。

さすが日本最大の漁港。停泊中の船はいずれも大型の鉄船。夫々の船には中土佐港、宮崎市、高知東洋港、甲浦港などの所属が読める。更に愛媛南天王丸、大裕丸、厚岸町：第63福寿丸、根寛第38萬盛丸…まさに全国各地、まぐろ漁などで寄港している。第三市場はさすがに少し遠く、船舶が少ない。

港を河口から海岸線に沿って進むと南東の廻りはじめに、ウォッセあり。展望台350円。ここは海の物産センター。娘の家に8，000円相当のみやげ送る。11：30を過ぎ、食堂に入る。地魚料理はおいしかったが、飯（米）が不味かったのは残念。

君ヶ浜しおさい公園へ。今日初めて見る砂浜が弓なりに。右手一帯は防風防潮の松…松枯れが目立つ。投げ釣り人多シ。這い上ると、犬吠埼灯台。高さ27．3m・レンガ造りで国内第二の高さです。

ホテルの下を岩場沿いに進み、県道254号に上り進む。国民宿舎前をすぎ、右折して銚子電鉄始発、外川駅でこのチンチン電車に乗る。乗って一つ目の駅「犬吠」のホーム越しに犬吠駅舎を外観すると、この駅は思いの外、立派で西洋スタイル、駅前広場も広くみやげ屋あり。

外川駅（銚電）
←＝ＪＲ銚子駅
←銚子大橋前（交）
←銚子大橋
←茨城県内へ
←波崎漁港
←かもめ公園
←

更に終点の銚子駅まで銚電に乗る。「ぬれせんべい」などの特産品で稼ぎをつぎ込むも鉄道経営は厳しく。線路駅舎どれをとっても苦しさが手に取るようにわかり、胸が痛む。海鹿《あしか》島駅をすぎるあたり右手に「マテバシィ」の大群落があり、珍しく感じた。ヤマサ醤油の工場に囲まれた中に進むと、銚子駅でした。　13：50駅前から再度てくてくスタート。今度は大橋を渡り、茨城県（対岸の）波崎に向う。

銚子大橋は全長1．5㎞だそうだ。銚子駅前（交）を左折して県道37号線を行くと、7～8分で大橋のたもとに至りこれを右折。車両交通量は2県をまたぐとあって多い。だが3～4mはある立派な歩道をタイコ橋風に上って歩く。爽快！爽快！とうとうたる大利根の水量みごとだ。日本の大河川だ。いわゆる河川敷ゼロ。銚子側も波崎側も河岸＝港として活用され広大な運河のようでもある。ざっと14～15分ゆっくりと水の上を上流・下流を眺めつつ行く。橋の中央あたりから、両県側を夫々遠方するに、銚子側はふちどる台地上の山におびただしい風力発電のプロペラ。片や茨城側も、遠く鹿島工場群の左手に、縦列に風力発電機多数。対岸の波崎側に到着。すぐ右折して、川沿いの波崎港を河口方向に歩く。河岸から50～

１００m程の位置に陸と併行して防波堤が続く。

その内側が細長い漁港というわけ。銚子港と印した大型船も係留されている。ダラダラ続く港もいつしか大型漁船はなくなり、地元漁師の小型船となる。どこの市場に水揚げしているのかな。いよいよ外海に近い…と思われるあたり、リバーサイド公園あり。ここのジャングルジムに腰を下ろして、水筒の水と、リンゴとミカンをかじってひと息入れる。近くでは投げ釣りのオッサンが3～4人。遠く対岸の銚子方面は、市街のビルと民家の家並がビッシリ。波崎側から見ると、遠い昔から銚子は都会で、何でもある街にみえたことだろう。あの大橋の重要性も

→波崎新港→波崎の街→県道波崎港線→大橋から→醤油の街→銚子駅

よく理解できた。

歩いてきた橋のたもとから外海にかけての河岸はずっと波崎漁港のテリトリーだった。そしてかもめ公園の先を左に大きく曲がると、いわゆる波崎新港という広々とした新しい港。中央付近に巨大な風力発電の羽根に圧倒された。

この港は漁船の停泊はゼロに等しく、釣り人のみがヤケに多かった。まだ工事中なのか。

それにしても漁市場、冷蔵倉庫など関連の大きな建物は幾棟もあり。

波崎水産物地方卸売市場、波崎水産加工漁協組合冷蔵庫などの一帯は操業している倉庫群ともなっている。茨城県がこの地に投じた資金も巨額になっているのだろう。波崎新港を一周して住宅地の中を通って大橋に戻ることにする。波崎の住宅地は漁師町にしては、道路も住宅も整っている。このあたり「神栖《かみす》市波崎」と称す。ゴミゴミコセコセしていないこの漁師町には少々驚きました。タイル敷道路を「東明神」、「波崎中央」と進み、もと来た大橋を渡る。

銚子側に風力発電機は確か25基あった。ようやく陽も傾き、風の冷たさを感じつつ橋をこえ銚子側に。ヒゲタ醤油の方へ遠廻りしてから銚子駅到着。初冬の日暮れは早く、16：38東京行き特急に乗り込む。紅く染まった西の夕空にせかされるように、発車して15分もすると沈んだ夕陽の残照は既に遠く、何にも見えなくなってきた。もう今日一日は終わりましたよ!!

と告げられたよう。

10：00～16：20まで6時間強のてくてく歩きで、銚子港から外川へ、そして銚子電鉄にのり銚子駅へ戻り銚子大橋をわたり茨城側の波崎地区を散策し銚子駅へ戻った一日でした。

伊豆半島ウォーク②　伊東→熱川

平成26年12月6日（土）　晴れ

（伊東駅から）

大川橋～川口公園～波止場入口～魚市場～国道135号から県道109号線～汐吹崎（岩）～汐吹トンネル～川奈海岸～海女小屋～川奈小～川奈マリンビュー～蓮慶寺～川奈見晴台～川奈ホテル～東三の原～堀田～富戸駅～東三の原～堀田～富戸駅～東大室（135号～）～城ヶ崎入口～伊豆高原駅入口～赤沢干物センター～DHC赤沢リゾート～赤沢海岸～大川温泉（伊豆大川駅）～北川トンネル（北川温泉）～ワニ園～熱川温泉（駅）
9：33～16：30　約7時間約23km

プロローグ

JR京葉線稲毛海岸駅6：02電車に乗る。5：57と思い込んでいたのは平日ダイヤ。今日は土曜日。週末だから空いていたのか…と早くも一つのミス！今朝東京は3℃とか。四国では大雪、車立往生、炊き出しと大変らしい。そんな冷え込んだ真冬並みの朝、右肩に時折激痛もはしるのに、奮い立って71歳の爺サンは、今朝もお出かけするのです。

しかも2泊3日、安宿に泊まり歩いての一人旅です。

「晴れればお出かけジジの旅」「小田さんは今朝もお出かけ、バーサン地獄耳」

「皆さん居眠り朝電車、それもいいかな今日は土曜」「他人《ひと》がいう程てくてく歩きも楽じゃなし」

今朝の「てくてくスタート」に立つには、JRで伊東まで行く。先ず小田原止りの電車にのり、鴨宮で後続熱海行に乗り換えるため、ホームにたつと、左手前方に箱根連山よく見える、その右手、まっ白に雪化粧した富士が上半身を輝やかせている。

　何やかやと今朝の電車は手間がかかる。後からきた熱海行に乗車、熱海から下田行に乗り換え、そして家を出て、３時間半にもなる頃、伊東駅前に立つ（９：30すぎ）。（前回、伊東駅迄のてくてく終了は凡そ６ヶ月前の５月末だった。）


ＪＲ伊東線、伊東駅 ← 大川橋 ← 川口公園 ← 波止場入口 ← 魚市場 ← 伊東港 ← 汐吹高架橋 ← 国道１３５号から県道１０９号 ← 汐吹トンネル ← 川奈海岸、小学校 ←

伊東駅てくてくスタート。（伊東駅は下田への伊豆急行（株）の始発駅でもある）

　この町の通りは右流れの道多く、意識して左へ方向を切らぬと浜になかなか出られぬ。「伊東大川」にかかる橋を渡って左折、川口公園となる。〝按じん音頭〟の碑あり、伊東音頭もありました。

海岸線に歩を進めると地方御売市場伊東魚市場あり、左側漁港。右側は通りを挟んで、干物屋さんが多いなあ。後を振り返って見ると高い嶺々とそこに埋め込まれたような白いホテル群が陽の光を浴びて輝いていた。

緩やかな岬を回り込むようになると国道１３５号と別れて、より海沿いの県道１０９号線を行くこととした。左手海中にとんがり双子の島がラクダが座っているかのように見えた。

汐吹岩そばには小山の展望台あり。汐吹トンネルは、ざっと２００ｍ弱の長さで歩道はなし、大型車、すれ違い不可とある。素掘りのようでもある。トンネル出ると視界が開け弓なりの岩浜が展開。海に突き出た突端の島に何かの像がみえた。海女小屋、そしてクネクネ坂（芝原イロハ坂？）を頑張り左手川奈小前、右、日下部陶芸館沿い坂を登り切る。分岐を左、ホテル方向へ。川奈マリンビュー（ライオンズマンション）、見晴台、かわいい川奈の港が眼下に見える。赤い屋根のティールーム。しゃれてますなあ！

蓮慶寺 ←
見晴台 ←
川奈ホテル ←
東三の原 ←
堀田 ←
富戸《ふと》駅 ←
東大室 ←
城ケ崎入口 ←
伊豆高原駅入口 ←
赤沢干物センター ←
DHC赤沢リゾート ←

小さいけれど清潔な寺＝蓮慶寺（船守山・蓮慶寺）…日蓮聖人を海難から救った「船守弥三郎夫妻の館跡に建立」を見る。臨海学園、高塚、ステンドグラス美術館をすぎると左手に川奈ホテル、白壁に橙色のスペイン風の瓦、周囲の緑に映え、瀟洒なホテルだ。

時折見える親子づれなどリッチに見えました。これに続くゴルフコースは大半が緑に隠れてみえない（名門、川奈ゴルフコース。一度だけプレーしたよ。砲台グリーン多く、風強く散々でした）。

馬の背。東三の原その先の交差点を抜け、グングン下る。光海丸通り、堀田あたりで曇ってきたよ！下り切って、富戸小、この先更に海沿いを行く県道109号を見送り、Uターンするかのように、踏切をわたり、拡幅工事中のクネクネ登り坂を辿る。ヤレヤレ、キツイな！そして国道135号線に、「ゴリラの像（5mはあろうか）のそばで、ぶつかった。これを左へ崔如琢（サイジョタク）美術館前を通り抜ける。このあたり国道135号線沿いには大きな商店（高原ビール、回転寿司、ソバヤ…）が多い。東大室と進む。時折、道路にふくらみをもたせた「駐車帯とトイレ」の休憩ポイントあり。また、歩道整備も概ね、行き届いている。光の村、右手うしろ見上げると、奥にドーム型の大室山、その更に奥には、高く天城連山がよく見える。城ケ崎入口（交）・対島中学、左に行けば伊豆高原駅。

立寄り湯「伊豆高原の湯」、赤沢干物センター、白い大きな観音立像あり、更に下りつづけ町なかに入る。もう少しで海岸です。

浜入口、浮山温泉、わき道にそれると、〝生活臭〟充分の漁村の雰囲気になってきた。陽光が当りまぶしい。少し進んで、このリゾートを振り返えると、海に押し出した地形の全てをホ

赤沢温泉・大川温泉←

大川漁港←

テルなどでリゾート地化した事がわかる。凄い開発力だ。日帰り温泉!!が売りらしい。赤沢港、大川漁港の小さな堤防に釣り人が三々五々。赤沢海岸にミニ砂浜もある。

民宿「ビルマ」だって。ローソンのベンチでコンビニコーヒー、夕なずむ大きく迫ってきた大島を眺め、100円にしてはおいしいコーヒーだなぁ…と感じつつ、くつろいだ。コンビニのすぐ横、向井田橋、この橋から上流を見上げると、この景観も美しい。空青く、山雄大にして高く、点在する白い建物も許せる。

北川温泉←
北川トンネル←
熱川トンネル←
分岐（熱川口）←
ワニ園←
伊豆熱川駅

大川温泉＝伊豆大川駅、北川温泉、黒根岩風呂、北川トンネル198m、熱川トンネル320mは歩道幅、殆どなく恐かった。懐電をフリフリ抜ける。観光バスが急減速した。私の為にトンネル内ノロノロ運転となる。ウッヒィッヒィッ!!日昼はともかく、夕方～夜はトンネル歩行はやめた方がいい。それにしても国道135号線は交通量は大変多く、車はビュンビュン飛ばしてくる。予想せずトンネル内で歩行者に出くわす車の方も、驚くだろう。今まで、国内で造ってきた道路は基本的には車の為のものであり、自転車、歩行者に関しては〝通るんだったら、お前が気をつけな〟位か。歩く私が悪いのか!車には申し訳ない気はします。驚かせてネ。熱川温泉を眼下に山ひだを廻り込むように、夕やみも近づく中、急ぐ。そして、下りにかかって右回りにクネって上るように急ぐと、程なく「ワニ園」のそばを下る。すっかり陽の落ちた伊豆急駅にやっとこ到着。正直日暮れは心細かったよ。熱川での宿はとれなかったので止むなく下田までレールで30分930円払って乗車。また、明日早く下田からレールで熱川駅に来ることにしている。ともかく今日も無事に行程が歩け、感謝感謝です。

「歩きでっかちの男今日も一日全うす」

●下田駅裏近くの「ビジネスホテル」
真っ暗な中、疲れた足を引きずって宿捜し。宿の名は分かっていても、場所は現地任せ。〝あった、あった〟駅裏近くの一隅に。しょぼくれた4階建て。ガタビシのドア、ガラッパチ風の親父、東南アジア系の中年女性…ヤレヤレ2日分を前金で払え!と。払いますよ（他に宿が見つからないから…）。領収書もなかなかくれない。これ以上はないという程殺風景の部屋…。ともかく、お世話になります。宜しく。…下田といえば観光地、豪華なホテルなら数多くあるけれど、私のような予算の乏しい旅行（単独）者の泊まるべき宿はなかなか無いなぁ～。「てくてく一人歩き」する旅人と、「有名温泉地」とは、こと〝宿〟については、ミスマッチに近いのかも…とも思う。

伊豆半島ウォーク③　熱川↓下田

平成26年12月7日（日）

（熱川駅から）

湯の沢～片瀬漁港～白田（温泉）～白山漁港～友路トンネル～友路橋～唐沢～稲取ゴルフコース・高校分岐～伊豆東部総合病院～消防署～稲取浅道橋～稲取小学中学校～水下～網元徳造丸～見高入谷口～田尻～今井浜海岸通り～舟との番屋～今井浜。海の駐車場～東急ホテル～阿津トンネル（迂回路）～浜～下河津漁港～小湊第1第2、縄地隧道～尾ヶ崎～坂戸浜（漁港）～白浜海岸～ホテル伊豆急～白浜漁港～三穂ヶ崎～外浦海岸～JA伊豆太陽福祉相談センター～GSよってかっせえ～柿崎・交～玉泉寺～下田神宮～下田港～中島・交～下田駅

7：50～15：30　約7時間30分　27～28km

伊豆急・熱川駅 ←

駅前の一等地に国民宿舎ホテルがある。1万円内外で泊まれるとのPRから2日前から予約を入れようと（休前日であったから当然ではあろうが）幾度電話しても呼べども誰も出ず…日を改めても同じ。休業でもしているのか…と諦めて偶然今朝、ホテルを目の前にして「営業はしているじゃないか」とわかった。きっと満席で手が廻らず、外線電話は受けない、出ない事にしていたのだろう。ネットで見ても満室情報もなかったし…場所がよくて安ければ、たとえシーズンオフでも人気高いのはわかるけど、電話には自動音声でもよいから「その旨」流して欲しい。宜しくお願いします。ひょっとして閉館していたのかも…。今日は行程は長そうだし、無事下田まで歩けるか、どこかで手こずると陽も短いことだし…との不安あって下田のビジネスホテルを7：00に出て、熱川まで電車で戻ってきたよ。

←熱川湯の華←ぱぁ～く←県道113号線←湯の沢←片瀬漁港←白山漁港←国道135号線←友路《ともろ》トンネル←稲取温泉全景←伊豆東部総合病院←東伊豆町←網元徳造丸←今井浜

そして7：50から歩けるスタートとなった。伊豆急の主要駅・伊東・熱川・下田などの各駅には、エアコンの効いた大きな待合室があり、気持ちよく利用できた。

さて、スタート。駅舎を背に右手に、湯をモウモウと吹き上げている「湯の華パーク」あり。泉温97.6℃。見下ろすと、浜までに幾本もの湯煙が上がっている。真に湯の街だ。（温泉やぐら）見渡せば、山の上には風力発電の羽根が10基以上。

浜辺の道を行く。左手に海に浮かぶ大島中心に眺めつつ、片瀬漁港・白山漁港と小さな港、舟溜りに沿って進むも行き止まり。バック。

そして国道135号にはい上り、左下そばに伊豆急行のレール。すぐ下が海。海が荒れればレールは波をかぶるだろう。

友路トンネル48m、歩道は白線40cmのみ。懐電使用。唐沢バス停・右に稲取高原・高校への道を分ける。廻り込むと左前方に稲取海岸、稲取港、温泉街と青い海一望だ。道路沿いにアロエの橙色の花オンパレード。気持ちも明るくなる。右うしろに「稲取ゴルフ36ホール」・「稲取高校」方面への道を分け、緩やかな下り坂を行く。

右手に伊豆東部総合病院、左に東伊豆町消防署の赤い火の見櫓。このやぐら、0～1m毎に大きな目盛あり（この目盛、何の役目をするのだろう）。

細野高原への道を右に分け、稲取桟道橋 ♀、入谷口 ♀、水下 ♀と過ぎる。このあたり、バス便は1本／1時間はある。

下り坂途中、ドライブイン徳造丸でトイレ借りる。稲取岬に寄らず、右進、見高入谷口（交）、朝日台表口、田尻海岸、小学校の前を通り、見高《みだか》。国道135号から左下に下りて今井浜。

舟戸の番屋 ← 東急リゾートホテル今井浜 ← 下河津漁港 ← トンネル三つ ← 尾ケ崎 ← 板戸浜・板戸漁港 ← 白浜海岸 ←

今井浜海岸通りに下りて歩くと、漁師町の臭いプンプン！庶民のすみ家、浜ぞいに舟戸の番屋。竜宮伝説の地「伊豆浜」と彫った丸くてデッカイ碑が道路沿いにありました。↓大分先に竜宮島あり。（レストラン・おみやげ？）今井浜海の駐車場。〝本日ただ今から一日５００円。荷物預り。温泉シャワー付〟とある。

今井浜東急ホテル（いやあ、ご立派）、河津トンネル（１３０ｍほど）、そばに海岸線迂回路があって短い距離だが実に気持ちよい景観（右は崖）だ。「浜」というシンプルな交差点あり。右に行くと河津駅、三島方面への県道14号をわける。流れる川は河津川です。…ここが春、河津桜で有名な所かいな！

川にかかる浜小橋・浜橋をわたる。IZOO（イズ）という交差点あり。第一種下河津漁港の表示。小湊第1、第2それに縄地トンネル１７７ｍあり。白線もなく、危険。懐中電灯を廻し乍ら抜ける。大きく廻り込んで青い海に突き出た。木根崎・尾ケ崎は絶壁上の展望休憩どころ。立正安国寺入口、板戸、一色、アロエの里、アロエセンター…ウンウンここは何年か前に観光バスで来てアロエ石けん、クリームを買った事を思い出したよ。板戸漁港、梶浦、古根、長田と白浜海岸を行く。中央海水浴場、プリンスホテル、（偉容は、左手の山の中なので見えず）。また、海近くに南伊豆を代表する神社「白浜神社」あり。

白浜大浜海岸。伊豆有数（最大？）の美しい浜。白というより黄色がかっているかなぁ。砂は海から寄せられたものであろうが、もしかしたら外から運んできて補給しているのかしら。久しぶりにサーファーを目にする。50～60人はいるだろうか。

ホテル伊豆急 ← 白浜漁港、三穂ヶ崎 ← 外浦海岸 ← 柿崎交差点 ← 玉泉寺（日本初のアメリカ領事館） ← 下田龍神宮（弁天島） ← 下田港

ホテル伊豆急はなつかしい。一度ならずバスツアーで来て、泊まったことがある。板見・第一種白浜漁港、三穂ヶ崎、外浦海岸遊歩道（高台）から見下ろす外浦海岸は美しい（浜、砂）：環境省、日本快水浴場百選ビーチであるぞ!!

〝JA伊豆太陽福祉相談センター〟…農協がやるの？JA共済でした。「白濱神社」に参詣した。ガソリンスタンドの柱に「よってかっせえ～」の大文字あり。

柿崎交差点、いよいよ下田市街へ。思ったより順調に進み、これならもう安心（15：00前）。玉泉寺へ。その手前に吉田松陰の像あり。１８５９年（安政元年）日米和親条約で日本開港。タウンゼントハリス、総領事館開く。翌年、日米修好通商条約調印。その後、同内容の条約が、蘭、露、英、仏と交わす端緒となった。…オキチサン、ニホンノ役人ウソック、アナタ正直ネ、ダイスキ！（お吉とハリス）

安政6年、横浜開港に伴い領事館の使命終える。また、浪曲などにもある「唐人お吉と下田奉行」、「お吉とハリス」のお話は、この玉泉寺を舞台に今日に伝えられている。ハリス記念館、記念碑あり。また、１９７９年、カーター大統領夫妻と娘も訪れ、その碑もある。

「吉田松陰踏海の跡」と称する碑あり＝下田龍神宮前で下田港を見ながら、シバシ休憩ス。

「心燃ゆるものありて踏む夕波の　寄り来て白き　柿崎の浜」（くぼたうつぼ作）歌碑アリ。

夕陽もかかり始めたる頃、私は港内の遊歩道を海岸沿いに岸壁に向かう。遊覧船の発着を告げるアナウンスがきこえる。島を点在させた良港を左に見つつ、岸壁で魚釣りの人と少々歓談ス。魚ヤさんで売っているサイズのカマス、それに小サバがおもしろいように釣れていた。実によき港だ。ホテル街は港の北側をとり囲むように林立している。いわゆる漁船はどこに？と

←中島橋交差点
←下田市街
←伊豆急・下田駅

思えば、港の西側に流れ込む「稲生沢川」の河口近くが下田漁港となっており、みなと橋までの約２００～３００ｍの両岸に１００隻をこえる船がひしめき合っていた。港の北側背後には大岩を山頂でむき出しにしてのしかかる寝姿山があり。ここにはロープウェイがかかっていた。とうとうあの長い伊豆半島の下田まで来ました。私の足２本で。疲れた！めし食いたい！風呂入りたい！

・来てみればまた、幾つかの史実知る。独り旅の苦労も楽し。
・夕陽かかる下田の浜に佇めば、古人の夢に今触れる。
・熱川から今井浜へと辿るも楽し、火照りし足を波に晒す。
・砂に足あとどこまで続く。（山頭火）

伊豆半島ウォーク④

伊豆急下田↓石廊崎

平成26年12月8日（月）

（下田駅から）

国道136号線〜本郷〜乳峰隧道〜広岡トンネル〜下田署・メディカルセンター〜下田開港博物館〜国道136号線第一トンネル〜第二トンネル〜多々戸〜吉佐美〜吉佐美大浜ビーチ〜80mトンネル〜100mトンネル（二つ目）〜下田碁石ヶ浜分譲地〜100mトンネル（三つ目）〜120m位トンネル、カーブ（四つ目）〜竜宮窟＝穴〜前の浜〜田牛《とうじ》海水浴場〜（遊歩道）ハイキングコース表示板〜幅3m位の素掘トンネル〜別荘（？）点在〜舗装終わり〜ヤブ椿1，050本の並木〜タライ岬分岐〜沢《こざわ》沿い〜磯ルート〜遠国《おんごく》島見える〜急坂でタライ岬（七島絶景）〜分岐〜磯に降りる〜ゴロタ石の浜〜弓ヶ浜〜休暇村〜青野川沿い〜新湊橋〜手石地区〜下流《したる》海岸〜展望台〜アロエセンター〜本瀬海岸〜石廊崎港入口〜遊覧船のりば〜特別地域気象観測所〜石廊崎燈台〜石廊崎・突端＝石室神社

8：05〜12：30　約4・5時間　15km位か

1泊5，000円也（素泊まり）の格安ビジネスホテルの親父にバイバイして8：00すぎスタート。（今朝、プラス800円で朝食をつけてもらう。外に外人風の2人が泊まって朝食いっしょ。目玉焼、焼のり、納豆、汁など、さしてうまくもないが有難くいただきました）。ガラッパチの宿の親父よ、アンタ流のやり方で末永く頑張ってくれよ。この世は個性だ!!

さて今日は12月8日（月）。12月8日といえば、〝真珠湾攻撃・いわゆるパールハーバー〟の日。今どきそんな古い事件思う人も限られているか。私達年配者にとっては人生を変える重大事件だったな。…私の「てくてく」は〝尺取り虫の歩み〟の如く、家を出ては歩き、帰っては、また出かけて歩く…の繰り返しで、この伊豆半島先端・

下田までやってきました。概ね伊豆半島は、東側（相模灘）を歩いて、先端まで来ました。下田から、本当の先端・石廊崎までは、まだ片道17～18㎞はありそうです。触れずに帰るわけにも行かず、今日は、（今日中に千葉まで帰ることを前提に）歩けるだけ歩き、状況により乗合バスも利用する…という考えで、石廊崎まで挑戦します。

伊豆急・下田駅前 ←
乳峰隧道 ←
広岡トンネル
メディカルセンター ←
第1、第2トンネル
多々戸浜入口 ←
吉佐美 ←
大浜ビーチ ←
トンネル二つ ←
下田碁石ヶ浜
分譲地 ←
三つ目、四つ目トンネル ←

駅前に出て、幹線を右にとり国道136号とおぼしきバス通りを左に向かう。程なく市街地ながらトンネルとなる。両サイドに50㎝位の白線あり。行き交う車を気にもせず、地元の人は歩いている。こういうところは気を楽にもつことも大事かもしれない。昨日は国道135号線をずっと歩いたが、今日は国道136号線です。下田市街地と山側を分けるように進みます。

峩然トンネルが多くなりました。トンネル出て視界が拡がると、右手に警察署、近代的なメディカルセンターがそびえています。地域医療の拠点らしい。

小さいトンネルの2連発がすぎ、海から離れた内陸部を歩き、多々戸をすぎる。浜には寄らず、先を急ぐ。畑や田んぼも散見される中、吉佐美バス停先の三差路で国道と分かれ左へ。道路沿いの商店や住宅どこにもある風景の中、ひと頑張りする。

すると〝吉佐美《きさみ》ビーチ〟にぶつかる。〝白砂青松〟の美しい浜だ。砂もたっぷりある。総じて南伊豆のビーチは遠浅ではなく、砂浜の傾斜もあり、ストンと深くなっている様子。

80m程のトンネル名の読みとれぬ無名トンネルが次々現れる。車の交通量は少なくなんとか通れる。カーブで廻る右手山の方向に一大分譲地が見える。こんな所に！と思うが、坂を登って見に行く程の気力もないが、高級別荘地のようだ。更にトンネルを次々もぐって出て左手に「竜宮窟」があった。我ながら「物好き」だなぁ…と思いつつ、左の穴の中へと下って行くと、すぐ、天空の穴。見上げれば大穴上空に青空！

竜宮窟二穴
←前の浜
←田牛《とうじ》海岸
←遊歩道案内板
←ヤブ椿
1050本
←タライ岬分岐
←磯ルート
タライ岬
←ゴロタの浜
←弓ヶ浜

ピンポイントの景観だが、全く珍しい。その昔はここへ海水が寄せていたのであろう。頭上の大穴のへりには散策道もあるらしい。穴から出て歩く。所々海岸線も見え、なんと伊豆七島のいくつかがみえたりする。浜から吹き上げられてたまったサンドスキー場があったりで、「碁石が浜から前の浜にかけて」は思いの外楽しいところだ。

田牛と書いて「とうじ」と読むのだから、地名は難しい。素掘トンネルを抜け、いつしか舗装道路も終え、山道にかかる。

この辺から弓ヶ浜の休暇村までの海沿いルートを「タライ岬遊歩道」と称す。雑木と混在しているが、1000本以上の椿の木が両サイドに続く。弓ヶ浜に抜けるまでは、完全な遊歩道で、歩行者のみのハイキングコースだ。石と丸太の階段も幾度とあった。ワクワクするようなルートでした。

ここを抜け、左に一旦、岩礁に降り、そして登り返すとタライ岬だ。伊豆七島が全て見渡せた。また、南部伊豆東海岸線も遠くまで見通せる。開放感のあるいい岬だ。タライの由来わからず。健脚ルートをとり、丘を一つ越えると下りにかかり、分岐を左に階段を下り、「ゴロタの浜といわれる岩、石ゴロゴロの浜」におりたつ。雀岩、姑岩、エビ穴…などとわけのわからぬようなそれらしいような名がついている。

ジンジャリリー（ショウガのお化けのような）の畑をすぎ、目の前に弓ヶ浜がパアッと拡がった。地元自慢のビーチとあって、目を見張るような景観。松林の中に休暇村のホテルや、浜ぞいの休暇施設、そして浜ではサーフィン少年も多数。投げ釣り客も居た。浜が大きいので少々の人間は気にもならぬ。

青野川←
手石地区←
下流《したる》海岸←
石廊崎浜・遊覧船乗場←
気象観測所←
石廊崎燈台←
石廊崎←
石室神社

浜の先で青野川にぶつかる。青野川沿いを上る。橋がないようで、バス通りを結構な距離を迂回して、新湊橋まで行ってから、対岸の手石地区にわたり南下する。

左に美しい浜、磯、七島など見ながら、かれこれ小一時間も頑張る。石室トンネル手前で県道16号線とわかれ、左に下り、石廊崎港＝遊覧船発着場へ。発着場入口の右側にある石畳の急坂を15～20分ゼイゼイいって上ると、観測所。「石廊崎特別地域気象観測所・静岡地方気象台」との標識あり。更に進むとトイレをすぎ、燈台へ。

スックと立ってはおらず、半分へたり込んだようなスタイル。その先の岬の突端を更に少し下ると石室神社が岩壁に貼り付くように、東方の海を見下ろしていた。巨大半島の先まで歩いてきたのだ。お前は偉い！偉いけどオバカサンかも。

○青い空と紺碧の海は知っている。平成26年12月8日。千葉市から70過ぎのジーサンが独りで歩き継いでこの石廊崎灯台までやってきた…ことを。そばの草むらにたった一輪の白い日本水仙の花が私をみていたよ

時計を見ると、13時です。下田駅前から5時間かかったか。満たされた気持ちで、心ポカポカさせながら帰路へ。石室トンネル手前まで戻り、あとはバス通りを「てくてく」歩いていたら、折よく後ろから来たバスに乗せてもらい下田駅へ。下田駅前レストランで食した天丼が凄かった。天丼とビールで満腹となり、15時過ぎの踊り子１１４号に乗った。東京駅へは18時前に無事到着しました。

箱根越え①　JR小田原→芦ノ湖

平成26年12月23日（祝日）

（小田原駅前から）

駅南口〜早川口〜国道1号線〜板橋〜風祭（かまぼこ博物館）〜入生田《いりょだ》〜山崎〜三枚橋〜箱根湯本〜塔ノ沢温泉〜孝三九橋〜大平台〜宮ノ下〜小涌谷〜小涌園〜蓬萊園〜猿の茶屋〜湯坂路入口〜芦ノ湯〜精進池（六道地蔵）〜双子茶屋〜お玉ケ浜〜元箱根（芦ノ湖畔）

8：00スタート〜15：30　約7・5時間　約25km

プロローグ

平成26年最後の「てくてく日本」です。今日は祭日、昨夜は冬至。日没は16：32（TOKYO）でした。さて、3：30起床、4：50出、5：15乗車、6：05東京着。そして6：18熱海行乗車。列車の東側、日の出前の空、ようやく明るみ…を増している。今日は快晴の予感。私にとっての「TTN（てくてく日本）」は71歳で仕事を完全リタイヤしての私的イベント。まあ、第三の人生のライフワークとして始めて、ようやく半年。千葉県銚子から九十九里、外房、内房、東京湾岸、三浦半島1週、逗子、鎌倉の湘南、相模灘、熱海、伊豆、熱川、下田、石廊崎と、ひとりぼっちのてくてく歩き。そして今日、箱根越えをしようと小田原からスタートするものです。明日は芦ノ湖畔をスタートし一路、三島へと旧街道中心に下るつもりです。「てくてく日本・一人歩きの旅」と看板を掲げてみたものの、日本中（海岸線）を歩く…とは、大風呂敷を広げたもの…と〝大丈夫かなぁ〟という気持ちはあります。十分可能だとは思っているが、どこを歩くにしても、予期せぬこともあるでしょう。今日の箱根路は舗装道路中心ですが、山登り、山下りのルートです。街中や海べりを歩くのとは違った意味で〝わくわく感〟はあります。

小田原駅南口 ←
早川口 ←
板橋駅 ←
風祭《かざまつり》駅 ←
入生田《いりよた》 ←
山崎IC ←
箱根境＝三枚橋 ←
箱根湯本駅 ←

8：00にJR小田原駅南口に立つ。「譲って損なし、奪って益なし」の銘を見て、コンコースカウチベル8：00に送られスタート。

右手を行く。城北側、青橋（らんかんや外灯が青色）、星槎城山トンネルくぐり早川口（交）で右手~レールをくぐる、石井神社、光円寺、石垣山一夜城方向、箱根板橋駅前と国道1号線を箱根登山鉄道に沿って進む。このレール、右側高台をトコトコと、上り・下りが運行している。幾台も「伊豆箱根バス（株）」のバスが、パラパラお客をのせ、私を追い越して行く。バス停・東風祭（ヒガシカザマツリ）、レストラン「えれんなごっそ」…イミ不明！「鈴廣カマボコ」の事務所、工場、販売所など続く風祭駅入口、一夜城歴史公園、「生命の星・地球博物館」と過ぎて行く。新年の箱根駅伝が近いせいか、5~6人の若いランナーがジョギングステップですぎて行く。車道は交通量が多いが、歩道があるのでまずは安心できる。このあたり、前方やや左手遠く、高く、ドーム型の顕著な山頂が二つ見える。

箱根外輪山の一角、双子山のドームなのだろうか。

入生田を過ぎると山崎IC。ここは箱根湯本エリア。「塔ノ沢方面の東海道・国道1号線」と、いわゆる旧街道に近い「箱根新道と呼ばれる国道1号線」の分岐です。同じ国道1号線でも〝新道〟の方がバイパス機能を果たしているのか。早川を渡って行く〝箱根新道〟を左に見送り、私は箱根湯本駅へむかう。左に早川の流れと広い河原で気持ちの良い所です。河原には釣りか散策か、あっちこっちにくつろぐ人影があります。そして三枚橋（交）です。

ここから早川を渡って県道732号線がわかれている。この道は、湯元箱根線と称し、「旧東海道」だ。この散策は部分的には過去歩いているが、風情のあるいい道だ。

← 旭橋 ← 函嶺洞門 ← 塔ノ沢温泉 ← かんれいさくら橋 ← 環翠楼 ← 孝三九橋 ← 蛙《かわず》ノ滝 ←

（箱根旧街道ともいう。〝箱根八里〟とは三島宿、箱根峠、畑宿、須雲川沿い湯本、小田原宿のルートを指す。三島から箱根宿（関所）まで4里と箱根宿（関所）から小田原宿までの4里、計8里。中間地点に甘酒茶屋や石畳散策ルートもある。観光バスでもウォーキングツアーを組み、人気ルートです）

左に早川の早川緑地がひらけ、沢山の家族連れなど、お弁当を広げています。湯本駅周辺はごった返していました。

電車であれ、マイカー・徒歩であれ、ここは箱根観光の拠点だ。団体客や小グループの外国人などで、広場やバス停は賑わっている。星野哲郎＋北島三郎による「箱根の歌三題」の碑（箱根の女，湯本ブルース外）。こ綺麗なみやげもの屋の並ぶ上り坂の街なみを進むと土木遺産、アーチ型の旭橋、新旭橋と続く。

萬翠楼などの歴史のありそうな旅館を見つつ塔ノ沢温泉に入って行く。早川の流れは渓谷美をみせる。函嶺洞門という（90年も経った今は廃道になっているようだが）西洋式のトンネルが、対岸の新道から川を挟んでよく見える。福住楼・環翠楼など、老舗の宿が川の流れの右や左とみえてくる。何故か、あっちこっちの老舗に日章旗が掲げられていて、周囲の景観にアクセントを与えている。

孝三九橋（吊り橋状）を右に見て、登山鉄道の下をくぐる。このあたりから登り坂の傾斜が増し、道路もつづら折り。「蛙の滝」（干からびた蛙と日陰のはなし）を左に見る。私が名付けるなら「箱根、クネクネ蛙坂」。〝浜ゴム不動産所有地〟と立て看板のあるあたり、お湯が吹き出ていた。

←大平台←三神神社《さんしんじんじゃ》←道銭徴収所跡←箱根小涌園←蓬莱園←湯坂路入り口←芦ノ湯フラワーセンター←六道地蔵←精進池←

この一帯、坂は急、しかも〝国道1号線東海道〟というけれど、満足な歩道なし。正月2日、3日の大学駅伝ではこのあたりからが正念場だろう。歩く者にとっては、車は多く、歩道はない。40〜50㎝の白線は、サイドの木々からの枯葉で埋もれ、用は成さない。歩く方がおかしいのか。地形が地形だから車も歩行者もマウンテンバイクも夫々に譲り合って通行する…のが肝要と心得る。大平台・山神神社（サンシンジンジャ・「木花咲耶姫《このはなさくやひめ》・命《みこと》」が祭神）の前を通り、大沢橋を過ぎると、〝道銭徴収所跡〟とある。富士屋ホテル創業の山口氏、この地に外国人専用のホテルを建てた際、関連する道路を造った。金をとって一般に通行させた際の料金所あと。月給5円の雇われ徴収人が、歩き一人・1銭5厘を徴収した。

車道と一時わかれ、小涌谷駅への近道（山の中）を登る。国道に出たあたりで、登山鉄道のレールと平面交差、遮断機がありました。（マラソンの時はどうしてる?）歩を進めていると、車の流れがフッと途絶える時がある。静寂が訪れ、足下のグレーチングの下を流れる水の音がコロコロ!と聴こえ涼やかな気持ちよさに、しばし浸れた。中尾橋（強羅入口）、くるまざわ、箱根小涌園、右側、椿山荘、泊まった事は一度もないが名の知れたこのあたり。突如、役場からのお知らせ〝猪駆除中だから、飛び出す猪に注意せよ!〟と空中の放送が流れた。

蓬らい園（小涌谷）、恵明学園小学校前、猿の茶屋を経て、大分、緩やかになってきた道をクネクネ行くと前方が開けてきた。緩やかな上り、下りの直線道路、湯坂路入口（鎌倉古道）を経て、やりすごすと、芦ノ湯温泉方面を右に分けると、左に「芦の湯フラワーセンター」。この辺りの街道は右手駒ヶ岳（箱根山）、左に双子峰の二子山の鞍部となった小広い直線道路だ。この両サイドには歴史的墓・仏・地蔵などいくつもあった（虎御前の墓、曽我兄弟の墓、石仏群、六道地蔵）。

〈手前芦ノ湖・うしろ（左）駒ヶ岳〉

お玉ケ池←
旧街道←

芦ノ湖畔←

右手の精進池は、中央部を除き、氷が張っていた。駒ヶ岳だろうか。大きな図体で右から寒そうな湖を見下ろしていた。左に車の通れぬ旧道ありて、これを行く。ドンドン下ってお玉ヶ池のほとりへ。静かだなぁ！しばし佇んでいると、突如視界に入ってきた美しいもの…なんと、カワセミが2羽、水面スレスレに10mを飛んで岸の薮に。初めて見ました。〝緑や赤や黄など七色の羽根〟少々大げさだが予期せぬところでなんと美しい小鳥がいるものか!!しばし呆然とした。〝池〟から左手を走る県道732号線に上がりました。オヤオヤこの舗装された立派な道は？と地図を広げてみると、「湯元・元箱根線」で「旧東海道」で箱根湯本からのあの有名な道でした。左、箱根湯元方面に行けば、「甘酒茶屋」や「畑宿」がある。また、今私が立っている県道の南側に「旧街道の石畳」がある。この県道を右方向に進む。少し行ってカーブ道を下って行くと、今日歩いてきた国道に戻った。（旧街道口・畑宿入口（交））

国道に戻ると、右手上には丸いドーム型の双子山（上二子山、下二子山、いずれも1，000m超え）が、二つ並んでお椀をふせていました。国道をもうひと頑張りくねって下る。待望の芦ノ湖畔に下り立った。恩賜箱根公園近くまで進んで小休止したあと踵を返し、今日の宿に向かう。せっかく下ってきた国道の急な上り坂をしばし戻って左に分かれる立派な舗装道を登る。

元箱根←途中見晴らしの良い谷に張り出した廃屋の屋上から芦ノ湖、元箱根、伊豆方面の展望を楽しんだ。降り注いでいた陽射しも傾き紅色になって、通り過ぎる風も思わず首をすくめるように冷たくなってきた。あと500m頑張って登って、一泊二食一万円の今宵の宿、ホテル・ラグーンの玄関を無事くぐりました。

ホテル・ラグーン←今日も一日感謝感謝でありました。見てくれよりも湯よし、食よし！の一夜。先程の休憩地を勝手に名付けて〝廃屋展望台〟としました。

おまけ

●ようやく陽の傾いた芦ノ湖畔のコーヒーグリル村田の一杯のコーヒーはうまかった。「オーバーザレインボー♪が流れ、落ち着いた調度品。品の佳き40がらみのオバサンとコーヒー」がこんなに腹に染みるなんて…。失礼を承知でいえば、こういう感じのよき店ではオバサン（オジサン）も品格を醸し出す調度品なんだネ。

●まっ白な富士、紅くて大きな遊覧船（海賊船）、それに丸ハゲながら隠しだてなく愛敬のある駒ヶ岳、空気も弛緩を許さぬ冬の凛とした良き景色でここが箱根であることを実感した。

●ホテルラグーンの1階の西の「みんなのルーム」南、西、大きな窓ガラス張り。眼下はるか、沈み行く夕陽が山の向こうに見えなくなるまで自然のショーを広い部屋にたった一人でうっとり見ておりました。また泊まりたい宿でした。

●自称「廃屋展望台」から、夕まずめの芦ノ湖を眺めながら、あの湖の水はどこかに流れ出ているのかしら？水量がほぼ一定なら流れ出る出口は？…と思った。旅を終え帰宅後少し調べてみたら分かりました。（地元の人なら誰でも承知していることでしょうが）湖が駒ヶ岳を軸に西から北へ廻り込むドンズマリで仙石原高原・ゴルフ場方面に流れ出ていました。箱根湖畔ゴルフコース・箱根カントリークラブ内を通り、「早川」となって相模湾に注いでいました。標高750m程の水面から0mの海までおよそ、20km足らずで流れ下っている…（急流となって）。また、今回ついでに分かったことですが、「早川口」から湖岸約20分手前あたりに「深良水門」があります。ここは芦ノ湖の水を駿河国駿東郡深良村（現、裾野市）に流し、深良村ほか29カ村の水田を潤すための水門だそうです。いわば神奈川県（芦ノ湖）の水を静岡県に導く水門で、明治時代には同じ芦ノ湖を水源とする箱根早川筋とで水をめぐって紛争が起き、裁判沙汰になったとのことです。

箱根越え②　芦ノ湖→JR三島

平成26年12月24日（水）

（芦ノ湖畔から）

ホテル・ラグーン～芦ノ湖畔＝元箱根～恩賜箱根公園～関所跡～旅物語館～駅伝記念碑～箱根やすらぎの森～箱根峠～もう一つ箱根峠～エコパーキング＝新箱根八里記念碑～接待茶や～雲助徳利の墓～山中城跡～創価大学セミナーハウス～箱根八里・西坂～下長坂～三島市立坂公民館～題目坂～臼転坂～三島塚原ＩＣ～愛宮坂～新田橋～三島大社～源兵衛川～ＪＲ三島駅

8：45スタート～15：15　約6・5時間　約20km

プロローグ

毎年1月2～3日は関東大学箱根駅伝が開催され、少なくとも新年早々関東地方の多くの人はテレビにかじりつく。私はその駅伝開催の約10日前に同じルートを歩いて箱根越えをするタイミングとなった。あの「華の五区、山の神…」といわれる〝天下の嶮！〟とか〝箱根八里〟とか、とにかく「京都～江戸」の東海道中に立ちはだかる難所を私は2日かけて越える。それにしても箱根山と一口でいうけど、来て見て眺めて見ると箱根火山の域は広く、駒ヶ岳、神山、二子山のみならず芦ノ湖を囲む外輪山までにも及ぶ広大なエリアであった。とにかく江戸へ行くにも、京へ上るにも、この標高1，０００mを越える峠を越えねばならず、新幹線も電車も高速道路もない時、旅行者の難儀はどれ程であったろうか。道中半ばで命を落とす人、雨風にも耐え、山賊や雲助の悪さにも脅えることもあったろうに…。一方で霊峰富士に涙し大展望に感激し豊かな湯につかって疲れを癒したことであろうか。

（ホテル）ラ・グーン
↓
芦ノ湖畔・元箱根
↓
旧道杉並木
↓
恩賜箱根公園
↓
関所跡
↓
旅物語館（お土産）
↓
駅伝記念碑
↓
箱根やすらぎの森
↓
道の駅・箱根峠
↓

8：45、ホテルスタート。いきなり風花が舞い冷気が頬を叩く。ブルブルッとくる。湖畔まで下り坂を進み湖岸に立つ。富士山は、湖をはさみ外輪山の上にまっ白な上半身を現わしており、右手には坊主頭のような巨大なドーム型の駒ヶ岳、ツルツルの山頂部がウッスラと雪か、白く輝いて見える。旧道杉並木を行く。

程なく恩賜箱根公園。公園入口を素通りして左に向うと箱根関所となる。跡といっても復元した観光スポット。５００円を節約して入館せず。

〈箱根の関所…神奈川県の歴史散歩より〉…江戸時代に入り幕府は箱根路のルートを須雲川沿いの八里の山道（甘酒茶屋や畑宿を通る）に設け、一方芦ノ湖畔に箱根宿を開設。併せて関所も設け、江戸防衛の拠点とした。関所の管理は小田原藩とし、役人は番頭外37人配置。関門の開閉は明け六つ（午前6時）、暮れ六つ（午後6時）とした。箱根関所では当初、「入鉄砲に出女」の改めを主任務としたが、幕藩体制の安定と遠州新居関での鉄砲改めと関連して、寛永10年以降は「女改め」主体となった…。旅物語館でお土産宅配を孫宅へ送った。駅伝記念碑を右手に見て進む。

国道1号線に戻り海賊船のりば、駅伝記念碑を右に見る。

上り坂をたどって、やすらぎの森を右に見て、つづら折りを登ると「道の駅・箱根峠」となる。建物の北側に立つと、眼下に芦ノ湖を中心にした広大無辺の大景観があった。

箱根峠 ← 箱根エコパーキング ← 新箱根八里記念碑 ← 接待茶や ← かぶと岩 ← 明治天皇お休み跡 ← 念仏岩 ← 雲助徳利の墓 ←

さらに緩やかな上り坂を行くと箱根峠ICにぶつかった。左手から入ってくる箱根新道（国道1号線）を合わせる。また、右へ西側の外輪山稜線部をめぐる芦ノ湖スカイラインが伸びている。あっちこっちに〝箱根峠〟の表示があり、チトわずらわしい。そのまま稜線上の小広い山頂部＝峠5分で「箱根エコパーキング」と称する公共駐車場＋施設がある。トラック等が思い思いに休憩している。「山の地蔵群」もあれば「新箱根八里記念碑」と称し、各有名人の句と銘が読み取れた。ここから下りに入れば静岡県だ。運行するバスもバス停に依れば「東海バス」に選手交代です。

私の靴の底一部壊れる。3年前購入すっかり足の一部のように愛用していたが、寿命か。ウォーキングシューズで山中を歩いたせいか?…旧道を下る。国道とはなれ、疎林の中、薮のトンネルの中をトントン下る。三島市側は、箱根町とくらべ、大いに心遣い感じられる。〝ご接待の気持ち〟のあらわれ。下りの人には逆方向になるとみて、名跡を見落としすぎぬよう、下ってくる者向けに小さな標識多数あり…「この先碑あり!!」と。

旧箱根街道・山中城跡分岐見送る。秀吉が、小田原攻めの際、ここを通り、「兜を脱いでおいた岩」＝カブト岩。明治天皇がお休みの際くつろいだ「お休み跡」もあった。また、その昔、この難儀な箱根越えの際、あえなく行き倒れとなりし人々の「念仏岩」「供養碑」あり、おもわず：南無阿弥陀仏…と唱えました。下りに下って、民間の農場前に出た。目の前の国道を横切り反対側の旧街道へ。

「一本杉石橋」の碑。ドンドン進み、「雲助徳利の墓」：もと剣道指南役・松谷久四郎。ゆえあって山中の雲助仲間に入る。頭角をあらわしドンに。病に倒れし人、女子供には、手を差し伸べ、

山中城跡←
芝切地蔵尊←
創価大・セミナーハウス←
見晴らし学園←
バイパス工事←
笹原一里塚←
下長坂←

これらを助けた。雲助と一概にいうなかれ。彼をしのぶ墓があり、大酒飲みだったため徳利がうき出ていました。

国道をまたぐと山中城跡へ。１５００年代後半の永禄年間に築城。北条氏の要の一つであったが１５９０年（天正18年）、秀吉の大群に一夜にして滅ぼされたという。跡地から見る城は雄大で、日本百名城の一つ…と後世称せらるるも納得。

芝切地蔵尊（小麦まんじゅう）を見ると、箱根八里を示す碑（三島～箱根峠～小田原・一里塚×８）

司馬遼太郎の碑（幾億の跫音《あしおと》が坂に積もり吐く息が谷を埋める…）。

国道に出ると緩やかなカーブとなるが、この創価大セミナー前は広大に開け、湯河原、伊豆、相模灘が遠くまでみ渡せる。気持ちの、実によきところなり。ここでリュックをおろし休憩!!

そして更に下ると見晴らし学園。これも過ぎると西側がひらける。「まっ白な富士の巨体＋愛鷹連山＋長い裾野」が遠州灘へ。行きつくところ、富士市、沼津市あたりか。かたわらの畑には「ソラ豆＋ほうれん草」。あっちこっち絶景ポイントを示す案内板あり。箱根というと、とかく「小田原～箱根」間がなにかと注目されるに対し、こちら側、静岡、三島側も懸命に「もてなしの心」で気配り十分なのがうれしい!!

笹原山中バイパス工事。この工事で旧道分断。行き止まり迷惑する。箱根八里西坂、笹原一里塚（三島宿まで５㎞とある）。

下長坂（別名こわめし坂）…背負った米も雨や蒸れで、こわ米状にふやけてしまった…なる程ヤケに急な坂で上りとすれば一汗も二汗もかいたことだろう。

← 三島市眺望地点 ← 軒下の美術館 ← 題目坂 ← 臼《うす》転坂 ← 三島塚原ＩＣ ← 初音ヶ原 ← 錦田一里塚 ←

三ツ谷新田。松雲寺前（明治天皇碑）函南農協支所前あたり、三島・沼津市街一望なり。「三島眺望地点」のシリーズ標識あり。

「軒下の美術館運動!!」なるものがありました。注意して見ると、あっちこっちの民家の軒下などにこの標識あり。市民運動の良い例だなぁ…と感心した。

三島市立坂公民館。かわいらしい校舎（坂小学校）。「法善寺旧跡の碑」。「征夷大将軍・足利尊氏公」連立の七面堂の跡碑。題目坂（道程を示す？）。13体の小さな赤帽子地蔵が民家の畑の一角にあった。（何を意味しているのかなあ）

その先に「臼転《うすころげ》坂—急な坂で土に足をとられたり牛も臼もころがってしまったという言い伝え。塚原新田。そこに「箱根路（入口）」を示した巨大な一枚岩の碑がありました。国道1号線を少し下ると、三島・塚原ＩＣに出た。ようやく街中の一角に入り込んできたか。ここは大きな交差点。まっすぐ行くと県道87号線（旧街道？）で三島市街へ。立体交差の下の自動車道が国道1号らしい（伊豆縦貫道とある）。私はまっすぐ87号線を行く。地図で見ると、この交差点は、あたかも国道1号線の縦横の十字路かと思えて分かりにくい。地図上に県道87号線の表示なし。この先旧街道はまっすぐの国道1号線に隠れるように通じているのか。

谷田地区（初音ヶ原）。

コモをまいた松の大木の並木です。約1km以上あります。松の手入れのよさに大いに感心。松の大木の傍の石ダタミを行く「日々うらら歩々道場一里塚」碑竜沢寺老師。「錦田一里塚」江戸日本橋より28里＝112km。あぁ、良かった。旧街道です。相変わらず地元のケア宜しいなぁ。

愛宕坂←三島大社←源兵衛川←

愛宕坂…道幅は昔から3．6m（2間）はあったという。坂は急で人も馬もすべって大変だった!!踏切にぶつかる。東海道線だった。山原ヶ谷。大場川にかかる新町橋＝ビューポイントです。

いよいよ三島市街中心部。光安寺、旧傳馬町・三島大社。頼朝公旗揚げの碑。大きな社だ。日の丸の小旗、オンパレード（三島大社2時半到着）。

源兵衛川沿いに清流を歩く、小浜のみち。木食尚人の碑、楽寿園（300円）＝日本の歴史公園百選。

○錦田一里塚…徳川家康が子の秀忠に命じて築かせたのが始まり。一里塚は江戸時代日本橋を起点に各街道一里ごとに置かれた里程標。

○三島大社…9世紀には大社に列せられ、その後、伊豆国一宮となった。源頼朝が挙兵に祭司、源氏再興を祈願。鎌倉時代には源実朝から歴代将軍が参詣。中世武士の信仰にまつわる文化財多し。境内には根回り3mのキンモクセイの巨木あり。毎年8月15日～17日・夏の例大祭も有名。

○楽寿園…明治23年、古松宮彰仁親王の別邸が始まり。7万平米の敷地。今は市が所有。園内に三島市郷土館あり。午前と午後の決まった時間の2回のみ公開。有料です。

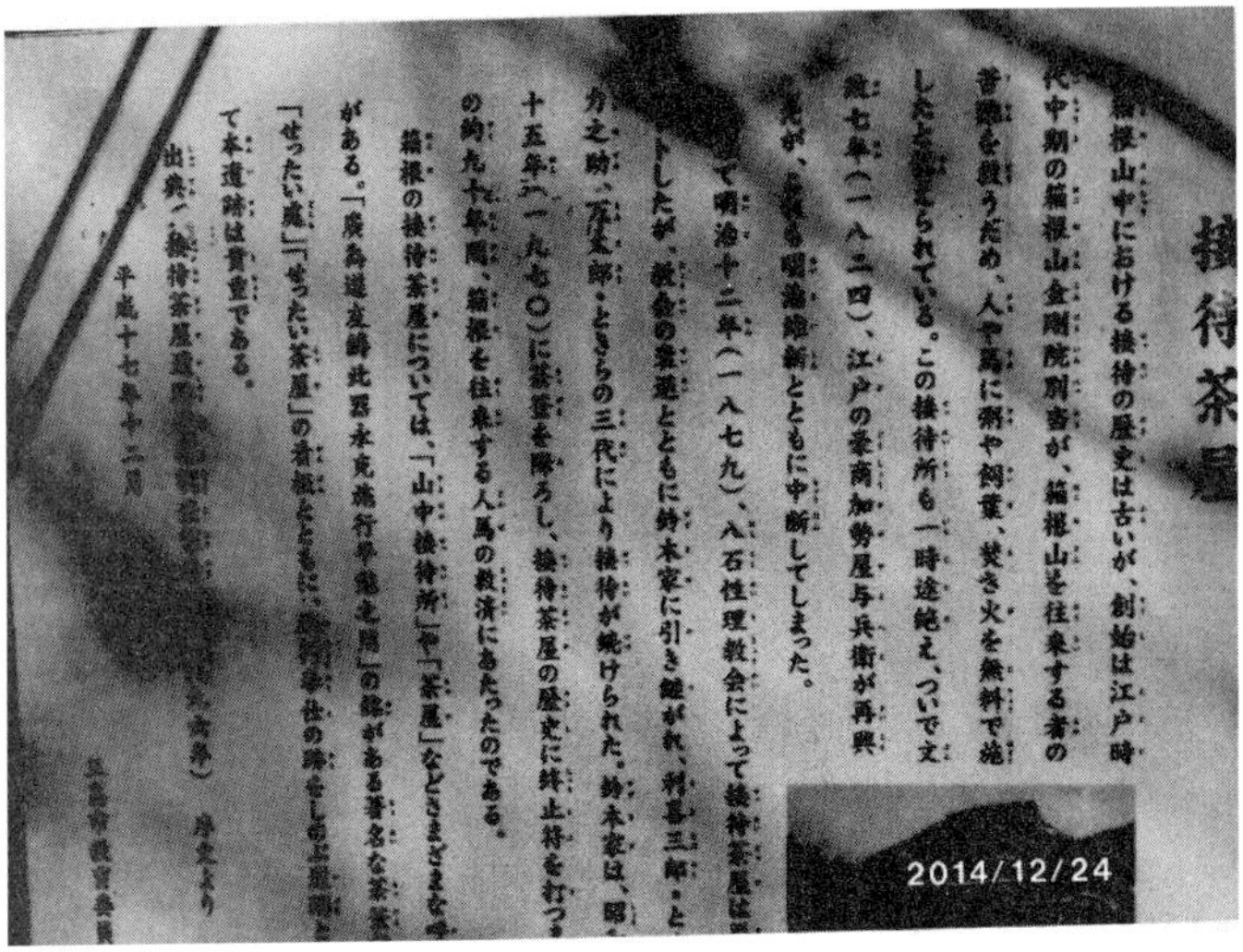

JR三島駅←

15：00駅。沼津までと思いしが、あと1時間以上かかり日も暮れるので、今日は三島止まりとする。富士山東側の山ろくに伏流水による湧き水ポイント多数。三島・沼津界隈は、後日一日かけて海側を歩きたい。箱根八里は32㎞というが、後の時代に造った車道はクネクネ迂回しつつ、結局40㎞以上歩いたこととなった。

○コモ巻かれ幾多の老松一里塚
○霊峰が見下ろす老松初音坂
○臼転坂《うすころびざか》調子に乗って膝いため
○接客茶屋昔もいたらしボランティア
○登って芦ノ湖下って三島の箱根八里
○寝るところあって、食うものあって、入る風呂も半畳だけどある愚図な足もまだまだやる気充分幸せな僕のてくてく
○越えて来ました箱根八里。気が付けば足、腰、肩も機嫌よし

「てくてく日本・一人歩きの旅、時々山登り」

丸山（960m）（奥武蔵）（埼玉）

平成27年1月7日（水）
低山冬山ハイク　（単独）

芦ヶ久保駅～国道～登山口～沢をわたる～大野峠～あずまやピーク～丸山山頂～森林館～野外活動センター～金昌寺～西武秩父駅

8：30歩きはじめ、13：15金昌寺　約4・5時間

おじいさん（71歳）の、平成27年、初ハイキングです

厳冬期は低山歩き専門です。今回は奥武蔵の埼玉秩父武甲山に近い丸山という山です。

昨年の今頃「武川岳～双子山」を歩いた時、左に武甲山、正面に秩父市街、右手に高まりをみせて、そびえていた山です。今日は楽チンだ！

3：45起床、4：53出、5：15電車、新木場で有楽町線（地下鉄）乗り換え池袋へ。ここで西武池袋線準急で飯能。そして35分待って秩父行各停乗車。芦ヶ久保駅に降り立ったのは8：30、というわけ。家を出てから3.5時間すぎていました。事前に乗り換え情報をチェックしておれば、30分は短縮できたはず！4～5人降車。同ルート方向へは私一人。凍てつく国道を右へてくてく、背後にはゴジラのようなギザギザの両神山。20分で登山口。国道とわかれ左上に歩く。徐々にジグザグを繰り返し、一息入れる毎に、フリースを脱ぎ、セーターをはがし、身軽になりつつセッセと登る。一汗、二汗かいて、右トラバースルート

となる。小《こ》沢を2～3本わたる。もうソロソロ峠か?と思いつつも沢に水も流れ落ちている事から以外に先はまだあるな。

我慢して九十九登りを頑張ると、舗装道路の大野峠。ここで一服。一台のマイカーが通過。そして更に尾根を上がると、峠展望台。絶景。その先行けば丸山山頂（四阿あり）。ここの展望は凄い。寒風にさらされ、残念乍ら早々に山頂を後に下る。雑木林の中をトントコ、気持ち良く、かけるように下る。秩父四番札所・金昌寺は由緒と風情のある古刹（1319体もの石仏）でした。慈母観音のオッパイをなでた後、（ならわしなので）堂に一礼をして、西武秩父駅まで、約50分。痛み出した足を励まし、歩き通しました。

レッドアロー秩父号に1420円払い、池袋に戻り着きました。

○厳冬1月の単独・山歩き。正味5時間歩きの低山。
〝これなら五月蝿い家族もお目こぼし！〟

薩埵《さった》峠（薩埵山244m）（静岡県）

平成27年1月10日（土）晴れ
KBS新春ウォーキング

興津清見寺《せいけんじ》〜一里塚〜興津川渡し場〜薩埵峠入口〜峠展望台〜望嶽亭〜名主の館（小池邸）〜寺尾歩道橋〜由比駅前〜桃源寺〜由比本陣公園〜バスターミナル
約10㎞歩、4時間30分

京成バスシステム（株）＝KBSの「ハイキング・ウォーキングツアー」、正月の定番です。この日も初春、雪を被った霊峰富士を正面に、右手駿河湾を眺めつつ、東海道五十三次でいうところの興津宿から由比宿までの約9．2㎞を中心に山裾を歩くものです。「初春と雪を被った富士」という事で、毎年この時期、このバスハイクは盛況です。今日はバス一台、43人での中高年（女性65％）のウォーキング（毎年この時期なのに何度も同じ人たち中心に参加）。

私は今朝、胸に不整脈を感じ体調万全ではなかったけど、家を5：30に出、最寄り駅まで35分歩き、電車で6駅程先の集合場所〜6：30に到着。幸い上天気の様子で皆明るい顔をしている。時間通りバス発車。湾岸首都高、東名…と思いがけずガラガラ（年末年始のお出かけ疲れかしら）。

予定より早く、清水インターを出て興津・清見寺でバス下車。2008年に平成の大合併があった際、清水市は静岡市清水区となり、その清水区の中の興津、由比…という事となった。興津と由比は東海道中の宿場間距離としては長く、間に薩埵峠が海岸ギリギリまでセリ出している事から、古来、東海道通行の難所と恐れられ旅人は山道を行くか、波打ち際を駆け抜けるか…の選択を迫られる場所であった…という。細い峠道のある山腹から、右下の海岸線を見下ろすと、「崖下と波打ち際」のほんの僅かの狭い地形に、東海道線、東名高速道路、国道1号線が、海側にはみ出し覆いかぶさるように犇めいている。難所であった事が充分うなづけるし、峠に立って、崖にはえたる松の枝先に霊峰富士を目の当たりにした旅人が涙を流した、との事もうなづける。

清見寺《せいけんじ》にお参りする。高山樗牛「清見寺の鐘声」の碑を読み水口屋ギャラリー前を通り、甲州往還・見延街道をわける「見延山道・里程標（石柱標）」の先で興津川を渡る。左に緩やかに登ってゆき、みかん畑の中を登りつめて行く。間もなく小さく廻り込むと、視界が開け、以後しばらく、右下崖にJR・道路。下に吸い込まれそうな山腹を辿る。諸々に休憩スポットあり。左下の写真のようなお休み所でシートを敷き、持参の弁当をつかう。見て！この紺ぺきの海を!!海と急斜面のみかん畑。それも夏みかん、はっさく、ポンカン…袋をかぶった清見《きよみ》オレンジ…ミカンを運ぶシンプルなモノレール。そして小型車がやっとこ通れる舗装された散策路。「海と松と富士」で、それも許せるか！ここはハイキングではなくウォーキング路だからな。峠を下って旧東海道を古い街並みの中を歩く。由緒ある「寺や神社」を覗きつつ由比本陣跡まで歩く。「桜えび」を、孫の居る娘宅へ宅急便で奮発したものでした。心地よく汗ばむ程の気分のよいウォーキングでした。

○天候にも恵まれた一日でしたが、この薩埵《さった》峠を日がな歩いてみて、このコース「正月にどうしてこうも同じ人が幾度も参加するのか」…が分かったような気がしました。もともとのミカン山仕事道に、ハイキング客が後から入り込んでいる…。ミカンの手入れ、収穫で働く人達の明るい笑顔は新春にとても相応しかった。

<峠でくつろぐ>

御岳（929m）＋日の出山（902m）＋三室山（647m）（奥多摩）（東京）

平成27年2月4日（水）晴れ
低山冬山ハイク　単独

鳩ノ巣駅〜坂下部落〜尾根乗り越えベンチ〜大楢峠〜裏参道分岐〜神代欅・日の出山分岐〜日の出山〜梅野木峠〜三室山〜厳ノ金毘羅神社〜天満宮〜吉野街道〜郵便局前〜青梅駅
約16km　8：45〜14：50　約6時間

4：53家を出て、京葉線2番電車に5：15乗車。6：12東京駅発高尾行特快に乗り、立川乗換えで青梅線河辺行に乗る。河辺で12分待って青梅行に乗る。青梅で更に30分待って奥多摩行に乗りました。何とももどかしい。青梅から奥多摩行は7：28の次は8：02となる。近郊通勤路線では平日、「上り東京行」が最優先なのだ。真冬の平日、雪の奥多摩へ山登りに行く者は変わり者？

今日は冬型が崩れて移動性高気圧にかわる。前日、明日はまあおだやかな日和りだろうと予測して出かけてきた。この季節「71歳。単独」となれば安全第一がモットー。よって夏ならノーマルコースでも雪のあるこの時季は用心が肝要。承知の上で雪のある頃を狙って雪山歩きを楽しもうという魂胆です。電車で昭島をすぎる頃から線路に雪。車窓から見る山の北面はまだら乍ら、積雪10〜20m程度とみた。

鳩ノ巣駅前で、簡単な体操をして、スパッツを着ける。御岳山裏参道を登って御岳山を目指します。多摩川を渡り、坂下集落に入り、たまたま通りかかった村の親父さんに分岐を確認。舗装から山道へ。沢筋の右側を行き、急な岩まじりのジグザグ道を頑張ると尾根に辿い上がる。大楢峠だ。左前方に見えるルートは雪一色。

楢の古木とベンチのある峠で迷わずアイゼン装着。北面を山ひだに沿うこのルートは、山腹を何度も絡んで行くが、斜面から落ちた雪で、緩やかではあるがルート上にすべり落ち、たまった雪で、結構深い。楽しみつつ2時間半ぐらいで、ロープウェイ方面からくる御岳参道のメイン通りに出た。山上集落とはよくいったもの。凍ってすべりやすい道を、欅の大木そばから、日の出山ルートに入る。日の出山は一角に「しののめ山荘」があり、右手が頂上。さすが5～6名の人が居た。12：28すぎ山頂あとに下る。トントンとアイゼンを着けたまま、梅野木峠まで頑張る。南面の視界開け、やさしい風景だ。林道を横切り、三室山山頂を踏む。忘れられたポツンとした小ピークでした。更に下って招き猫の巌ノ金毘羅神社。このあたりルート上に、マウンテンバイクらしき輪跡。少々長い尾根歩きだったが雪とたわむれて楽しかった。梅郷は公園のそばを通っただけで、梅の木一本もみえなかた。街道に出たら、うまいぐあいに青梅駅行のバスに乗る事ができ、モタツイた朝よりは電車の乗り継ぎ時間も節約でき、18：00過ぎには帰宅できました。

○早朝の寒さを堪えてリュックを担いで出てきた。いつの間にか体調は回復。約6時間の雪山歩き。ちょうどよい具合に疲れ、4両列車の隅っこに座り、目立たぬように「缶入りの角の水割り二つ・品川巻きのりせんべいポリポリ」グビグビ呑んだ。今日の山歩きを反芻しつつ瞼を閉じ電車の揺れるがままに身を任せました。

〃山歩きのあとのアルコールって
どうしてこんなに心地良く
沁みてくるんだろう〃

<三室山山脈>

高畑山（982m）＋倉岳山（990m）（山梨）

平成27年2月13日（金）晴れのちくもり

低山冬山ハイク　単独

鳥沢駅～小篠貯水池～高畑山分岐～高畑山～天神山～穴路峠～倉岳山～立野峠～唐栗橋～円通寺～梁川大橋～梁川《やながわ》駅（ＪＲ中央線利用）

8：43スタート14：15終了　5時間30分　11．5km

・4：00起床5：00すぎ準備完了　5：20家を出て　5：47電車乗る（かろうじて座れた）、6：28東京着（6：38トイレ）、6：42高尾行快速、高尾で大月行乗り換え　8：40鳥沢駅下車（私一人下車）、8：43歩きはじめ、11：00すぎ高畑山頂、12：05倉岳山頂、14：15梁川駅着。

昨年の晩秋にも同ルート登った。但し逆方向から。今回は雪山を楽しみ富士の霊峰にご対面。

・このルート70才過ぎてからの私の「お気に入りルート」です。年3回・春と秋と厳冬期に登っています。

・今日すれ違った人々。倉岳山頂でいずれも中年男女二人連れ×2。立野峠でオッサン二人。計6人。

・立野峠のオッサンは、一人がアイゼン忘れた！との事で難儀中。だから今日は頂上は断念するとの事。そうしたまえ!!

・高畑山頂への最後の30分はツルツル氷で少々きつかったです。眺望は富士、道志、丹沢、それに夫々の雪の北面もすばらしかった。

・どんな低い山でも登りはキツイもんだ！と齢が教えます。全くだ!!

・アイゼンは頼もしいな。ザクザク、ギシギシいわせながら氷を歩く。ありがとう　アイゼンなくてたとえ低山でも2月はチト、無理かいな。

・まる5時間アイゼン歩行したら、カカト裏筋など、結構、疲れが残りました。腿から下が試練です！サボると直ぐバレます。
・「冬の単独行は、イレギュラーですよ」オジイサンに古女房が云う。「ハイわかっています。」
・山行の楽しみは単独行に優るものなし！と40年前からこうなんです。やめられぬ後ろめたさ。その分用心深くなったなぁ。
・2月の山、不安と恐れ！身構える心、準備万端でも気が引き締まります…やめて家でコタツに潜るか…それじゃ、お前の人生ダラクだぞ…と悪魔が囁く。
・熊も鹿もイノシシ君もこの時期はねむっているのでしょう。早く起きてこないでネ（この山塊にも棲んでいて時々出現するよ）。
・登山届は用意してきたけど、低山では、おうおうにして、届を出す場所（ポスト）が無い…人のせいには出来ないけど。
・荒れたらお手上げ、私の技術、冬の山。だから出かけるまでが勝負。（準備と決意）
・乳房恋ふ母にも似たる倉岳を里の子今日も胸に焼き付け
（下山口に掲げられた一句あり）
・山があれば登りたいし、海があればもぐってみたい私の人生、私の勝手。
・アイゼンに刺さったままの枯れ葉や泥、下山したら、キレイに洗ってあげる
・未だ雲にかくれぬ日ざし。どれ程、心強いことでしょうか
・主よ、今日も一日、山登りさせてくれて、有難うございます。
・あの夏のボサ山が（雪を被って）こんなに立派になるなんて（道三と会見する信長みたい）。
・駅から歩き、（ちがう）駅に歩いてこられる。標高差６００ｍなかなか無いよ。

駿河湾ウォーク①　三島→富士

平成27年3月2日（月）　晴れのちくもり

JR三島駅前→沼津→富士駅　約29km　（JR三島駅から）

柿田湧水～狩野川沿～沼津港～千本浜（公園）～東間門《ひがしまかど》～県道380号、千本街道～図書印刷～新田（柏原、沼田、田中）～新田（桧・大野）～田子の浦（海岸）～鈴川（JX日鉱日石）～吉原駅入口～田子の浦橋～田子漁港～新浜～宮島東～新富士駅（新幹線）～富士駅（東海道線）～・ステーションH

8：10スタート　ー　16：20終了　8時間強の実働　ガンバリました。

プロローグ

4：00起床、5：30出。5：47稲毛海岸駅乗車、6：30東京駅。新幹線の切符売場・自動券売機で、三島まで新幹線乗車券＋自由席券（2，590円＋1，730円＝）4，320円購入。平日の下りでこの時間、空いていました。但し品川で、また新横浜での乗車多く、ほぼ満席！今日は晴れ、明日3日は後半雨もよう。4日前半も…との予報を背に雨に降られる覚悟の支度。昨年12月、箱根越えで三島まで歩いて、26年は終了。27年は今日が第1回です。段々遠くなるので2泊・3泊と日数も長くなります。全体構想からすれば序の口ですが、さあ今年はどこまで行けるものやら…不安と期待の混じる心境です。年々、臆病風にふかれ、山に登るわけでもないのに、背負うリュックの中には、セーター、冬の雨具…などで約10kgの重さです。…多分、これは心配のしすぎですが。

JR三島駅　三島駅（新幹線）で降車。人の流れで進んだら北口に出た。オッと、南口でなくちゃ。年配の
楽寿園←　駅員さんが〝南に廻るのは大変だから構内を通してあげる〟…と便宜図ってくれた。オッチャ
←　ンに幸あれ。そして8：10すぎめでたく、南口スタート。ほどなく見覚えのある楽寿園(市の公園)

伊豆箱根鉄道レール←佐野美術館←伊豆箱根鉄道レール

福神の水←

国道1号線へ←

玉川（交）左折←

清水町役場←

柿田橋と湧水←を右手にみ、左に黄金の女子像を見て進み、県道22号線を横切り県道51号を進む。南本町で単線のレール（伊豆箱根鉄道全線長約20㎞）も横切る。左の佐野美術館（国重要文化財の刀・太刀・短刀など刀剣コレクションが名高い）そばのピンクのしだれ寒桜は満開。柔道会館・気合が聞こえさすが三島だ。

一本松を過ぎ「福神の水」と表示があって、おいしそうな湧き水がコンコンと湧き出ており、地元のオバサンがヤカンのようなものに汲んでいました。〝僕にもいっぱい〟と飲む、まろやかでおいしかった。夏ならどれ程感激することか。

このあたりの水路（東京ならドブだが）は、澄んだ水が勢いよく流れており、水に恵まれた幸せな街だなぁと思う。運行しているバス会社、「沼津登山東海バス（株）」という。分社された会社だ。中田南田町と進み「三島玉川」（交）で国道1号線にぶつかり、これを右折、急に車洪水となる。三好町東と進み、玉川（交）で県道144号線へ左折。右側に柿田川湧水エリアに近づく。清水小、町役場（清水市の外に清水町というのがあったのだ）、清水町柿田区で右折、まもなく柿田川（泉川）。石橋碑（その昔＝17世紀この川は急流で両岸も険しく、水死する人たびたび、この川に石橋を架けた人。それから260年後、コンクリートの橋に架け直し、人々の安全の為資材を投じた人の偉業をたたえた碑があった）。今の時代の我々はテレビ等で、天下の湧水＝清流として柿田川を知るが、昔をたどれば、それとは似つかぬ治水の斗いがあったのだ。富士からの湧水のすさまじさを知ることができた。私は今日、沼津に向かう途中寄り道をしたわけだが、国道1号線を玉川（交）で左折した結果、湧水群の核心に辿りつけなかった。西側に出入口があったのだが閉めてあって入れなかった。残念な気持ちの中、先を急ぐこととした。

東部看護学校←香貫《かぬき》大橋←狩野川土手←

看護専門学校の卒業式に出くわす。西小と過ぎ、左折直進で、県立医療センター裏のジグザグ塀に沿い近道。狩野川にかかる香貫橋の大きなアーチを渡る。右側から黄瀬川が合流。橋の長さ172m。左手高台は展望台のある香貫山（193m）。中瀬、中原と進み、右側の狩野川の土手に上がる。立派な歩道となっている。大河をはさんで対岸に沼津市街のビル群が建ち並び、川向うが、港にむかって中心街であることがわかる。狩野川は護岸工事中であった。市街地はるか遠く西の空に雪を被った南アルプスが見えた。富士は雲に隠れてみえぬ。

〈狩野川護岸から沼津市街〉

永大橋←県道159号線←沼津内港←沼津外港←牧水記念館←海水浴場←千本浜海岸←

黒瀬橋・三園橋・あゆみ橋など狩野川にかかる幾つかの橋を見送ったあと永大橋を渡り市街地から港へむかう県道159号線を進む。左を流れる狩野川の蛇行に沿うように進むと沼津港（千本港町）に着いた。左奥が魚市場か。漁港というより商工業港だ。沼津港新鮮館。港口公園、遊覧船運行中。千本東・千本中・千本西と港沿いに進むと牧水記念館、千本浜海水浴場と、目の前が一気に開けてきた。千本松原＝千本浜公園。緩やかに広大な駿河湾が展開。たおやかな弓なりの砂浜はるか遠く白く連綿と連なる雪をかぶった南アルプスの上河内岳、聖、赤石、荒川三山らしくなつかしく涙も出そうな峰々。右手に見えるはずの富士は、前面の愛鷹連山とその上の雲に、遮られてその一部さえ見えぬは、はなはだ残念也。

富士海岸（公園）←東間門（交）←県道富士・清水線←（千本街道）防潮・災堤防←県道380号線←東田子の浦駅入口←県道170号線←

千本浜海岸（＝富士海岸というそうだけど）は、視界の限り続くと思わせる松林で、千本なんてケチな数でなく数万本はありそうに見えるではないか。

感動的な景観だと涙ぐむ私！エンエンと続く松林と、この松林を守る警備隊かのような防潮・風堤。この堤はおおむね10ｍ内外の高さあり、極めて強固なもの。だが予想される駿河湾大地震を意識し、更に堤の嵩上げ、補強が目につく。この見た目、美しい浜は（気がつくのだが）海面そのものがかなり低いということから幅50ｍ〜100ｍはある砂浜自体の斜度がきつい。名うての〝急深海岸〟という。急峻なのだ。この駿河湾の沼津寄りの東側はともかく、西へ（蒲原方向）行くにつれ、砂浜は浸食され、堤も高くなり〝テトラ大作戦〟が展開されている。

一旦、堤を降り、併行する県道380号線富士清水線を歩く。車の往来が途端に煩わしい。昼飯をとるにも店はとぼしく、〝7〟でオニギリとジュースを購入し、再度、堤防に上がる。この辺は、海から500ｍ内外の距離で走っている東海道線の「原駅〜東田子の浦駅」にかけて…というところか。

堤の砂浜側（海側）にも松があるが、壊滅状態。堤の内側は、堤よりも10ｍ程低地でもあり、この辺までは生育も悪くはないが、枯れ松も目立ちはじめ、所によっては、立ち枯れ松の方が正常の松より目立つようになってきている。また、堤直下松林傍に、お墓がズラッと並ぶ珍しい光景もあった。沼津から千本松原を歩きはじめて、背後の方で時折、ズドドーンと腹に響く、怪音が度々あり、不気味だった。通りすがりの散策者に尋ねてもわからなかったが3人目の人が教えてくれた。〝東富士演習の音〟だという。ウーン、腹にひびくなあ（私は箱根山で

JX日鉱←
吉原駅前←
(迂回)←田子の浦橋
田子の浦港
(一周)←港公園←
田子の浦←
県道を横断←
宮島東(交)←
新富士駅←
(新幹線)←富士駅(東
海道線)

も噴火したのか?なんておののいていた)その轟音もこの辺ではもう聞こえぬ。この駿河湾の松並木(その数、規模日本有数のものと思うが)を半日かけて見るにつけ、松は枯れ、潮風にふかれ、育ちも早くない…海岸線における植林は、それでも松だけで良いのかなあ…と考え込んでしまう。一つのコーナーでこのテーマで論ずる必要性を痛く感じた。高橋川の水が海に入る箇所や、沼川にかかる昭和放水路が海に流れ込む際、堤防の下をくぐらせ「浜から海」に太い(直径5mくらいあるか)コンクリート管を通し直接海に放流する仕組みも目に留まった。これは特に小川が海に入る際、砂浜に水溜りが出来、応々に腐敗して、悪臭を放っている現場を〝あっちこっち〟で目撃してきたので、太いコンクリート管で(もぐらせて)直接放流するのは珍しかった。

駿河湾に沿って田子の浦を浜沿いに、尚も進み、今井、鈴川と過ぎ、JX日鉱日石会社の側壁をグルっと(橋がないので)廻り込み、一汗かいてしまった。田子の浦港を左手目の前に、右手に戻るように進む。地図を見ずに直進しすぎたのだ。JR吉原駅そばを通り、橋を渡り、さらに田子の浦橋で左折し、海に向かい「港公園」に出た。浜沿いの鈴川から「田子の浦港」をグルっと一回りの大迂回をした。(田子の浦港の海との出入口に鈴川と田子を結ぶ橋があればなあ)

田子の浦浜を少し進んでから、県道341号線に上がり、新富士駅をめざして右折へ。宮島東(交)直進して新幹線の新富士駅に辿りついた。右足が痛み出す。新幹線駅は、それなりの賑わいはあるが、やはり、後からポット出来た駅の感じあり。本当の市街地は新幹線の北口側から約1㎞はかかった東海道線富士駅にかけての地域だ。私が今晩泊まるステーションホテルも(ようやく見つけたのだが…)東海道線富士駅前広場そばであった。

駅前ステーションホテルへ。

◎当初、新幹線駅周辺なら、宿は簡単に見付かる…と思っていたが、そうもゆかず。富士駅方向目ざして、痛む足をひきずりながら歩く。右だ左だ！とみながら20分も歩き在来線駅前のステーションホテルと決めた。朝食付5，600円という。清潔な部屋、親切そうなカウンター嬢…よかった。今日は8：20〜16：20、8時間の行動 30㎞近く歩いたと思う。天気に恵まれ、大したトラブルもなく、今日一日を感謝します。

早速、部屋の小さなバスに湯をため、入り、足腰を伸ばす。頭も洗う。足指の絆創膏が剥がれ湯に浮かぶ。スッキリして、着がえ、夕のとばりの、外に出て、夕食とする。「中華の酢豚ランチと熱燗」満足、満足！

●今日一日、富士はみえなかった。愛鷹連山がヤケに大きかった。

●霊峰は一日、雲がかかっていて御目文字ならず。

●すばらしい「千本松海岸、田子の浦海岸」なるも、意外なことに一人のサーファーも、一人の釣り人も見当たらなかった。

●田子の浦、富士市界隈は、工業・産業（製紙を中心とした）の街でした。富士の豊かな水が育てたのだな。

●来るかも知れぬ震災に備えての「防潮・風・砂…対策」は〝金も時間も決意も〟かかるなあ…。

駿河湾ウォーク②　富士↓清水

平成27年3月3日（火）くもり時々晴れ

駅前ビジネスホテル↓ＪＲ富士駅前～新富士川橋～県航空協会～吹上の浜―伊原日軽化学～（放水路）高浜ＩＣ～蒲原～簿原＝富士海岸～神沢＝由比（ユイ）―県道３９６号線～八幡宮分岐～県道３７０号線～由比川橋越えて～県道３９６号線～由比町屋原～小池邸～あかり博物館～由比駅（前）～寺尾橋～踏切渡り一号線海側歩道～清見寺ＩＣで市街地へ～清見潟（公園）～新袖師橋～東燃タンク群～清水港～清水駅～（北口）ステーションホテル

8：00スタート～15：00着　正味7時間弱　約25km

プロローグ

朝食を宿泊したビジネスホテルの1F食堂でとる。13人程、60歳がらみの夫婦、あとは若い人、30代、20代、平日でもあるのでビジネスの人が多いはずですが。スーツ姿はたった1人、朝食質・量丁度よし。食後のコーヒーもグッド。私の旅にとっては、「上」の部でありました。さて、今日の天候は「午前中晴れそしてくもりとなりところにより小雨」というもの。多分いい事ばかりではないかも。それより右足の痛さが気にかかります。しっかりとテープなどの貼り直しをして気を入れてスタートとする。今日は富士は見えるかな。それにしても、昨日の「三島～富士」間は新幹線なら精々15分を、遠回りしたとはいえ、歩けば8時間、なんと昔の人は偉かった事か。便利とは人に何をもたらしているのか。後戻りはできない。先に進むだけだけど…。いずれはリニアも出来るぞ。

富士駅前ビジネスホテル → 道の駅「五貫島」 → 新富士川橋 →

8：00スタート。晴れています。さあ今日もしっかり歩くぞ。横割本町、水戸島と右折気味に進みます。山側から海方向の側溝・小川（東京ならドブとか排水路）の水は、勢いよく流れ、しかも澄んでいて、流れのサラサラが耳に心地よく聴こえます。流れる方向に藻もなびいています。国道1号線目指し、富士大橋通りを進む。靖国橋を越えて、国道1号線を右折。「やあ！交通量の多いこと、それも大型トラックが…」。…流石国道1号線だ。変に納得ス。

道の駅「五貫島」とある…地図で示す「道の駅・富士」のことか。いよいよ富士川の渡河橋にさしかかる。橋というより道路イメージ。長いぞ！向こう側が霞んでいる。取り付けから約2㎞の長さだ。実際ブラブラ歩いて25分以上。歩道は広いが、大型車の風圧がすごい。真に日本の動脈と実感。振り返ると、オオ！なんと霊峰富士の巨大な姿が半分だけだが見える。ウ～ン、大きい。犯すべからずこの雄大さ。河川敷は富士川緑地ともいうのか、ゲートボール姿があっちにもこっちにも。60～70歳すぎ位か、ジイさん6割、バアサン4割、大半がマスクしておるぞ。なかなか本流の流れがない、と思ったら、真ん中あたり、幅70～100ｍぐらいの流れだった。広大・長大な河川敷に対し、いかにも水の流れる量が少ない…と思えた。

奥秩父・八ヶ岳・南アルプス・天子山塊…名だたる高山帯に源を発し、笛吹川、釜無川、早川などからの大量の水は一体どこへ消えてしまったのか。雪どけは未だとしても、恐らくダムだろう。どれほどの水がダムに吸収され生活水や工業水にどれだけ使われているのか…おさらいをするには良い教材だと思います。歩いて長い橋を渡る私には富士川の干からびた河原が泣いているようにも思えた。

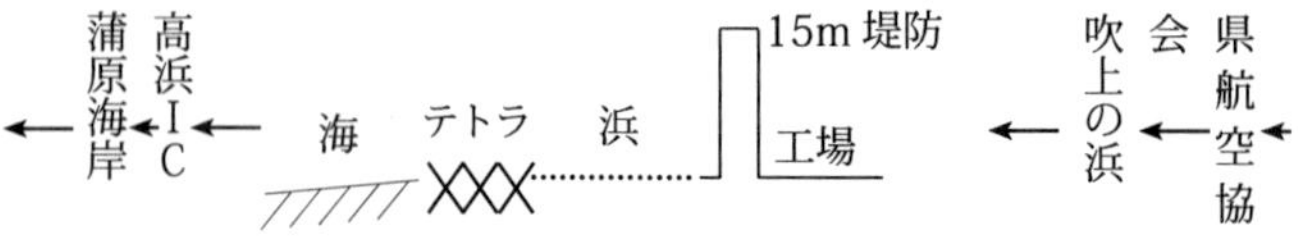

長い橋を越えようやく橋とも国道1号線ともわかれ左下の河ぞいの道を海岸に向かう。静岡県航空協会・富士川飛行場そばから護岸堤を歩く。左手後方を仰げば富士愛鷹連山を背に、工場が吐き出す白い煙の筋が10本以上たちのぼっている。鎌倉・室町・戦国・江戸の時代に東海道のこのあたりを行き交った旅人も無数にあった。大河を前にし、眺めた富士。その時代の景観と、今、私が見上げている工場地帯の白煙たなびく富士！とは。これが時代の流れというものか。富士川が海に流れ込む流域は広大であるが水量は細く、乏しく、これが富士川河口かと信じられぬ。満潮時でも、海水は、これでは上がって来れないのでは。堰堤上に一列に並んだハト…51羽も…が1ｍそば私が歩き進むに、一羽も飛び立たず、ただノドをゴロゴロ鳴らすのみ。このあたりの堤はすごい。高さは15ｍとある。のぞき込むと、ずっと下に砂浜、その先急傾斜してテトラ、海水となる。こんなに高い堤防も珍しい。堤防の内側は、これまた、10ｍ以上下がって化学工場、イハラニッケイ化学・消毒臭のような臭いがあたり一帯に…吹上げの浜は臭かったぞ！

右側の工場群も尽きようとする頃、山の手に巨大なダム放流管がみえた。そのあたりから海に向けて急流・奔流が怒濤のように流れていた。

日軽放水路＝（第一調圧水場）
（第二調圧水場）

高浜ＩＣ、蒲原に向け、海岸そばを国道1号線（富士由比バイパス）が走り、防災堤の役もつとめているように見える。「富士川から４㎞富士海岸」（＝蒲原海岸）とある。桜えびの町に入ってきたような臭いがするぞ。

←（国道1号線富士由比バイパス）そばの側道を歩いている。

私の右手を走る国道1号線高架の橋脚の間を通して見える町並みは、漁業加工の町と見える。この辺から急な山裾の狭い下部に集まるように、高速道路、県道、東海道線、国道1号線などがひしめき合い、町並みも、うなぎの寝床のように一皮ずつ両側に並んでいる。向田川を知らぬ間に越え、右手に蒲原駅周辺らしき家のかたまりを見やり、神沢バイパスで由比エリアに入る。

←県道396号線
←県道370号線
←県道396号線

八幡宮下で県道396号は2手に分かれる。本道（本陣公園方面県道396号）と分かれ、左前方に伸びる県道370号線を行く。右足の痛み尋常ならず。近くにあるはずの本陣公園で一休みと思えど、迷って行きつかぬ。県道396号に上るタイミングを失したか。（七里毎の）「飛脚使役所跡」があった。その近くの量販店で貼り薬を買い右足にペタペタ貼り替える。あの田中陽希君のような強靭な足があればなあ〜。県道396号線へ。

←町屋原
←小池邸（旧名主）
←あかり博物館
←開花亭
←由比《ゆい》駅
←踏切渡る
←国道1号線の側道
←興津川

由比町屋原。浜石岳（標高707m）への標識あり。そして空いた腹を満たすべく開花亭へ。そして「桜エビの〝かき揚げ丼〟」を食ス。〝なんというおいしさ〟＋缶ビール…こたえられねェ〜1本2，020円也。今宿・左下に由比駅と過ぎると間もなく、（八幡宮下でわかれた県道は）1本にまとまる。そんなにスペースもない狭隘区間なのにいつの間にやら一番山側にあったはずの東名高速が海べりに割り込み、かぶさって来て、由比からは巨大な建造物を海水スレスレ線まで出てきている。国道1号線はそれに隠れるように並行して（重なって？）走る。それ程このあたりは、急峻な崖が迫っているのだ。見るからに崩壊しそうな壁。事実崩落した崖の危険そうな修復現場がありました。寺尾、西倉沢と進む。見えないけれど、この崖の上に「さった峠」があるのだな。由比ＰＡ（国道1号線）あたり、右崖の上「さったの峠・中道コース」が通っているはずだが首が痛くなる程見上げても見えぬ。浦安橋で「それなりに大きい興津川」を渡る。

由比の老舗「開花亭」で食したる桜エビのカキアゲ丼。全くエビだけのカキアゲ。あらかじめ味がしみ込ませてあるとの事で美味でありました。小鉢も（おしんこう以外）すべてエビ料理でした。

駿河健康ランド←
興津駅前(交)←
清見寺前←
清見潟公園←
新袖師橋←
清水港工場群←
東燃タンク←
清水港←
漁港←

健康ランドを左に見る。国道1号線(静清バイパス)興津IC、私は国道を左に見て痛む右足首を引きずり進む。興津清見寺町あたりから左(海)側に大きな港湾施設みえ出す。あくまでも海側にこだわる。

清見潟公園、新袖師橋、大型コンテナもおびただしい。こりゃデッカイ港だなぁ！東燃ゼネラル石油タンク群の塀に遮られて、もろには見えぬが。大きな歩道橋の東側一帯も港湾らしい。停泊中の大型船、漁船も多数見える。どうやら15：00も過ぎた。本日の目途はついたので港にしばし佇む。ここがあの次郎長で名高い、ここが天下に聞こえた清水港なのだ。

岸壁で釣糸を垂らしている家族連れと話し込む。港が大きすぎて、釣りには向かない…とこぼしていた。

清水港と清水駅は目と鼻の先、特に北口側に商店街多シ。駅から3分ビジネスホテル見つかる。

ＪＲ清水駅（東海道線）→ビジネスホテルへ

8F建て、定価7，700円（″といってもお客さん、朝食込みで6，250円でやりますよ″、だって）。アーケード街の中なので、雨の心配もなく、レストランも多い。トンカツ定食＋お銚子2本、大満足でした。本屋で地図を購入。宿に戻り早々に風呂に入り、足の点検をする。右足首からフクラハギ一帯が痛む。こんなことは初めてです。東海道3大難所の一つといわれた薩埵峠は、車や電車ならトンネルひともぐりだが、歩き・自転車は大変、断崖絶壁下のわずかな裾も、東海道バイパス、在来電車などに占領され、崖下をビクビクしながら足早に歩きました。宿は、快適だったが、夜半、隣の部屋の話し声がうるさかった。″右足直りますように″と神様に願掛けて眠った。

○清見《せいけん》寺…東海道線興津駅から西へ10分程に東海道五十三次17番目の宿場″興津宿″があった。明治天皇休憩や、岩倉具視、伊藤博文等が宿泊した脇本陣水屋があったところ。さらに少し西へ進むと「清見寺」がある。清見寺には国の名勝「清見寺庭園」や「朝鮮通信使遺跡」「五百羅漢」がある。皇族の宿舎ともなった。高台にある境内からの眺望は素晴らしく、清水港から三保、松原、更に駿河湾越しに伊豆半島も一望。私は薩埵峠ハイキング参加の折、五十三次16番目の宿場「由比宿跡」も散策しながら、清見寺参拝をしました。

○清水港と次郎長…静岡県の地図を広げて眺めていると、三保の松原のある半島が、清水港を守る耳のようにもみえ、また方向・地形として富士山に対峙しつつ一体感を保っているように見えてきた。「天然の良港」というのも納得できた。江戸期、江戸～大阪間物資輸送の中継基地として、また、明治32年に開港場として指定されて以降今日まで国際貿易港として発展してきている。さつき通りの南端付近・巴川に架かる港橋そばに復元された船宿「末廣」がある。山本長五郎（侠客・清水次郎長）が清水波止場に開業した船宿。長五郎は乱暴者で喧嘩好き、やくざ者だった。明治元年、榎本釜次郎に率いられて品川を脱出した一行は暴風雨の為清水港に漂着。そこで官軍に攻撃され乗組員は殺され、遺体も放置された。これを見た次郎長は子分を指図して埋葬した。これを知って感激した旧幕臣山岡鉄舟が「壮士墓」という墓碑銘を贈った。（港橋から5分）。その後次郎長は富士の裾野の開墾や、清水港の整備ほか73才で死亡するまで地域に貢献した。（静岡県の歴史散歩より）

駿河湾ウォーク③　清水↓静岡

平成27年3月4日（水）くもり時々晴れ　強風

JR清水駅そばビジネスホテル～港～入船町（交）～エスパルスプラザ～羽衣橋～鈴与木材センター～駒北東町～羽衣の松入り口～御穂神社～三保松原～三保小～東海大～自転車道～市営団地～駒越南・中・西～県道150線沿いの自転車道～増東～増す出荷組合～蛇塚～久能山下～青沢～平松～東大谷～大谷川～下島（石田街道）～東名高架下～登呂～駿河区役所～JR静岡駅南口

8：30スタート～14：00まで　5時間30分　約22km

JR清水駅前　3／2～3／3、2日間で約55km歩いた。初体験ながら、右足首から始まった足痛は、ふくらはぎ、そして膝の裏側関節辺りまで広がってきた。一晩経ったけど、抜本的には良くならず、出発前、膏薬を貼るなどやれることをやってのスタートです。どこまで歩けるやら。これも経験か。空模様はくもり。あまりよくはない。8：30、清水駅前北口スタート。駅前十字路左折。国道149号線で「片側2車線＋α」で立派な道路。この辺り「江尻」とか「真砂」との表示あり。東海道線と交差。右側に静岡鉄道の「新清水駅」あり。この私鉄、終点の新清水までザァッと15駅ほど。全長20km弱という所か。今や「静鉄ジャストライン」という名のバス部門が主力と聞く。経営の苦しい地方鉄道だが、静岡市と清水市が合併して、人口約75万越えの政令指定都市内を運行するので何とか経営がもっている…というところか。左に清水区役所（元市庁舎だったと見え、立派な建物）。右側にそれて、千歳橋に立ってみる。巴川にかかる橋から四方を眺める。元に戻り、

万世町←

入船（交）←

エスパル←

ズマリン←

パーク←

日の出町←
←(巴川)
羽衣橋←
鈴与倉庫←
駒北東町←
羽衣の松←
御穂神社←
三保松原←

万世町（交）で左折。200〜300m進んで右折。清水エスパルスドリームプラザ…とかマリンパーク。たしかこの右手の川向うあたりに「次郎長生家」があるというが、先を急ぐので寄らず。国道149号線はいつの間にか国道150号線となった。湾（港）沿いの量販店や倉庫など入り乱れて並んでいる。左手にチラチラ見えるのは清水港の一角をなす折戸港。うまい具合に深く入り込んでおり、地形的に天然の良港資質があったのだろう。

鈴与木材センター…昨日も港入り口あたりに「鈴与」とあり、これを漠然と「給与」と読み間違い。変な会社があるなぁと思いしも、老いの眼力の衰え。スズヨであった。失礼しました。折戸湾を廻り込むように左回りに進む。

宮加三・駒越北・駒越…左は湾沿いの倉庫や造船所。大きな三差路を左へ。国道150号と別れ、県道199号へ折戸地区を進む。折戸4丁目、5丁目とあり、羽衣の松入り口。三保車庫まで歩く。左は三井と日経金の工場。羽衣の松入り口まで戻り、左折して、三保の松原へ向かう。

一本道の両サイド見事な松林。御穂神社から松原まで松に囲まれて板敷きの歩道を行く。目の前の公園上の高台が老松の林。抜けると前面に砂浜と太平洋。砂浜に出て左に目を転ずると、うっそうとした老松林の上に富士…。世界遺産の決め手となった風景…といいたいところ。だが生憎、雲で富士は見えぬ。駿河湾を構成する広大な砂浜に怒涛の波が果てしなく押し寄せている。風、すこぶる強し。浜を西に辿る。強風で汐風に海水混じる。波打ち際から50m〜100mあたりの海中にあるテトラ群に大波が当たり、高さ10m、20mの波となり、空中に舞う。今日は強風で波浪警報が出ている。たまらず一旦松林の中に入る。海岸沿いに太平洋岸自転車道があるが、1人2人しか見当たらぬ。

三保小←東海大海洋学部←付属小・中・高校←市営住宅（強風波浪警報）←自転車専用道←「駒越」南・中・西地区←国道150号線清水バイパス←太平洋岸自転車道

いちごライン←「増出荷組合」←

まもなく東海大海洋学部の広大な施設にぶつかる。一部の公共住宅や学校や菜園を除くと全域東海大グループのキャンパスのような雰囲気。これを抜け再び海沿いの自転車道を歩く。

狭い砂浜。これを守るように続くテトラ。これらを粉砕するかのような巨大な荒波。歩く私に容赦なく海水まじりの強風が降りかかる。飛ばされぬよう進む。右手に国道150号の清水バイパスが現れ、一種の防災防潮施設の役割を持つ。時おり車が行き交う。

その海側に自転車道がある。そこを歩いているのだが、海水から50mといった位置か。バイパスの北側（むこう側）に抜けようにもなかなか歩行者トンネルがない。駒越南・中・西1・西2と飛沫を浴びながら体を前向きに屈めつつ頑張る。

バイパスの右の奥にいつの間にか山の襞が迫ってきて段々山の麓に県道（県道だったり国道だったり紛らわしいが）そして国道150号線と、自転車道がひしめき合っている。萩原農園からストロベリーフィールド出荷組合へと進む。地域名は「増《ぞう》」「蛇塚《へびづか》」。右手山並みは清水日本平というのだろう。昔社会科で習った「石垣イチゴ」の産地なのだ。この辺りから清水地区から駿河地区となる。右手前方山の上に何やら社が見える。

蛇塚日本平
→久能山下（東照宮）
→大谷地区
→下島
→東名高架下
→登呂
→駿河区役所
→ＪＲ静岡駅南口

久能山東照宮というらしい。程なく痛む足を引きずりながら行くと久能山下となる。門前町のような一画、観光バス駐車場、みやげものや、レストランなどがあった。みやげ物屋のオバサンに念のため聞いてみると、「久能山東照宮・社殿までつづら折り、石段が1，159段もある」という。アッこりゃ無理だ！と即座に悟った。久能山下の土産物屋の軒下にへたり込む。足痛に耐えかね、リュックを下ろし、右足中心にマッサージ、貼り薬の点検。

正直な気持ちでこの辺りから静岡行のバスないかなぁ〜。見あたらず。また、久能山東照宮まで急な階段を上る元気もなく、情けないことにただ見上げるのみ。自販機からオロナミンCを買って飲む。少しの気休めになるか。さてさて、元気を振り絞ってまた歩き出す。歩ける限りは歩く。べそをかいてでも…。郵便局前、安居《あご》、久能小、久能幼稚園、古宿、青沢、西平松、閻魔堂、大谷地区、大谷川橋、高松。ここはバス通り、淡い期待も時刻が合わず、乗りたいけど不可。久能街道を歩いてきたのかな。この辺から住宅が増え、通勤圏内のようだ。すれ違う人と話す気力もなく、人が私を避けているみたいに思えてくる。

正直フラフラしつつ更に進むと、下島交差点。これを右折してただただまっすぐ行けばよいのだ。右足ビッコ引きながら行くと、東名高速をくぐった。地図で見ると、静岡駅まで直線で3㎞強。絶望的に長く感じる。駅方向はやけに遠く、霞んで見える。石田街道というらしい。登呂遺跡の看板は記憶にあるよ。芹沢美術館も、これらを右側に見つつ、立ち寄る気力もわかぬ。区役所入り口を過ぎる。市街地をトボトボと歩く。両側にビル、段々、高層ビルも出てくる。稲川（交）、ホテルの看板も。もう少しだ。見るも哀れな老人と見えたか、とにもかくにも静岡駅南口に転げ込む。やったあ！頑張ったぁ。美しい服を着た男も女も、私がヘロヘロになって歩いてきたことを誰も知らない…。でもいいさ。…人に助けてもらえずとも人を助ける心は持て…だ。

15：00過ぎ、後は電車に乗って千葉へ帰るんだ。駅前広場でタコ焼と缶ビールで生気を取り戻すべく、恥も外聞もなくへたり込んで休んだ。

●今回、3日間でざっと75㎞歩いたとはいえ、どうしてこんな足痛になったのか？前日までの疲労？靴の具合、一過性のもの？私のように「てくてく歩き」を繰り返し続けていると、いわば色んなパターンの足痛と出会う。〝足痛と二人三脚〟という認識の中で、痛む足も自分の一部なんだけど自分自身でもあると思う。

●三保の松原の老松群は見事だが、沼津の千本松原（実際は数萬本もあろうか）の方が印象深い。私達の国日本は四面（東西南北）全て海に囲まれている。大・小砂浜の有る所には、松林が造成されている。「海面・砂浜・松林の相関」をもっと国民的テーマとすべきと思うがどうじゃろうか。…松は嫌いではないけど、どこもかしこも松一色なのか。

●清水市は清水市で残っていてほしかった。〝平成の大合併〟の象徴的な例なるも、この海と共に歴史を積み重ねてきた街はこれからも「海と向き合ってきた漁業と国際貿易港として」更に進化してほしかった。次郎長さん、どうかね。…静岡市は静岡、清水市は清水として個性を強めてほしかった。

●静岡市内は何も散策できなかった。欲張っても所詮、一度に色んな事は、痩せ爺には無理じゃった。

●久能山下～静岡駅までは、情けないほど余裕なし。こんなに困憊したのは多分、〝足痛のせい〟もあったと思うが、若き日にも似たような思いをした記憶があった。それは、南アルプス、甲斐駒ヶ岳、表参道黒戸尾根の登りの苦しさでした。…深田久弥先生が日本アルプスで一番辛い登り！と表現していた所です。

●駒越あたりから日本平下の長い海岸線までのテトラにぶつかる波浪はすさまじく、襲いかかる波濤のものすごさ。強風波浪注意報下、体感15～20ｍの風にあおられて、汐を浴びながら、良く歩いたと思う。たっぷり浴びて私はすっかり〝塩味〟になったのだ。→真に〝塩爺《しおじい》〟でした。

●「三保の松原半島」は東海大グループがやけに目立った。まるで「東海大グループ半島」みたい。

「てくてく日本・一人歩きの旅、時々山登り」

雨引《あまびき》山（409m）＋加波山（709m）（茨城）

平成27年3月18日（水）
日帰り千葉中央バスツアー

雨引観音～雨引山～燕山（701m）～加波山神社親宮～加波山神社本宮（加波山山頂）～本宮道～三合目分岐～加波山神社里宮

約5時間（歩）11km

○茨城県の山というと千葉に住む私にとっては、（神奈川・東京・山梨・埼玉の山々にはしばしばハイキングするに比し）極端に訪れる事が少ない。さすがに百名山の一つの筑波山は、千葉県北部からは利根川越しにその姿を直接眺める事もたやすい。よって数度訪れている。しかし筑波以外の茨城の山といったら、全くご無沙汰だ。ただ筑波山頂から北を見るとき起伏をみせて、相当高い山々が、望めて気にはかかっていた。

○今回、千葉中央バスの恒例バスハイクプランの中に「雨引山から加波山」があり、躊躇なく参加を決めたもの。日がな一日かけて訪れてみて、「雨引観音から雨引山、燕山、加波山」は、歴史的、宗教的に注目すべきポイントが多く、認識を新たにした次第。特に周辺の人々、茨城の人々にとっては誇りとする大切な山である事がわかった。

○高速湾岸～首都高～常磐道（土浦北）～一般道～雨引観音。ここでバスを降りて歩く（総勢バス1台、31名）。認識を新たにしたものの一つ、雨引観音（…坂東24番札所、関東屈指の霊場で境内に数多くの堂宇があった）にお参りをし、山頂へ。標高は高くない（409m）が、見晴らしの良いさわやかな眺め（南側）。戻る形で、加波山への尾根縦走となる。長いけど気分はよろしい。山の歌を口ずさむ。双耳峰に見える燕山（701m）にはひと汗かかされた。しかし眺望すこぶる良し。

昼食タイム。そして一方の本峰加波山山頂へ。本宮の鳥居をくぐると、毎年8月には修験者たちの修業が行われる（禅定《ぜんじょう》）ルートを行く。赤や緑の鮮やかな色彩のお社、巨岩、たばこ神社などあり荒々しい雰囲気。「神社、仏閣は山中に80もある」というから驚く。709mの神社本宮から下りにかかる。麓の里宮神社まで一頑張りで下り着く。途中にも、壮麗な社がありビックリ（少々、ケバケバしい！）。11㎞、約6時間弱（食・込み）で、バラエティに富んだ山歩きとなりました。

○今も、石切り、採石が盛んで発破の音や運ぶダンプカーも見かけ、さらに山の斜面には肌を剥ぐような石切場が緑の中に白い崖となって見えた。

○歩いたルート（縦走）は首都圏自然歩道の「筑波山連山縦走のみち」に重なっていました。

○雨引山の標高は409mですが、「千葉県の最高峰」は愛宕山で408mです。千葉県は日本一、平ら（低い）な県です。

○筑波山（877m）、加波山（709m）、雨引山（409m）は総称して「筑波連峰」ともいいますが、今から40年ほど前に西上州の両神山に登った時、頂上から、遥か東の雲の上にポッカリ双子峰がみえました。

後で知ったことですが、筑波山だったのです。雲上に浮かんだ双子峰が信じられぬほど高く見えました。

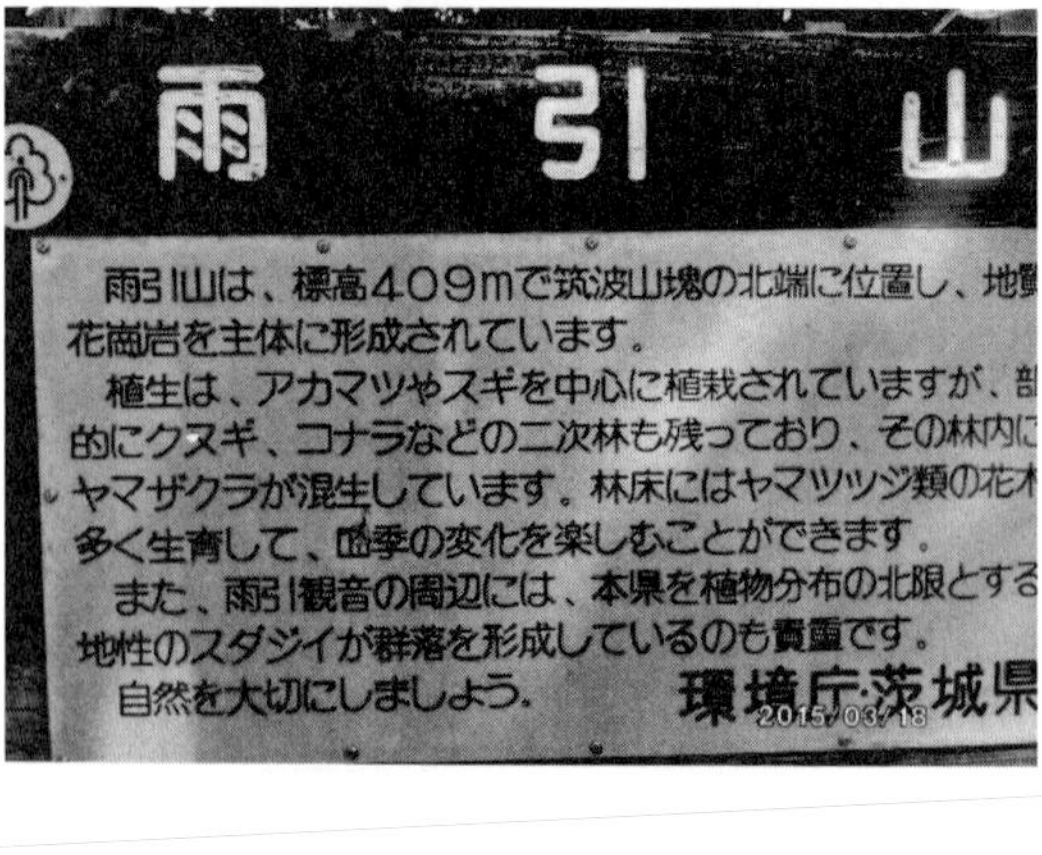
雨 引 山
雨引山は、標高409mで筑波山塊の北端に位置し、地
花崗岩を主体に形成されています。
植生は、アカマツやスギを中心に植栽されていますが、部
的にクヌギ、コナラなどの二次林も残っており、その林内に
ヤマザクラが混生しています。林床にはヤマツツジ類の花
多く生育して、四季の変化を楽しむことができます。
また、雨引観音の周辺には、本県を植物分布の北限とする
地性のスダジイが群落を形成しているのも貴重です。
自然を大切にしましょう。
環境庁・茨城県
2015/03/18

駿河湾ウォーク④　静岡↓焼津

平成27年3月27日（金）晴れ時々くもり

静岡駅↓南口スタート〜石田（交）右折〜三差路左折〜中島（交）右折〜南安部川橋〜丸子川水門〜広野海浜公園〜用宗フィッシャリーナの用宗漁港〜用宗老人センター〜石部（せきべ）公民館〜大崩海岸〜東海自然歩道・花沢山〜日本坂峠〜法華寺〜花沢の里〜観光トイレ〜東名道・新幹線等の高架下くぐる〜ＪＲ東海道線路沿い〜瀬戸川・当目大橋〜船玉通り〜本町２丁目〜焼津駅前〜ビジネスホテル
９：30スタート〜15：00着　正味５時間30分　約22km

プロローグ

今朝は寝過ごしてしまい、４：00起床が５：20となり、跳ね起きる。最寄りの稲毛海岸駅から京葉線で東京駅に出て、ＪＲ静岡駅まで新幹線で行き、南口から歩き出す算段。朝から大きく躓く。

ともかくダッシュして仕度をととのえる。朝食抜き、昨夜出発の準備だけはしておいたのでなんとか６：30に家を出た。６：40過ぎの電車、運よく座れた。３／２以来、痛めた右足の養生、それに風邪も引いたが、なんとか１週間で収まりをつけ、体調に幾分の不安抱えつつ出発しました。

天気はどうやら申し分はなさそうだ。「人生はチャレンジ＆アドベンチャーだ！」と朝ドラのマッサンのジイさんがいっていたな。

・「寝すごした心を鎮めて駿河の旅へ」・「寝すごしてもとがめる人なし一人旅」
・「風邪いえて、発起したのに寝すごした。一日一つのミスは許そう」
・「隣席でオニギリパクつく青年よ、静かに喰えよ…と心で叱れど口には出せず」…てなことで出発したのです。

静岡駅南口
石田（交）右折 ← 三差路左折 ← 中島（交）右折 ← 安倍川（南安部川橋） ← 丸子川水門 ← 広野海浜公園 ←

9：30静岡駅南口スタート。石田街道、駅から5分・建設中の高層マンション、即日完売！とある。ミニバブル発生の臭いがする。石田（交）右折、ボケが満開。桜5分咲き。南中央通り、市街地は碁盤の目のような区画、通りは広い。スナック「チョキ・パー」。突き当り三差路左折、静岡インター入口を左に見て東名高架をくぐる。「細野豪志」の立看板多い。花桃の白とピンク、満開。

中島（交）右折、浜街道、用宗方面へ（駒越から海岸沿いを走る国道150号線に合流）。安倍川にさしかかる。南安部川橋という。約1㎞、15分弱。ここも富士川に負けぬ広い河川敷だ。累々たる川砂。そして幾筋にも分かれて流れる水流。富士川よりは水量豊富に見える。上流に目を転じかつ地図を見ると、東名安倍川橋、静岡大橋、駿河大橋、そして安部川橋と約3㎞強の間に5本の橋。プラス鉄橋…がある。橋の西詰手前から、左下の河岸沿いの遊歩道におりて、これを歩く。川の流路は幾つにもわかれていて、海に入る手前で東に蛇行、ひとしきり池のような大きな水溜りから海へ入って行く。

右から合流してきた丸子川水門を渡る。こちらの水流は元気がよろしい。カモメ、鴨など群がっている。そして真正面に駿河湾の青い海とご対面。河と別れ右カーブ、このあたりで護岸の高さ5～7ｍ。護岸の右側（内側）は工場。工場と海岸の間に堤防というわけ。すて猫が3匹砂浜のテトラの間でミャー・ミャー泣いていた。珍しい事にテトラの間から山桜がひとふり3分咲きの白い花を咲かせている。植えたわけでもなければ流れて来て根を張ったか。

徐々に堤防高くなり、海に突き出るようにして広野海岸公園となる。10ｍはあろうかと思える堤防から海を見下ろすと、「堤防＋砂浜＋海水＋テトラ＋海水」のパターンです。

用宗港《もちむね》 ←

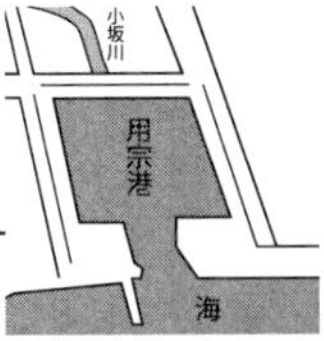

← 石部《せきべ》地区 ← 大崩海岸（この先通行止め） ←

浜に降りて、砂浜から海に向けて投げ釣り人あり。そのように遊べるよう工夫されている。但し、荒れたる時は不可。テトラが海水をはさんで2重になっている。

「用宗《もちむね》フィッシャリーナ」に大型クルーズ船が係留されていた。突き当りを右に廻り込むとそこは用宗漁港がウィスキーのボトル形状に拡がっていた（港のイラスト）コンパクトに整備された気持ちよい港だ。一角にコンテナ造りのメシ屋ありて〝即席食堂〟風。客が7〜8人店の外、「ヨシズガケ」で陽を遮ってテーブルを囲んで食事している。「マグロ丼５００円」「シラス丼５００円」とある。シラスは漁に出れず品切れ！マグロ丼を食ス。味噌汁付…まあ安かろう、不味かろうでした。５００円でマグロ丼はチト、無理では。マグロ切り身、スジ多し。港を廻り込むと、「マグロ裁断加工場」なる建物あり。マグロの水揚げも少なくなさそうだ。「四角の用宗港」をグルリと一周、マグロ丼も頂き、また、海岸線歩きに戻る。静岡大研究センター・老人福祉センター沿いを進む。用宗2〜5丁目あたり。右7〜8百m行くと東海道線用宗駅あり。

左に堤防・テトラの護岸に感心しつつ石部《せきべ》地区へ。右側は民家が並んでおり、桜、紫モクレン、レンギョ、雪柳など咲き乱れ春爛漫。だが前方に段々、そそりたつ山波が迫ってくる。それにつれ、海と崖のせめぎ合いとなり、公民館を過ぎると、〝あのホテルらしき建物のそばを通り、崖づたい、ＪＲ線づたいに往けるのだろうか？〟…と心配に。

その名も大崩海岸！悪い予感がした。するとこの先、「崖下をぬける道路は崖崩れで通行止め」とある。エッエッそれじゃ、あのそそりたつ山を越えねばならぬのか？地図を見ても看板を見ても迂回路ナシ。冷たい〝通行止〟のお知らせ。

新幹線手前左折←東海自然歩道←花沢山←日本坂峠←法華寺←花沢の里←

東海自然歩道を頼って花沢山を越える意を決した。満観峰（470m）方面へ、新幹線線路の手前を、線路沿いに登りはじめる。側を通過する新幹線の風圧を感じつつ、九十九折りの登り、うっすら汗をかき見下ろすと、用宗と焼津の町が近く、遠く見える。ルート道は頼りないがハッキリしている。北側なので、ジメジメしているが、ジグザグ切って頑張る。尾根の一端に着くと、南側の海が眼下に見えた。

更に登って、小さなお地蔵さんのある休憩ポイント。そしてまた頑張ると、西に開けた花沢山頂についた。1時間20分のアルバイトでした。一汗かいて一服。「焼津カンポの宿」への下りルート」も不通との表示アル。残るルートは、満観峰（標高470m）目指し、途中から左に下ろう…と決す。右手の急な下りを急ぐと、鞍部の峠に降り立った。「日本坂峠」とあり、焼津から用途へ抜ける小道が横切っていた。これを左、花沢の里を目指し下る。車道を横切ると「法華寺」に降り立った。水道の蛇口で顔を洗う。ここからしばらく、花沢の里と称し、イヤシ系の気持ちよい里の風情。京都あたりを思わせる。花々が咲き、古民家あり、清流がせせらぐ。

日本坂トンネル←
新日本坂トンネルのそば←
東海道線路沿い←
瀬戸川当目《とうめ》大橋←
焼津港入口←
船玉通り←
新ふ頭
本町2丁目←
観光協会←
ビジネスホテルへ

ウグイスの声もよし。アッという間に過ぎ、左に高速のトンネルを見る。これがあのよく耳にする日本坂トンネルか。全長3，104mとある。期せずして日本坂トンネルの山の峠を越えてくるとは…。日本坂トンネル、新日本坂トンネル、石部《せきべ》トンネルなど上下2本ずつを考えると、随分トンネルが集中しているものだ。静岡県駿河区と藤枝市が接するところ、標高500m内外の山岳が駿河湾になだれ込むような大崩海岸地区。この山と海の接点ともいうべき狭い所に東名高速・国道150号線・新幹線・東海道線の全てのトンネルが集中している。

高架下を抜け、在来JR沿いを過ぎ、左に「カンポの宿」を見て、瀬戸川の橋（当目大橋？）を渡ると、焼津港の一角に入ってきた。焼津漁業資料館～青木神社、船玉通り、新屋市場では、冷凍されたカツオ・マグロかな？（船から出てくる時点でコチコチ）が、コンベアをすべるように次から次へと流れ、大型トラックに積み込まれていました。焼津駅には一投足です。

16：00となり、宿をゲットすべく駅前に行く。駅広の一角に黒潮温泉の足湯が湯気をたてていました。親切な駅前観光案内所のオバサンが宿に電話を入れてくれ、今夜の宿が決まりました。

歩いて3分。

○法華寺…日本坂峠みちから焼津目指して下ると花沢の里に着く。そこに法華寺はあった。駿河三十三観音霊場10番札所で本尊は千手観音で行基作と伝わる。元亀元年（1570年）正月の武田信玄による花沢城攻めで全焼（1703年再建）。日本坂越えは西から東に向かうに、この寺の門前からはじまる。旅人は観音菩薩に安全祈願した。奈良時代から平安時代前期にかけての古道「やきつべの道」であるとか。古代の人々は「蔓の細道」〈古代・中世の東海道といわれた東海道宇津ノ谷・峠道…国道1号線バイパス宇津ノ谷トンネルに関わる山越え峠道〉や、この日本坂峠をこえて駿河国府（静岡市）に向かった。峠入口の集落・花沢の里は隠

れ里のような静かな佇まいです。…私も本日、この里を通り癒されたものです。（静岡県の歴史散歩・一部引用）
○用宗漁港：まず、読み方「もちむね」と読む。二つ目、小ぢんまりした形状が始末のよいスタイル。どうしてこんな定規で計ったような型なの？三つ目、それでいてマグロも多く扱っている。さらにテント張りの即席・昼食会場は珍しく愛嬌がある。
○大崩海岸：「東海の親不知」とか。さもあろう標高449mの平沢山の断崖が海に没するへりを歩ける。日本坂トンネルという名があるが、峠にしろトンネルにしろ、海沿いがダメならこれなしでは越えられぬ。「大崩れの嶮」与謝野晶子の碑が堤防のコンクリートにはめられていた。昭和11年大崩れアリ。
○焼津：人口15万人弱の漁業中核都市小川港も含め遠洋漁業の日本を代表する港。冷凍（船の中で）された、マグロ（カツオ？）が船から陸へベルトコンベヤーで移送される様は壮観だった。焼津は小泉八雲（ラフカディオ・ハーン）ゆかりの地。八雲は焼津の海が気に入り、避暑地と決め6度も夏を過ごし短編も残した。新川橋のたもとに「贈従四位小泉八雲先生・風詠之地」の石碑と案内板があり、北浜通りは別称・八雲通りと呼ばれている。（静岡県歴史散歩・参考）
○観光案内所：焼津駅前にありました。訪れる人も多くはなかったか、実に親切に案内してくれ、アトランダムに、おすすめのビジネスホテルにTELして予約ゲット出来た。一見の観光客にとっては感謝・感謝でした。
○セレクトイン焼津ビジネスホテル：朝食込み1泊5，500円。〝たかがビジネスホテルの朝食〟の殻を破りたい…というメッセージの通りメニュー豊富、コーヒーもあり満足しました。ビジネスホテルでも創意工夫だなあ。
○大崩海岸が〝通行止め〟でなかったら日本坂峠の登り下りも通らず、また、下りだった花沢の里も知らずにいたことだろう。まさに「人間万事塞翁が馬」というべきか。だからまた、旅もやめられぬ。
「想定外で日本坂の峠をこえて下れば花沢の村、小鳥と花と古い民家がお出迎え」

駿河湾ウォーク⑤　焼津→掛川

平成27年3月28日（土）晴れのちくもり・小雨

（焼津駅前ビジネスホテルから）

ビジネスホテルスタート～用心橋～JR線路沿い～新幹線ガード～豊田公民館～県道222号線豊田（交）～小土（コヒジ）西（交）～築地（交）～小岩川町～藤枝郵便局南～青島高架橋北～追分西～千貫堤～瀬戸橋～一里山～道悦島～大津谷川・栃山橋～監物川～島田駅東～島田宿―岩井屋（昼食）～大井神社～大井川公園前（島田高校入口）～橋東～金谷東一丁目（交）～新金谷駅入口～大代川～市・金谷庁舎～（恥しながらバック）～新金谷駅入口～金谷高校入口～金性寺（利生寺）～金谷工務店～小夜の中山トンネル～小夜の中山公園標識～常願寺～逆川～日坂宿～事任（ことのまま）八幡宮～小坂（交）～掛川市本所～山鼻・千羽（交）～警察署～葛川一里塚～右・掛川城～掛川駅

8：00スタート～15：00着　正味7時間弱　約25km

○私の現役リタイア後の記念としての今回の「(日本）海岸線てくてくウォーキング」は、出来るだけ、海岸線を歩く事をモットーとしているが、この3／27、28は、そのモットーからしたら、焼津から海岸線を牧の原、御前崎、浜岡原発、遠州大砂丘と、ほぼ国道150号線の海側ウォーキングとなるべきであるが、準備不足のため、この2日間は、「焼津～藤枝～島田～金谷～掛川」の旧東海道に近いルートを歩いた。

○御前崎経由は別途、日を改めて2～3日かけ歩くこととする。

焼津駅←
JR線に沿って西へ←
新幹線ガードくぐる←
県道222号線←
豊田（交）←
小土西《こひじ》（交）←
築地（交）←
藤枝郵便局南（交）←
青島小←
追分西←
千貫堤←
瀬戸橋←

昨日は藤枝まで足を伸ばす予定だったが、用宗を過ぎ、石部にさしかかったところ県道416号線は、この先、「通行止め」に出くわした。急遽、東海自然歩道のハイキングコースで山越えをする羽目となり、時間と体力を、そちらにだいぶんとられ日本坂峠越え、花沢の里経由となって焼津の街に下ってきた。港に着きヤレヤレで小休止。時計を見ればすでに16：00。よってあと1.5時間程かけて藤枝まで行く気力を欠き焼津泊まりとなった。それはそれなりに思わぬ成果もあったが、その分今日は少し気合を入れることとし、4：30お目覚め、6：40朝食。ご飯もコーヒーも良し。その分、今日はなんと、今のところ痛いところもなし。早目のスタートとし、駅そばのビジネスホテルを7：33スタートし、北口側から歩き始めた。北口十字路を左へ、JR線沿いを行く。住宅街の変哲のない道。大村高架橋前を通り、用心橋という小さな橋（右手奥の方に用心院がある習いか）を越え国道150号線を越え新幹線の下もくぐり、西焼津駅も左に見つつ進み、東名高速の下もくぐり、更に、県道222号線を進む。豊田地区、築地1丁目、小石川、青木地区も過ぎると左手にビル、マンション、ニヨキニヨキ。藤枝駅北口側を通過した。歩いてきた道は別名「青島焼津街道」との表示もあり、「釣具・釣りエサ店」も多い。また、道路の両サイドには多種いろいろの店舗、レストランが整然と並んでいた。「顔ソリ込みでカット1，400円」とある。

藤枝局南（交）、青木一丁目（交）、青島高架橋北、青島小、下青島、千貫堤は左！とある。…この辺り、道の両側に樹齢50年以上の松（並木の名残？）老木があっちこっち。瀬戸橋を越えると、俄然、道は一段と整然としたものになり、並木、歩道…と旧街道らしくなってきた。地酒＝㐂久酔の杉玉あり。

一里山 ← 道悦島 ← 監物川 ← 島田駅東 ← 島田宿 ← 岩井屋 ← 大井神社 ←

一里山で右から国道1号線が合流してくる（国道1号線は「静清バイパス」、「藤枝バイパス」或いは「掛川バイパス」という様に要所要所で市街を通らぬ新道（バイパス）が、設けられており、分離・合流があり、また新道、旧道ともなり、名称もナンバリングも変わったりで一過性の人にはわかりにくい）。〝今まで歩いてきた道は県道２２２号線＝旧東海道、合流してきたのは国道1号線、そして更に山側に藤枝バイパスが在る〟ということになる。（雪柳、紫モクレン満開、沈丁花おわり、ボケ・レンギョ満開ナリ）

道悦島東、道悦島。「島田宿、道悦島」の碑あり。左側はＪＲ六合駅らしい。一級河川、大津谷川橋をわたる。幅約80ｍ位か、水量豊富（＝栃山橋）。幅２ｍ程の見た目さえない川・監物川との看板もある（城主水野監物が水不足に悩む領民のため、大井川から水路を引き、カンガイ用水とした。感謝した農民らは、この水路を監物川＝監物橋と名付け後世に残した…という）。

本通りを歩く。御仮屋。島田駅東は突然市の中心らしき華やかさを見せつけてきた。島田宿東入口＝「見付」という施設について立て札あり。歩いてきた県道34号線をたてに縦断する形で、島田宿＝本陣を再現した家並みがあり、散策する市民などで賑わっていた。

私は、一汗ぬぐい、一服してから、少し早すぎる（11：00）が、再現した家並みの一番北の奥近くの、「岩井屋」というソバ屋に入って、「トロロソバ＋おこわ＋ビール」を。清潔な店のたたずまい。話好きのオバアサンもいて、おいしく食べました。オススメ上手でついつい、オイナリサンのオヤツまで買うハメになりました。歩きはじめると右側に『日本三奇祭「帯祭」大井神社』あり、少し行くと大善寺前（交）、右側道路にマテバシイの並木あり。「特種東海製紙」、向島西で、右に島田宿大井川川越遺跡方面への道を分ける。島田高校入口で左カーブすると、いきなり「大

橋・東 ← 大井川 ← 新金谷駅入口 ← 島田市金谷庁舎 ← 五和駅そば引き返す ← 金谷高校入口 ←

井川橋」のブルー色橋脚が目に入った。飾り気のない橋だ。「橋東11：55」。橋は、約1㎞約15分。運ばれてきた川砂利、幾すじかの早い流れ、3筋、4筋とあり。これら延べ1㎞を川越する昔の人には難儀であったろうとうなずける。東海道の大井川・川越は、この橋から700～800m下流地点というから、今、目にしているあたりか。3000mを越える南アルプス（赤石山系）や笊ヶ岳の高所から一気に流れ落ちたる大井川。増水時の困難ははかり知れなかっただろう。1601年（慶長6年）徳川家康は「宿駅伝馬制度」を設け、街道の整備を進めた。この為、旅人は川越人足に賃金を払って輿に乗せてもらったり、或いは肩車をして貰い、川を渡った。大河については渡船も認めたが、大井川、安倍川などは徒歩（かち）での通行と決めた。天候によっては幾日も足止めされることが多かった。有料の橋が架かったのは明治12年（蓬莱橋）になってからです。寺尾聡の映画「雨あがる」を思い出したよ。

金谷東1丁目（交）、新金谷駅入口、ここで道をまちがえた。直進し、空港方面に進めばよかったものを、頭の中のイメージに負けて、確かめもせず、単線のレールを渡り、大代川橋を越えて、右折したのが大ミス。国道473号線を北へ。島田市金谷庁舎を過ぎ、右から左に高架で横切る国道1号線に入り、歩道を歩いて西へ行こうと高架に入ろうとしたところ、「自転車・歩行者進入禁止」とあった。自動車専用道路なのだ。エエッ！と思いしもダメなものはダメ。諦めるしかない。国道1号線の旧道はありはしないか…と、高架下をくぐる。警察署を過ぎ、右手に五和駅を認めるあたりで、さすがに誤った！と悟らざるを得なくなった。右側に沿って北上するレールは大井川鉄道なのだ。意を決し、戻る事にした。ミスルート約片道1．5㎞は進んでしまっているので往復で約3㎞、45分位のロスとなった。大代川の土手ルートを通り、急ぐ、ヤレヤレ。新金谷駅入口まで戻ってきました。今度はミスらぬよう、空港（富士山静岡空港）方面を目指す。さあ元気を出そう。ダラダラ登りが長そうだ。

金性寺←金谷工務店（13時20分）←小夜の中山←

坂を上る途中、金性寺、利生寺を見る。左下にＪＲ金谷駅の姿も見える。本道に戻った安心感が湧いてきたぞ。但し正面の山、丘陵を越えねばならぬ。クネクネ蛇行しながらようやく、丘を乗り越すことができた。満足な歩道もなかったが、程々の交通量でもあり、到着。そこは右側に金谷工務店とあり。自販機があるじゃないか、ファンタオレンジを買い、ゴクゴクと一気に飲んだ。さあ峠を越え下りだ…ここを「小夜の中山越え」であることを知る。掛川まであと13㎞の表示見る。登ってきた道、県道381号線で〝東海道〟の表示もあり。旧東海道（旧国道1号）を辿ってきたわけだ。右手山の斜面は、見事に管理された茶畑だ。（牧の原地区）上質のお茶生産地とみえる。さあトンネル抜ければ下りだ。トンネルには幸いにして1ｍ余の歩道区分あり。安心して通過。

小夜の中山トンネル ← 常現寺 ← 日坂宿 ← 事任《ことのまま》八幡宮 ← 葛川一里塚 ← 掛川城 ← 掛川駅

県道381号線（旧東海道）と右手から廻り込んできた国道1号線が並んでトンネルが二つある。国道1号線のトンネルは長さ170m、旧道260m。歩いて抜けた県道381号線（抜けると415号となるが）には、幅1．5m程の歩道区分があって安心して進む。抜け出て振り返ると前掲の写真のとおり。下り坂を進む。小夜の中山公園の標識を見る。左手一段高い所を国道1号線・車がビュンビュン行き交っている。こちら旧道、交通量はその1／10もなさそう。おかげで歩き易い。下から自転車でゼイゼイいいながら登ってきて、すれ違う。その数4〜5台。頑張って!!と一台一台に声をかけてあげた。返事はなかったが、頭を下げたよ。ハァハァ息を吐きながらネ。）

常現寺。このあたり日坂という。「東海道25番目の宿・日坂宿」との碑あり。太田川水系の逆川（二級河川）の橋を越え、八幡宮前本宮入口、「事任《ことのまま》八幡宮。八坂ＩＣで左に県道250線を分ける。長いなあ〜。トボトボ、コツコツと歩く。掛川市本所、小学校（15：20）、千羽（交）、成滝原、警察署前、「葛川、一里塚」の碑、東海道七曲り。新町、㐂《き》町、仁藤、連雀、整備された街並み、そして連雀西（交）、右、掛川城・左、掛川駅16：25。やっとこさっとこ掛川に到着しました。よく頑張った。不思議に足痛なし。天気もよかった。ミスルートをした3㎞入れると、32〜33㎞歩いたか。……。

今回一泊二日の短いてくてく旅。静岡→焼津→掛川。越えた河なら「安倍川」・「大井川」。越えた峠なら、「日本坂峠」・「小夜の中山」と結構インパクトがありました。掛川で終わりとし、千葉へ帰ります。短かったけど、充実していたと思う。

掛川→東京。切符代4，000円、新幹線3，340円＋αで計8，000円。（メンバーゴルフ場でのゴルフ一回分程度です）

○小夜の中山…遠州の小箱根とも呼ばれ、箱根峠・鈴鹿峠と並ぶ東海道の難所の一つだった。遠い昔、旅は命がけだった。昔、妊婦が山賊に殺され、たまたま助かったお腹の子が夜になると丸い石の陰で泣いたので、夜泣き石といい、その子が久延寺の観音様に飴で育てられ、成長してから母の敵《かたき》をとった。…という伝説がある。峠の久延寺《きゅうえんじ》境内に二つの「夜泣き石」がある。

・西行…「年たけて　また越ゆべしとおもひきや　命なりけり小夜の中山」（小夜の中山公園に碑あり）

○日坂宿《にっさかしゅく》…東海道25番目の宿。本陣・脇本陣のほか旅籠《はたご》33軒あった（天保14年頃）といい、難所の峠の往還や大井川の川留めの時など賑わったと伝わる。江戸時代の面影を残す建物の一つに川坂屋がある。土日祭には公開されているようだが、「どっしりとした構え、上段の間を持つところ、脇本陣格」であったかも。山岡鉄州による優れた書が残され一見の価値がある…とのことです。

「てくてく日本・一人歩きの旅、時々山登り」

表妙義中間道（群馬）

平成27年4月17日（金）くもり時々晴れ間
日帰り中央バス・ハイク

松井田妙義・道の駅みょうぎ〜妙義神社〜第一見晴〜大黒の滝〜第二見晴〜本読みの僧〜東屋〜大砲岩〜第四石門〜第一石門〜中の岳駐車場〜さくらの里〜妙義もみじの湯

約7km　4時間30分（歩）

○榛名、赤城、妙義といえば、上毛三山と称し関東では有名な山です。このうち例の深田久弥氏による日本百名山に赤城山はノミネートされて（選ばれて）いるが、榛名と妙義はその選にもれている。

○妙義山は、知ってはいるけど登ったことありますかとなると、そう、実は多くない。標高は1，000〜1，100m内外の連山なのだが、実に険しい。奇岩、怪石が林立し、鎖場、ロープは勿論、ロッククライミングを要求される山であり気軽ではない。私は昭和43年（社会人となって2年目）に、若さに任せ、恐いもの知らずで、その当時のガイドブックでは「一般コース」に区分されていた〝第一、第二、第四などの石門を抜け金洞山〟に挑戦。金洞山を往復してきたのだが、登るよりも下る時の恐怖感はまだ記憶にある。

○今回はバスハイクということで、可能な限り危険を避ける…という前提で、「お中間道コース」に参加した…というわけ。

○今日は総勢39人。お中道コースで安全ではあるが、大事をとり、付添人の目の届く範囲の人数35人限定としたが頼み込まれて39人にふくらんだ…との事。男9人女30人。ひと雨はくるだろうという予報もあり、多少降られる覚悟だったが、雨は下山後だった。

○妙義山登山道入り口からルートに入り、第一見晴に着く。大黒の滝・第二見晴へ。見晴らしの良きところは断崖の淵なので要注意。本読みの僧（な～んだこれか！という感じ）。あずまや周辺で昼食。私はひとり少し離れ枯葉の斜面で昼食中、持参してきた大きなリンゴ1ヶが、ゆっくりと袋ごと転がりはじめ、アレヨアレヨという間に見えない谷の方へ行って消えた。弁当を失ったと勘違いしたオバサンたちがオムスビをどうぞ!!と2～3人申し出てくれ、何やらうれしかったよ。（これが本当の縁むすび…）

○道の駅で買った下仁田ネギの苗、一束200円（30本）が今マンションのベランダでスクスク育っている。ラーメンに刻んで入れると、抜群なのだ

○山道を〝大人の遠足〟よろしく歩いていると、どこからか、笛の音のようなメロディが耳に入ってきた。我々の仲間の一人のオバサンがなんとオカリナを吹いていたのだ。山歩きが醸し出す雰囲気に誘われ、後方を行く私なども一緒に、彼女のオカリナに合わせ、故郷、さくらさくら、エーデルワイス、高原列車は行くよ…など、声を出して歌い、楽しいひとときになった。（圧倒的にオバサン・女性が多かったからのハプニング？）

○鉄階段で岩稜を登る。オーバーハングの岩棚を抜け、第四石門（前掲の写真）に着く。大砲岩など怪石のオンパレード…あとは駐車場めざして、口笛を吹きつつ、歌を口ずさみつつ下り、中の嶽神社から駐車場へ降り立った。

○桜の里と称される公園も散策。時季的に八重が満開でお花見となり一同歓声をあげた。（5，000本あるという）

○バスで移動し、「もみじの湯」に存分につかり、冷えたビールを飲み、バスに乗り込みました。例により最後尾のシートに独り陣どり、ウイスキーの水割りを3～4杯、1人で隠れるようにチビチビやってあとは白河夜船。

○帰宅後、Newsで、本日、妙義山でハイカー滑落・死亡のニュースあり。

物語山《ものがたりやま》（1，019m）（西上州）（群馬）

平成27年4月23日　晴れ
中央バスハイク

下仁田・サンスポーツランド丹沢・登山口～深山大橋～荒れた林道に入る～メンベ岩見える～（本格的な）登山口～炭焼き釜跡～稜線～物語山山頂～往路を戻る。…（もみじの湯）
歩行約4時間　10：44（歩きスタート）～12：35頂上～14：30駐車場

○物語山と聞けば懐しい。思えば、昭和53年に私主導で山の同人誌を発行しよう…と思い「山渓」に広告を出した。程なく10人位の人から参加申出があり、第1号を発行した。その粗末な文集のような同人誌の名前を、「物語山」と名付けたのでした。当時30歳ソコソコの私が1人で11月の物語山に挑戦し悪天候（思わぬ降雪）と寒さで途中から引き返した山だ。
○今回、例の〝中央バスハイク〟で「物語山」をやると聞き、即座に参加を決めた。
○4：20起床、荷造りして弁当こさえて、パン食べて、トイレに行く…アッという間に5：50。一番バスに乗り最寄り駅へ。そして集合場所駅まで行き、バスに乗車7：00バス予定通り発車オーライ。
○安全を考え、30人限定。今日も男はせいぜい1／3。付添人2人＋1人。三芳パーキングでコーヒー。
○「下仁田道の駅」で、「下仁田ネギ」を買うオバサン多シ。負けずに私も買う。
○南牧川沿いをバスは行く。うさぎの耳のような鹿岳《かなだけ》がユーモラス且つ危険のにおいをたち込めて耳を立てている。この広く妙義山圏内では、おかしな形の岩山があっちこっちにそびえていて、オトギの国みたい。
○「下仁田ネギ、下仁田こんにゃく。みそ田楽食べ放題」などの看板多シ。横切るレールは上信電鉄。ローカル鉄道の経営の厳しさ、おして知るべしだ。この電鉄：バスもあるが昭和40〜50年代は、毎年春斗でストライキを連発していたなあ。よく廃線もせず頑張っているものだ。労働組合も強かったが、経営者もよく頑張っていたなぁ。

○西光寺を過ぎ深山橋を渡るべく、左折。すぐにバス下車地点。阿昌念《あしょうねん》の滝への林道を分け、直進。丹沢ぞいの林道を行く。昭和50年頃かすかな記憶によれば当時の方が林道の状態はよく舗装もされていたと思うが、今回、歩いてみると荒廃著しく、〝荒れ果てた〟といってもいいくらい。〝林道〟というよりゴーロの水なき河原みたいなもの。

○途中、物語山の象徴「メンベ岩」が稜線にスッキリ立っているのがよく見えた（「山頂に軍資金埋蔵」の伝説）。この林道は、一部植林もあるが、広葉樹の自然林が広く、4月のこのころ、全山、木々が芽ぶき、黄緑の若葉のオンパレード。やわらかく、あたたかく、実に明るい。ウットリする美しさだ。

○約3㎞程、緩やかに登ると、物語本峰への急な登山道となる。荒廃した林道はさらに直進しているようだ。30人が急斜面をジグザグ切って登るさまが、低い草木がないので丸見え。足元には瓦をわってまき散らしたような石を踏む。カロコロといい音がする。落石を起こさぬよう足元を見つめ、汗をにじませ登る…と南峰と西峰の鞍部である稜線に這い上がることができた（昭和50年頃は、悪天候でこの辺で引き返した）。鞍部から、前方が開け、妙義連山のギザギザがゴジラの背のように間近にそそりたっていた。

○右手の狭い稜線を登る。ヤシオツツジのムラサキピンクが美しい。そして深窓の令嬢のような黄色の「ヒカゲツツジ」を目にする事が出来た。この神秘的に美しい花に名をつけるに「ヒカゲ」はなかろうに…と思った。ひと頑張りで、山頂に到着。崖に近づかぬように夫々、昼食をとる。私も忘れてきた箸のかわりに枯れ枝で代用し、トンカツ弁当を食べ、タッパウェアに入れてきた「皮をむいた夏ミカン」を友人にもあげ、喉をうるおした。正直、低山ではあるが、物語山山頂に立ったのは今回が初めてだった。

○物語山山頂は、ツツジなど木々が多いが、枝葉は未だ繁茂しておらず。雪を多量に残した大きな浅間山、その手前に荒船山…とよく展望できました。私にとっては〝久恋の山〟の一つでした。
○今回も、もみじの湯に寄り、頭にタオルを載せ、物語山という旧友に会えた喜びに感謝しつつ湯煙の中で夢心地でした。

〈雑感!!〉

物語山はどうでした？と聞かれたら答えるのに少々お待ちを
だって40年来の〝旧い山の友〟との再会だったのですから

うしろに妙義
前に鹿《かな》岳
僕は物語山
ツツジの花の中

荒船山よ
御座《おぐら》山よ
両山以北の
西上州の山よ
心にやさしい山々よ

あちらもバアさん
こちらもバアさん
8割女のハイキング
2割のジイさん
位・負け
時代は変わったんだ

いい気になって
呑んだ挙句が
偏頭痛！
呑むならくるな！

主よ
口もきかぬ
バアさん達を
お許し下さい
お前のような
ジイさんと
話したくも
ない…よって

21世紀、庶民の山登りとは
こういうものかしら
バスで分け入り登って
下って乗って
風呂が待つの！歳とっての山登りとは
こういうものかしら
バスで分け入り
下りて乗って
風呂が待つの！

山は険し
山は美し
山は残酷
山は身体であり
山は心であります
昨日の山
今日の山
つき離し
もて遊び
そして抱擁してくれます

妻へ
「下仁田ネギと
コンニャク買って
帰ります」
物語山より
　夫

汗かいて
源流のんで
春の山

40年以上たって
またノコノコやってきたよ
私のような碌でも無い
人生をおくった男でも
物語山はあったか
だった

一人で来るって事はこういう事
です。歩いて登って汗かいて
目玉は新緑色に、ポケットに
そよ風を詰めて、
帰りの車内では
呑んでは想い　浮かんでは
書きまくり　今日一日の
ひそかな幸せ!!

僕が　僕が
登った山
ながした汗と膝が
いってます
俺のお陰じゃ…と

疲労した身体に
少しのアルコールも凄いよ
次から次へと
私の山頭火は
とめどもなく浮かび漂う

俺のわき水を
3くち飲ませた
お爺さんに
驚くなかれ
つった足が直ちに
なおったゾ

サービスエリアで
外気を吸って
バスに乗ったら
くさいで！
とっても！
慣れると
気付かぬ
あれこれ!!

遠州灘ウォーク①　掛川↓浜松

（掛川駅から）

平成27年4月26日（日）晴れたりくもったり

新幹線掛川駅北口～城北門～二瀬川～沢田IC～逆川沿い～小笠病院～同心橋～不入斗入口～久津部～新屋～川井～三ヶ野橋～見付～加茂川～一言～天竜川橋東～薬新町～子安～天神町～浜松駅
9：25スタート～17：40　約8時間（昼食25分含）30km（道のり）
東京～掛川：乗車券4，000円　新幹線（自由）3，340円

プロローグ

6：25稲毛海岸駅で電車に乗る。左の肋骨あたりが、ここ2日、時々ズキズキ痛む。旅行中、何事もなければよいが…と不安な気持ちを引きづりつつ出発。今回の歩くコースは、前回、掛川駅止まり…としたので新幹線で掛川駅まで行き、駅前から歩き出すのだ。（3／28に焼津駅から歩く際、忠実に海岸線を辿るなら御前崎にむけて、牧之原を経て歩くべきだが、御前崎から浜松方向に、宿泊の宿が安直に確保できるかどうか調査不十分。あれやこれや考えた挙句、「海岸線を牧之原、御前岬（崎）・遠州砂丘と行くルートは、次回以降に別途歩くこととし」）今日は、ほぼ旧東海道に沿い、また、JR東海道線沿線をなめるように歩くこととした。

すなわち・駅でいうと「掛川～あいの～ふくろい～いわた～とよたちょう～天竜川、浜松」をなぞるイメージだ。

掛川駅北口←掛川城←沢田ＩＣ←八幡橋←梅橋←小笠病院←同心橋←原野谷川←不入斗《ふんよと》入り口←

掛川駅北口９：25スタート。掛川城に向かう県道２５４号線を行く。城下《しろした》(交)で左折、松尾橋(交)で右折して右手掛川城公園に入る。掛川城は小高い丘の上（高さ57ｍの竜頭山上）にあって別名「雲霧城」ともいう。城内で短パン、半袖に着がえる。１００年超の「榎モチ」の大木あり。よく整備された公園でジョギングの人多シ。掛川西高・城西東（交）…シロニシヒガシと読む。国道1号線に出て、左へ進む。二瀬川（交）・2級河川、中堅どころの川、白濁気味の水の色、汚れているのか、そもそもの色か（どうやら、そもそもの色らしい）。倉真川、大池橋、秋葉道、塩の道（秋葉山神社）、掛川一の鳥居などバス停を見ながら進む。右手には離れず国道1号線（今歩いているのは旧道か）の車の往来が見える。私は川沿いの土手を川の蛇行に合わせ、鼻歌混じりで歩く。３ｍ程の土手の道、水の流れは10～20ｍ程なるも両サイドの土手は、川竹の世界。市街地に近い川の風景としては悪くない。トンボ、ツバメ、バッタなど多シ。こんな雰囲気で歩くときは、心身共に開放され、「寅さん気分」です。鯉のぼりも見えるよ。

「てくてく爺　今日のお友はカナブン　ミミズにハクセキレイ」

幾つか川を横切る。交差点も突っ切り、土手を行くと、小笠病院の先で、行き止まり。廻り込むようにバック。そちらにも同程度の川あり。逆川、倉真川、垂木川（二つもあった?）、原野谷川などの看板あり…で余所者は方向音痴になってしまう。それにしてもこの地域に似たような規模の川が集まっている事に〝どうして?〟と思うところあり。同心橋を越え、ちょこっと国道1号線へ。これより袋井市、２３４㎞の標識あり（日本橋から）。

のどかなムード漂う河原では、工事人夫が数人、休憩中。立ちションの人もあり。…自然の中での放尿は何やら恍惚として気分のよろしいものだからね。ワカル、ワカル。久しぶりにツバメが低空で乱舞していました。きっと虫が多いか、雨が近いからなのだろう。同心橋を渡って間もなく、国道1号

久津部←
分岐（七←
ツ森神社）←
シンドラー
エレベータ
の看板←
東新屋の碑←
津野川橋←
川井（交）←
遠州トラック←
太田川（2級）
（三ヶ野橋）←
富士見町
東（交）←
国道１号
線へ←

線と別れ、左斜めに旧本街道（県道２５３号線か）に入る。この先旧道約５００ｍ続いた。東海道五十三次の真ん中、27番目の宿場「袋井宿」のあったところ。成程名残は感じられる。県道２５３号線を行く。久津部、七ツ森神社、そして東新屋で県道４１３号線と合流。法多山、可睡斉などの看板目につく。袋井名物、法多山（ほったやま）の厄除けだんご見当たらず。また、４～５km離れた可睡斉（居眠りしてもよろしい……と家康・曹洞宗・10万石待遇）。更に油山寺《ゆさんじ》…真言宗眼病を癒す神様の案内板もあった。

少し離れた畑の奥に「あのシンドラーエレベータ」の看板もあり。

新屋交差点を過ぎ、袋井警察署、市役所等、市の主要施設。県道58号線（交）を左に行けば、JR袋井駅。駅には行かず。川井（交）過ぎる。遠州トラックの営業所看板多数。トラックも多数。ここまでくると両側に並んでいた様々な郊外店もまばらとなっていた。左右には水の枯れた田んぼもあっちこっち。トラック車両などを見ながら歩き進むと、かなり大きな太田川の三ヶ野橋を渡った。高架の大きな交差点・1号線磐田バイパス（三ヶ野ＩＣ）も過ぎ、えっちらこっちらえっさかほっさか。緩やかだが長い坂を上る（三ヶ野坂）。上りきると遠鉄磐田（営）のバス停ベンチで休憩。（13：15）岩井（交）、磐田学園ヤマハの看板を見つつ緩やかに下る。なかなか眺めよく、今までと一転して住宅街が見える。（三ヶ野ＩＣからは右から来た国道1号線を歩く）

富士見町東（交）そばに、「浜松まで16km」とある。エッまだそんなにあるの!!通りかかった80がらみのオバァーサンと話し込む。〝浜松まで歩く〟というと、そりゃあまぁ大変だネェ。バスも通ってるよ！って。今まで歩いてきた県道２５３号線、バス停ではバスは浜松行は一日に10本もなかったはずが、遠鉄の営業所を過ぎてから俄然多くなっていた。ガストで「軽食&ビール」（14：05）で元気を取り戻す。いつの間にか1号磐田バイパスと別れ国道1号線となっています。

見付天神様←
見付宿（跡）←
今の浦川←
見性寺←
遠江国分寺跡（府八幡宮）←
かぶと塚公園入口←
上万能《かみまんのう》（交）←
弥藤太島《やとうたじま》（交）←
天竜川橋←

右手に数百ｍ入ると、見付天神社がある。（表示あり）…毎年旧暦8月10日直前の土日に「天下の奇祭・見付の裸祭」が催される。見付♀・権現（交）・新通り♀・見性寺・加茂川（交）などの標識を見る。「２４５㎞、これより見付宿」の大きな看板あり。「今の浦川、新進橋」…鯉のぼりが大小30匹程河原で風に泳いでいた。さらに５００ｍ程進むと、加茂川（交）これを左折して、少し磐田駅方面へ行くと、県道56号線右手に遠江国分寺跡があった。（見付の裸祭＝天下の奇祭に対比して）毎年10月第一土日に中泉のお祭りと称し、豪華絢爛たる屋台が多数引き回される。10月の週末には多数の屋台が出るという。また、国道1号線に戻る。「誰でも利用ＯＫ、資源ごみ回収ＢＯＸ」が道脇にあった。通りかかった誰でもが資源ごみが大っぴらに出せる！…これは一つのアイデアだと思った。交差点右に大きな寺院あり。臨済宗見性寺とある。

かぶと塚公園入口。磐田警察署前。一言橋（５～６ｍ）、２４６．７㎞標識。〝トノサマガエル轢かれて干物風にぺしゃんこ（心の中で合掌）〟このあたり向橋とか井通橋とか、やたら川ともいえぬ水路に橋あり。農業用水路として作られたもの…と思ったがどうだろう。浜松方面視界拡がる。石屋の看板＝山口ストーン！だって。

上万能《かみまんのう》・弥藤太島《やとうたじま》（交）と、なかなか読みにくい地名。長森、天竜川橋東、ついに天竜川（暴れ天竜だ。橋東から橋西まで歩いて約10分…ということは、７００～８００ｍの長さか。さすがに天竜は水量多く、逆まきながらの流れ。流れのみ歩いて6分余、これまでの富士川、安倍川、大井川のどれよりも水量は圧倒していた。日本橋から２５０㎞。天竜川橋を渡ってすぐ左折し、１００ｍ程で右折。…〈〝明治18年の旅行記（源流社）〟の記述では、橋の長さ、六百四十間（約１，１８０ｍ）…とある〉

← 浅野茂平の碑 ← 軽便鉄軌道跡 ← 安新町（合流）天竜川橋駅入口 ← 橋羽西（交）← 跨線橋 ← ヤマハ工場 ← 三和町 ← 名塚北 ← 相生町 ← 松江（交）←

中野町に入り旧東海道のおもかげの色濃い所です。このあたり道路名がよく変わる。県道４１３号線から県道２６１号線となり、今県道３１２号線を歩いている。浜松～中野間に12㎞の軽便軌道跡碑（天竜川河口近くに掛塚湊《かけづかみなと》という材木集荷場があったが、東海道線開通で中野町に貨物取扱駅が設置され、川を下ってきた材木は駅から貨物輸送の時代に変った。掛塚は廃れ、中野町の貨物集積駅がとってかわったという）。なお掛塚には、当時をしのばせる9台による屋台祭が10月の第三週末に開催されている…とのこと・「掛塚の屋台祭」（御殿屋台と囃子）。臨済宗、松林禅寺は風格充分。薬師寺は家康公建立。金原明善《きんぱらめいぜん》翁記念館。金原明善は天保3年、浜松市安新町の大地主の家に生まれた。幼い頃から天竜川の水防が必要なことを痛感していたため、明治8年、治河《ちか》協力社を設立し、私財をなげうって治水事業に尽くした。ついで天竜川上流域の広範囲にわたる植樹事業もつとめた。また、実業家や社会事業家としても活躍した。時代の先覚者であった。（歴史散歩より）安新町の安間川の傍で旧東海道風情終る。薬師町で高架橋くぐる。県道３１２号線、中野子安線。松並木現れる。立場跡碑（見付と浜松の両宿場の間の休憩施設）↓準宿場といわれた間宿《あいのじゅく》の一例か。橋羽西（交）を左折（近道になるか…っとここで左折したのは結果的に遠回りだった）して、青屋和田跨線橋を越える。下って青屋町信号を右折。右にヤマハ工場沿いに進む。（県道３１２号線＝旧東海道をまっすぐ進めば正解だったが、橋羽西（交）で左折したため、今、右手にヤマハ工場です。しばらくＪＲの南側を行き修正して右方向に進み相生町（交）で本来のルートに戻る。…ヤレヤレ）浜松修学舎グラウンド（左）。迷子気味となり、三和町、渡瀬、名塚、公民館で左手から上がってきた国道１５０号へ。そして相生町（交）で国道１５２号線へこれを左折。馬込川にかかる馬込橋を越えた。渡ってすぐの松江（交）で左折。２００ｍも進んで更に右折。左に鉄道、高架を見ながら超高層のアクトタワー、そしてアクトシティへ。

アクトシティ←浜松駅←クレタケイン

浜松駅周辺のビル群に入って、大きなビルのどこが駅だかわからない。アクトタワー目立ちすぎ。見当付けて左折。ともかくなんとか浜松駅にたどり着いた。西サイドに大きなバスターミナルあり。その背後が（ビルの中が）駅。北口側をグルグル歩き、クレタケイン（ビジネスホテル）で一夜を迎えることとした。

浜松市は政令指定都市で人口は791千人（2013年）。ライバルの静岡市は714千人。

○掛川城

駿河国守護今川義忠が遠江支配の拠点として1469年建てた。別名「雲霧城」という。豊臣期山内一豊も城主を務めた。江戸時代には譜代大名を中心に11家26代の大名が城主となった。延享《えんきょう》3年以降は太田道灌の子孫太田家が城主となり明治維新まで続いた。

○掛川駅⇔浜松駅

新幹線なら1駅11分、東海道線なら6駅25分、今日歩いて8時間!!それでも人間（日本人）は飽き足らず、更にリニアなら11分が何分になるのやら！

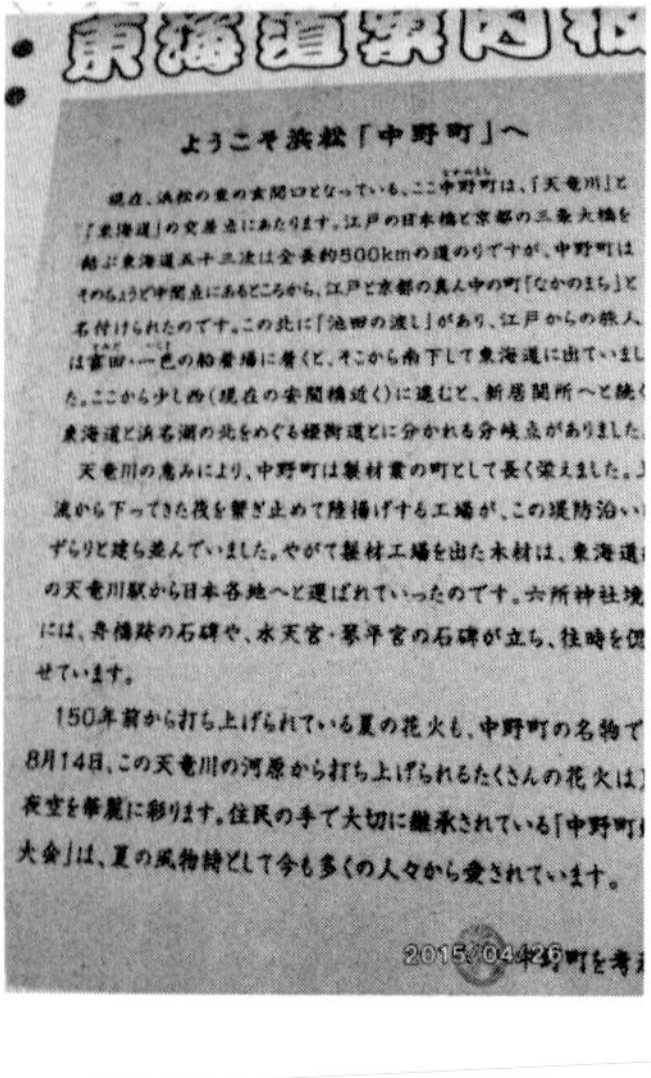
ようこそ浜松「中野町」へ
天竜川の恵みにより、中野町は製材業の町として長く栄えました。
せています。
大会」は、夏の風物詩として今も多くの人々から愛されています。
2015/04/26

遠州灘ウォーク②　浜松↓新所原

（浜松駅から）

平成27年4月27日（月）くもりり時々晴れ

浜松駅南口～竜禅寺町～白羽町～中田島・海浜公園・砂丘～砂丘歩く～米津の浜～中田島車庫～篠原防潮・海岸工事～中央アスコン～古橋広之進記念プール～清掃工場～坪井IC～坪井（交）～馬群～舞坂町～舞阪宿～脇本陣～北雁木、弁天島駅前～中・西浜名湖～新居町駅～新居関（荒井）～清源坂「鷲津駅前入口～古見～湖西運動公園～常盤3丁目（交）～新所原駅……（豊橋までJR・豊橋駅前・ビジネスホテルへ）（16：20）

7：30スタート～15：30（新所原駅）　30km弱

プロローグ

昨日（前日）の話になるが…「クレタケイン・アクト浜松」朝食付6，200円。18：00からワンドリンクサービスがあるという。一風呂汗を流して、1Fロビーに行くと、支配人が小さめのジョッキで生ビール、おつまみ付き。話が弾んでビールおかわりOKとなった。なんと無料サービスとはビックリポン！

駅周辺では見回すとビジネスホテルが五～六つはある。激戦なのだろう。客としてはありがたかった。そのあと街に出て「中華そば＋餃子2皿」計1，050円也。夕食もまずまず満足。ビジネスホテルの部屋に戻り、ビデオシネマを見ようと1，000円カードを買ったが、故障で見ることあたわず。これはカウンターに苦情。翌朝受付で1，000円返してくれた。

1泊6，200円は同業者協定なのかも。実際7，000円見当のビジネスホテル多シ。但しカウンターでひそひそと「○○のところ、2割引きできます」。あとは朝食サービスがあるかないか。はたまたこのクレタケのようにワンドリンクサービス!!というおまけまで付けたりする。支配人曰く「チェーンのビジネスホテルよろしく！」とPRしっかりしていた。

100円均一の店があったり、1，000円の床屋さんが出来たりの時代だから、「アイデア」がKEYという事か。私は安ければよいという風潮は好きではないが、一定の料金をきちんと受け取る中で、内容あるサービスを提供しよう…という姿勢は歓迎だ。「クレタケイン」の料金とサービス水準は、応援したくなるようなものでした。努力しない者は消えて行くのが商売。フレ！フレ！と応援しよう。

浜松駅ビジネスホテル ← 龍禅寺町・白羽町 ← 遠州灘海浜公園 ← 中田島砂丘 ←

浜松は静岡市と並んで東京・横浜～名古屋間での最大都市。歴史もあり産業も十分発達しており、街としての貫禄十分也！南口は旧い町。昔からの商店住宅目立つ。一方北口は再開発により、高層ビル林立。朝日が未だに十分に差し込まぬ7：30過ぎ、ビジネスホテルを出て南側に回り、〝砂丘〟にまっすぐな「中田島街道」を一路南進。レッツゴー。

公会堂、龍禅寺町、「南部中」の先、それなりに大きな河＝馬込川にかかる白竜橋を越える。浜松神社の標識（左側松林の中）。瓜《うり》内。やや左カーブ気味に南病院。大畑、白羽町あたり時々田んぼ出てくる。

国道1号線中田島（交）横切る。今一度馬込川（中田島橋）を渡って左側に大きな公園が出てきた。バス停標識に「中田島砂丘」とある。お祭り会館の案内板、広大な広場の奥に大きな建物。大凧と御殿屋入口（入館料＝４００円）。５／３～５／５「浜松まつり」で、このあたり広場一帯で〝大凧あげ大会〟で人々ごったがえす…という。あと数日でお祭りだ。ヤグラ、ベンチ、椅子、幕、ロープ…すでに準備もたけなわ…とみた。駅周辺では、屋台の曳き回しパレードだ…という。いつか観てみたいなあ…と思いつつ、直進すると俄然視界が開けた。海の方から、草付きの砂浜を、サーフボードを抱えた兄さんが2人。緩やかな砂丘を越えると大海原が開けた。グルリと見渡して見る。成程、成程。これが、地元で自慢する大砂丘か!!どなたが命名したのか、鳥取砂丘・九十九里浜と並ぶ日本三大砂丘の一つという。九十九里浜に似て、鳥取砂丘とは一味違うか、〝海浜植物と砂のおりなす巨大な浜〟というところか。東北・北陸方面にデッカイ砂丘があったので、〝3大云々〟はご愛嬌か。５～６００ｍ砂丘を歩き、砂丘から林の中に入り、

← 大規模防潮堤工事 ← 砂丘小 ← 米津《よねづ》海岸 ← うなぎ協同組合 ← 篠原防潮工事

自転車道を行く（西へ）。砂浜も広いが、松林の幅も大きく100～500mもあろうか。ここは雑木、花、鳥などが憩う心なごむグリーンベルト。…夢は破られるもの、大規模防潮堤工事にでくわす。近づけば工事の騒音おびただしく、これが西へ数キロ続く感じで松林を切り裂いていた。なにしろ松林の中程を、伐採、掘り返し地上13～15mのコンクリート壁を造る…という。あの3．11三陸大津波に衝撃を受け、急遽工事となったもよう。工事現場近くで散歩中の60歳位のオジサンとシバシ話し込む。「この美しい松林も1／3は枯れたりして大津波には（3．11のように）大して役立たぬだろう。だから景観も大事だが、次世代にも効果の大きい大防潮堤を造るんだよ。皆んなで何度も話し合ったよ…」という。私もこの結論は正しいと思う。今でも住宅地から直接、浜は見えない。大堤防の上にくれば海はよく見えるのだから、安全を優先するのはよい。その内側なら松なども更に風除け堤防の中で青々と大きく育つにちがいない…と、苦渋の大英断だと思う。だが凄い工事だ。騒音もダンプの数も、道路の砂ぼこりも…辛抱、辛抱だ!!

浜松市立砂丘小学校あたりから西へ。松林沿いを一直線の道路を進む。ダンプが来ると身がすくむ。デイサービス砂丘荘、高齢者施設多シ。たまに点在する畑には紫のタマネギ。左側の背の高い松。あわれにも枯れ木はなはだ多シ。

米津海岸。うなぎいも協同組合(?)、ゴミ集積場、篠原防潮海岸工事。左側に延々とつながる松林。これを突っ切って浜へ出る小道にはすべて、完璧に通せんぼ。工事安全のためだろう。

倉松町・ゴルフ練習場 ← 古橋広之進プール ← 坪井町（交）（国道1号線へ） ←

倉松町ラブホテルオンパレード「死ぬまでに一度は行きたしラブホテル」読み人知らず。巨大なゴルフ練習場（店じまい、廃業?）。古橋広之進プール、清掃工場。坪井町でやっとこすっとこ国道1号線へ出る。

馬郡集出荷場 ←

馬郡《まごおり》町出荷場。畑は砂地、イモ、マメ、ジャガイモ、スイカ、タマネギなどなど。水利はきびしいようで、そのため細い水路がここかしこ。畑は多いが、この時季の特性か、何も植えられていない畑多シ。砂の畑に雑草、刈り忘れた草むらから飛びたった小鳥、ヒバリが頭上でピーチクパーチクそしてホバリング。透明のテープ、黒いテープを張ったりはがしたり、苗を植えたり、草をむしったり、たまに見かける農家の人は、お年寄りが多く、地べたにしゃがんで、頬かぶりしている。大変だなあ～と傍観者の私、声かけすることも躊躇します。

浜田（交） ← 舞坂宿（跡） ←（見付・石垣の碑 舞坂宿脇本陣）← 北雁木 ←

浜田（交）西区舞坂町。東海道舞坂宿跡、旧東海道に「街路樹百選松並木」あり。見付石垣の碑。「3．9km毎の一里塚」・碑と常夜灯あり。宝珠院と常夜灯。舞坂宿脇本陣。「北雁木（げ）」、（1600年代浜名湖渡し舟の船付場跡地）を見るともなく眺めつつ、浜名湖畔に到着。視界全開。左側の湖が海とつながるあたり遠く、国道1号線バイパスの高架巨大アーチが大きなコンクリートの虹をかけている。こちら弁天島海浜公園。湖水（海水）の中、大きな赤い鳥居がそびえる小島が浮かぶ。のどかな魚つりの親子づれも多い。

弁天島駅前 ←

JR弁天島駅前12：01。このあたり「新居町駅」までは「湖水の上（埋立地）」をレールも国道1号線も通っている。

中浜名湖・西浜名湖 ←

中浜名湖東。料亭・はませい（左）、右・バス車庫。西浜名湖橋…

ファミリーロッジ旅籠屋
←
新居町駅
←
「新居関」跡碑
←
清源坂
←
古見（交）
←
川尻・湖西運動公園
←
湖西市アメニティプラザ
←
Kコンビニ
←
ときわ3丁目
←
南うえの原跨線橋
←
新所原駅

「ミニホテル・ファミリーロッヂ旅籠屋」とある。1人なら5，000円～8，000円、2人なら、グループなら、ファミリーならでこざっぱりした安いホテルだ。…アメリカ大陸での街道沿いにあるモーテルのように流行って行くのか。

JR新居町駅。「新居関跡（碑あり）」、「五十三次・荒井」泉町（交）を右折。国道東海道は左にわけ、右、国道301号線を行く。清源坂から湖西病院…浜名湖西岸沿いを歩いている。ゆるい坂を登ったり下ったり、カーブしたりで湖面は見えない。鷲津駅を右にわけ「古見」をめざすが、これがなかなか着かない。国道301号線にこだわりすぎて少々迷ったが、「豊田佐吉記念館案内板」を見つけ、ようやく古見交差点へ。ここから県道3号線を歩いて「新所原駅」を目指す。県道3号線は「豊橋・湖西線」と称す。

川尻を過ぎる。このあたり左右に田んぼ出てくる。湖が近いせいか、広～い田んぼには水利はすこぶる良さそう。水を張った田面を眺める、ザリガニ、カエル、タニシの類は全く見当たらず、矢張り農薬がたっぷり効いているのか。湖西運動公園を右にわけ直進。左斜め遠くに風力発電の羽根見える。

湖西市アメニティプラザが左下に。プール・体育館などなど。まんさくの里は右。サークルK交差点コンビニ広場でへたり込んだ。今15：00すぎ。

ときわ3丁目（交）。新所原駅まであと1㎞。「南うえの原跨線橋」でJRを跨ぎ交差点を左折してついに新所原駅着。駅周辺見わたす。反対側南口方面にビジネスホテル一軒。しかし食事その他不便そうなので、元気を出し、電車で3駅豊橋泊まりを目指した。新所原駅は、平成2年に北口、街路、オーバーブリッジ完成。引き続きただ今改装中。電車で豊橋駅まで行く。260円。明日朝、この駅頭に戻ってきて「てくてくスタート」となる。

○西浜名（湖）橋で想うこと。海のような広い湖。その海寄りに東と西から半島のように突き出たところにこの橋がある。長さはざっと５００～６００ｍはあろうか。歩くと６～７分だ。跨橋状のところに、新幹線・在来東海道線・国道1号線・歩道と重なっているかのように、ひしいめいている。その昔は、渡し舟をのぞけば、歩く道が中心、レール開通で鉄道へ、国道1号線開通で車、そして新幹線‼と、乗り物の時代の変化の推移の展覧会のようだ。全盛を誇った東海道線も新幹線や車に大半を譲り、なんと今は、短いときは３両、長くて６両のローカル線並みだ。その背後をアイボリー色で16両編成の新幹線がシュル、シュル…と渡駆している。移り変わりの縮図を見ているようだ。

○浜松宿…4／27、浜松駅にようやく着いて、まだ少し日暮れまでの間を使い、北口から7～8分北へ歩くと浜松宿跡があった。53次を江戸から数えて29番目の宿場・伝馬町という。浜松宿だけで本陣は６軒もあったという。旅籠の数も94軒もあり県内の三島、吉原、見付、沼津、金谷、江尻、袋井の各宿場でのどこよりも旅籠が多かったそうだ。遺跡のようなものは特に見つからず。更に北方に歩けば10分足らずで浜松城（昭和33年、コンクリートの天守閣建造）であるが、疲れたので引き返した。

〈赤い鳥居と浜名大橋〉
…西浜名橋の更に海側にかかっている

○舞阪宿と新居関…江戸時代の旅人は、浜名湖の両岸にあるこの二つの宿場を結ぶ渡し舟を利用。船着場は利用する人の身分に応じ3ヶ所あった。（北雁木、本雁木、南雁木）一部、復元されていた。舟に乗ると一里半で2時間を要したという。120艘もあった渡し舟は、新居関の管理下にあった。「入り鉄砲に出女」の取り締まりが中心。特に大名の妻子の江戸脱出の取り締まりは厳しかった。一方男の通行には囚人・死骸など特殊な場合を除き、手形は不要であった…と伝わる。（鉄砲が江戸に持ち込まれぬように・大名妻子が江戸からの脱出防止）

○新居関…「明治18年の旅は道連れ（塩谷和子）」の中で、〈現在東海道の関所で往時のまま残っているのは、「新居の関所」只一つで現存する建物は安政2年（1588年）のものです。別名海の関所ともいわれ、東国の箱根の関所に匹敵するほどの厳しい取り調べだったといいます。現存する面《おもて》番所は間口十一間、奥行き三間半の立派な建物で深い庇が特徴です。明治維新後、学校として、或いは役場として明治、大正、昭和を生き残ってきた。また、新居宿で最大旅籠《はたご》紀伊国屋に泊まった際の豪華メニューは現代人（我々）からすれば、飽きれるほど質素なものだった〉…と印象記述がある。

・今回私が「てくてく」で通りかかった際も、街道の右（山側）に、見るからに重厚な面番所と前庭等健在だった。当時の日本人の建築技術等、（今の耐用30～40年の建物を目にするにつけ）その高さに頭が下がる思いでした。

また、我々が日々、家庭やレストランでの食事メニューが、如何に飽食に近いものか…と反省する次第です。

遠州灘ウォーク③　新所原→蒲郡

（新所原駅から）

平成27年4月28日（火）くもりのち晴れ

JR新所原駅〜北口駅前県道3号線〜大脇町〜二川（フタガワ）駅前〜岩屋下（岩屋観音）〜第二積善病院（工事中）〜殿田橋〜瓦町〜東八町〜豊橋公園〜国道23号蒲郡街道へ〜新栄西（交）〜渡津橋（豊川）〜前芝大橋（放水路）〜小坂井バイパス〜前芝IC（豊川橋北）〜佐奈川（浜田橋）〜臨海公園〜永久橋（普羽川）〜八浜（御津川）〜大塚鎌倉（交）〜大塚駅前〜大塚明神社〜星越海岸〜三河三谷駅〜八剣神社〜プリンスホテル下〜マリンロード〜蒲郡局前〜蒲郡駅

8：08スタート（新所原駅）〜16：20　8時間強、約30km＋α

プロローグ

昨日は頑張って新所原駅まで。しんじょはら…なんて千葉の人間には全くなじみなく、また、実際、辿りついてみると駅周辺にこれといった繁華街もなく、なにやら寂しい気分になり、豊橋までレールで出て泊まったわけ。豊橋駅前にはさすがに豊鉄のビジネスホテル外2件、また、大手ビジネスホテルもあったが、少し横丁に入った「芳野ホテル」というビジネスホテルにもぐり込む。

心のどこかに、宿代を安くあげよう…という気持ちがあったのも事実だ。新しいとはとてもいえない建物。1泊5，200円、朝食なし…だった。BSなし…で節約もいいが、泊まる人には何か一つでもホッコリするものがあればなぁ。ひと風呂浴びさっぱりして駅前に出て、ブラブラ。結局ステーションビル内のレストラン。和食＋お銚子2本で1，500円まずはホロ酔いに。宿に帰り、ベッドにバタンキュー。朝まで爆睡。

さて明けて4月28日。7：00に宿を出る。コンビニでオニギリ＋パン＋コーヒーを買い、駅前ロータリー（2F）のベンチで、駅前風景を見つつ朝食。人口36．5万人の歴史ある豊橋市街。

正面メイン通りを、なつかしい市電が走り、行き交っている。ま新しい安っぽいノッポのビルばかりの街より、広い通りそこそこのビル、悠然と走る市電!!この風情の方が、旅情を感ずるなあ。

7：48浜松行。各駅停車4両編成に乗る。通勤通学時間内とあって、さすがに座れぬ。立席の人多シ。学生でいっぱいになる。東海道線、新幹線、飯田線、豊橋鉄道の集まる交通の要衝だ!!

新所原駅で下車。改装中ではあるが、マア、小さな駅だ。それなのに驚いたなあ、勤・学ともに150人以上下車した。このJR駅舎と並んで、「天竜・浜名湖鉄道」の始発駅だ。

新所原駅前ロータリー。広くはないロータリーに何と6～7台のマイクロバス。これが、従業員送迎車なのだ。後ほど歩いてみての実感だが、成程、あっちにもこっちにも、見たとこ中堅どころ企業の進出が多い。駅周辺の風情はともかく、仕事が沢山ある町なのだ。中京経済圏の底力か。

…こうして、宿泊地豊橋から、昨日のてくてくウォーク終着の新所原駅に立ちもどった…というわけ。

新所原駅 ←― 時間は8：08で、北口からスタート。昨日、川尻から歩いてきた県道3号線を西へ。5m程の梅田川、梅田橋を渡り中原長（交）を進むと右手に怪異な岩山がそびえている。近づくと標高は30～50m程の岩山だ。

大脇町 ←― 仮称中原の「岩山」…JR新所原駅は静岡県湖西市内で駅を出て、県道3号線を、左へ進むと、直に愛知県豊橋市内に入る。すると右側に（まもなく）岩山がのしかかるように迫る。これが

二川《ふたがわ》駅前 ←――― 山だか巨大な岩なのかというレベルなんだが、これが県道は勿論、東海道線・新幹線の車窓からも実によく見える。行きにも帰りにも、私はこの付近通過時には目を凝らしてこの岩山を探す。見つけると安心して居眠りに入れるのです。

岩屋観音 ← 岩屋下（交）← 殿田橋（交）←

成程、今歩いている道路は別名・立岩街道と称する。これをやりすごして進むと、右手に福井ファイバーテック工場、大三紙業などの、こギレイな工場が迫る。大脇町（交）、上新橋と進む。二川本陣資料館案内板（左）に見つつ、大岩神明宮入口（交）、右前方に第2積善病院の巨大な建築工事に驚かされる。「二川伏見いなり・赤い大きな鳥居」（左）、火打坂を行く。二川小の１５０名位の小学生たちが遠足とみえて歩道を延々と歩いている。引率の先生が最後尾についておしゃべりながら進んでゆきます。

15分も歩いていると右側の小高い山の上に見晴らし台のようなものが見えてきた。大岩町岩屋公園というらしい。もっこりした大きな山にすい込まれるように生徒たちは緑の小道を登っていった。頂上らしきあたりに、白いものが見え「岩屋観音」らしい。そこへ遠足に来たのだな。

岩屋下（交）で左下からまわってきた国道1号線と交差、9：20。これを国道1号線の方へ右折。緩やかな上り坂、俄然、車の交通量が多くなった。右うしろ振り返ると山の上に、まっ白な岩屋観音さまがはっきりと目視できた。岩屋（交）、日本橋から２９１㎞の表示あり。

殿田橋（交）、国道1号線にしては両サイドの歩道は狭すぎる。ドブ板1枚ほどの幅。国道1号線左側の歩道を歩いていたら、50歳すぎ位の女性が自転車で私を追い越そうとして、ドブ板の更に左側に自転車を乗り入れたとたん、タイヤが砂利にとられたとみえ、横倒しに人も自転車も倒れてしまった。思わず私も多少の責任を感じつつ、手をかして、女性を抱き起こし、倒れた自転車も起こした。だが自転車の買い物カゴの半分がゆがみ、ライトがタイヤに食い込み、ペダルが廻らず、5～6分そこで、アレヤコレヤといじっているうちに、なんとか走れるようになる。オバサンは少し手の掌が赤かったが、大事ないとのことで、自走していった。天下の国道1号線の歩道がこれではどうしようもなく。車はあふれ、人は〝オッカナビックリ〟だ!!

〝ブレーキかけたから音で分かったでしょ。よけてくださいよ。〟…と私に怒っていた。〝自転車は本来車道なんですけど〟というのが精一杯でした。（前からならともかく後ろからくる自転車はわからない。でも謝りました。）東高校北（交）。伊良湖岬は左折へ。右手に「鶴松山四重の塔」とある。延命地蔵尊。西新町（交）ジャンボ交叉点・「東八町」。卍印のようにかかった大がかりの歩道橋の上で一息。すると、なんと、右手から市電が悠々と走ってくるではないか。ゴトゴトとゆったりと、しかも女性運転士だったぞ!!これが今朝ほど駅前で観た市電ルートにつながっているのだな。何故だか、お前さんも頑張っているのだぁと思えてきた。僕も元気出して歩こう。エッサカ、ホッサカ。汗をにじませ歩きます。大きな街らしい景観になって来、右へ100mも曲がって行くと、「豊橋ハリスト正教会堂」の異国情緒あふれる建物がありしばし見上げ、見とれていた。

そして豊橋公園に入る。山門（城内）をくぐって、木だちの下のベンチで思わず休憩です。仰向けに寝転んで背筋伸ばした。ああいい気持ち。

ここは、吉田城・跡地公園で石高3万〜8万石程度だったらしい。戦国時代には、徳川（松平）元康の家臣が城主。その後、江戸時代・東海道の要衝として22代もの譜代大名の居城。明治から終戦にかけて、旧陸軍歩兵第18連隊が置かれ、営門、哨舎の跡は今も残っている。域内に市役所や市美術館などがあり、すぐ近くに「ハリスト（キリスト）教会」（前述）もある。

西八町の大きな交差点で国道1号線とわかれ、国道23号線（蒲郡街道）に入り、海の方向へ進む。まっすぐ進むと、絹田ガード東、同西と進んで鉄道ガードをくぐって進み、新栄（交）へ。この街道は、臨海地区への車の交通も相当なものです。吉田宿西惣門の碑と建物（城下町と上伝馬の間）。長いまっすぐな道も新栄西（交）で右へ大きくカーブで国道23号を更に進む。

→ 瓦町・東八町（交） → 豊橋公園 → 西八町（交） → 国道23号（蒲郡街道） → 新幹線・東海道線・飯田線・名鉄本線（ガード） →

新栄西（交）←
右折←
渡津橋（豊川）←
前芝大橋（放水路）←
豊川橋北（交）←
佐奈川←
臨海公園
御津町御馬←
御津川←
大塚鎌倉（交）←
三河大橋
駅←
十能（交）←
星越峠←

タクシー会社の高洲（営）、進んで３００～４００ｍはあろうかと思える大河あらわる。豊川にかかる渡津橋だ。１㎞程上流に新幹線が疾駆、清須町の先で豊川放水路にかかる前芝大橋１００～１５０ｍがゆったり流れていた。右手にこの放水路と水門でつないだ大きな池のような船溜まりあり。小さな漁船が10隻ほど。水門を出入りするところが見たくなるめずらしい景観でした。更に進んで右からの小坂井バイパスと合流・丁字路を左へ。大きな道路となり進み、分離帯に植え込みもあり、交通量も増大。そして前芝局前、ま新しい高架＋歩道橋の大交叉点。前芝町豊川橋北(交)。頭の上を国道23号バイパスの高架道路。高架の国道23号線はそのまままっすぐ。私は下の国道23号線をやや左へ進む（両方国道23号線）。

歩を進めると佐奈川。橋の上から見下ろしたら、海に近いのか、一メートル位の大きなエイが泳いでいた。「leavig 豊橋、Please come again 豊橋」。臨海公園（交）、梅薮町（豊川市）左に大きな埋立地が広がる。音羽川にかかる永久橋、河口が左に見える。風力発電の羽根、止まっていた。右手３００ｍ程のところ新幹線並行。御津町御馬。左・引馬野。村社「八幡社」…このような表示(寺)目立つ。御津入浜（交）。二級河川、豊川市内・御津川（10ｍ）。入江と緑の景観、いよいよ御津から三谷へ。蒲郡の領域に入ってきたか。

大塚鎌倉(交)。相楽ヒメハルロード。いつしか海辺の景勝地。ところ変われば大看板「がましん」(蒲郡信用金庫の略)国道23号とわかれＪＲ三河大塚駅へ。ポツンと駅舎のみ。猫の額ほどの駅広。賑わいは海沿いへ。レール沿いを進み、「大塚神明社」のうっそうとした森が右手そば。坂を下ると「十能」交で、国道23号と交わる。星越峠の碑（谷宗牧・東口紀行）。

八剣神社←
八剣神社、蒲郡市三谷（交）。天伯ガード北。三谷水産高校。西田橋。

三河三谷駅←
ＪＲ三谷駅は、国道23号からはずれポツンとあった。小ざっぱりした駅舎だが、さみし気な駅だ。

プリンスホテル下←
海沿いから峠を越えると左にプリンスホテル。島を見送ってマリンロードを右に入ると蒲郡到着でした。（16：20）今日の目的地の蒲郡に無事着きました。ざっと30㎞くらい歩いたでしょう。多分、感覚的・直感的にですが、蒲郡はいい街です。駅前に立って、まあ目を見張った！といってよいか。ＪＲ・名鉄とも高架で駅広は北と南にあるが、なんといっても南口です。再整備したのだろうが、海までたかだか５００ｍ内外か。駅広の広さ、バスと一般車両の完全分離がなんといっても健全な街を印象付ける。駅広内の一本マストのヨット。帆柱が天を衝いていた。全く贅沢な駅広と街路のレイアウト。決して広くもない地形のもと、かくも大胆な区画整理ができたのかしら。今宵の宿は駅から１分パールビジネスホテル。飯なし、建物新しく感じ良し。翌日出発時のこと、宿の奥さん小走りに追ってきて、〝今日はどちらまで、おかまいもせず、どうぞお気を付けて〟だって。我が妻に優るとも劣らぬやさしい言葉。こんなひと言でシンプルな男は元気モリモリになれるのだ！

マリンロード←

蒲郡駅←
・東海道線
・名鉄蒲郡線

ＪＲ三河三谷駅

50才くらいのオバサンと握手のお別れでした。「昨日はきのう、今日はきょう、明日はあした。日々新しく爺は歩くぞ。」

○「天竜浜名湖鉄道」と「遠州鉄道」

「新所原駅～湖西市～三ヶ日～かなぎし～天俣～円田～掛川」を結んでいる「天竜浜名湖鉄道」こんなローカル地で、よく頑張っているなあ…今後の勉強対象。

遠州鉄道は浜松起点でそれなりの地盤、そして大規模なバス事業、ホテル、ショッピングセンター、不動産業と一つの地方財閥を成している。この会社の生き様も勉強対象…だ。

○蒲郡と三谷の思い出

私は昭和18年7月生まれ。大戦の終戦が昭和20年8月とすると私は戦争末期の生まれということになる。その頃千葉館山に住んでいたが、航空隊のある館山は空襲もあり、米軍が上陸してくる…との噂話もあり、一家そろって、母方遠縁の豊橋に疎開した事があった。母からは、東海道を進む汽車の最後尾車が爆撃で燃えた…とか、疎開した先の豊橋も、むしろ館山以上に爆撃にさらされ、三谷の親類宅に逃げたこと、そこの防空ごうに空爆の度に潜り込んだ事…など聞かされたものだった。

蒲郡市内で呉服屋を営んでいたという母の実家の実家から、母は何故、遠い館山で生まれ生活していたのか…などなど、4人兄弟の末っ子の私にはそのあたりのルーツを認識できなかったが、そんな経緯もあってはるか愛知の豊橋には何か郷愁に近いものが胸の奥底に残っていたものでした…。

だから「今回の千葉からずっと歩いて豊橋」には、多少とも吸い寄せられるものが正直あったのでした。

西小坂井駅↓ 豊川稲荷

平成27年4月29日（水）晴れ

蒲郡駅・西小坂井駅～北口・県道384号線へ～小坂井（国道1号線）～県道495号線～堺（交）～中屋敷牛久保～常盤通り～八幡社～中条町道下（交）～中央通り1丁目～「松井線香・ろうそく工場」～豊川稲荷駅前通り～豊川稲荷

8：20歩きはじめ―9：40稲荷着　1時間20分　約6㎞弱

日本三大稲荷とか五大稲荷とかいい方はあるが、三大稲荷神社の中に〝豊川稲荷〟がその一角・・・・・地元のパンフレットにあった。豊川市内妙厳寺境内に祀られた「豊川陀枳《だき》尼《に》真《しん》天《てん》」で一四四一年開創された。織田信長、豊臣秀吉、渡辺崋山などの武人・文人の信仰を集め、江戸時代には商売繁盛・家内安全の神として全国に信仰が広まり、日本三大稲荷のひとつとして、年間数百万人の参拝者が訪れる（市のパンフ）。公平に見て、全国3万社にものぼる稲荷神社の総本宮が京都伏見稲荷大社である事は異論の無いところ。茨城の笠間稲荷、愛知の豊川稲荷を以って3大と称する例は多いが、佐賀鹿島の祐徳稲荷や、岡山の取上稲荷を挙げる向きもあるらしい。公的意味で決まったものではなく結構ご都合主義に依るもの・・・が本当らしい。さて4月29日、折角なので「海沿いてくてく」と少々はずれるが、参拝することとした。

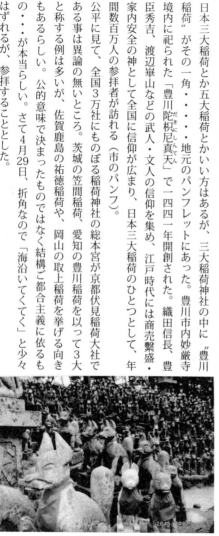

蒲郡駅←西小坂井駅←名鉄線踏切小←小坂井支所←小坂井（交）国道1号←牛久保（交）←中条町道下←三角（交）←松井線香ろうそく工場←駅前通り←

今朝は少しゆっくりで6：00起きです。前夜買っておいたカツサンド＋ヨーグルト＋コーヒーで朝食。宿のオバサンに見送られて、ビジネスホテルを出る。

蒲郡駅から電車に乗り四つ先の西小坂井駅降車。「足首クネクネ・バタバタ体操」をして8：20豊川稲荷目指して、てくてく開始。人に聞こえぬ程度の声出して、自ら「出発点呼」・・・準備よし!!名鉄線踏切こえ、県道384号に出て、右へ。豊川市小坂井支所、右側には東小学校。支所も警察も、合併でもしたのか建物が大きいぞ。

下長山町堺（交）、中屋敷・牛久保と進む。左右に旧家らしき家並みあって趣きあり。一軒の家にしても横に長いなあ。

牛久保常磐通り。常磐（交）、そして牛久保八幡社・・・燈明が灯いて、ほの明るく、日の丸の旗掲出あり。中条町道下（交）、右はすぐ踏切です。左から名鉄電車線迫り、右にはJR飯田線です。双方鉄路がくっつような三角（交）です。

中央通り一丁目（交）、コンビニ・ローソンあり。

「松井線香ろうそく工場」あり。古くて大きい木造建築です。豊川稲荷駅前通りです。手前に名鉄豊川線終点の豊川稲荷駅。その先にJR飯田線の豊川駅です。

駅前通りを進めば、総門（山門）の前に大理石の石柱「豊川稲荷」2m位あるか。すぐそばに立派な灯籠（青銅？）が左右に一対。正面の山門は左右に日の丸の旗。屋台の出店数軒。

豊川稲荷←
（妙厳寺）①

「豊川稲荷」として有名ですがお寺です（妙厳寺《みょうごんじ》）。この境内の中に〝お稲荷さん〟が在る。杉の大木が繁る参道わきに朱字で「豊川陀枳尼真天《だきにしんてん》」と書かれた無数の幟がひしめいています。また拝殿前には10ｍもあろうかという幟が風に翻っていたよ。そして進むと4～5ｍ程の大理石の白い鳥居。そのすぐ右のゴツゴツした3ｍの岩の上に、首に朱い手ぬぐい巻いた狐が今にも吠えそうな姿勢で数匹。そして10ｍも進めばアッと驚く光景！石を積み上げた6～7ｍ程の斜面に、夫々朱のエプロンのような布をつけた狐が、なんと数百匹（無数）祀られていた。「鼠みたい！犬みたい！」とのヒソヒソ話しが聞こえてきたよ。……こんなわけで私の豊川稲荷参拝は終えたわけですが、「お稲荷さま・狐・油あげ・スズメの丸焼き・稲荷寿司・五穀豊穣」の相関について一度おさらいをすべきだなあ～と悟りました。狐さんにもお地蔵さんにも赤い布を付けるのは何故かなあ～。

豊川稲荷②

総門をくぐると山門となり少し先、左手に高さ約30ｍもある堂々たる建物の豊川稲荷大本殿があった。１９３０年（昭和5年）の完成まで30年かかったという。この本殿にキツネの精として信仰されたインド密教の鬼神・陀枳尼真天《だきにしんてん》像を鎮守としてまつった。豊川稲荷とはこの豊川陀枳尼真天《だきにしんてん》の通称のことです。また山門（今川義元が寄進したと伝えられる本瓦葺き）の左手に寺宝館がある。ここには東京赤坂の豊川稲荷東京別院の開祖である名奉行大岡越前守忠相ゆかりの大毛抜き、愛用の双六碁・将棋盤が展示されているという。（大岡越前守は陀枳尼真天《だきにしんてん》を信奉し、江戸屋敷内にまつっていた…と伝わる。）

（愛知県の歴史散歩・パンフレット）

「てくてく日本・一人歩きの旅、時々山登り」

平成27年5月11日（月）晴れ・単独

蕨《わらび》山（1，035m）（埼玉県）

（今日は電車・バスに7時間。山の登り下りに約4．5時間のアンバランスでした。よくあるパターンですが…）

名郷バス停～入間川渡る～林道～堰堤～尾根上～4段の岩場～稜線ピーク～蕨山山頂～藤棚山～大ヨケの頭～金毘羅山～神社跡～さわらびの湯バス停

10：00歩きはじめ～14：40下山　4時間40分（昼食30分含む）約10km

稲毛海岸駅5：15か35発に乗車したかったが、4時前に起床したにも拘わらず、うっかり2度寝。気が付いたら5：58電車がやっと。よって、当初予定の鳥首峠・有間山経由は、時間の都合で変更。名郷から直接、蕨山に登ることとした。新木場乗り換え有楽町線で池袋へ。そして西武線で準急飯能行きに乗車。

明日12日・13日は台風崩れの低気圧で関東は大荒れ！という。今日の一日を大切に…と出かけた。奥武蔵の蕨山は、用心すれば、さ程の危険もなく、春の息吹を浴び、源流の湧水を飲んでリフレッシュしよう。

平日は行楽客用のダイヤになっておらず、レールもバスも、やたら時間がかかる。それでも飯能に8：13着。バスターミナルの時刻表で、名郷行は8：51という。駅コンコースの「Mr．ドーナッツ」でコーヒー飲んで時間調整。バスに乗っている時間が約1時間、結局登山口へは9：50着となった。約6：00に出た稲毛海岸からざっと4時間かかった。平日で通勤・通学者が中心なので、逆方向の行楽客がそれなりの不自由さ…はわかります。ガイドブックに書かれている今日のコースについて↓蕨山は標高1，000mをちょっと超えるだけだが、登りはかなりきつく、岩場もあって油断は禁物だ。藤棚山付近から大ヨケの頭にかけて美しい自然林が残り、奥武蔵地域全体を通じて秀逸なコースの一つに数えられる…と。

名郷バス停で身支度を整え、トイレもすまし出発。同ルートの山へは同じバスで下車した女性2人のパーティーが行くらしい。私はガイドブックの記述に従い、5分程県道を戻ってから、川を渡った…のだが、これが失敗。どうやらまちがえたと悟り、改めて登山口をスタートし直し、ルートに入る。これで約25分無駄となった。「東京付近の山」ガイドブックの記述は、「状況は変わっているのに旧のまま」…という事らしい。

名郷バス停広場の東端を出ると蕨入橋を渡り林道を辿る。右下に蕨入沢の沢音を聴きつつ登って行く。植林の中で陽は差し込まぬ。程なく林道終点。大きな堰堤のもと、右側の細くなってきた沢を渡る。「水場」である。最近は老いも若きも、水場とか湧き水に関心がうすく冷たい清流でゴクゴク喉をうるおす事もなく、水筒に詰める姿も、メッキリ減りました。（安全な水は買って飲むという生活スタイルが浸透。沢の源流といえども大腸菌がウヨウヨなどというイメージ先行？あながちそれも否定できないケースもあるが）

林道歩きとは打って変わった急登になる。ジグザグ頑張る。一汗、二汗もかく頃尾根に出る。ヤレヤレだ。（伊豆ヶ岳方面が見える）

尾根上を左へ登る。進むにつれまたも急となり、岩場が現れる。計4ヶ所あると聞いていたが、それなりに緊張しつつ進む。足がかり、手がかりは充分。実にうまい具合に根が張り出し、〝さあ、ためらわずおつかまり〟とばかりだ！ロープのたれている箇所もあったが、木の根、岩かどで十分だった。時間の過ぎるのを忘れる楽しさ。下ってくる若い男女4人と会う。おっかなびっくり下りてくる。今はやりのストックはこんな場所ではむしろ邪魔になります。

飛び出した稜線が小広い最高地点1，０４４ｍ。山頂（９ｍ低い）表示はそこから5分。展望大いによし。遠望が効かないのは残念だけど、遠く丹沢、大山、棒ノ嶺、川乗山方面、北側に大持・武川、伊豆ヶ岳など確認。山頂には5人の中年オバサングループと単独行のオッサンが3人。私は30分堪能して、金比羅尾根へ下山開始。

藤棚山↓大ヨケの頭↓金毘羅山↓さわらびの湯バス停へ。長い下りで2時間半もかかった。14：40下山。14：51の飯能行バスに乗車（オットその前に、売店で缶ビール1ヶ購入。5分で飲み干し、さっぱりした気分で、アンダーシャツも一気に着替え、バスに乗りました。）

○私は今、70才過ぎてから第3の人生のライフワークだと勝手に決めて、海岸線てくてく一人歩きの旅を小刻みですが、コチコチと続けている。1日30㎞近く歩く。歩き飽きているはずなのに、〝それでも飽きもせず山歩きにも行くの?〟…とうちのカミさんはよくいう。(呆れ返ったように)。でもね、〝てくてく歩き〟と〝山歩き〟とは似ていても所詮違うものなんだよ…と説明しても焼け石に水みたい。日本中をてくてく歩き尽くすんだ…というてくてくと、いわばその鬱憤をはらす山歩き…とは「二つで一つなんだよ」なんていおうもんなら火に油を注ぐ事になってしまうんだ。

○私の山歩き山登りは、岩登りするでもなく、また、海外の有名登山巡りをするでもなく、それらに長けた実績充分な登山家からすれば、「取るに足らない、その辺の尾根歩き専門の山好きサラリーマン」という事だと思う。ざっと50年も会社勤めに精を出していた頃から、…独身時代・新婚子育て時代・中堅サラリーマン時代…を通じて、これら私の表看板のような人生の裏に、いつの間にか苔のように貼りついたものになっていた…それが私の山歩き山登りだと思う。「心の水分や不足気味となる精神の栄養素」みたいなものを補給してきたのだと思う。サラリーマンという表看板がはずれた今は、なんと「てくてく日本一人歩き」という新たな看板を掲げる一方、長年貼りついた〝山歩きという苔〟はそのまま貼りついたままで、今や表看板と〝対〟になって私自身を成しているのだと思う。たとえ「千メートルに満たない低山歩き」であったとしても。

尾瀬ヶ原・尾瀬沼（群馬・新潟・栃木）

平成27年5月〜6月

誰にもよく知られている〝尾瀬〟その尾瀬を、山開きも早々の5月23〜24日（一泊二日）に散策。また、ご丁寧にも10日後の6月3〜4日にも同コースを夫々大人数で散策。たった10日程のずれで残雪期の尾瀬がどうだったか…をポイントに日記を記しました。

	一回目（一泊二日）	二回目（一泊二日）
散策月・日	5月23〜24日（土・日）	6月3〜4日（水・木）
参加人数	52人（男女比・男30％女70％）	33人（男女比・25％：女75％）
天気	おおむね晴れ	2日間小雨模様
歩行時間	一日目・3時間半　二日目・6時間半（一回目も二回目もほぼ同じ）	
歩行距離	一日目・10㎞　二日目・12㎞（同右）	
宿泊	いずれも檜枝岐小屋（見晴十字路）	
同行世話人	6人	4人
参加料金	1泊4食付き@20，000円	
コース	一日目：鳩待峠→山ノ鼻→牛首→竜宮→見晴十字路（檜枝岐小屋・泊） 二日目：小屋→白砂峠→沼尻平→大江湿原→尾瀬沼→三平峠→一ノ瀬→大清水	
その他	尾瀬原は木道以外一面の残雪。水芭蕉はチラホラ。二日目は三平峠越えるまで残雪歩行・軽アイゼンの出番。	尾瀬原、スッカリ雪消えた。水芭蕉ピーク。二日目、残雪あるも峠越え中心・アイゼン不要。

私は現役時代、子会社経営を兼務していた時期があり、いずれも乗合バスの外、観光バス事業も経営していたが業績は芳しくなくテコ入れが必要だった。改善策の一つとして企画催行したのが「ふれあいウォーキング」だった。今から15年以上も前の事。幸いこの企画は「暇・金・体力」のある高齢者に特に受け、大当たりとなった。いつしか「ふれあいウォーキング」は「ふれあいハイキング」と実質変質した。

千葉中央バスハイキングは略称〝CCBハイク〟となり、京成バスシステムハイキングは略称〝KBSハイク〟と称し毎回盛況を呈している。今回、同じ時期に（10日程のずれ）、2社の企画が出揃ったので、私は以上のような経緯もあったので、（もうリタイアしていたので）一人のお客様の立場で双方に参加しました。

○5／23の時は、尾瀬ヶ原の木道、大江湿原の木道以外は、一面の残雪歩きであった。それが10日後の6／3では白砂峠、三平峠越えを除き、雪はなく、10日程での変わりように驚いたものだ。水芭蕉は5／23時点では小さな花弁を咲かせ始めの印象。10日後は、いわゆる見頃、満開状態であった。例年雪解けから春本番へのスピードは驚くほど速いのだという。実感しました。

○写真の花は「座禅草」で5／23山行で撮ったもので、山行中、3ヶ所で見付けたのみで貴重（6／3の山行では1ヶ所も見当たらず既に時季は過ぎていた）。

〈座禅草（の花）〉

○5／23山行はバス2台・52人、白砂峠越え、三平峠越えでは半数の者がアイゼン装着。しかし最近はやりの簡易アイゼンは、はずれ易く難渋した者多シ（歩行中本人の知らぬ間に外れて紛失した人2名）。
6／3山行ではアイゼン使用は殆どみられず（持参した人は多かったが）。…が2日共小雨模様で、肌寒く、軽装気味の者は寒い寒いを連発していた。

○平成23年（2011年）、3．11大震災で東電は大損害、それまで東電が負担していた尾瀬保全の為の経費は以前のように捻出できず。木道の手入れも東電から環境省に変わりつつある…ここ15年間、毎年尾瀬を歩いているけど、2011年以降、数年間は木道の改修が遅れてきた印象は持ったけど、今はメインルートでの補修遅れは環境省のテコ入れもあって、気にするほどではない…といえる。

○大人気のこの「2社のバスハイク尾瀬」は、草紅葉の秋（9月下旬）にも盛況に催行しているが、春も秋も、大盛況。参加会員のレベルを考え、燧ケ岳・至仏山登山は控えている。いわゆる本格登山ツアーは、他の専門的登山ツアーに任せている。…それでも燧・至仏に連れてって！の要望は多いのだが。

○ここ15年間、尾瀬の宿泊は見晴十字路の檜枝岐小屋（ひげ熊親父）を常宿としており、「ツーカーの間柄」ゆえ、何かと融通が効く。安全やその他の面でも、常宿主義は、会員の間でも〝勝手知ったる我が家〟的なアットホーム感を醸し出している。

○津田沼（千葉）～尾瀬1泊2日、4食付、1人20，000円は格安だ!!といわれている。

茨城県ウォーク①　銚子→神栖《かみす》

平成27年6月1日（月）くもり時々晴れ

（銚子駅前から）

銚子大橋〜波崎総鎮守〜嶋崎山宝蔵院〜別所郵便局〜（神栖市波崎）〜荒波（関鉄波崎・営）〜石津北〜中新田〜松の苗畑〜利根かもめ大橋〜矢田部ふれあい館（右）〜西前宿　♀〜川沿いの土手道〜川尻第4排水樋管〜船溜まり〜宝山遭難碑〜常陸利根川大橋〜横瀬舟溜及び樋門〜国道124号横瀬（交）〜ラーメン長江〜すばる書店〜知手（交）〜神之池緑地公園（右）〜文化センター公民館・武道館〜木崎（交）〜大野原〜（鹿島）パークホテル（泊）

8：35歩スタート〜15：40着　約7時間　30km

プロローグ

銚子〜波崎は昨年12／3歩いた。銚子大橋を渡り、右折して利根川沿いの波崎港、そしてその先、突端の波崎新港まで足を伸ばした。県の区分は分かれるが、銚子港と波崎港は、利根川をはさんで対峙している。広義でいえば一対の港といえそうだ。見たところ銚子は遠洋漁業の一大基地、波崎は近海漁業中心ともみることができた。また、銚子については、偉容は感じたものの（大漁港としての）、全国的な漁業低迷時代の波をかぶり、往時の盛況からしたら、人口が大幅に減るなど街全体としては、大分、衰退しつつあるようにも見受けられた。今回、波崎から神栖、鹿島と歩いてみて国道124号を動脈とした鹿島工業地帯完成とそれがもたらしている活況は、不振に向かっている漁業（銚子）と新興工業地帯との対比をヒシヒシと感じた。鉄道一本走っていない神栖・波崎がこんなにも経済力をつけていたなんて。「銚子へ銚子へ…」となびいていた時代から鹿島・神栖市へと大きな変化をきたしていた…と感じたが…。

銚子駅 ══ 銚子大橋 ══ 波崎総鎮守 ← 嶋崎山宝蔵院 ← 別所郵便局 ← 荒波 ← 石津北 ← 中新田（交） ←

今回の銚子駅前から鹿島への距離は、ざっと30㎞はありそう。千葉の自宅を早目に出て、銚子駅頭に立ったのが８：30分すぎ。早速歩き出す。渡り切った橋近くの交差点に「波崎総鎮守」あり。手子后神社前 ♀、から国道１２４号線を左折して国道１２４号の旧道を進む。交差点を過ぎ旧道を進むと右手に宝蔵院。16世紀開基といわれる山門、その奥にひっそりとたたずむ茅ぶきのお堂…ハッとする美しさだった。折りしも地元のオバサンが生花を供えるところだった。宝蔵院とよめた。今、歩いている道のもうひと皮、南寄りは、利根川の流れ近く、やたらに広くて立派な家々が並ぶ。３００～５００坪はあろうか。単なる農家とも思えぬが恐らく、江戸時代から水運による利の蓄積がこうした骨格のしっかりした民家を残したのではなかろうか。この先茨城県南地区を少々歩いた後で得心したのであるが、茨城県南の農業には、誠に見るべきものがあり、夫々広々と耕作しており、「農」としても豊かな地域であったのかも知れない。

別所郵便局前で国道１２４号線と旧道合体。

荒波、石津、「関東鉄道・波崎（営）前」と過ぎる。

石津北、大堺 ♀、国道１２４号線直進。

ザビタスポーツ、中新田で左に分かれる斜め旧道を、また歩く。田んぼにおたまじゃくしがウヨウヨ…思わずホッとする。左、遠方・大河を挟んで、風力発電の羽根10枚は見える。珍しい松の苗木畑。…日本中の海岸線などで引っ張り凧の松。きっとどこかで大量の苗木育成地があるのでは…と内心思っていたが、ここで見つかった。畑によって、精々その丈、５㎝程の畑もあれば、10～15㎝程の少し育ちはじめの苗畑も。広い畑の畝の間に、頬かぶりしたオバサンたちがしゃがんで、おしゃべりしながら、何か手は動かして作業している。「こんにちわ！」草と

利根かもめ大橋 ← 矢田部ふれあい館 ← 川沿いの土手道 ← 川尻第4排水樋管 ←

りをしているのだと聞いてわかる。とにかく暑い日射しの中の作業です。（私はてくてく歩くだけの暇人です・ゴメン！）

利根かもめ大橋。千葉県側のＪＲ成田線、椎柴《しいしば》地区とを結ぶ有料橋。普通車の２１０円、軽１５０円とある。有料のせいか交通量はむしろ少ないなあ～が実感。歩行者・自転車は通行できるのかなあ。１．５ｍ程の歩道が付いていたようにも見えたが…。

寺前○┴左に正福寺、矢田部ふれあい館を右に見る。広場はひと気もなかったが、片隅のベンチの上に、なんと雄のキジがとび乗って、グアーグアーと鳴いていた。

矢田部入口をすぎる頃、左側（川方向）の視界、民家もなくなり拡がってきた。背の高い葦の密林、川面は見えぬが、水鳥の住み家とみえ、ヒバリ、ホトトギスの鳴き声、…「利根の川風ヨシキリの…♪」の文句思い出した。西前宿で更に水際に沿った土手に（田んぼを横切り）、辿い上がってみる。ヨシの先に大河の流れ、そして対岸千葉の丘のような台地がよく見え、道路を行く車さえはっきり見える。間隔はここから約１㎞未満か。土手の上・一面のクローバーを踏ませてもらって進むと、道端に「海から３㎞」という小さな「立て看」が現われた。波崎の突端かららしい。南側の葦原は流れまでは数百米はありそう。その中に所々、水を溜めた沼が点々とある。それも越え歩くと「川尻第4排水樋管」があらわれた。この「排水樋管」は、この先幾度も現われる。土手・右側にひろがる田んぼの水路とつながって、この排水樋管を通じ利根川と連絡している水路なのだ。利根の水を田に引く役割もしているのかしら。むしろ田んぼから流れ出る水を川に導いているのかも知れない。

船溜まり
宝山遭難碑
常陸利根川大橋

やや右手前方、遠く15～16基もの横広の大きな水門が迫ってきた。目をこらして見ると水門に見え隠れして水門と橋が重なっているようだ。その手前、目の前に小さな、小さな船溜まり。小堤防もあり、小舟も3～4隻。釣り人が3人ばかり。早速、静かに近づいて話しかける。鯉を狙っている…という。〝鯉こく〟ですネ?と聞くと、キャッチアンドリリースだって。バス釣りの感覚なのだ。「釣って、こさえて皆で一杯やる」…はチト考えが古いかなぁ。

土手そばの右側になにやらの碑。「宝山遭難碑」とあって、一橋大学端艇（ボートのこと）部による慰霊碑。ここで大学ボートが転覆して死者も出たのであろうか。

そして、先程15～16基の水門云々と触れたが、その名は「常陸利根川大橋」というのであった。ここは認識で注意を要ス。

〈利根川が二つに分かれている〉

一つは霞ヶ浦・北浦に発して本利根にここで合流する「常陸利根川」と、栃木・群馬から流れてくる「本利根川」の2本が銚子に向け利根川となるところだ。地元の人々には当たり前に分かっているいる事が外からの一過性訪問者には、来てみてそうだったのか…という事はよくある。

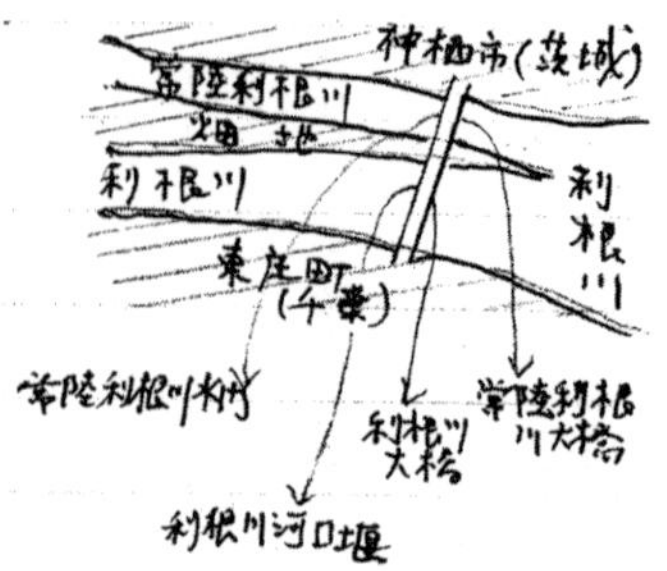

横瀬舟溜 ←
及び樋門 ←
国道124号 ←
横瀬（交）←
ラーメン長江 ←
すばる書店 ←
知手（交）←
神之池緑地公園 ←
文化センター ←
木崎（交）←
鹿島セントラルホテル ←
大野原 ←

更に土手を進むと「横瀬舟溜まり及び樋門」がある。ここは水門を小舟がくぐって川に出入りすると見える、（舟溜まりには櫓《ろ》こぎテンマ舟のような小さい舟が5～6隻）。

ここで右折して国道124号に戻る事とする（横瀬交）。

沿道にある「ラーメン長江」に寄り、遅ればせながら昼食。長江ラーメンと生ビール、ギョーザ1，300円也。満腹!!よくあるスタイルだが、愛想はよくないが味は悪くないパターン！（？見かけない客だなぁ…という顔。けれど店を出るときは友人さ。毎度あり!!）

そして近くのすばる書店で地域の地図2冊1，600円購入…どの街へ行っても街の本屋が無くなっており、運よく見つけたらためらわず入る。今はもう、コンビニの隅っ子とか、ショッピングセンターの中にしか見つけられぬ…困った世の中だ。

知手南部団地西（交）、知手（交）、海浜運動公園。分離帯削って片側三車線化工事中。立派な幹線道路だ。国道124号・右側一帯に鹿島の工場地帯迫っている。

神の池緑地公園、第一家電パソコンメディアパークの大きな建物、撤退か、廃墟のようす。

神栖市文化センター・中央公民館・体育館・武道館…何でもあるぞ。このあたりから先、国道124号1．5㎞位の沿道が神栖《かみす》銀座通りだろう。切れ目なく様々な店が並ぶ。ホテルの進出もおびただしい。商工会館、郵便局、そしてアントンウェディングホテル・アントンパレスホテル、そして場違いにバカデガイ鹿島セントラルホテル（旧館・新館）など。

大野原と過ぎ、本日はここまでとし、疲れた足や身体を癒すべくどこに泊まろうか。セントラルは、なじみもあったが巨大すぎて、今回は敷居が高すぎる。

（鹿島）パークホテル　てくてく歩きの私にふさわしそうなビジネスホテル風の「パークホテル」にチェックインした。

○茨城の〝海寄りの都市〟人口（2012．3）

水戸	268千人	鹿島	67千人
日立	193千人	那珂	56千人
ひたちなか	193千人	鉾田	50千人
神栖	92千人	高萩	31千人

○神栖市は面積の約1／4以上が工場や港であるため、人口密度は相当高い。特筆すべき事は財政の豊かさだ。そのレベルは恐らく全国トップレベルでベストスリーに入るのではないか。要するにお金持ちの自治体だから、道路整備、公共施設等に充分予算がまわっていると見られ、うらやましい限りといえる。

○財政力指標
　地方公共団体の財政の強さを示す指標で、1に近いまたは1を超える程に「財政に余裕がある」というものだが、神栖市は1．45。隣の鹿島市も1．11（全国トップは千葉県浦安市の1．56…ダントツということ）。

○漁業にも、並々ならぬ投資を「波崎新港建設」に投入しているようだ。まだ全面的稼働状態にないのかも知れぬが、一過性の訪問者の目にはこんなにもお金をかけてどうするのだろう…と映った。10年後、20年後にどうなっているか。

○宿泊したビジネスホテル「パークホテル」はほぼ満室。泊まり客は、工事・エンジニア関係らしい。マイクロバスなどで来、作業衣姿、ポロシャツ姿の工場関係者が圧倒的だった。

○神栖市の、鹿島市にほど近い大野原地区に、ホテル「鹿島セントラル」がある。今から20年以上前に、高速バス「東京駅~鹿島神宮」線開業時、ホテルは、今でいう本館のみだったが、バスルートはこのホテル経由とした。9往復で始めた路線だったが、工業地帯の成熟と、元々レールが不充分であった事から、アレヨ・アレヨ！という間に増客対応で、今現在、なんと90往復も運行する日本有数の高速バス路線となった。ホテルも今や巨大な新館を増設し、ホテル建物内の一部分を高速バス発着ターミナルとして整備。行先も東京駅の外、羽田空港、幕張メッセ・TDL、東京テレポート行も運行しているほどの盛況です。

〈常陸利根川の水門〉

茨城県ウォーク② 神栖→鹿島神宮

平成27年6月2日（火）くもり時々晴れ

（神栖市神栖ビジネスホテル（パークホテル））

平泉東（交）～筒井北～卸売市場入口～掘割川～掘割川記念碑～居切り～丁字路右折～泉川東～住金正門前（人材開発センター）～十二神～宇宙技術センター～鹿島病院～鉢形東～勤労文化会館～県道18号線右折～高校前～鹿島神宮駅

8：02スタート　11：22終了　3時間20分　約13km

○ビジネスホテルで目覚めた時（5：00）、既にホテルの前の国道124号は車の往来多シ。サービスの朝食を済ませ、スタートです。すぐに幹線国道は右カーブ。まっすぐ東関道に向かう大型車を見送り、右カーブの国道124号線を行く。ここから約2km直線。片側2車線、両サイドにはおびただしい衣、食、住レジャーに関わる出店が並ぶ。神栖銀座の続き…といった風情。

○掘割川の記念碑を見る。「明治に入って間もなく、霞ヶ浦北浦と太平洋を直接結ぶ放水路に着手。数年を経て、概ね完成した…が海側出口付近、度重なる砂被害に合い、放水路機能は挫折。現在は掘割川、居切…という名などで、偲ぶのみ」…という。地図を拡げてみると、成程ここに水路が開かれていれば…と今一度夢をみたくなる。

○車の中古販売店での〝全車乗り出し価格で提供〟（どういう意味かなぁ。）とか、〝親孝行通り〟（悪くないがどんな経緯があったのかしら）…とか、気になる看板など目につきます。

〈正面入り口・正面〉

○掘割川で右折、県道256号へ。工業地帯のど真ん中です。そして県道239号線へ左折。居切《いぎり》・泉川、更につき当たって右折。鹿島臨海鉄道貨物線を横切る。すぐ右手は、植栽のすぐ向こう鹿島港の海だ。泉川東で石塔のない土盛りだけの墓地がある。

○そして鹿島工業地帯の中心をなす「新日鉄・住金工場の正面入口」があらわれる。大きな研修センターが道路左の丘の上にあり、展望台に上がってみる。東南方向一帯に大工場がつらなり、高台から工場群を見下ろす風景は、神奈川県川崎に似ている。この地域が、日本の産業力の一翼を担っている風格は充分あった。

○更に直進。そしてやや上り坂、「十二神」（交）で右へ向かう県道239号と分かれ、直進。丘の上、見晴らしのよい高台から海岸方面を観る。海岸段丘を上から見下ろすように、大海原が見える。今しばらく工場は続くものの左前方は砂浜の海岸線がようやく大観できる。風力発電の大きな羽根も10基ほど見えた。鹿島宇宙技術センターの建物とアンテナ群のすぐそばを通過します。こうした景観を目の当たりにして歩くと、心の中に高揚感が湧いてくるなぁ。

○鹿島工業地帯の記念碑を観る。（道沿い）…昭和37年から造成着手。43年住友金属開所。44年鹿島港開港。45年・三菱油化・鹿島石油など相次いで創業開始。以来、大手企業だけでも50数社になる…という。日本の右肩上がり成長を象徴する一大プロジェクトだったのだ。

○「平井バス停」の時刻表を覗いてみると、利根川経由銚子行が1日3本表示されていた。あとで、バス会社の人に聞いたところでは、「銚子がこの地方では一つの都会みたいな時は、日に10本以上もあった」とのことです。一つの時代の変化だなあ。

○更に進んで、突き当り三差路。（鹿島病院前）を左折し、JR鹿島神宮駅を目指す。左折してから、しばらく、緩やかな登り坂を頑張り、鉢形地区へ。文化会館前を通り近道すべく右折気味に進み、いつの間にか住宅街に入り込みすぎ、駅方向の感覚狂う。それでもなんとか県道18号線に出て、アップダウンのきつい道を汗を流し頑張る。小学校や高校の前を通り、今度は一気に大下り、カーブして進むと、JR鹿島神宮駅が下の方に見えた。泳ぐようにして駅舎にもぐり込む。今日はこれでおわり。

○鹿島神宮駅は「北浦」からおよそ2㎞入った高架式の駅で、海抜は低く、見方によっては（東の住宅地から見ると）、谷底にあるように見える。（鹿島神宮駅より二つほど千葉県寄りの駅が水郷で有名な潮来《いたこ》駅です。）東側の「台地上にある住宅・市の施設・鹿島神宮」を訪れるとき、「坂の街」であることをイメージした方がいい。

「てくてく日本・一人歩きの旅、時々山登り」

平成27年8月18日（火）〜8月19日（水）　1泊2日
バスハイキング

会津・猫魔ヶ岳（1，404ｍ）＋西吾妻山（2，035ｍ）（福島）

八方台登山口〜猫魔ヶ岳〜猫石〜八方台　泊、白布温泉・中屋別館
天元台ロープウェイ・湯元駅〜ロープウェイ〜リフト・北望台〜かもしか展望台〜大凹《おおくぼ》〜梵天岩〜天狗岩〜西吾妻山山頂〜同じルートを戻って北望台＋リフト＋ロープウェイ〜湯元駅
1日目　歩行約5km　時間3時間強…（八方台登山口↕「猫魔ヶ岳・猫石」往復）
2日目　歩行約5．5km　時間4時間強…（ロープウェイ・リフト北望台↕「西吾妻山」往復）

○千葉中央バスのバスハイキング。今回は百名山の西吾妻山をメインに、山形の名湯・白布温泉に泊まる1泊2日。京成津田沼駅バス出発がいつもより30分早く6：30。これに間に合わせるには、私のマンションから最寄駅までバス便は早すぎて無い。よって歩く。30分かかり一汗大いにかく。5：58電車に乗り津田沼着6：10。トイレなどの身支度を整え、6：35バスに乗り込み出発。バス1台約40名。ほぼ満車。天候「くもりと俄か雨予報」。行程としては楽な山歩きだ。付添い添乗は女性2名＋ボランティア2名。東北道、磐越道、猪苗代磐梯ＩＣを出て、磐梯山ゴールドラインを走り11：00すぎ、八方台登山口でバス下車。ここは、磐梯山と猫魔ヶ岳夫々の登山口となっている。

○深い霧のたち込める中、簡単な準備体操を終え、一行登山開始。スタートから殆ど全員、上下完全な雨具です。15分も進まぬうち早くも本降りの雨となる。合羽をたたく雨音、さすがにおしゃべりする人も少なく、もくもくと歩く。杉・松もチラホラ。もっぱらブナ林をたんたんと登る。小降りになったり強くなったり。鳥の

さえずりも殆ど聴こえない。花も見るべき程のものもなく、第一、その余裕もない。時々大カメの木の枝先に、たわわな白い花のかたまりを見る。稜線の一角に出たが、ドッと吹き付ける雨と風。霧は更に深く眺望なし。間もなく山頂をあらわす岩塊に着く。ここで待機する者15名を残し、25名程で、この先20分かけて、猫石めざす。（同じルートを戻ってくるので、進む気力なき15名は、途中に案内人と共に残った。絶対に戻ってくるまで動かないで！という約束で。）

更に大きな岩塊がそれらしくあった。眺望ゼロとあって早々に戻る。15名と合流し、ビショ濡れとなった今日の山登りを呪いつつ八方台登山口に帰着。この山登りでスレ違った人は夫婦ものの2人のみ。15：00前、バスで白布温泉へ向う。桧原湖沿い山に入って西吾妻スカイバレーと約1時間強のバスでの移動。峠の展望台でも何も見えぬ。16：30宿に着く。私は空いていたのか今日は一人部屋に通され、ゆっくり温泉に入り、渓谷のせせらぐ音を聴きつつ、眠りについた。（明日の「西吾妻山」天候が良くなりますように）。

○翌朝、くもり晴れ間7：50バスでスタート。天元台ロープウェー・リフトを延々乗り継ぎ、北展望台着。標高1，600m地点から、全員歩き出す。（9：00すぎ）30分も登ると「かもしか展望台」、ここから下り気味に湿原に入る。左手の高まりは1，963mの「中大巓《だいてん》」。花々の咲く木道を歩くと、大凹《おおくぼ》。ここは水場であるが枯れていました。

チングルマは早くも花から胞子へ、ワタスゲの波を見、りんどうの蕾を見てチョットした岩場を登る。梵天岩、天狗岩と累々たる岩を越える。吾妻神社を左に見つつ、曇り空ながら、吾妻連峰全体はよく見えた。そして更に35分頑張って西吾妻山頂へ。吾妻連山の最高峰ではあるが、四囲は林。ひっそりと標柱が建つのみ。昼食は少し戻った天狗岩周囲で宿でこさえてくれた弁当で昼食。西吾妻山2，035mで最高峰です。吾妻連山は、とび抜けた標高の山（ピーク）はなく、1，900m～2，000mのズングリした丸ポチャの山々だ。西大巓《だいてん》（1，982m）。東大巓（1，928m）、昭元山、家形山、そして東吾妻山（1，975m）。

そしてこの山だけは裸山の荒々しい地肌をみせ、うすい煙さえふいている「一切経山」といった連山だ。私は30歳の頃、一切経→家形→東大巓・明月荘（泊）→中大巓→西吾妻山～西大巓～白布峠の縦走をしている。ほぼ2，000mに近い山頂部がほぼ平らで、広大な湿原である事に驚き感動したと同時に荒らされた湿原の復旧作業中であった事も印象的でした。

○今回はバスによるツアーハイクという団体行動で、いかに手っ取り速く、百名山の一つを歩けるかという発想で、ロープウェー・リフトをフルに利用したルートだった。さしたる苦もなく名山に登れ、また、貴重な湿原の花々にも触れられたのだった。一方で（かもしか）展望台ではシューズさえも身につけぬサンダル風のアベックが2組いて、驚かされた。天候さえよければ、それも可能だろうが、装備は十分で登り歩いた私達の心には〝大丈夫かなぁ〟という思いがあった。せめてトレッキングシューズくらい装備してほしいと願うものです。

○一日目は、山中、完全な雨。しゃべらず足元を見て黙々と登った一日。
二日目は、くもり一時晴れ間、列のうしろで、同行のオバサンたちと、おしゃべりをし、山の唱などうたって湿原を歩き、皆さ

ん楽しかった！と口々に出されていたのが、今回の収穫だったのかしら。
お疲れさまでした。

○一日中雨に降られての山歩きは、たまにある。単独行の山登りなら〝中止〟して山には入らぬが、団体山行だったり、宿泊日程が入ると、そう自分の好き勝手と行かない微妙な問題は確かにある。

○〝私達はここで待ってますから〟という人やグループは確かにあるよ。疲労、天候、体調不良、怪我…などなど。「一人を、或いは一グループを残して…というケース」での判断は難しいこともあるが、基本的には、「山では邪道」という事。「寄せ集めでの集団登山」の（主催者リーダーの）腕の見せ所。

茨城県ウォーク③　鹿島神宮→鉾田

平成27年6月8日（月）くもり時々晴れ

（鹿島神宮駅前から）

鹿島神宮～鹿島中～神向寺～旧・国道51号線～サッカースタジアム（左）～卜伝の郷運動公園～明石（交）～清水～荒野～堺田～はまなす展望台～神戸山慈眼寺（34番札所）～大志崎（左1・2㎞鹿島灘駅）～とっぷさんて大洋～鹿島のプラザレストラン～大洋総合支所入口（交）～汲上跨線橋～大洋駅近く～大蔵（交）右折～芋畑～県道242号から県道18号～県道242号県道から県道18号県道～安塚～新鉾田市街～麻生ホテル

8：45～16：15約7時間30分　28㎞ぐらい

プロローグ

去る6／2に神栖市中心部から鹿島神宮駅まで歩いた。今回は3泊4日の予定で、鹿島神宮駅から茨城県内、鹿島市から日立市近くまで歩こうと思う。千葉稲毛海岸の自宅をAM6：00前に出て、バス・電車とのり継いで、8：30すぎにJR鹿島神宮駅頭に降り立った。朝の出発間際はいつも私ながらの戦争で、このドタバタをのり越えて予定の電車に乗ってしまえばしめたもの。今朝・万全を期したつもりなのに電車に乗ってから重大なミス一つに気付いた。携帯電話を忘れて来てしまったのだ。日頃私はガラケー族を自任して、旧式携帯は使うもののスマホはもたず、文明の利器とは最低限の付き合いを自任して来ているものの、友人知人と友好を維持するに携帯電話だけは…と思っているのだが、「延べ4日間も、かけてくる知人友人に迷惑かかるかも知れぬ…」…と己のミスを嘆いた。妻からも日頃、暇さえあれば出かけて歩いている私に↓携帯位はちゃんと持って連絡とれるように…ときつくいわれていた。…今回帰ったらリビングの壁に貼っておこう!!「忘れもの防止3箇条」を。今回、天気予報によれば、2日目は雨という。少なくとも一日は降られる覚悟もした。

鹿島神宮駅 → 鹿島神宮 → 鹿島中 → 神向寺南（交）→ サッカースタジアム → 明石（交）→

駅は、市の中心街から見れば谷のような低い位置にある。歩きはじめは、東の高台に登るように神宮方向へ。

すぐに〝塚原卜伝〟の碑を右に見ると、すぐ左の神宮の鳥居に向う街路に出る。左へ鹿島神宮の大鳥居を一礼をしてくぐる。かつての常陸国一の宮であり、徳川家代々の庇護を受け今日まで〝武運長久〟の神様と知られる。シイ・モミ・スギの大木が茂りうっそうとした社の中を進み、奥宮にお参り。ついでに左の坂を下り「御手洗《みたらい》」の茶店に寄り、ダンゴと神酒を一杯いただく。奥宮に戻って、要《かなめ》石の方にむかう途中の十字路で左折、広大な神宮の社から抜ける。

国道124号とぶつかる（下津入口）。セブンイレブンでおにぎり2ケパクつき100円のうまいコーヒーを飲む。国道124号を進み鹿島中学前をすぎ神向寺南（交）で、右斜めの国道51号・旧道を行く。

道路両サイドの農家らしき屋敷の立派なこと。大都会のウサギ小屋とは天地ほど違います。左手に白亜のサッカースタジアムが現れる。スタジアムのあるあたり「卜伝の運動公園（鹿島神当流開祖・剣聖）」と称し、その中心的存在が平成5年完成の、鹿島サッカースタジアムで観客席に屋根があるとのことです（鹿島アントラーズの本拠地）。…ジーコ選手の像や、アントラーズ選手達の足形もあるゾ。

波野小前を経て、明石三差路・右に鹿島灘への道が下っている。ここは旧の国道51号線だが、「千葉から76㎞、水戸まで49㎞」との表示あり（千葉からここまでと、千葉から館山とだいたい同じだなあ…関係ないか）。高架道路をくぐる。「陸軍上等兵勲八等○○、紀元2601年碑」あり。

…あちら・こちらの街や道を歩いて想う事は沢山あるが、そのうちの一つ…どうして日露戦役が

清水 ← 荒野 ← 堺田 ← 角折《つのおれ》 ←

らみの碑は日本中、多分津々浦々にあるが、先の太平洋戦争に関係しての碑は、お目にかかった事はない。もしあるとすれば、沖縄や広島等に大戦を「反省・懺悔するもの（碑）」だろう。国や家族を思い、守ろうとして立ち向った兵士を歌うものが皆無とは。戦死者が浮かばれなさすぎる…と思うがどうか。アメリカ占領軍の意向と日本の戦後教育による結果なのだろうか、（私は右翼でもないし、普通の日本人ですけど。もう何度も触れたのだが、何度でもいうよ）。

清水（交）で、旧道は国道51号本道と合わさる。池田交通が市から受託市内コミュニティバスとして運行している。本来の乗合バスはあったのだろうか。廃止され、代わりにマイクロのコミバスとなったものらしい（一日・4便程度）。

小山、荒野（こうや）と進む。荒野台駅（鹿島臨海鉄道大洗鹿島線）へ左へ1．3㎞とある。右側に中野郵便局あり。歩いて来て、このところ人一人ともすれ違わなかったが、さすがというか、郵便局前の小さな広場に、徒歩・自転車、軽トラの人達が用足しに集まっていました。

堺田、角折《つのおれ》と進むと（はまなす自生の南限エリア?を記念しての）「はまなす公園」が左に現れる。行ってみると起伏を活用した小川の流れを見つつ高台に展望台あり。展望台に登ると、どんより雲っていはいるが、鹿島灘の弓形の海岸線が視界にひろがった。特に目を引いたのは、砂浜から、一定間隔で海にT字型に突き出た〝流砂対策の防潮堤〟が多い。この長大な砂浜も年々、浜の砂が海水でえぐり取られているのだろう。九十九里浜で散々目にしてきた景色だ。（…削り取られた砂はどこに行くのだろう?…月日をかけて歩いていても、砂がたまって新たに誕生した砂浜…こういう話に出くわした事がない）。その「はまなす公園美術館」での事：展望台に昇ろうと…だがドアは閉まっていた。ガチャガチャやって引き返そうとすると背後から、シルバー

潮騒はまなす公園・美術館・郷土資料館 ←

人材風のジイさんが出てきて「今日は月曜で休館日だよ。入れないよ。遠くからきたの？裏に廻りな。ルール違反だけど、入れてあげるよ」裏に廻ると、ドアが開いた。そしてなんと、３Ｆ？までついて来て、展望台で見える景色を教えてくれた。「本当はもっと、遠くの山々も海まで見えるんだけど」…と私よりも残念そうに話す。…だから旅はやめられぬ。少しの心づかいを受けて、私の心はあったまったのでした。もっともっと他人同士でも少しの心遣いで小さな幸せにひたれるもの…と感じ入った次第。時季をすぎたハマナスは干乾びていたけれど…。公園を愛するジーサマ、御達者で！今日落ち込んでいても明日は良いことあるさ！

国道に戻って、また、セッセと歩く。道路端に〝トラックの運転士さあ～ん〟という大きな看板。「あなた好みの「トラック飾り」造ります…鹿島オリジナル＝トラックアート」だって。色んな商売があるんだなあ！あの銀ギラギンのトラックはこういう所で生まれているのか。

神戸山慈眼寺 ←

青塚、国道荒井、浜津賀、荒井（郵便）局。右手に大きなお寺＝関東八十八ヶ所霊場・第34番（弘法大師）慈眼寺（南無大師遍照金剛）。この辺り150ｍも右に歩くと海。大志崎、小志崎、池田交通事務所（左）。国道沿いにビニールハウスおびただしい。ハウスの中がほんのり紅いぞ！

ミニトマト ←

なんだろう。隙間からのぞくと、ワアッ！ミニトマトだ。それも、一枝ごとの両側にスズなりのミニトマトのオンパレード。美事!!というしかない。紅、黄色、青…。

メロン ←

そして、次の畑の大きなビニールハウスの外側を見て、また、驚く。食べられそうなメロンの大・中・小がゴロゴロ。収穫出荷の対象からはずれた果実だろうか。これもすごい数だ!!ウーン。…と、道端に大きな看板〝鉾田のメロン。うまかっぺ。日本一〟とあった。

とっぷさんて大洋
←

「とっぷさんて・うぇるさんて・さんて旬彩館」の看板。鹿島灘で初めて湧出した温泉（たいよう温泉）。道端のある民家の立て札、「猛犬注意。〝噛みます〟」だって。ゆずり車線…というのが道路走行区分に出てきた。SLower traffic rane。京知釜、白鳥東小、上沢と進む。

←
鹿島のプラザレストラン

食事処、「鹿島のプラザレストラン」に入る。先ず生ビール＋天丼＋そば。客は私以外、誰もいない昼下がり。夫婦者らしき旦那の方がしきりと私のテーブルそばに来て、話したがる。丸で10年の知己でもあるかのように。料理するのはカミさんで俺はおもてなし係（反対だろう）…とでもいいたげ。実に人なつっこく、善人なんだ。つられて聞かれもしない事まで私はおしゃべりしてしまう始末。頃合いを見て、これもまた憎いネ、食事中の私のテーブルにメロン1／3ケ位を切って、サービスよ!だってカミサンの方がネ。この店はきっと流行っているにちがいない!!こういう時は少し多めに御代を出し、釣りはいらねぇ…とやるべきだったかしら。ここは千葉から90㎞、水戸まで32㎞とあった。

←
大洋総合支所（交）

大洋総合支所入口（交）まで進む。正直いうと、ビールのせいで酒気帯び運転ならぬ歩行者だったかも知れぬ。反省!交差点で、交通量の多い国道51号と別れ左折。緩やかカーブの国道354号を行く。

←
汲上跨線橋

〝汲み上げ跨線橋〟を渡る（なんだか臭いそう）。下には臨海鉄道のレール。左手に「たいよう駅」がみえ、前方遠くに双子峰が目に入る。筑波山か。

←
大蔵（交）

大蔵（交）で右折。県道242号線に入る。この道をまっすぐ行けば、確か近道で北浦のほとりに出るハズだ。東原（交）、吾妻原と過ぎる。

←
右折

→ 百里基地のジェット → 芋畑 → じゃがいも畑 →

何だ！何だ！時ならぬ轟音。空を見上げる。雨雲を切って、〝ジェット機〟だ‼確か、近くに基地があったか？そうだ航空自衛隊百里基地だったな。それにしても人家はまばらながらも、豊かでのどかな、この田園地帯の静寂を突き破るこのゴー音。なんと理解したら良いのやら。何でジェットはあんなすさまじい轟音を出さねばならないのか。音を極小化したプレーンは造れないのだろうか。地元農民でなくとも神経を逆なでされるに充分な騒音だ。…話は変わるが、さて、この一帯の芋畑の広大さ！には目を見張ります。１００m以上もある畝が数十本は一畑に並んでいる。畑の一つが1，０００や2，０００坪程度の広さは当たり前。土盛りした畝には黒いビニールシートが張ってあり、そのシートの頂上部分に、間隔（大体30～50㎝か）をとって穴をあけ、苗が植えてある。畑によっては作業の進度に差があり、あっちの畑ではすでに苗が育ち、ツルが生き生きと伸びている。「苗植え」が終わったばかりと見える畑は、ビニールに苗が弱々しく寝るように横たわっている。ビニールをかぶったままで苗植え待ちの畑、土盛したただけの畑…色々だ。ある畑では、近くの主婦達なのか、10人程が畝にとりつくようにしゃがみ込み、ビニールの小さな穴に一本一本苗をさし込んでいるところ…。本当に大変な手間のかかる作業だなあ…と頭が下がりました。鉾田は（茨城は）全国トップクラスの芋（かんしよ、二位）の生産量があり、「紅あずま」「紅まさり」「紅はるか」が主力品種だという。

そして、ジャガイモ畑も凄い。今は6月、もう収穫時期に入っており、充分に生育した枝々は緑の葉と白い花で一面、美事な景観。小さな白いチョーチョが、あっちでも、こっちでも、飛び回っている。茨城の農業（農家）は豊かだなあ…を実感。行けども行けども一面のイモ芋、そして時々現われる林。もう、すっかり細くなった県道２４２号線（鉾田・鹿島線）を進むが、

北浦湖畔←鹿島臨海鉄道と平行←鉾田市街←新鉾田駅←ASOホテル

どこをどう歩いているのか、方向音痴となる。たしか金並とか、二重作などの地名表示があったな。

めずらしく小学生らしき、下校時の子供らとすれちがう。こんにちは!元気な挨拶がとびかう。オジさん、どこから来たの?どこへ行くの?などの会話。鉾田の市街に行くのはどっち?この左の道をゆき、坂を下ってドンドン行くと、湖畔に出るよ!!と親切に教えてもらった。この町は小学生も中学生もあいさつを交わしてくれる素晴らしい子供達だ。

成程とうとう北浦湖畔に出た。一両のボロ電車（ゴメン）がトコトコ走っている。湖畔に沿い県道18号線を元気を出して進む。

新安住、二重作川、安塚南（交）を左方向へ。どうやら民家も増え、町らしくなってきた。レールをくぐり返し、交差点を左へ。鉾田市街が近づく。

右にカーブして上がっているレールのガードをくぐると、新鉾田の駅近くだった。今にも振り出しそうな空模様の中、必死に頑張って、とうと鉾田着。

駅近くのASOホテルに一夜をとる事とし、玄関を入った。

○茨城県の野菜…広大な野菜畑の中を歩きながら、「全国統計で見たら、茨城県の特産品は何だろう」…と確認してみたくなった。（2011年「データで見る県勢」より）

日本一位↓はくさい・メロン・れんこん・栗・ピーマン
日本二位↓レタス・ゴボウ・イモ・落花生
日本三位↓ネギ・カボチャ・スイートコーン・そば

茨城県ウォーク④　鉾田→那珂湊

平成27年6月9日（火）

（新鉾田駅前から）

駅前東側～新鉾田駅前（交）～県道182号線～長茂川～大竹海岸方面分岐～エコパーク鉾田～フォレストガルテン～白塚～塙美寿子の碑～（白塚）古墳群～県道182号（大竹）～北島マシンナイフ～ガストックヤード～青山保育園～県道18号線新鉾田駅前～鉾田土木前～鉾田川支流～徳宿駅～メロンロード分岐～県道114号（下太田・鉾田線）～JA中央選荷場（左）～造谷～農協前～レールくぐる～郵便局～旭北小～大谷川橋～涸沼駅～県道16号線～太平洋クラブへの分岐～成田高架橋～大洗町成田～大洗南中前～茨城百景展望台～大洗マリーナ～フェリーターミナル・レストラン～大洗磯前神社～海浜公園～水族館～祝町（交）～那珂川～湊市場（那珂湊）～ひたちなか海浜鉄道・那珂湊駅…（勝田駅へ）

9：15歩きはじめ～16：40着　約7時間30分　約35km超

プロローグ

鉾田市は人口約5万人であるが、県内各都市の中でも、1次産業のウェイト高く、財政力も、下位に甘んじている。実際訪れてみて一見、元気があるとも思えない。しかし昨日、たっぷり田園の中を歩き、今日もまた、市域を貫くように歩くわけだが、昨日の感動の一つに〝鉾田の農業の凄さ〟がある。ジャガイモ、サツマイモをはじめ、（通りすがり者の目ではあるが）一軒当りの農家の規模は大きく作業量も、人手が慢性的に足らぬ程だ。家は大きく、農地は広く、収穫に適した気候風土を考え合わせると、〝豊かさ〟に気付く。産業統計・金銭統計ではわからぬ豊かさが充分あると観た。畑を切り裂いて伸びる市道や県道で行き交う小学生、中学生は、男女を問わず、私のような風体のものにも進んで挨拶してくれる…などなど。
昨夕のことだけど、南の方から歩いてきた疲れた私が、新鉾田駅近くに着き、まず捜すのが、今夜の宿。ともかくケバケバしい色の建物であるが、ASOホテルがヤケに目立ち、部屋がとれるなら、そこにしよう！とかけ込んだ。素泊まり6，400円（朝食ナシ）とやや高目なるも決める。部屋に入ると「ツイン」だった。それなりの広さだ。展望大浴場があるというので行ってみる。1人の客もおらず、展望の効く良き風呂だ。上々!!さっぱりして街に出る。2～3軒の店が点在する中で〝ゾバ屋〟に入る。「てんぷら＋もりそば」＋ビール、〆て1，450円也。店を出ると夕のとばりが漂っている。レールの高架橋の下で男女高校生がいちゃついていました。悪びれずによくやるのお！良し悪しはともかく、高校生たちが放課後、愛を囁き合う格好の場所といったら、ありそうで無いのだなぁ。青春も一期一会。思いっ切り生きようぜ。

新鉾田駅前 ←　朝が明けて、窓うち鳴らす風と雨。一気に気が沈む。近くの通りを走る車が水たまりをはね飛ばす音…。昨夕、コンビニで買ったパンを食べ、ともかく出発する準備。出来るだけ雨天に会わぬよう予報に注意して出かけるのだが、数多くおでかけをするうちには、今朝のような雨降りも覚悟せねばならぬ。上下雨具、リュックにもカバー。グズグズして遅れてしまい、9：10スタート。レールの新鉾田駅東側のメイン道路を北へ向う。新鉾田駅前（交）を突っ切る。（左に行けば茨城空港まで17㎞とある）。

県道182号線 ←　県道182号を行く。5ｍ程の長茂川を越える。両側は、田んぼ中心の景色。覗いて見ても、おたまじゃくし、ザリガニなど見えぬ。緩やかな登りの立派な道を進むと田んぼから畑へ。起伏を切り開いた広い畑。豊かそうな畑。一面さつまいも。遠まきにしたたる緑の林。そして豊

長茂川 ←　醇そうな畑…長～い畝…いい景色だなあ。それにしても歩道付きの立派な道に行き交う車は殆ど無い。まだあまり使われていない新道なのかなあ。雨合羽等、煩わしくて地図で確かめる気にもならず。

←大岳海岸方面分岐←エコパーク鉾田←フォレストガルテン←白塚古墳群 県道１８２号～県道18号線←

このいい道から続く限り進むと、大竹海岸方面（右）への分岐も見送り更に行く。程なく、新道は途切れ、幅４～５ｍの昔ながらの田舎道となった。このあたり何が凄いかって「ウグイスとホトトギス」の啼き声の大合唱。これも都会にない「幸せ感」の一つだ。所々に太陽光パネルが見られる。身近なところでホーホケキョ、少しその奥でトッキョキョカキョク…鳴きまねをしながら歩く私にウグイスは何故かしばらく付き添ってきたよ。

エコパーク鉾田、フォレストガルテン・モー牧場などの表示も見る。木立ちのうっそうとした中に、別荘風の建物も散見。私が歩いている道（県道１８２号と思っているのだが）がヤケに心細く狭くなっている外は、なかなか良き雰囲気といえる。今となっては、この道は一体どこにつながっているのかしら?と疑心暗鬼になる。もう道なりに進むこととする。両側のうっそうたる木々が双方から覆い被さり空も見えぬ薄暗い下り坂を行くと、目の前がパァッと開け、また、一面の広大な畑・畑・畑。白塚という所で左折。ジャガイモの白い花。飛び交うチョウチョ、ゴボウもあるし、そして芋畑。いかに農家が働き者ぞろいとしても、これだけの畑（植付け、草とり、収かく…）では、どれだけの手間がかかることか。都会に住んで数百円払えば安直に手に入る農作物！…こうして作られているのかと思うと、またまた頭が下がります。無駄には出来ぬ。

大高美寿子碑。白塚古墳群…「鉾田・大竹線」県道１８２号線のよい道に出た…しかし、それにしてもようやく、ルートがおかしい…と確信。しかし、是正できないまま、なんと、昨日最後に辿った県道18号線に出てしまった。山登りでいう「リングワンデリング（?.）」で右へ右へと是正したつもりが、右へ旋回しすぎて、円をかいてしまったのだ。２時間40分かけての世紀の大失敗!!どっと感じる疲労感。

新鉾田駅←鉾田土木前←徳宿駅《とくしゅくえき》←114号（下太田・鉾田線）←造谷・農協前郵便局・旭北小・大谷川←涸沼駅←成田高架橋←大洗南中前←

気をとり直して、改めて新鉾田駅そばから歩き直す。（気分的に叩きのめされ、動揺した心のまま…）北へ向い、鉾田土木前（交）から、県道114号線に入る。（先程は県道182号線に入って間違った？）鹿島臨海鉄道とあまり離れぬ心持ちで。農家・畑・畑・畑・林。ポツンと商店。時間を少しでもとり戻すべく泣きべそで頑張る。

川（鉾田川？）を渡り、交差点を越え、郵便局を見て、「とくしゅく＝徳宿駅」への表示見る。メロン畑のビニールハウス。ミニトマトのビニールハウス。道端に、収穫してもらえなかった「落第生のメロン」がゴロゴロ。

メロンロード（左）への分岐もすぎ、鹿島あさひ、（少し左に行くと「鹿島旭駅」があるみたい）造谷、農協前と「下太田・鉾田線（県道114号線）」を行く。農協前（交）では、左へ子生茨城線、総合スポーツセンター方面への県道115号線をわけた。いつの間にか「大谷川とレールと県道」が仲良く並んでもつれ合って進みます。

そして涸沼駅に着く。流れる汗。駅前で一服。そこは、まともな駅舎に見えたが無人駅。だが観光案内所があり、周辺には人っ子一人みえぬのに、中年の案内所員が居た。暇そうに見えたので、ひとしきりお話しをして、記念写真をパチリと撮りました。名残惜しそうな愛想のいいオバサンに道を確かめ、見送られつつ再起動スタート。県道16号線で大洗を目ざす。途中、道バタに、さつまいもが山ほど捨てられていました。メロンも芋も作りすぎ?売れ残り?右手の深い林の中を突然ディーゼルが現れてビックリ。また、左下には、大きな涸沼が見下ろせた。ラムサール条約認定の旗も翻っている。

「成田こうか橋」をすぎ大洗南中をすぎる。「町の宝・子供を守ろう」の看板。学校の前の坂を廻り込むように下って行くと突然海が開けた。すぐ先に展望台。足下に、海沿いを来た国道51

号線と交差です。

百景展望台 ←
大洗・大貫海岸 ←

「茨城百景・大貫海岸」を見下ろせます。「3歌人」の碑あり。前方やや左に展開する大洗の市街(港)は、とても人口1.8万人の街には見えず、鹿島以来の活気のありそうな気配です。海沿い(港沿い)の県道2号線を進む。右手に「大洗海浜公園」、「大洗リゾートアウトレット」。

〈サンフラワー号の雄姿・この年7月に苫小牧で火災〉

大洗マリーナ ←
フェリーターミナル ←
磯前神社 ←

大洗フェリーターミナル(お馴染みのサンフラワー号停泊中)マリンタワー等々。北海道苫小牧との定期航路もあり賑わっている。それなりの漁港は、(カネフク・メンタイパークの大型施設の外側にあるが)、その南側一帯を鳥瞰すると、単なる一つの漁港をこえ、松並木も含め、近隣から人の集まる一つの海浜シティの趣です。フェリーターミナルレストランに入り込み、「カレーライス+生ビール」1,100円で昼食とした。2時40分。

Ōarai Coast Resort town。

左カーブで進むと、「大洗磯前神社」の大鳥居。この大きさには本当に驚かされた。大地から太平洋に向かって開け、海中の岩にも鳥居。

海岸公園←水族館←アクアワールド←那珂川（海門橋）←湊公園←おさかな市場←湊本町←那珂湊駅←（レール）勝田駅

大洗海岸公園とそれに続く左側の名門大洗ゴルフ場の松林は立派。消毒も行き届いているようだ。（5／下～7／上旬にかけ消毒）。波は荒いが、駐車場も十二分に広く、波打ち近くに張り出た遊歩道もよく管理されていた。

大きな水族館もある。そのほか大型ホテル立地も複数あり、マリン（アクア）ワールドの北端までくると、「那珂湊と那珂川、これにかかる橋など一望。「茨城侮れず」の感だ。ホテルのわきの下を通り県道173号線から県道108号線へ、そして那珂川の海門橋をわたる。橋の上から上流を見渡すと、数百m先で川は左・右に大きくわかれて見える（左側・かんぽの宿の先で左から合流は涸沼からの涸沼川とわかった）。本流は右手まっすぐ、ゆったりと流れている。

海門橋を渡って、丁字路を右へ。湊公園の裾をまわって那珂湊漁港の「おさかな市場」まで歩いてみる。流石に大きな漁港だ。海鮮料理、物産販売等の朝市風の一大センターです。港はやはり朝か遅くとも午前中なら直に活気に接するのだが…。

港風景もそこそこに、今夜の宿探しへ。疲れた足にムチを入れ、湊本町中心に3軒ほど当たる。部屋はあるが、朝食付きで7，500～8，500円という。予算に合わず、思い切って電車に乗り勝田に出ることとす。（電車賃入ればかえって割高なのに…）

○「不法滞在の外国人を雇用する事は犯罪です!!」と大書きした黄色の幟旗が農道沿いにオンパレードでたっていた。ということは、それだけ農繁期を中心に労力が足らず、その分、苦しまぎれに不法滞在の外国人を使う＝それは犯罪です！というのはわかるけど、実際不足している労力はどうするのかなあ？とも思う。日本人の若者が少子化で減る傍ら、更に、農家で働きたがらず、都会に出てしまう。背に腹は代えられず、外国人労働者を頼りにする。〝犯罪だ！〟と指弾する以前の「受け入れ体制」を国や県がしっかり整える…のが先ではなかろうか…と素人の考えです。

○3・11で崩壊したと思われる瓦の壊れた民家が時折、4年目になっても、目に入る。（ブルーシートがあったり、壊れたままだったり、無人の家だったり…）

○ひたちなか海浜鉄道

パンフレットでは「おらが湊鉄道」。地図では「ひたちなか海浜鉄道」。1両ディーゼル車に乗って4駅目、勝田駅です。よく頑張っていると思う。なんとか食いつないでいってるにはそれなりの条件がある…と思う。また一つ、勉強材料です。

○那珂川

日本は大別して四つの島から成り立っているといわれる。最大は本州ですが、これが南北に細長い弓形をしている。そのうえ本州には〝表と裏をわける脊梁山脈〟がある。中国地方で標高1，000～1，500mレベル。本州中部で3，000m内外、東北でも1，500～2，000mの高さの山脈があって、表日本と裏日本に降った雨も分ける分水嶺となっている。表に流れるも裏に流れるも概ね100㎞内外で海抜0mの海に注ぐ。欧米大陸から見れば、日本の川は急流（滝のようだ）が多いといわれる。物資の輸送は海路を活用するほか、陸はあっても、今日のようなトンネルや架橋の技術も未開の時代にあっては川の活用が不可欠で、川は今でいう〝高速道路〟的な役割を果たしていた（舟運として）。北関東に於いては那珂川も代表的な舟運の発達を見た河だった。一般的にいって、日本の陸路は急坂が多いことから、輸送機関も牛や馬に頼り、能力は極端に小さかった。その為、海路は当然として、つとめて河川を水路としてを活用。容積、重量ともに大きな荷は、出来るだけ、原産地と需要地を舟で結ぶ必然があった。那珂川は水戸藩の産米を送るルートであり、栃木県黒羽から水運が活用された。また、東北・奥羽の物資を那珂川～涸沼川＋陸路＋北浦・利根川と運び100万都市・江戸への輸送ルートの一つとなっていた…という。

茨城県ウォーク⑤　那珂湊→大甕《おおみか》

平成27年6月10日（水）

（那珂湊駅前から）

八幡町〜総合福祉センター〜首塚〜十三奉行〜県道265号線へ〜日立建機〜阿字ヶ浦口〜海浜公園南口〜自動車安全運転センター〜海浜公園IC〜公園西口〜ニューポートひたちなか〜原子力研究開発機構南東口〜日立埠頭〜三井倉庫〜常陸那珂火力発電所Uターン〜南東門〜如意輪寺〜原子力機構前〜新川橋〜村松虚空蔵尊〜原研グラウンド〜原子力科学館〜原電前十字路〜久慈川（大橋）〜茂宮川〜日立おさかなセンター〜久慈サンビア日立〜久慈海水浴場〜日立港・久慈漁港〜大甕駅入口〜大甕駅（JR）

8：05スタート〜16：00　約8時間　約30km

プロローグ

勝田駅前「みまるやホテル」5：00起床。6：45サービス朝食。ご飯2杯たっぷりいただく。7：40ビジネスホテルを出る。駅前写真を撮る。駅舎は新装したと見え、クリスタル風の涼やかなモダン建築。今は勝田市といわず、ひたちなか市という。人口は16万人あり、なかなかの市街風景。工場あり、港あり、国営公園ありだ。今日は晴れ。体調特に悪いところもなく、今日も何事にも感謝しつつ歩こう。ビジネスホテルのおかみ、何か話したい様子だったので雑談少々。私が「〝てくてく日本〟を目指して歩いています。71歳です!!」と話すと、口に手を当てて驚き、オーバーに絶句！そんなものかな。短パン半そで顔真っ黒け！がそう思わせたか。「私が○○をしてます…」と話すと大抵の人が羨ましがり、私もやりたい…等という。「でもネ、真似したくたって、現実そうもいかないの…」という本音とため息、人が思う程、楽な旅でもないのだが…（連続して歩き続けているのですか…と受け取る人もいます）。

今回の歩きの旅（6／8～6／12）で私は、携帯電話を自宅に忘れてきてしまった。今頃誰からかメールが届いているだろうことを思うと、また、友人、知人に迷惑がかかるなぁ…と気が重い。今の世、ＩＴ機器、スマホを使わない者は孤立して行く…という怖れのようなものが、いつの間にか心の奥底にいついているのかなぁ。

（勝田駅）←那珂湊駅←那珂湊中学←総合福祉センター←首塚←十三奉行（交）←

7：48勝田駅発「阿字ヶ浦」行一両電車に乗る。殆ど全部が高校生。ほぼ満員状態。座っている者も立っている者も90％以上、スマホをいじっている。このレールは通学列車なのだ。経営の厳しいローカル私鉄の懸命な姿がここでも肌で感じられた。車内放送も「テープ放送のワンマン運行」でバスがレールの上を走っているみたい。四つ目の那珂湊駅で下車。殆どここで降りた。駅広に出てすぐ左へ。すぐまた左折。レールを横切る。八幡町、船窪、那珂中とひたちなか市のコミュニティバスルートを行く。多分地元の茨城交通バス路線が廃止。そして市コミバス運行となっているものだ。使われていない旧いバス停も放置されている。

総合福祉センター、消防署を左に見る頃、何故か花火がパンパーンと数発上がった。赤坂、首塚と進む。忠勇戦士の墓。

どんないわれか「十三奉行」という所あり。時刻表示なしのバス停数ヶ所あり。平磯漁港方面からの県道176号線を右から合わせ、十三奉行（交）を右折。このあたりまで両サイド芋畑はなはだ多し。畝と畝の間隔広く、麦でも作っていたか？「十三奉行（交）」は直進するも、（県道108号線）右へ県道265号線を行くも、見間違えるような街路付きの立派なプロムナード。道幅は30ｍはあるか。

日立建機 ← 阿字ヶ浦口 ← 国営ひたち海浜公園南口 ← 安全運転センター中央研修所 ← 海浜公園ＩＣ西口 ← ニューポートひたちなか ←

「２６５号県道磯崎港線」を行く。日立建機外、目も覚めるような近代的事業所が左側に並ぶ。阿字ヶ浦小西、左下の貯水池模様の大きな池の公園あり。地区のジイサン達４~５人が散歩中。阿字ヶ浦まで右１㎞の表示。左はジャングル。松枯れ対策もここまでは手が届かぬらしい。行けども行けども…の道を更に進むと「国営ひたち海浜公園」にぶつかった。南口エリアという赤いゲートのところまで行ってみる。国営公園というのも珍しい。国立公園、国定公園の類ではなく、市営に対する国営ということか。今日は入園している暇もないので入らない。たっぷりと大きな敷地にあらゆるゾーンを設けてあるらしい。しかしこの地は公共交通機関の谷間で、自動車（マイカー）が頼りを承知で造成したのだろう。南口で左折して南から西に公園に沿うように整備された外周を行く。駐車スペースは派手に多い。

外周道路の左側（公園と反対側）に、「自動車安全運転センター中央研修所」があった。私がサラリーマン現役の頃、部下の優秀な運行管理者がさらに腕を磨くべく、泊まり込みで入所していたのはここだったか…との感慨あり。圧倒的な規模と設備があるようだ。

海浜公園ＩＣが現われる。これは公園を掘割で突っ切って「茨城港（ひたちなか港区）」に通ずる県道57号線のものだ。そしてさらに進むと、公園西口正門が右にあった。ユニークで翼型のゲートが偉容を見せている。ここが公園随一の入口なのか。右側、うっそうたる公園の森林。松枯れも少なからず、痛々しいけど、この西口正門から西へ一直線に進めば約６㎞弱で常磐線勝田駅です。

右に公園の森、左にテクノセンター。そして街路も完璧な県道２４７号線。このうえなく整備された歩道を進むと、左手に巨大なショッピングセンターゾーンとなった。全体像は見えないが、今トレンディな郊外型大型ショッピングモールです。勝田駅周辺を中心とした、旧商店街は壊滅的打撃を受けていることだろう。競争社会＝盛者必滅の原理なのだろうが、時代の流れとして受けとめるしかないのかなぁ。

←原子力研究開発機構南裏門←入口右折

更に、分離帯のある欅の枝葉生い茂る並木通りを延々と歩く。ついに公園の外周も途切れたか、右に工場、港、湾用地への道を分けて「日本原子力研究開発機構南東門入り口」にぶつかった。
ここで右折して思い切って海を目指す。坂を下る。視界に海が広がる。

〈日本原子力機構前〉

←常陸那珂火力発電所←常陸那珂港区入口（交）右折して国道245号線へ←茨城東病院←原子力機構前←新川橋←

左前方に巨大な建物、原発?…日立埠頭を左へ、東洋埠頭、三井倉庫を右へ。そして巨大な建物は火力発電所だった。埠頭を廻り込むこと不可。通行禁止。地団駄踏み、泣きべそかきながら来た道を戻る。汗が滴る。馬鹿みたい！「南東門入り口」も通過し、そのまま新道直進「ひたち那珂港区入り口（交）」を右折し、国道245号に入る。真言宗如意輪寺を右に。そして茨城東病院。これを過ぎ、道は大きく下る。前方はるか遠くに茨城の山々が見える。
照沼小、原子力機構関係の太田団地、埴輪住宅を左に進むと「JAEAC原子力機構」の前に着く。右側の敷地内にアトムワールドと称す展示館があると思うが、門番がいかめしくてパス。12：05。

← 村松虚空蔵尊 ← 原研グラウンド ← 原子力科学研究所 ← 原子力科学館 ← 原研前十字路 ←

下り気味に進み10m程の新川を渡る。村松宿バス停、今度は坂を上り気味に行くと「村松虚空蔵尊」前となる。

せっかくなので境内で一服しようと右の道を進む。小さな門前町となって、その左奥が境内。山門本堂三重の塔など広く、本堂の瓦には目を見張った。国道に戻る。東海駅まで3㎞の表示。「阿漕ヶ浦公園入口」(左)。右「原子力科学研究所」南通用門＝業者通用門とある。フェンスに浜昼顔が絡まっていくつも咲いていた。

交差点手前左の「原子力科学館」を覗いてみることにした。ドアを開け、モジモジしていると、中年のオバサンが出てきて、ご案内しましょうか…と近づいてくる。案内を受けるのはそこそこにして、10分ほどお話をする。この時間他に見学者はいない様子。そんな中、変な旅姿のジイサンを見てカウンターから出てきたようです。「…3．11があって、見学者はガタ減りなの。それまでは未来に続く時代の先端原子力！という受け止め方で大勢見学にみえたけど…今は近寄りたくない…ということかしら…」2人の話は変な方向に飛び火して、安倍総理の「女性が輝く社会＝女性もフルタイムで活躍を!!」なんてことについて2人で小さな議論をしてしまった。そうこうしているうち、宅配の人が来たので、退散をしました。「原研通り（常磐線東海駅短絡ルート）」という名も気のせいか後ろめたそうにプレートがくすんでいました。

原研前（交）。ここで角にある「蕎麦屋」に入る。「お客さん！前金制デス！」といわれる。私の姿を見て食い逃げしそうに見えたのか！と内心腹を立てた。でも後から来る人は前金で注文していたので、〝そういうルールの店〟かと半ば納得。蕎麦は1，000円でした。ビールは注文しなかった。十字路に戻り、国道245号を進む。右に「東大原子力専攻研究所」を見る。そしてその先更に右に東海原発第一、第二を垣間見たような気がした（あれ

久慈川大橋←茂宮川←日立おさかなセンター←サンピア日立←日立港入口(交)←(久慈漁港)日立製作所←駅入り口←大甕《みか》駅

がそうかな?)。過ぎて下り気味に進み、左から県道284号線をあわせると、正面、数百m先に赤くて大きな橋。トントン進むと、久しぶりの大河。久慈川でした。「くじおおはしそくどう橋」から見渡すと、橋の長さは400mもあるかしら。河原で高齢男女20人近くがゲートボールに興じていた。

程なく今度は茂宮川にぶつかった。流れは河口という事もあり、100mもあろうか。久慈川の支流?にしては大きい。右手に海が見え、巨大な箱型タンカーが入港していた。まるで大きな木の箱が浮かんでいるみたい。

緩やかな上り坂を頑張る。それにしても交通量の多い国道です。道の駅「日立おさかなセンター」です。日立おさかなセンターで休憩。トイレ。缶ビールで元気出す。

先に進んで左、久慈サンピア日立(何でもあります)。右下は茨城港(日立港区)で常陸港区と併せて整備された。左手を見ると迫るように崖が続いており、その足下に旧道と民家がある。旧道沿いの民家や商店らしきもの半ば放置されているのか荒れて見える。

緩やかな上り。海釣り餌の自販機あり。これは珍しい。左は崖。右下、海水浴場。久慈漁港。そしてずっとその先の突端、白亜の灯台(日立灯台)が見える。サーファーの姿も見えた。下り気味、駅入り口(交)左折して1㎞やや登りで…大甕駅到着(こんな難しい漢字読めないし書けません。今日は那珂湊から歩き始めて広大な国営ひたちなか公園・日本原子力開発心臓部の東海村・そして日立へとおよそ30㎞程歩いてきた。身体のどこかで多少とも緊張していたのか、少々気疲れしたような気分もある。今日で茨城県太平洋側を(飛び飛びだけど)5日間歩いた。あと2日もてくてく歩くと福島県内に入ることとなる。今晩の宿を求めて日立駅まで電車に乗りつつふと、「茨城は何で全国的に人気を集められないのだろう？」と思った…。（信用の程度は別にして）「ある民間会社による人気投票では毎年ビリ！」だという。↓（歩いてみて）いろんな意味で損をしており、不当な評価だろうと思う。一番の理由は全国の人々が茨城の本当の姿を知らないことにあると思う。メインの鉄道は常磐線だが、どん詰まり気味のローカル線とみられている。新幹線は通っていない。計画もない。従って一般の人々は茨城に何かにつけて接することが極めて少ない…からかなぁ～と独り合点しました。人気投票の基準なるものが、〝大地に足を据えてない今どきの尻軽なもの〟に違いない…とも思った。

〈今日のおまけ〉

○国営ひたちなか公園…「広大かつ国営」の公園がどんな経緯で建設されたか勉強不足であるが、この地には戦後から昭和48年までの約30年近く米軍の水戸射爆場として使われていた地域だ。返還に伴い常陸那珂港（北関東貨物輸送の拠点）と相次いで造成、建築されたという。公園は350ヘクタールもある。（うち200ヘクタール開園）何でもある驚くべき楽しい公園だが「コキアの緑葉（7～8月）と紅葉（9月中旬～10月）」の一大パノラマは毎年テレビで放送される。

○松村虚空蔵尊と松村大神宮…現地に地元による説明碑がある。真言宗弘法大師ゆかりの本尊、攘災招福の仏といわれる。初厄の13歳に参るとご利益がある。毎月13日が縁日で十三詣りと称する。また、うらの地続きに村松大神宮がある。水戸光圀の時、寺と分けて伊勢神宮の分霊をまつったという。白砂青松の村松海岸は水戸八景のひとつでハマボウフーヒルガオなど自生している景観だという。…虚空蔵尊本堂の（屋根の）鬼瓦には感動した。

○東海村…原子力関係諸施設集中している。昭和32年、東海村で日本初の原子力の火がともされた。日本の原子エネルギー研究の先駆けとなる研究施設多数ある。いわゆる3．11以降、原子力発電に関わる国民の目は一変し、訪れる見学者も激減。「原研通り」などに「日本一危険な町。誰も助かりません!!」など書いた旗が沿線に立っており、複雑な環境下にさらされている。…ガンバレ。耐えよ。東海村の人々よ!!と心より伝えたい。

○女子ワールドサッカー初戦・スイスに先ず一勝！（張本サンでなくても、アッパレあげるよ）

茨城県ウォーク⑥　大甕《おおみか》→日立

平成27年6月11日（木）

（大甕《おおみか》駅から）

おおみか北通り〜国道245号へ〜泉神社（左）〜中学〜水木小入口〜弥平台〜望洋台—里塚〜河原子海水浴場南口〜河原子町・荒地町〜十字路〜道楽の郷〜日立物流（右）〜桜川橋〜清和館・武徳殿〜多賀総合病院〜鮎川駅前♀〜カスミ食品スーパー〜茨城百選・鮎川渓谷〜会瀬町1丁目（交）〜日立本社（左）〜旭町交（6号線バイパス右へ分岐）〜天地閣〜旭町♀〜昭和活版所〜駅海岸口〜日立駅

7：55スタート〜10：35日立駅着　約2．5時間

プロローグ

日立駅前にたつビジネスホテル「東横イン」。昨夕は（那珂湊から）大甕駅まで歩いてきたが、駅側にビジネスホテルが1軒視界に入ったものの、電車にとび乗り2駅目の日立まで乗車し、この日立駅に来たもの。さすがに日立駅周辺にビジネスホテルも幾軒かが目に入り、早速3軒ほど疲れた足を引きずりながら1軒1軒あたった。1軒は、「先月で店仕舞いをしました」。あとの2軒は「ツインでよければあります。但し7，000円素泊まり」という。腹づもりより高いので、やめにした。そして駅前一等地で1番高そうな「東横イン」に当たると、何と、朝食サービス付・シングル5，400円という。勿論即決としたわけ。どうせ…空きはないだろうとした先入観のミス。

ビジネスホテルを選ぶのは、微妙な点があって、料金にしろ朝食サービスにしろ、部屋（シングル・ツイン）にしろ、また、部屋の設備にしても、同じではないうえにレストランのメニューを見るようには選べない。

私は気ままに歩いているので、事前予約の場合歩き着けなかったり、早く着きすぎたり…もあるので行き当たりバッタリで利用している。当然、毎夜現地で宿捜しをせねばならず、どうしても事前に予約する場合に比し、部屋だとか料金だとかは、何かと割りを食うことになる…

ともかく、今回は、日立駅前「東横イン」となった。（私は、この後イン の会員になった。5～30％の割引があり、大きな街には多く立地しているので利点は多い）

日立駅に少々驚いた。なぜって、駅舎が総ガラス張り。特に南東側は、遮るもののない大海原の展望となっており、ガラス張りのコーヒーテラスでの憩いは極めて気分が良く、「駅舎からの展望を競わせたら、日本国内5指に入るだろう」と思う。駅舎北側（西側）に拡がる、桜の老木がならぶ街路も魅力的であるが。南東側の一望千里は圧巻。

朝の電車、上り方向、確か4両電車だったが満員、これにもちょっと驚いた。「学生＋通勤者」で乗り残しも出ようか…という位。日立多賀、大甕駅で半数近く下車。通勤者の大半は何らかの日立関連企業社員ではないか。

（日立駅）←
大甕《おおみか》駅←
国道245線へ←
水木小入口←
弥平台←
南浜入口←
河原子十字路←
桜川橋←
多賀総合病院←

駅（高台）を出、すぐ左折。水木町、大みか北通り、学生の大群に混ざって歩く。妙に気持ちが安らぐ。10分ほどで国道245号線に出た。左折して国道を下る。茨城百景、泉神社（左）の看板を見る。泉丘中学。このあたり国道も緩やかな坂を上ったり、下ったりだ。

水木小入口では若いママさんが2～3人で児童を守るため、旗を持って誘導。海に沿うように下り坂。幹線道路なるも路線バス5本／日程度。右下・前方に海が開ける。水木海水浴場あたりか。風力発電パネル1基みえます。目を左に転じ、遠くを見ると、山の急な斜面一帯に、おびただしい住宅群。ぐっと海に近づく。弥平台・海端団地、と過ぎ、左側は日立エンジニアリング、茨城電機など日立関連の大工場が続く。南浜入口・老人センター前。右手前方・海側に住宅街あらわる。木立の中に赤くて可愛らしい神社あり（天満神社）。このあたり、この時間、国道は上りも下りも、車ノロノロ渋滞。すれ違うバスは、どのバスも乗客5～6人。

河原子十字路。湯楽の里。右下は海水浴場と河原子漁港。この辺から、益々右も左も日立関連企業一色だ。

桜川橋を渡る。10mもあるかなしかの小さな河だが、繁茂した竹や雑木の中を、緩やかな滝のような流れが見えた。清和館・武徳館と称す庭園の美しい記念館があった（右）。少し立ち入ってみるとその中庭から崖下を見ると大海原の絶景が広がっていた。昨日歩いた東海村界隈は沿道両側・原発関連一色だったが、久慈川を越えたあたりから、今度は日立城下町だ。右側海に面した事業所広場では、社員が20名位集まり、海に向かって、日の丸を真ん中にした社旗掲揚。そして社訓絶唱をやっていた。それを過ぎ日立物流、そして多賀総合病院。この病院、道路右（海）側一帯に、細長く海を見下ろすポジションにあり、病院からも海がよく見えるだろう。診療科は10を数え、恐らく地域中核施設だ。細長く広大な駐車場あり。乗合バスは駅行

8便。マイカーで来るしかないようだ。日立の経営という。食も住も娯楽もなんでもこの地で日立の影響は凄い。大きな地域貢献だ。明治38年久原《くはら》房之助が鉱山を買収して「日立鉱山」と改称。銅精錬からの亜硫酸ガスの煙害を防ぐ為の日立鉱山の大煙突（高さ156m）が、シンボルとなり最盛期8，000人が働いた。（平成15年大煙突途中から折れ57mに）その後同社課長の小平浪平が電動モーターを開発・独立して「日立製作所」が誕生。日立工場内に小平記念館あり。

→ 桜川社宅 → 八反原

桜川住宅・八反原などすぎて、古ぼけた「鮎川駅前」と読めるバス停あり。（その昔、日立電鉄線の駅でもあったか？）

→ 鮎川・鮎見橋（左・日立工場）

そして、鮎見橋を通る。幅、10mもない川だが、この川を鮎が遡上するという。（鮎を捕ってはいけません…の看板あり）流れが海に入るあたり、幅は2m程しかないのだが…。茨城自然百選「高鈴山と鮎川渓谷」とある。地図で上流を辿ってみると、意外にもグングン山地にのびている。源流は、日立市内最高峰623mの高鈴山と598mの神峰あたりにあり。ハイキングコースもあるという。

→ 会瀬十字路

会瀬町1丁目(交)・右へ下れば会瀬漁港から海水浴場方面。坂を上り気味に進むと、左側(山)に、日立製作所日立事業所の偉容に接する。日立電鉄という私鉄ローカル線も引き込まれている。(日立電鉄は、この地一帯の路線バスも手広く経営していたが、バス事業不調で大幅縮小。別会社〈日

→ 正門前

立電鉄・交通サービス〉にし、また、コミュニティバス等で頑張っていると聞く）緩やかな坂（下りと上り）の上から、日立駅周辺の中心市街地ビル群が一望できた。

→ 旭町 →

旭町（交）、左角に「ホテル天地閣」あり。この交差点から右カーブで国道6号バイパス高架橋が海上にせり出し、まるで海の上に浮かんでいるかのようだ。右手に「昭和活版所」なる古い

印刷所があり、稼働していた。右前方に海とバイパスを眺めつつ、日立駅海岸口に着いた。崖上に上るようにして階段を（エスカレーター）上ると、駅舎はクリスタル、右手に大海原が一望に展開していた。今、10時半過ぎです。

→日立駅海岸口→日立駅

○今回は3泊4日で、鹿島神宮から日立まで、概ね海岸沿いを歩きました。今日はこれから千葉へ帰ります。11時02分発、特急ひたち・全席指定・2，590円＋2，200円（特・指）計4，790円なり。列車のわずかな振動に身を委ねながら思います。「自分の2本の足で歩き通す旅の良さ」を噛み締めている。歩いた街や野・山・海をこうして過ぎ行くまま、今は車窓からアレコレの数々を思い出しています。

愛知県ウォーク①　蒲郡↓安城

平成27年6月23日（火）

（蒲郡駅前から）

市民会館（交）〜市博物館〜国道23号線へ〜蟹洗《かにあらい》交〜眺海橋東（交）〜幸田町に入る〜拾石町晩野（交）〜三ヶ根駅前（左側）〜新幹線ガード〜筆柿の郷（道の駅）西・交〜お好み焼き・ぼてこ〜坂崎小入口・郵便局〜（岡崎）西公園口〜岡崎駅南口〜上和田（交）〜矢作川〜岡崎石工団地〜上条町経根《かみじょうちょうきょうね》（交）〜拝木《おがむき》（交）〜錦町東（交）〜安城駅〜桜町〜菅池〜三河安城駅（東海道線・新幹線）

9：40スタート〜17：30　約7時間30分　約28km

プロローグ

前回4／28に蒲郡まで歩いてからおよそ2ヶ月。他所を歩くなどで中断したけど、今日は、その蒲郡から歩くという事は自宅の千葉・稲毛から先ず蒲郡まで電車で行く事になる。5：30に出て、東京発7：00前の「こだま号」に乗った。稲毛〜豊橋5，620円、東京豊橋・新幹線こだま自由席3，340円、そして「豊橋〜蒲郡」（レール）320円計9，280円。蒲郡駅着は9：30だった。こだま号は新幹線の各駅停車なのだが、殆どの駅で4〜6分停車する。後続の「ひかり号」「のぞみ号」を先に行かせる為だ。豊橋まで来るのに、小田原・三島・新富士・静岡・掛川・浜松で計28分の待ち合わせロスだった。途中、朝の通勤時間帯という事もあり、通過する車窓からは、在来線ホームに並ぶ大勢の通勤者の群が見られ、「歩き旅行」にでかける私の気楽な境遇とくらべ、申し訳ないような気分にさせられる。（俺にもああした年月はあったけど）。

蒲郡駅（東海道本線名鉄蒲郡線）
→アピタ（右折）→博物館（D51）→市民会館→博物館→

蒲郡は、人口約8万。海を中心に美しい景観と幾つかの温泉があり東海地方の景勝地として昔から知られている。また、市内三谷町の「三谷祭」は絢爛豪華な山車と神船が練り歩く勇壮なお祭り…と聞いている。

さて、9：40、蒲郡駅南口をスタート!!すぐ正面に海が見え、島が浮かんでいる。左近くに竹島（橋でつながっている）。それよりも遠くに、大きな島が見える。三河大島というらしい。〝蒲郡GO、GO商品券6／25発売開始！〟ののぼり旗。今、流行の故郷納税がらみで1万円で1.2〜1.8倍に使える…というものらしい。

アピタで右折して商工会議所・市民会館。竹島埠頭緑地ぞいに進むと蒲郡博物館。ここには縄文時代〜昭和に至る郷土の歴史や民俗資料が多数展示されているらしい。また、道路沿いからすぐそばに、よく見えるデコイチが館外陳列されている。昭和13年製造のD51蒸気機関車で、東海道・中央の各本線や高山線でも活躍したものだ…という。

<2013年>

	人口（万人）	財政力
名古屋市	225	1.01
豊橋市	38	0.96
岡崎市	38	1.03
刈谷市	15	1.28
豊田市	42	1.30
安城市	18	1.23
蒲郡市	8	0.86
大府市	9	1.15
知立市	7	1.06
愛西市	7	0.70
豊川市	19	0.91

23号線、２４８号線の表示もあった

23号線へ←眺海陸橋←

港橋北詰（交）を右折し国道に出る。この国道の標識には国道23号と国道２４８号、双方とも表示されている。（上記写真）…なぜ、どっちかにならないの？そして、おもしろい名の蟹洗《かにあらい》（交）で左折。左に競艇場を見つつ、眺海橋南（交）を右折・直進する２４８号と別れて国道23号線へ。（２４８号線を名鉄線に沿って西尾市方面に行けば、吉良吉田駅から西尾駅一帯の近世の歴史に触れる事ができるが…）国道23号線を行く。眺海橋南、陸橋下は、東海道線と名鉄蒲郡線のレール。蒲郡港・三河港と称する港・海に張り出した埋立地・工場群を見れば蒲郡は観光面でも一つの顔を持つが、今や工業都市としても一つの顔を主張しているようだ。名鉄線とわかれ、ほどなく幸田町域に入る。〝岡崎まで20㎞〟の表示あり。

深溝地区←三ケ根駅←前（左）←

一路、海から山の方へ緩やかに登って行く。東海道線に沿うよう進むのだが、この先、やたらに「深溝《ふこうず》」と付く地名多シ。深溝矢崎・深溝日向山・深溝小山・深溝天王前・深溝池田・深溝愛岩山…と、いずれもこの地区、この交差点を通過。天王前付近に「征露従軍記念碑」あり。（何度もいうけど、太平洋戦争従軍の人々の碑はなく、戦死者は救われない。）すぐそばに「素盞鳴神社＝村社」とある。浅学な私には残念！読めず…。

左に三ケ根駅を見る。老人福祉センターを過ぎて「ボート・ジェットライセンス・スクール」在る。道そばの民家の生垣にクチナシの花が良き香りを漂わせていた。♪渡の「くちなしの花」を口ずさむ。鍛冶山（交）、右の高台（山）に〝デンソウ〟の大きな工場、世界に冠たる自動車部品

新幹線 ← ガード ← 国道248号線 ← お好み焼き、ぼてこ ← 郵便局 ←

メーカーだ。

新幹線ガードくぐる。〝潮干狩りセット1，400円の店あり。…券カナ？〟どこで潮干狩りできるのかな。蒲郡？国道23号バイパス（岡崎～蒲郡）高架下くぐる。国道23号線とわかれて国道248号線を行く。ここで標識が一つになった気分です。

荻北、荻（交）近くの「お好み焼き・焼きソバ・ぼてこ」に潜り込む。陽に焼かれ、暑くてどうしようもない。バテ気味。汗ビッショリの私を見て、女店員、冷たいお茶。〝さあ！さあ！〟とくれる。たてつづけに2杯、2分たってまた、2杯。ビール飲みたいけど我慢する。1，100也。リュックの中の魔法ビンにこっそり、冷たいお茶を満たす（ゴメンネ）。横落《よこおち》（交）。ハピネスビル…両側は畑、麦刈りが終わったあと。このあたり一直線の道路、日射し容赦なく照る。大草、相見川橋。大きな温室幾棟も。無花果《いちじく》だ。となりは田んぼ。いちぢくの臭い（木のにおい？）はこんなに強かったかな。巨大な〝らっきょう〟のような形で薄紫色に熟していたよ。幾つも幾つも。

坂崎郵便局の軒下で休憩。たまらない暑さ。魔法ビンの冷たい麦茶を、ごくごく飲む。アー、冷たい真水も飲みたい。ペットボトルの生暖かい水も飲む。休んで身体の熱を逃がさなきゃ！靴も脱いで、足先も冷やす。一息入れて立ち上がりまた歩く。どっこいしょ。弁天・竹下（交）・ソバ屋玄関そばに「クルー募集・ホールスタッフ募集!!」とある。「EV、Quick（充電スタンド）」が展示のエレキカーの側に設置してある。「クラブKingYou、一セット3，000円。濃厚サービス、前金制!!」の看板。「彦左の里・〝幸田〟へまたどうぞ」（彦左公園・右にあり）。岡崎市域へ。上地3丁目（交）まっすぐ。

彦左公園口 ← 岡崎南公園入口 ← 庄司田一丁目（交）← 岡崎駅南口 ← 県道48号線 ← 上和田（交）← 矢作《やはぎ》川（渡橋）← 岡崎石工団地 ←

（岡崎市）南公園。公園内の蛇口で頭に水を浴びせる。庄司田一丁目（交）を左折、岡崎駅へ向かう。柱曙《はしらあけぼの》・上荒子と進んで岡崎駅（JR）南口。それなりの駅舎であるが、人口40万にもなろうか…という街のメイン駅としては、その周辺も含め、〝ア・レ・レ！〟という感じ。岡崎といえば、「徳川家康誕生の地であり、本拠地として領国支配を確立。東海道38番目の宿場町であり矢作川の水運もあり、三河の中心地、交通の要衝として栄えた…」が、東海道線は中心部へ乗り入れなかった。地元の反対でやむなく町はずれに。一時、衰退気味となったが、その後、名鉄線の開通もあり、息を吹き返した…という。現在、岡崎の中心地はJR岡崎駅周辺にそれなりの賑わいもあるが、やはり国道1号線と名鉄線界隈（東岡崎駅、岡崎公園前）に昔からの街並みが近代化された状態で栄えている。「JR岡崎駅」と「名鉄東岡崎駅それに国道1号線」とは3～4㎞離れている。

岡崎駅南口を通り、北羽根（交）を左折して、県道48号線に入る。

JRガードをくぐり上和田西（交）を直進、竜南メインロードの陸橋をわたる。大きな陸橋かと思ったが、「ワアッ、大河だ！」・矢作川「渡橋」という。土手から土手まで7分かかった。流れの幅は、約80m位か。三河地域に水運・水利をもたらし続けてきた大河の一つといえる。橋の上から、上流（右）を眺めると、すぐにJR線、その先はいわゆる八帖味噌などといわれる三河みやげ・お味噌の産地…。名鉄線鉄橋・国道1号線が河を渡っている。川を渡った両サイドに田んぼ。おたまじゃくしが、稲の苗の間をウヨウヨ泳いでいる。ほどよい交通量、長閑な眺めで心地良い。右手、東海道線5両連結の電車が行く。

諏訪・東牧内町、右手に巨大な陸橋。このあたり「岡崎石工団地」というだけあって石材店など多い。良き石が産出されるのだろうか。灯ろう、お地蔵・墓石など並んでいます。

→拝木（交）←安祥文化の里←錦町小南（交）←東海道線安城駅←管池（交）←三河安城駅（新幹線と東海道線）

「昭和町東・北」（交）を過ぎ、鹿乗川・郷東川《ごうひがし》を渡り（郷東川は準用河川という）、上条町《じょうじょうちょう》経根《きょうね》（交）を過ぎ、拝木《おがみぎ》（交）も過ぎると、安城町清水（交）…この左手一角は、安祥文化の里と称し、知立《ちりゅう》神社・歴史博物館・安祥城跡など歴史を秘めたゾーンになっている。名鉄線をくぐり、「南町西（交）」を過ぎる。通りがかった自転車の女子中学生に駅までの道順を尋ねたのだが、どうみられたのか、警戒する様子で、結果的には相当方向違いを教えられたようだった。私の風采があやしかったのかもしれない…とうらみつつ反省もした。

結局、錦町小南（交）を右折し、末広町・御幸本町を通ると、ＪＲ安城駅はあった。線路むこうの〝スーパーホテル〟を見ながら疲れてはいるがもうひと踏ん張り、もう一駅先の東海道線と新幹線の三河安城駅をめざす。桜町（交）を過ぎ、線路を右に見ながら進む。桜町西（交）を過ぎ、安城橋を越え「管池」という大きな交差点直進し更に進むと駅東（交）。大きなビル・マンション多くなると三河安城駅裏（交）となる。左右から（左うしろから新幹線、右手うしろから東海道線）２レールが、交差するところに夫々駅があった。予想通り、先の（東海道線の）「安城駅周辺」より、こちらの街の方が「勢い」があった。それにしても矢張り新幹線の威力は凄いものがあるなあ〜。やれやれ。新幹線駅南口近くの「東横イン」に投宿する。

○安祥城跡：安城町清水（交）近くの安祥文化の里としてその一角に城跡がある。安祥城は１４７１年松平信光が当城を奪取し、その子親忠に与えて以降、長親・信忠、清康の４代、約50年間安祥松平氏の居城となった。（愛知県の歴史散歩による）

○日本のデンマーク：安城ヶ原（碧海《へきかい》大地）に水路を築き、肥沃な農地にすべく、明治用水（矢作川の水を引き入れる）が明治13年に完成。これを機に農業が進展し、農業多角化が図られ、日本のデンマークと称された（私が中学生の時…昭和30年前半の社会科教科書にも、そう説明されていた）。今は、自動車関連の産業へと変遷しつつある。

○安城駅：安城市内には〝安城〟の名が付く駅が六つある。ＪＲ東海道線には、安城駅、三河安城駅、それに新幹線の三河安城駅（二つの三河安城駅は離れて別々であるが立派な専用通路で結ばれている）。一方名鉄西尾線に南安城駅と北安城駅、名鉄本線との合流地点に「新安城駅」がある。一見の客として訪れる者にとっては、どこが心臓部なのかと迷うが、新幹線三河安城駅開設により、ＪＲ二駅周辺が、新しい中心地となっている。一方、名古屋等へ利便性の高い名鉄「新安城駅」界隈もそばを通る国道1号線もあって、マンションやホテルが多数あり、気を吐いている。

○今日は千葉から出てきて、蒲郡てくてくスタートは9時40分と遅かった。季節は6月下旬。梅雨時ではあるが、雨が降らぬとなると湿度があるうえ、気温も夏並み。10㎏のリュックを背負い、舗装道路を歩き続ける…いったいこれは何なのじゃ！と私自身笑ってしまうよ。それでも今日炎天下よく頑張ったぜ。17時30分頃、宿到着だから8時間弱ざっと28㎞程歩いた。正直途中熱中症になりかかったみたい。頭から水を被ったり、軒下にへたり込んだり。誰も見てるわけでもないので自由気儘に振舞った。…この自由さがたまらない。自分の阿呆さに呆れつつ苦笑して「宿敵、晴れ渡った空」に悪態をつく。…無事でよかったよ。

愛知県ウォーク② 安城〜熱田神宮

平成27年6月24日（水）

（三河安城駅から）

> 駅前東横イン〜安城産業文化公園（デンパーク）〜駅西（交）〜緑町1丁目（交）〜刈谷市域へ〜東刈谷駅南（交）〜松栄町（交）〜コメダコーヒー〜野田新町駅まで300m〜野田新町駅〜刈谷東高校〜猿渡川・三ツ又橋北（交）〜刈谷交通児童遊園〜刈谷駅南口〜DENSO工場〜神明町（交）〜新宮町（交）〜稲場町〜逢妻川・境川〜大府市域（オオブ）へ〜二ツ池公園〜名高山（交）・至学館大学〜坊主山北（交）〜有松山・清水山（交）〜有松愛宕山墓地〜長坂南（交）〜緑区大高町北平部陸橋〜大高緑地公園〜なか卯〜扇川・天白川〜本地通1丁目〜山崎川〜伝馬町〜秋葉山円通寺〜熱田神宮・名鉄神宮前駅〜JR熱田駅
>
> 8：41スタート〜17：10着　約8時間30分　約30km

駅前東横イン → 駅西（交） →

昨夕は17：30内外の駅到着。ビジネスホテル捜しに手間取り、〝喫煙室ならあるけど〟を断り、ウロウロ、結局条件のよい東横インに投宿。そして一風呂さっぱりし、街に夕食となった。なかなか心にヒットする店もないもんだが、「串焼き定食＋生ビール」にありつき（1，450円）、心が少し落ち着いた。そして、グッスリ寝て、今朝は5：30起き、7：00朝食、コーヒーたっぷり飲んで、8：41ビジネスホテルスタート。

安城産業文化公園（デンパーク）、二本木公民館、駅西（交）…歩き始め、なにやら調子出ず。大丈夫かな。ニョキニョキ10F以上のマンション林立。「己に克て！」のステッカーあり。気分のすぐれぬ時は不思議と、こうしたステッカーが目に入るものか。安城市立二本木小。緑町1丁

二本木小 ← 刈谷市域 ← コメダコーヒー ← 野田新町駅 ← 刈谷東高校 ← 猿渡川 ← 刈谷駅南口 ←

目（交）。〝古着買取陳列のデパート〟〝塾なのに家庭教師〟〝ミシンショップ　あなたのミシンの事ならなんでも〟〝日本初・トンタコスープ（B級グルメ）〟〝小腹が減ったら築地銀ダコ〟〝赤から鍋・セセリ焼（トーガラシ？）〟〝カーコンビニクラブ〟…などなど、爺さんには意味不明なるも看板の絵などで想像でき、なかなか珍しいとウォッチング。キョロキョロしているといつの間にやら刈谷市域へ。

県道48号線。東刈谷駅南（交）。松栄町東（交）で国道23号線（知立バイパス）高架くぐる。松栄町（交）で続いて国道419号線とも交差。

コメダコーヒー店…「今時の、本格的コーヒーショップ」。思わず立ち寄ってうまいコーヒーをゆっくり味わいたくなる店構え。…この先、このコーヒー店はあっちこっちでみかけることとなった。

「相談薬局・ファーマシーあかね。」野田新町駅へ300m・(橋上駅舎)。野田町北屋敷（交）。「朝日新聞サービスアンカー」…しゃれた店造り、従来のしょぼくれた新聞販売所に較べ、アカ抜けてよろしい。〝愛の家、グループホーム刈谷野田〟を過ぎて本郷・半城土町《はんじょうどちょう》（交）。

右折して、左に刈谷東高を見て、三ツ又橋。流れる川は猿渡川(50mの流れ)。猿渡川改修記念碑(昭和11．4）あり。度々の洪水対策・漢文むつかしく読めぬ残念。野田町中山（交）の南側地先に昌福寺という浄土宗の寺があって、「寛政の農民一揆」の舞台となったそうだ。下重原町（交）直進（右折すると1号線に通ずる)。

刈谷交通児童遊園、「夢と学びの科学体験館」「ハイ・オワシス運動」の大きな看板（奥野工業）。そして刈谷駅南口。大した繁栄ぶり・ビルラッシュ。街の勢いが浮かんでいます。刈谷市はトヨ

〈刈谷駅南口〉

刈谷駅北口へ ← DENSO事務所 ← 国道155号線へ ←

タ発祥の地であり、徳川家康の生母於大の故郷として知られているが、今、完全に、トヨタグループの企業城下町としての産業都市だ。名鉄三河線刈谷駅とくっついており、駅ビルは名鉄インだ。こちらは鉄道二線のレールを跨いで北口側へ。こちらは雑然とした旧市街のようだ。呑み屋の外「浪漫・人妻・熟女専門店♡!!」だって。

地下道で県道51号線つっ切ると、出た先・右側は、白亜の巨大ビル。「DENSO」刈谷事業所。神明町（交）で右折。小高原小学校（左）。新富町（交）で右からきた国道１５５号へ（左折）。道路左側に本屋（メッキリ街中の本屋さんが激減しました）があり、ここで関係する地図を購入。稲場町(交)直進。バス停あり↓「刈谷市公共施設連絡バス」とあり名鉄バスが受託運行している巡回バスでしょう。

逢妻川・ ← 境川 ← 大府市域へ ←

中手町西（交）。道路登り気味と思ったら大きな川に出た。流れる川は逢妻川。渡ったかと思ったら、今度は境川です。かかる橋は両方まとめて境大橋です。そして続いてまた、川。今度は五箇村川。いずれも川幅１００ｍ前後ある。これを渡ったら大府市域に入った。「健康都市、オオブ」物作（交）直進し国道３６６号線へ（国道１５５号とわかれて）。このあたり高校生のチャリ多シ（大府東高校の生徒かな）。

← 二ツ池公園 ←

照り付ける太陽、流れる汗、ヨロヨロ歩いて進むと「二ツ池公園」の看板。吸い込まれるように右道に沿う公園内に。池に突き出た渡り廊下のような休憩施設（水の上でなかなかシャレている）に座り込む。ベンチにかけて前面の大きな池面を見る。噴水もある。静かで、気が休まる。汗をぬぐい、リュックから、菓子パンを出し頬ばり、冷たい水を飲む。ゴクゴクと。水面をわたる風が涼しい。束の間の天国、真にオアシスだ。公園を後にする。（12：30）

至学館大学 ←

名高山（交）。右側に至学館大学があり、スクールバスが2台、校門近くに駐車していた。梶田町6丁目(交)。下を新幹線が行く。左の坂の上、小さな古ぼけたコンコン様あり。坊主山北(交)・有松町口無池。今度は、「伊勢湾岸道と国道23号バイパス」をくぐる。大交差点だ。「有松町清水山」、篭池東（交）、「権平谷文久山」、権平台橋（下を流れる川の水量やけに多い…アッ、愛知用水なのだ）、緩やかだが起伏の多い道だった。新幹線と交差したあたりから、名古屋市緑区に入る。

桶狭間地区 ←

1560年（永禄3年）、今川義元が織田信長に敗れたあの桶狭間の戦いのあったところにさしかかる。私のてくてくでは深く立ち入らないこととします。…立ち入ると長くなるし…

有松・愛宕山墓地 ←

「有松愛宕山墓地」でありがたい蛇口から水をもらい、顔や手を洗い、汗をぬぐって小休止。今、自分のいる所は高台で見下ろすと墓地が広がりさらに家並みが下（谷）の方に展開している。このあたり一帯〝桶狭間〟という地名すこぶる多し。頭に水をかぶり歩く。当時なら雑木の茂る里山と谷だったろうと実感す。

長坂南（交） ←

長坂（南）（交）で左折し国道1号線へ。

緑地大高陸橋
←
大高緑地公園
←
なか卯
←
扇川・天白川
←
JR笠寺駅（左）
←
堀田駅（地下鉄）
←
伝馬町
←

緑地大高北平部陸橋、西有松。高速環状と国道1号線の交差（大きな）。この北平部陸橋の上から振り返ると名鉄本線の「有松駅」らしき箇所が見える。十数年前観光旅行で訪れたあの旧い街並みが見えたようにも思えた。

左京山駅を右手に感じながら左手の小山の「大高緑地」を覗いて見る。左の高台、池のある広大な公園のようだ。入り口付近の公園ベンチに腰を下ろし、ベンディングマシンから「オロナミンC」を飲む。干からびた喉がひきつりました。公園に上って琵琶ケ池を一周して西方向に出て、住宅地内の下り坂を下り、また国道1号線に出た。

平部（交）、鳴海栄（交）そばの「なか卯」でうどんを食す。こう暑くては腹は減っているのに食欲がわきにくい。冷たい麦茶をおかわりして、うどんを。やはり暖かいものは腹に優しい。お腹も機嫌よく受け入れてくれた。

中汐田（交）を（県道59号線を突っ切って）進むと、立派な川。2本を渡る。扇川と天白川（少し下流で天白川として合流）。右手、150m上流を名鉄4両編成の赤い電車が行く。汐見橋、大慶橋と過ぎ、星崎1丁目、県道36号線と交差。角に今時なにかと話題のIDC（大塚家具）のビル有。高速道の高架下を行く。突然、左の路地から片足スケーターに乗った6～7才位のヘルメットを被った子供が飛び出してきてスッテンコロリ！危ない。膝を擦りむいた。僅かに血がにじんでいる。〝赤チンを〟といったが、赤チンって何?と断られてしまった。赤チンなんて死語かなぁ…（実は私は〝赤チン信奉者〟で小さな赤チンの入った救急袋をリュックに入れている。塗ると妙に安心するから…）。

星崎町、左にJR笠寺駅をみながらチカマ通り7～3丁目（全く市街地で排気ガスを浴びながら不愉快！）をもくもくと進む。神穂町、門前町、地下鉄堀田駅近くで高架下と分かれ左カーブ。

←秋葉山円通寺　道端に古びた二宮尊徳の石像あり。東海道線を越え、名鉄常滑線の下をくぐり伝馬町(交)となる。

←熱田神宮　ここを右折。右手にJRと名鉄のレールを見つつ、左手に秋葉山円通寺（曹洞宗・火の神様）があり、その隣接一帯（左側）が熱田神宮境内。…「熱田さま・秋葉さま」と地元の方は親しみを込める。

←名鉄神宮前駅　名鉄神宮寺前駅は神宮のまん前。JR熱田駅は更に500m先で名鉄駅前に比べるとさみしい。さてさて今日の行程もほぼ終わり、ビジネスホテルを捜す。立体ガードを越えた左側に手頃な

←JR熱田駅　宿みつかり、疲れた身体で受付に立った。

◎〝一生かけて体験する私の一生、第四コーナーからホームストレッジを歩いているのだな〟

○家康の母、「於大《おだい》」：刈谷城主、水野忠政の娘として生まれ、今川氏に属していた松平広忠に正室として嫁いだ。竹千代（徳川家康）を出産後、間も無く離婚しその後、久松俊勝に再嫁し、主人死した2年後出家して「伝通院」と称した。

○トヨタ自動車：静岡県湖西市に生まれ大正12年愛知県刈谷町に10万坪の土地を得て、豊田紡織株式会社を創
（豊田佐吉）設後、豊田自動織機製作所を設立。刈谷工業化の基礎を築いた。息子の喜一郎は昭和8年自動車部を設置。その後自動車部を分離して１９３７年トヨタ自動車工業株式会社を設立した。令和元年時点、「トヨタグループ」は自動車販売台数で世界一といわれる。

・刈谷市は今や自動車関連産業が集積し東海地方有数の工業都市となった。

・市の財政健全指数は1，28（平成13年）と極めてよろしい。

○有松の町並み：今日の行程の中で、桶狭間地区を通り、国道２４３号を進み、国道1号線とぶつかる。長坂南（交）で左折したがこの国道1号線と山側の名鉄本線、有松駅との間の旧東海道に沿って「有松絞り」で名高い「旧い有松の町並み」が生き続けている。延長８００ｍ程だが、旧東海道の一辺を成している。鳴海宿と知立《ちりゅう》宿の間に開かれた町。〝10月初旬の山車祭り〟はいつの日かまた訪れてみたい。名古屋市の「町並み保存地区」に指定されている。

○今日は8時41分スタート。17時10分熱田駅着。約8時間半歩いた。高温多湿の中ナンダカンダ愚痴をいったり嘆いたり、悪タレついたりしたけど（独り言）頑張ったじゃネェーカ。約30㎞。30度以上もあろうかの舗装道路歩き。人里離れた山坂を大汗流して歩く苦行もコンクリートジャングルの中での苦行もその一日が終ってみれば「やればやれるじゃないか」と自画自賛する人間の甘さ！終わってみたら苦しさはケロリと忘れ、それも一つの想い出となってしまう。…「もう駄目だ！と思ってからのもうひと頑張り」が小さな殻を破ってきたんだネ。

愛知県ウォーク③　熱田神宮→桑名

平成27年6月25日（木）

JR・名鉄駅～熱田神宮～伝馬1丁目（交）～堀川～白鳥橋西～六番町駅～昭和橋東・中川運河～昭和橋通り1丁目～5丁目～国道1号線表示362．5km～JR貨物ターミナル～JR中島駅～高杉東（交）～東起《ひがしおこし》橋～庄内川～新川・三日月橋～南陽町（交）～戸田川緑地～中川区富永2丁目・コンビニK～福田川東～蟹江町～舟入2丁目・蟹江駅～蟹江大橋～日光大橋・川～四箇村橋～富吉駅～愛西市域へ～金魚屋さん～弥富市域へ～弥富市役所（交）～尾張大橋（木曽川）～桑名市域へ～長島駅口～伊勢大橋（長良川・揖斐川）～宮前町～桑名市大橋通り～八間通り～桑名駅（JR・近鉄）

8：10スタート～15：30着　7時間20分　約30km

昨夜は、JR熱田駅近くの深翠苑に投宿した。ツインしかないというので承諾。朝食サービス含み7，000円。このビジネスホテルに決める前に当たったホテルは、なんとラブホテルだった。見た目にはそうとも思えなかったが、受付で話をしてわかった。受付のオバサンらしき人は肩から上は見えない。半シャッターで上が隠れて見えぬ。「見える胴体と会話をしている」ようなもの。〝P・M9：00を過ぎると一人泊まりも可ですが〟…という。ハハアーLove　HOTELかそれなりにケバケバしい雰囲気だったな。（10年以上も前だったら少しは〝興味〟が湧いたかも）

JRと名鉄

JR駅と名鉄駅間は700～800mあり。神宮前道路（県道226号）に沿って両駅をつなぐ様にアーケード商店街あり。数百件はあろうかという店舗の70％以上が閉まっている。それもＪＲ駅に近い方は90％近くが閉まっている。全体的にこの神宮前商店街が斜陽のただ中にあるのは歴然としている。ＪＲ駅前も寂しい限りだ。一方、名鉄駅の方は「神宮前駅」が神宮東門と相対している地の利は大きいと思うが、相当繁華である。その中心は名鉄駅ビル周辺の商店だ。昨晩の夕食はこのビル５Ｆの「トーフ（豆腐）料理店」で豆腐懐石を頂いたのだが、５Ｆから線路側を見下ろすとＪＲレールもあるが名鉄のホームは３本あり、各停や特急がひっきりなし乗降客も多い。それもそのはず、名鉄本線と常滑線が乗り入れており、乗降・乗り換え客が多い。駅ビル内商店はどれも賑わっていた。もっともこうした駅ビル名店街が道沿いの商店客を奪ったのかもしれぬが…。〝商売に抜け目のない名鉄〟と〝なるがままのＪＲ〟の差がはっきりとした落差を感じさせていた。

熱田神宮 ←

国道１号線 ←

堀　川（白鳥橋）←

白鳥橋西 ←

六番町駅 ←

朝食７：00、コーヒーなし、手持ちのリンゴ半分、部屋で食す。今日も天気は嬉しくも残念ながら良いようだ。国道１号線に出て一路桑名まで頑張ろう。東門から神宮内に一礼をして入り、深閑とした木立の中を歩き本殿に相対し礼を献ぐ。まれに三々五々訪れる地元の人、勤め人、学生も鳥居に「入る・出る」に付き、一礼している。南神池手前を左折し南門を出、国道１号線に立つ。

伝馬１丁目（神宮前）（交）から堀川にかかる白鳥橋を超える。（堀川の水が馬鹿に茶色だった）

白鳥橋西（交）の左に2.5ｍ程はあろうか、〝お地蔵さん〟あり。思わずポケットの中の10円献ぐ。一番１（交）、二番とか三番と数えていたら六番町駅（地下鉄名港線）に出くわした。どうも学生の通行が多いなと思ったら駅があったのだ。上に高速道と新幹線、下に地下鉄？３００ｍも行

←　くと頭上におちぶれた高架レールをくぐる。（臨海貨物線？）名古屋の道路はどれも広いなあ。それにやたらナンバーリングが町名についています。

（中川運河）昭和橋東←　中川区十一番町、中川橋（幅１００ｍはあろうか、中川運河、水たっぷり）を越える。

昭和橋通り←　昭和橋通り3・4・5丁目。両サイドのビル10F以上から4～5F建てに。少し低くなってきた。

国道1号線表示←　国道1号線粁程表示３６２．５㎞。（日本橋から？）

ＪＲ貨物ターミナル←　右にＪＲ貨物ターミナル。

中島駅←　右にあおなみ線の中島駅、下をくぐる。また、両サイドビル高くなる。荒子川の中島橋越える。長さ15ｍ位、ただし水たっぷり。

高杉東（東起橋）←　高杉東（交）近くに東起橋《ひがしおこし》というバス停あり。庄内川・一色大橋・相当大きな川だ。土手から土手で歩いて3～4分（一級河川）３００ｍはあったかな。川面を渡る風が涼しかったよ（いわゆる木曽3川は知ってはいたが、庄内川については勉強不足↓地図で辿ってみたら、その源流は岐阜を抜け、長野県境に近い恵那山域（土岐川）がその源らしかった。一級河川）。

庄内川（一色大橋）←

新川（三日月橋）←　松蔭公園♀、一色大橋♀、権野♀、三日月橋東（新川）♀、これも大きな川、幅約２００ｍ。水流もたっぷり。川沿いの県道59号線突っ切る。コロナアミューズメントビル派手な５Ｆビル＝全部パチンコ・スロット・〝名古屋とパチンコ〟切っても切れぬか。

←南陽町（交）←
江松（交）、港区南陽町の大きな（交）、左に戸田川緑地、大きな戸田川がゆったり蛇行、アシ・

戸田川緑地←
カン木など繁った緑と水のゾーン。

富永（交）←
今までのコンクリート街路が一転。目や心にやさしい。釣り人多し。田んぼも現れる。戸田川

富永西（交）←
富永橋。コンビニサークルKでバナナ購入食す。３６８km表示（日本橋から）富永西・県道

福田川東←
２２７号横切る。

蟹江町←
福田川東、福島橋・蟹江町域に入る。５００～６００m程北に近鉄蟹江駅。この辺りから前方

蟹江川（大橋）←
遠く山々が霞んで見えます。何んとなくホッとする。バス停、飛鳥バス、Ｓａｎｃｏバス（↓三重交通の子会社か）蟹江大橋30m、良き川だ。風が柔らかい。思わず立ちすくむ。続いて沼

佐屋川（大橋）←
のような川のようなミニ水郷風、佐屋大橋付近、県道65号の芝切高架をくぐる。そしてまたまた川だ。涼しい風を運んでくる川は好きだよ。

日光川（日光大橋）
大きな川だ日光川の日光橋、ただ今工事中で景観ハナハダ悪し。残念也。正直なもんだな名古屋市街地から離れるにつれ涼しくなってきたぞ。川も伸び伸びゆったりと機嫌よく流れているよ。

富吉駅←
右側近くに富吉駅・四箇村橋という立派な橋（但しドブ川）、ＮＴＮ特殊合金工場、百保橋（ドブ

四箇村橋←
川）、県道４６２号横切る。〝化学工場と河川汚染〟の分かりやすい例かも。自治体しっかりせよ！

愛西市域←
富吉（交）、今度は愛西市領域へ、金魚屋さん、養殖屋さん、赤い金魚がプカプカ泳いでいます。

金魚屋さん←
水は澄んでおらず緑色です。

善太川（善太大橋）←
1.5m程の観音さま・静久寺（10円献礼）、右手１００m程のところを近鉄特急が通過して行く。約80mある良き川あり。橋名なし、新設されたばかりか（あとで調べると善太川の善太大橋）愛西市域はほんの少し、今度は弥富《やとみ》市に入る。「全身もみほぐし、肩、腰、足つぼ60分２，９８０円」の旗。

〈長良川〉

← 弥富《やとみ》市域へ ← 佐古木駅 ← 近鉄・JR・名鉄・弥富駅 ← 弥富市役所 ← 木曽川 ←

県道109号線突っ切って佐古木（右に佐古木駅近し）（交）、無名の川と橋（宝川らしい）、鍋平、三百島、「弥富高架橋南」（交）。（このあたりにかけて、「弥富金魚」の金魚さん目立つ。すぐそばに池（養殖池）が幾つもあり、金魚の他、亀そしてスッポン多し。）市役所北（交）、前ケ須（交）、大橋東（交）、10m程の祥聖橋、そして尾張大橋、ウワァッ！デカイ　大河だ！時間を計ってみたら歩いて10分程が流れの幅。富士川・安倍川・大井川と比べても圧倒的に水量多し。（これはどうしてか？）木曽川です。尾張大橋西詰そばに「東海道」を記す旧くて大きな石柱あり。左カーブして桑名市に入った。

← 長島駅口 ← 伊勢大橋（長良川　揖斐川） ←

県道7号線を横切り、右手近鉄とJRの長島駅入口を見送る。「クワシン」（信用金庫）。長島橋・又木茶屋・やすらぎパーク右カーブして長良川・アンド揖斐川にご対面!!さすが大河連続圧倒的水量。右手遠くの山々もハッキリしてきた。長良川（橋を歩いて約10分）、揖斐川（同、歩いて6分）。両河は別々の大河なるも細長い砂洲のような一条のグリーンベルトで仕切られている。そこには道路（県道）もあり、車が通行している。長良川の南下流側に大きなこぶのようなもの八間通り←をのせた堰（のような）がある。あの巨大なものは何!!（…有名な長良川の河口堰でした。）木曽川に架かる橋は「尾張大橋」、長良川・揖斐川に架かる橋は「伊勢大橋」というらしい。渡って大橋西詰。

桑名駅←やや左カーブして宮前町（交）、市から受託のコミュニティバスをよく見かける。桑名市大橋通り〝四日市まで14㎞の標識〟。歩く国道1号線の街路、突然整然としてくる。無電柱・しゃれた街路灯…。八間通りを右折、有楽町。桑名駅はＪＲ関西本線、近鉄名古屋線、養老鉄道線、三岐鉄道北勢線が発着する駅でした。15：30すぎ駅着。

今日は実働7時間半弱。30㎞というところか。お陰様で天候もよろしく有難い一日でした。何といっても、日本を代表するといってもいいほどの大河、三川の通過はそれまでのいわばアスファルトとコンクリートジャングルから解き放され、川風にあたり、気分的に生き返りました。明治半ば大正にかけての紀行文を読むと、大河「濃尾三川」を前にして、熱田神宮参拝のあと、「七里の渡し船」で桑名に渡る…を本ルートとするか、または熱田から津島神社を経て佐屋の渡しに出て、船で佐屋川を下って桑名へ「三里の渡し」を採る決断のしどころだったという。「七里の渡し」は海路となり、危険度もあり、「三里の渡し」の方が余程安全であった…とか。いずれにせよ、三川の通過は当時伊勢参りの途上の難題だった…と伝えています。（明治18年の旅は道連れ…源流社）

○駅前の一角にグリーンホテルあり。朝食込みで7，520円をけっとばし、はす向かいのパークホテル、朝食込み6，800円に決める。夕食は外に出て、近くの日本料理店へ。蛤・ウナギは高価すぎて手は出ぬパス。トンカツ定食＋熱燗＝1，600円。夕食終えて駅近くのコンコース歩く。JRと近鉄だが、（正確には四鉄道線）駅前の商売では近鉄が大いに目立つ。いわばチャンピオン。電車ホームは7〜8番線まであり、編成は短いが、ひっきりなしに発着している。駅前バスターミナルも充分に広くバス・タクシー夫々整然としていた。駅ビル群もなかなかのものだ。駅前に「鋳物の桑名」の大看板がある。

○愛知県か三重県か？…木曽・長良・揖斐の三大河川は、河口付近にていずれも三重県に所属している。一方、三河川の大部分は岐阜県内を流れており、愛知県は愛西市内に木曽川の流れの一部が含まれている。1959年9月の伊勢湾台風で甚大な被害の生じた、いわゆる輪中地域も三重県に含まれる。木曽川と長良川にはさまれて、まるで「しゃもじ」を立てかけたような南北長さざっと15㎞程の島（まさにながしまだが）の「東名阪自動車道」の下から突端にかけてにいわゆる「輪中の郷」がある。また、長島駅の南側、長島中学校のあたりに長島城があった。その南・願証寺あたりは、信長に滅ぼされた「長島一向一揆」の舞台で、「一揆殉教の碑」もある。

○「その手は桑名の焼き蛤」、桑名の殿様（とのさん）…三大河川の河口は汽水域で、ハマグリ豊富（アサリ・シジミも）だった。焼蛤と時雨蛤は、めっきり地のものは減り高級化してしまったが今でも名産。殿さんは、明治〜大正時代米相場で大成功した「大旦那衆」のこと。…殿さん時雨で茶々漬。（しぐれ蛤でお茶漬けにして酒のあとシャブシャブ）。…時雨蛤《しぐれはまぐり》↓初冬の時雨降る頃がおいしい↓ハマグリの身を溜まり醤油で煮込んだもの。

三重県ウォーク①　桑名↓四日市

（桑名駅から）

平成27年6月26日（金）雨

桑名駅～中央町（市役所前）～浅川（交）～八重垣町～安永～町屋橋北詰～（員弁川）町屋橋南詰～縄生～国道23号北勢バイパス・伊勢湾岸自動車道（交）～ここは川越町～役場入口～総合センター～朝明橋北詰（朝明川）～高松河原～近鉄川越富洲原駅入口～松原町～富田駅前（ＪＲ）～近鉄富田口～茨福町～八田3丁目～金場《かねば》町（近鉄阿倉川駅入口）～海蔵橋～川原町（近鉄川原町駅入口）～三滝川　四日市橋～三栄町～近鉄四日市駅

8：35スタート～11：45着　約3時間　11km

「桑名」という地理的位置は中世以降、東西交流が盛んになるにつれ、軍事的にも政治的にも、また、経済活動においても、重要なポイントを占めてきたようです。鉄道の東海道線や新幹線の開通、発達はまだまだ先の時代、それ以前の戦国を経て江戸から明治も過ぎる頃まで、東から濃尾三川を越えてきた人も、また西から東へ向かう人も、また、伊勢参りの人々も、東海道、伊勢街道を辿るには、桑名、四日市、津、松坂を通らざる得なかった。

試みに三重県の地図を広げて眺めると、なんと南北に細長いことか。素人目に見てどうだろう、縦に

〈データで見る県勢・2014 版より〉

市名	人口（万人）	指数	市名	人口（万人）	指数
津	28.6	0.74	尾鷲	2.0	0.39
四日市	31.3	1.02	亀山	5.0	1.12
伊勢	13.2	0.64	鳥羽	2.1	0.48
松坂	17.0	0.64	熊野	1.9	0.28
桑名	14.3	0.90	いなべ	4.6	0.87
鈴鹿	20.2	0.91	志摩	5.6	0.47
名張	8.2	0.76	伊賀	9.7	0.66

指数とは財政力指数（２００９年度～２０１１年度の平均）で地方公共団体の財政力の強さを示す指数で、1に近い、または1を超える程、財政に余裕がある…事を示す。

180km位あるだろうか。東は伊勢湾の海、西には標高1，000m内外の峰が連なる鈴鹿山脈。上野盆地で高度を下げても大台ケ原から大峰山地へと1，500～2，000m近くの連山が伊勢湾にかぶさってくるかのように取り囲んでいる。尾鷲から熊野、新宮は地理的風土的には和歌山県の領域のようにも思えてくる。
さあ今日は、三重の北端ともいえる桑名から四日市を目指して歩く。そして一旦出直してきてから、伊勢を通り、主として国道42号線に沿い、「熊野詣で」のいわゆる〝熊野詣・伊勢ルート〟を念頭に、てくてくと南下しようと思う。

桑名駅 ←

6：30過ぎ朝食、コーヒーも飲み、一休みして8：35ビジネスホテルを出る。今日は雨に降られる覚悟だ。駅前（交）を右折して国道1号線を行く。立派な大通り。街路の格は人口14万の街以上だ。この立派な街路も矢田町（交）まで。ここからは国道1号線といえども片側1車線の古くからの道だ。さすがに駅前看板「鋳物の町」らしく工場が多い。（中村鋳造物、東洋鋳造、早川鋳造…）八重垣町、若宮町、安永（交）と過ぎる。

安永（交）
員弁《いなべ》川（町屋橋） ←

日立金属とその関連工場も多い。国道258号線の高架の下をくぐると、大きな川に出くわした。員弁川・町屋橋という。土手から土手まで約250mはあろうか。流れは50m程だが草木豊かな川だ。耳慣れぬ名だが員弁《いなべ》川という。この川は三岐鉄道北勢線に沿うように伊勢湾から東員《とういん》町・員弁《いなべ》市を貫き更に上流に続き、源流は岐阜県・滋賀県・三重県の県界の山々から発していて、員弁は鈴鹿山脈・養老山脈に囲まれているも「桑名と近江を結ぶ」要地で、寺院・文化財が多いところと伝わる。

朝日町 ←

橋を渡ると「文人墨客」の碑あり。朝日町に入る。縄生《なお》、近鉄・伊勢朝日駅入口、小向（オブケ）、朝日町役場入口すぎると「伊勢湾岸自動車道・国道1号線北勢バイパス」の大きな交差点。歩道橋も馬鹿デカイ、ヤレヤレ!!パラパラやってた小雨も本降り模様。高架下で雨対策完全武装に。

← 川越町 ← 富田駅入口 JR・近鉄 ← JR富田浜駅 ← 雨中、ズブ濡れ ← まだまだ意気軒高 ←

雨合羽上・下に雨用帽子、スパッツ、リュックカバー…。

川越町に入る。四日市まで9㎞の表示あり。総合センター、川越中学、小学校、川越町役場、公民館、総合センター…財政は良さそう（事実、朝日町・川越町は面積は狭いが大工場が多く、人口密度は非常に高く税収も多いのだ。…朝日町は東芝や日立、川越町は埋立地に火力発電所など立地）。

朝明橋北詰。朝明川を渡る。土手から土手まで約80～90ｍ。砂浜の目立つ川です。高松川原(交)、近鉄川越富洲原《とみすばら》駅前（交）、駅は右手、松原町、四日市北警察署、郵便局、この辺に来ると（雨の中だが）町がキラキラしている。左側に巨大なイオンモール、右手からJR関西線が下りてくる。右手奥にJRヤードが見える。県道401号との合流三差路。その手前、富田駅入口。（JR駅と少し離れて近鉄駅。）東京から390㎞の標識あり。びしょ濡れでオロナミンC飲んで元気出す（冴えない気分は晴れないけれど…）。傍らに「一本松の立派な碑と文」が偶然あった。左に富田浜駅、そして八田3丁目（交）、県道64号線の高架下を抜ける。

降りしきる雨、走り抜ける車からの泥水しっぺ返し、靴の中は濡れてグシャグシャ。帽子もいよいよ浸水。カッパの中も汗で濡れて気分悪し。しかしだからどうだ。やめるわけにはいかぬ。とにかく歩く歩く。大きな陸橋越えて四日市のビル群が見えてきて、あと3㎞弱か。自販機もコンビニも雨やどりの庇もない。思えば名古屋～四日市間で越えてきた川は、皆水量が豊富だったな。濃尾平野の臨海部は大河や水路が非常に多く、〝水の都〟の雰囲気あるも、それにしては堤防が低く、水害は大丈夫かな？…なんてビショビショになるも歩きながらブツブツ独り言をいいつつ、頭の中でそんな心配をしている。これまで概ね東海道に沿うように歩き続けてきたが、ここまでは日本を代表する「ハイテクと効率の街」が随分続いていた。そんな街や通りを時計のゼンマイをゆっくり巻くかのような徒歩でてくてくと歩いてきた。この暑さの中、汗だくでリュック背負いフラフラ肩で息して歩く結構な齢の私。まあ笑い者だよな。…でも承知の上でズブヌレになっている自分がある。これで良いのだと思っている自分がいる。この俺にとっては70年生かしてもらった巡礼の歩きだから…。片側一車線の通りもビルの背、徐々に高くなるにつれ道が狭く見えてくる。

近鉄四日市駅 ←

そしてやっとこ諏訪町(交)で右折して近鉄四日市駅へ。雨で冷たくなった身体も立派なアーケード街にすべり込めばホッとする。アッと驚く七夕の飾り。いささか時期には早いと思うが、七夕飾りがヤケに目に滲み込んだ。アー七夕っていいもんだな。四日市銀座・一番街…駅と一体となったデパートに遠慮がちに入る。

トイレ探して入り、着替えをする。パンツ・靴下…すべて。狭い空間でこりゃ結構大変！便器に小物を落とさぬよう。終えると幸せ気分が心に満ちてきた。

12：20近鉄特急・名古屋行に飛び乗る。名古屋で知人におみやげの宅配手続き。13：40発ひかり東京行へ。弁当1，000円・缶ビール1ケ。雨中のてくてく、今日は10㎞強だけだったか。3泊4日を終えた今。それなりの手応えは感じている。

平成27年7月13日（月）～15日（水）

「てくてく日本・一人歩きの旅、時々山登り」

南アルプス・仙丈・甲斐駒（山梨）

（2泊3日　単独行）

JR千葉駅～特急あずさ～甲府駅…広河原連絡バス～北沢峠・ここから歩き～県界尾根・5合目分岐～馬の背ヒュッテ（一日目宿泊）…ヒュッテ出発～稜線～仙丈小屋～仙丈岳～小仙丈～五合目～二合目（近道）～北沢林道～長衛山荘～栗沢山～仙水峠～仙水小屋（二日目宿泊）・仙水小屋出発～仙水峠～駒津峰～六万石～摩利支天分岐～甲斐駒山頂～駒津峰～双児山～北沢峠～…BUS広河原～BUS甲府駅
・7月13日一日目　約4時間・7月14日二日目　約10時間・7月15日3日目　約7時間
仙丈ヶ岳　3，033m（日本百名山）
甲斐駒ヶ岳　2，967m（日本百名山）

プロローグ

今、太平洋上に台風が三つもあり、そのうちの二つが早々に過ぎ去ったあと三つ目の大型11号はノロノロして、台湾の方を向いている。出発するならこのタイミング。梅雨も明け台風が来なければ天気は安定。久しぶりにアルプス登山をしよう。40年も前、登ったことがある南アルプス仙丈と甲斐駒ヶ岳とし旅程は山小屋利用で2泊3日としよう。自分の年齢も考え、単独行ではあるが無理をしない！をモットーとする。若かりし頃、夜行列車利用で「甲斐駒」へは、韮崎駅下車。早朝バスで登山口へ。そして黒戸尾根を10時間かけて登り、八号五尺あたりでビバーク。翌朝甲斐駒山頂へと登った。また、仙丈岳へは、昭和49年、1月、新宿駅夜行発、飯田線経由、伊那北下車。戸台行一番バス乗車、戸台で下車して戸台川原を歩き、円渓山荘を経て北沢長衛小屋泊まりで翌日、仙丈へ登った。そんなことを懐かしく思い出すと同時にその頃は、「南アルプススーパー林道建設是か非かの大論争」が起き、もめていた。今では甲府から広河原まで、夜叉神峠経由で直行バスあり、プラス「広河原～北沢峠」連絡バスも使える。また、北沢峠から飯田線方面へのバス便も利用でき、全く様変わりしている。

甲府駅発（10：15）— バス — 広河原 — バス — 北沢峠 ←

今回は千葉発6：38発、特急あずさ3号利用（今は夜行列車そのものが無い）。甲府9：00過ぎ到着し、下車。目的のバスは出たばかり。次は10：15発。時間があるので駅広に面したファストフード店で牛丼で腹ごしらえ。広場内のバス案内所で地図やパンフもらい、ベンチに腰掛け予習をした。すると、もうバス出発時刻だ。天気も良し。さあバス乗車。まずは約2時間バスの旅で広河原着。ここで南アルプス市営バスで更に北沢峠へ12：55着…この日程だと仙丈と甲斐駒双方登頂するには、山中2泊となるわけだ（甲府からにしろ伊那北（飯田線）からにしろ、早朝一番バスが使えれば1泊2日も可能だが…、千葉からではそれも無理）。天候も11号の影響の出てくる3日後までは安定するという。体調も悪くなく夏山ということなので特別なハプニングが起きなければ予定通りこなせる…と思う。（私は1週間後の21日に満72歳となる。それがどうした！）日中、平地で33度まで上がるという暑い日。芦安を過ぎ野呂川林道に差し掛かるころには、久しぶりの南アルプス、身震いする程にワクワクする。幸せをかみしめる気分にひたった。夜叉神トンネルをくぐると、左下は目もくらむ絶壁。この野呂川林道は、今は「南アルプス林道」という。深い谷底の対岸に一筋の林道が流れに沿いはるか下に見え隠れしている。これは「県道南アルプス公園線」というらしい。いずれの林道も行き着くところは広河原。

約2時間のバスを降り、今度はマイクロバスに乗り換え北沢峠に向かった。13：00前峠着。昭和45年前後は、このスーパー林道は環境論議の中、完成は危ぶまれたものだ。開通した今は、もうそんな議論を思い出す人もいないだろうか。

←県界尾根←5合目分岐←馬の背ヒュッテ←仙丈小屋←

簡単に身支度点検をしてクリン草の紅い花々を右手に見て、太平山荘へ向かう。小屋に着いたら、今日辿るはずの薮沢は雪渓崩落で通行禁止だという。折角、大平山荘まで来たのに…。もと来た坂を登り直し、スタート地点に戻り、道標に従い県界尾根道に入る。針葉樹林の気持ち良き道を2合目・3合目と過ぎる。見た目70歳は越えていそうなオバサン(オバアサン?)が一人、黙々と苦しそうに登っているのを追い越す。(大丈夫かなぁ…)

5合目分岐で馬の背ヒュッテへのトラバースルートに入る。小沢を3~4本渡る。そのうち2本は雪渓のトラバース。薮沢無人小屋に出合う。寂しそうな小屋だ。水は豊富。(15:30)進む斜面はバイケイ草の大群落。でも花は早いか咲いていない。

右手後方遠く、鋸岳の雄姿。そして藪沢本流の雪渓を渡る。右手後方に甲斐駒の鋭鋒。16:00馬の背ヒュッテ着。受付のネーサン美人です。助手の女の子も可愛い。姉妹だってさ。3階建ての2階に寝る。今夜の同宿者は5人。夕食は大きなウィンナーがのったカレーライス。缶ビール1ヶ飲む。あとは5人でヨモヤマ山談義。あっちこっち手術したという飲んべえのジイサン。モンゴルへ20回も行ったというバァーサン。単独の60歳過ぎのオッサン達。夫々皆人間の独立峰みたいな個性派だ。…皆んな俺より凄い猛者ぞろいだ。

さて明けて14日、朝食は弁当にしてもらい、5時に出る。咲きそろえば美しい花園なのに草が目立つ。馬の背の稜線に出る。花は少なく、鹿の害目立つ。俄然四囲がひらけた。仙丈小屋の下で朝日を浴びながら弁当食べる。薮沢カール大雪渓そばにある仙丈小屋の脇にコンコンと湧き出るうまい水あり。…残雪を溶かして湧き出ている清冽な水…これに出会い、口にする幸せ…万物の生物に生命を与える源泉…チト大袈裟かな。

→仙丈山頂 3，033m →長衛小屋→栗沢山 2，714m →仙水峠→仙水小屋→

猛烈な強風の中、もうひと頑張りしたら、6：30仙丈山頂着。立っていられず。しゃがみ込み、頂上にいた若い2・3人と写真撮り合う。時々晴れて大展望。20分もするとガスはことごとく強風にとばされ一面の青空が広がり、大パノラマです。小仙丈めざし稜線漫歩。歩く程に快晴。白峰三山・塩見・甲斐駒・鋸・中央アルプス・そして霊峰富士も。

小仙丈の岩陰でコーヒー沸かして温まる。ドンドン下り、老夫婦とすれ違い、5合目も過ぎ、2合目で北沢小屋への近道へ。そして北岳展望ポイント、この近くにもおいしい湧き水、林道へ降り立った。いささか膝がガクガク。休憩10：10～10：40。長衛小屋そばから元気を振り絞って栗沢山へ向かう。林の中のジグザグ道。3人の単独行者とすれ違う。そのうちの一人は30歳台のオネェーサン。早川尾根を縦走してきたという。その体力・気力にアッパレ。いたく感心しました。この栗沢山の山頂直下は岩混じりで想定外にキツかった。おまけで登ったにしては、結構アゴを出した。油断は禁物だ。2時間20分かかった。山頂はポジションがいいので凄い眺め。甲斐駒・仙丈・北岳…と重鎮がズラリ。とりわけ甲斐駒が〝海坊主〟摩利支天を従えて、誠に不気味であった。慎重に心を引き締めて仙水峠に向け下山。歩きにくい岩場の急坂を痛み始めた足をダマシつつ峠に降り立つ。遭難碑があった。岩屑の累々とした風景は〝岩屑の墓場〟とでもいうべきか荒涼としていた。早々に仙水小屋への道を辿って下り着いた。有人小屋としては最近見た中で一番素朴で昔風です。一見ヨボヨボに見えるジイサンの小屋番が一人。そして今日の同宿者は3人。夫婦者（新ハイキング千葉支部の人）。と75歳以上の見た目ヨレヨレジイサンハイカー。明日の朝食は3：30からだ！という。オオ！めずらしい。望むところだ。この小屋にはジイサン自慢のおいしい湧き水がこれでもか…という程たっぷりあった。夕食は北沢峠から宅配されたかのような折詰弁当だった。

駒津峰
2，740m
←
黒戸尾根分岐
←
甲斐駒山頂
2，967m
←
北沢峠
バス

明けて3日目。4：30、一人でスタート。ヘッドランプつけて。仙水峠5：18。さあ駒津峰めざし意を決して登り始める。森林限界に来ると、大きな展望がひらけた。ヤットコスットコ駒津峰着。あとから登ってきた62歳のオッサンがご一緒したい！というので、（頼られるほどの者ではないけど）じゃ弥次喜多で行きますか…と二人連れでこの先歩いた。

駒津峰2，740m。昨日の栗沢山（2，714m）が目の前に。甲斐駒本峰が肩をいからしてのしかかってくる。来るなら来てみよ！と挑発しているようだ。ナニクソ…と歩く。

六方石あたりチョットした岩場。慎重に進みトラバース道に入り、花崗岩の砂を踏んでしぶとく登る。摩利支天分岐・黒戸尾根分岐を過ぎ頑張ると、甲斐駒山頂だった。2，967mあと少しで3，000mになれたのに！

後をついてきた弟分のような男と握手、コーヒーを沸かして満足満足!!小屋から4時間10分かかったか。弟分としばし山座同定。8：40。下りにかかる途中、ツーリズムの団体15人とすれちがう。ガイドら2人が引率していました。

白ザレと岩場。慎重に下り、10：40駒津峰に帰り着く。例の弟分のオッサン、私と同じルートで下山するといって付いてくる。足は疲れているが、正直今回山行目的の仙丈・甲斐駒を無事おえ心は満足感でルンルン。しかし下りつくまでは油断は禁物。

双児山ピークを越えると、あとは下り一方。頑張って12：00には北沢峠におりたった。戸台経由で帰るというオッサンは握手して盛んに感謝らしき言葉を私に残して去って行きました。13：30発広河原行に乗るまで、汗だくの着替えを人影もなさそうな所で着替え、峠そばの湧水（飲水）をたっぷりいただきました。14：00広河原発甲府行のバスに乗り換え、甲府駅では始発の特急に乗り、19：00までには千葉のマンションへ無事帰宅。

雑感

○千葉から2泊3日の山登り費用…ＪＲ（千葉〜甲府）乗車券＋特急券、計6，360円。バス代5，380円。計11，740円。山小屋2泊15，200円。合計26，940円也。…千葉から南アルプス2泊3日で約3万円也でした（ＪＲは大人の休日クラブ利用で30％レスとなっている）。

〈仙丈岳を望む〉

○野呂川（南アルプス）林道
夜叉神トンネルを含め広河原までトンネルの数、なんと23ヶ所。最初の方の2ヶ所と最後の1ヶ所がとりわけ長〜い。よくもまあ、こんな危険な崖に道を造ったもんだ!!お陰様で山歩き好きの我々は、この林道経由で歩くにしろ、バスやタクシー利用するにして、甲斐駒・仙丈・鳳凰三山・北岳などに簡単にアクセスできるようになりました。感謝します。

○山小屋の値段
馬の背ヒュッテ：1泊2食　8，100円、缶ビール600円。カレーライス・朝の弁当はまずまず、大部屋。
仙水小屋：1泊2食　6，000円、缶ビール500円。まずまず。プレハブの工事現場風だが、昔風のなぜか懐かしい素朴さ。

加賀の白山（2，702m）（富山・岐阜）

平成27年8月4日（火）～5日（水）

（単独登山）

稲毛海岸駅　東京駅～北陸新幹線「かがやき」～金沢駅～「白山登山口・別当出合行」長距離直行バス（9：25発～11：50着）ここから登山。12：00スタート。砂防新道～吊り橋～中飯場～別当覗～甚之助避難小屋～南竜道分岐～十二曲り～黒ボコ岩～エコ・ライン分岐～五葉坂～室堂（泊）～8／5小屋発AM3：40～山頂（御前ヶ峰）～油池・紺屋ヶ池～室堂～黒ボコ岩～蛇塚～馬のたてがみ～殿ヶ池避難小屋～（観光新道）～別当坂分岐～別当出合：11：30バス～金沢駅：新幹線～京葉線19：00帰宅　1泊2日
稲毛海岸～金沢　新幹線指定券　全て込み往復で定価29，700円を30％レスの20，780円でゲット!!

白山は石川・富山・福井・岐阜県にまたがる一大山群です。古来から、駿河の富士山、越中の立山と日本三名山の一つとして崇められてきている。記録によると、最後の噴火から350年経っており、何時噴火してもおかしくない山の一つともいわれている。南北中央アルプス、八ヶ岳連峰から遠く離れて日本海からの豪雪を受け、1年のうち半年は雪に覆われている白い孤高の独立峰で、2，700mの高さも誇っている。そのため、雪解けの始まりから9月いっぱいにかけ、多種多様の高山植物が咲く有数の花の名山ともいわれている。

関東地方に住む者にとっては、交通の便も含めて〝遠くてなかなか行かれない憧れの名山〟となっている。私は昭和45年の夏に上野からの夜行列車使用、金沢からバスを乗り継いで別当から登ったが、折りしく台風・悪天候にみまわれ荒れ狂う雨の中、黒ボコ岩付近から退却した苦い経験があり、その後再訪は遠ざかっていた。今年平成27年春、北陸新幹線が金沢まで開業し、東京駅からなんと最速2時間半で行く事が可能となった。

7月末から洋上にあった台風二つが過ぎ去り、次の台風の来襲は4日後辺りとの予報を受け、天候安定のこの間に…と単独向かうこととした。

東京駅一番の新幹線6：16発、金沢に8：46着。9：25発のシャトルバスで登山口へ（別当出合）11：50着。一息整えて、早速砂防新道を登る。中飯場までは林間の登り。しかし中飯場からは右手奥の大崩落（別山に連なる稜線の西斜面別当の大崩という）の中段にかかる〝みごとな不動の滝〟を目にし、花々も数を増してきた。ダケカンバやオオシラビソの木々もいつしか低くなった。ナデシコ風の花（センジュガンらしい）、カメの木やシシウド。立山アザミらしき花も多い。よく整備の行き届いた登りが続く。別当の大崩れは益々大迫力です。ルートが付け替えられ遠望のみ。甚ノ助避難小屋でおいしい水とトイレとベンチにありつく。そして対岸の別山の絶景。シシウド・トラノオ・エンレイソウ・キヌガサ草。南竜道《なんりゅうどう》分岐も過ぎルートの傾斜はキツイが、眺望、咲き乱れる花々で気分爽快。十二曲りにかかって、更に花の競演は続き、加えて右側の山裾から清冽な湧き水の連続！もう堪えられぬいい気分。ムラ

サキピンクのハクサンフウロが凄い。湧き出る岩清水を堪能しつつ蛇行して登ると黒ボコ岩。急に白山の雄峰、残雪が視野に入る。解放感全開。五葉坂を越えたら室堂だった。収容は700人にもなる幾棟もある山小屋。この室堂は凄い。診療所、郵便局、ビジターセンター、食堂兼レクチャーセンターというものまである。まさに雲上の一大ターミナルだ。(但し、ここは、己の足で数時間歩いて汗を流さねば着けない!)

小屋泊まりの受付でもらった領収書には「宿泊料3,420円+県有施設料1,880円　計5,300円」とあり、2食代は別、それを入れるとトータル8,100円でした。2段ベットの2Fに畳1枚分が私に割り当てられた。今晩も数百人が宿泊するらしい。全体で食堂は1ケ所。驚くべき流れ作業。飲んだ缶ビールの空き缶は夫々が下界に持ち帰るルール。白山にはゴミ捨て場はない!夜半に雨と雷。翌朝晴れ。3:40に私も頂上めざし出発。4:00に白山神社の太鼓の音。ドーン、ドーン。ヘッドランプの列が前にも後方にも続く。頂上の一角に4:30着お茶を沸かして日の出を待つ。

アッという間に100人以上の登拝者。なんと神主が岩の上に袴・下駄で立ち、何やら有難い話を15分も。聴いているとオレンジ色の旭、神々しい。神主の音頭で万歳三唱。時代錯誤のような、それでも何やら有難い洗われた気分。その後、しばらく解説員のあとについてお池めぐりをする。八つの池、大汝峰、剣ヶ峰、そしてクロユリ、ハクサンコザクラ…もう私は大感激。「65歳時点で百名山達成したという今は75歳の凄いバアサン」と友達になりながら室堂にもどった。山や花の話となると百年の知己のように話せるなぁ。朝食をとり8:00いよいよ観光新道経由で下山にかかる。

蛇塚・馬のたてがみ・殿ケ池、ルートは結構急坂続きながら高山の花が咲き乱れ、日本中の花が集まっているのでは…と思わせる。まさに花の名山。この下山ルート、砂防ルートと異なり湧き水全くなし。折からの炎暑を浴び、汗ダクダク。膝ガクガク。相当干からび難渋したが、何とか3時間で別当出合に降り立った。出合では、湧き水をたっぷり頂き、傍の自販機で缶ビール1本400円を購入し一気に一缶飲みほした。小学生でも登る名山ではあるが、72歳の私には結構強敵でありました。

○登山口の「別当出合」の標高は1，260m。山頂2，702m。標高差1，400m余。決して楽なコースではないが、何といっても百花繚乱の花々があり、湧水あり、大展望あり、施設ルート完備もあって、天候に留意すれば、老若男女楽しめる日本の代表的名山でした。…ハクサンゴザクラ・ハクサンイチゲ・ハクサンフーロ…ハクサンと名の付く花は20種以上もあるといわれ真に花の名山です。

○大都会〝東京〟の至近にある富士山と異なり、遠く離れた「加賀」に位置する点が秀逸のポジション。かろうじてハイカーに〝モミクチャ〟にされずに済んでいるよ。

○「加賀の白山」とくれば「日本百名山」の著者、深田久弥さんのことを想う。（石川県加賀市大聖寺出身）「諸君の多くは日本の中部の山から北に当たって遠く、雲の上に浮かんだ白山を見逃しはしなかっただろう。そしてそれは孤高の気品を以て諸君を打ったに違いない。…白山は私のふるさとの町から眺めるのが最上であることを、私は自信をもって誇ることができる。…白山の持つ高さと拡がりを最も確かに最も明らかに認め得るのは私の町の付近からである。…確かに白山ほど威あってしかも優しい姿の山は稀だろう…」と熱烈な賛辞をおくっている。

山梨百名山「日向山《ひなた》（1，660m）」（山梨）

平成27年9月7日（月）

津田沼駅↓首都高↓中央道（須玉IC）↓道の駅「はくしゅう」↓ジャンボタクシー↓登山口（矢立石）～雨量観測計～日向山頂～雁ヶ原～矢立石～尾白川渓谷入口…駒ヶ岳温泉「尾白の湯」

日帰りバスハイク・歩き約5時間　約8km

平成21年7月北海道トムラウシ山での遭難事故（旅行会社募集の登山ツアー）、平成24年4月関越道夜行観光バスの事故、この二つの衝撃的な事故があって国土交通省が主導する中で「旅行会社募集の登山ツアーのあり方」「貸切バス・乗務員過労による事故防止」について、有識者などにより関係法令が抜本的に見直されることとなった。その結果、募集型登山ツアーにおける行程管理、安全対策、ガイドの有効活用等が強化された。

また、貸切バスについては日帰り・一泊ツアーによる一日の乗務員運転時間、運行距離の短縮化が過労防止のため義務付けされた。これらの結果、貸切バスで日帰りできる目的地が従前に比し短距離化し、また、登山ツアーにおける付添人（ガイド等）同行ルールも強化され、結果としてバスを使った登山（ハイキング）ツアーの参加料金がここ2～3年で30～50％も値上がりしたといわれている。

当バスのハイキングツアーの特色は、企画・催行する千葉中央バス社員が事前に自ら歩き、ルートチェックをし、その難易度を前提とした商品としたうえ、催行にも下見した社員（登山経験者）が当日も同行（2～3人ずつ）・起点から終点までケアーをする。これにより安全性とコストダウン（低廉な参加費）を実現している。

また、分不相応にいわゆるハードな（一般ルートといえども）ルートは商品化せず、そうしたルートはより大手旅行会社に任せる…と割り切っている。こうした実績から、この会社のバスハイクは企画催行の第一回目から既に15年以上も経つ中、大きな事故もなく、毎回ほぼ満席の実績を挙げている。更なる高齢化社会の中、「暇とお金と体力のあるお年寄り」が増え、自ら調べ、予約し準備するなどの手間が大幅に省ける。こうした手軽なハイキングバスが盛況となっている。

参加者の体力・知識・経験・健康状態をデータベースで事前把握の上、より安全なハイキングツアーとなる事を念じ、私も会社トップとは旧友関係にあることから、折に触れアドバイスをしている。

さて甲州の日向山についてはガイドブックの幾つかに案内記事は出ているが、地味で通常あまり目移りのするハイカーには後回しにされる地味な山だ。しかし、実際は山頂部には特異で素晴らしい景観が待っている。

9月7日(月)秋雨前線に加えて台風接近もあり朝から雨。雨具を着て家を出る。途中運よくタクシーを捕らえ、最寄りの京成稲毛駅に着く。バスに乗る前にズブぬれ!というのはやりきれないところ。タクシーのおかげでツアーのバスにぬれネズミにならず乗車。今日の参加者は25人（男8人、女17人）。

皆を乗せてバスは都心を抜けた。八王子辺りからくもり。山麓の「白州」道の駅で薄日射す。ジャンボタクシーに乗り換え分乗して20分程走る。標高差５００ｍを稼ぐ。10：05矢立石登山口から歩きスタート。カラマツ林の中の幅広い道を登る。Ｎｏ１～Ｎｏ10までの標柱に沿って登る。2.5／10あたりで女性（65歳位）が貧血を訴えダウン！幸い３人連れの１人なので、「彼女と友達」の２人を残して一行は先を急ぐこととした。それでも道行き20～30分毎、彼女の携帯にＴＥＬするも電波の都合か、通じたり通じなかったりしている。

そのうち残してきた付き添いの友人からメール届く。大分よくなりゆっくり登り始めているという。

以前にもあったことだが、〝団体ハイキング〟の途上、「メンバーの誰かが途中、具合が悪くなった時どうするか」は、この種のツアーの宿命的なテーマです。今回の対応に結果的に大きなミスは生じなかったが、ツアー無事帰着後、関係者と残ってしばし協議。これからはこうしたケースでは具合の悪くなった人には（ツアーとして先に進むにしても）ガイド（付添世話人）を必ず一名残し、ともに現場に留まるべき（同ルートを戻ってくる場合）…と結論付けた。

さて、山頂に着くも一面のガスで眺望ゼロ。時折、足元周辺が見えるとなんとニョキニョキと5～10m位の岩峰が林立している。花崗岩の崩れた白砂と岩峰群。一部しか見参できなかったが、それでも一応満足。昼食を済ませ早々に下山にかかる。途中7／10程の位置で落後した女性と無事合流できた。深い霧の中いくらか気も弾んで来て歌を口ずさみながら急坂を下り、全員安全に帰着した。ガイドブック曰く、「日向山は見かけは地味でも登れば魅力いっぱいの山。麓から見て誰でもが登ってみたくなる山…とは対極にあり、風采の上がらぬ山に思えるが、登って来れば頂上の奇観に満足すること請け合いの山」…とある。天気の良い時に今一度来たいとの声、多数あった。

甲斐駒温泉「尾白の湯」に入浴する。露

天風呂もあり。雨の降る中、頭にタオルを載せ湯に身をゆだね、しばし沈思する。さっぱりして缶ビール1本グッと飲む。特に面識のない女性（25人のうちの1人）から、今度同行したい旨のアプローチを受け嬉しいような戸惑いを感じしばし舞いあがりそうになったが、半分冗談だなと気を引き締めた。

帰路の高速道路は雨の中、幸い空いていてスイスイと都心も抜け19：00過ぎには津田沼に帰着。ガイドブック曰く「馬には乗ってみよ、山には登ってみよ!!」一見、風采の上がらぬこの日向山、なかなか「サプライズ」のある小粒ながら良き山でありました。駅から自宅までもやはり雨が降り、雨にたたられた一日でした。

茨城県ウォーク⑦　日立〜南中郷

平成27年9月4日（金）くもり・雨

（JR日立駅から）

駅西口〜平和通り（桜通り）〜市民会館〜山下町十字路・国道6号線〜宮田川〜神峰《かみね》神社‥公園〜滑川浜入口（交）〜田尻浜入口（交）〜水木津駅入口〜東連津川〜十王駅入口〜小貝浜入口〜鵜の岬入口〜伊師浜〜小石川橋〜稲村橋〜高浜町（交）から海岸沿いへ〜高萩海水浴場〜関根川〜国道6号線へ〜中村自工〜落ケ沢入口〜南中郷駅

8：55駅スタート〜15：00南中郷駅　正味約5時間30分　歩行約22km

プロローグ

日立市の人口は19万人余りであるが、最盛期は20万を優に超え、県下第一の都市であったという。市域内を南から北に国道に沿い、海岸線を歩き通して（約20km超）感じたことは海に迫る山と海岸線の間（総じて斜面）の狭い地域に常磐線、国道6号線が通っており、ここに五つの駅があり、各々地域の核を成してきた。（今は山間を走る高速道路や国道6号線とそのバイパス線により自動車交通が発達しレールのウェイトは相対的に大きく低下しているが…）そして、駅をヘソとするかのように超大企業である日立製作所関連企業の工場群があり、更にその山側には住宅（社宅）・学校が配されて隆盛を誇ってきた。「日立鉱山」「日立製作所」という2大企業を中心にかつては、軍国日本の〝工都日立〟とまでいわれ、先の大戦では米軍による艦砲射撃等により破壊された。今では平和産業「日立グローバル企業」として再び隆盛しているが、グローバルな世界経済の中厳しい経済競争にさらされながらも奮斗している。歩いてみれば、この地域一帯如何に「企業〝日立〟と共に栄えてきたか」

が生活のあらゆる面に関して肌で知る事ができる。海上交通（港湾）路としても、市域南端、久慈川河口から大甕《おおみか》駅地先にかけてが茨城港＝日立港区として五つの埠頭を抱えているとのことです。

JR日立駅西口　9／4（金）稲毛海岸駅5：47電車乗る。早朝といえども平日とあってみれば始発から三つ目の駅であるが座席は既にほぼ一杯。先頭車両に空席一つありで着席できた。少し居眠りをする。東京駅まで約45分。6：53東京駅発　常磐線の特急「ひたち一号・全車指定席」に乗り込む。コンビニのおにぎりをパクついて朝食とする。ドンヨリとした空模様。水戸を過ぎる辺りから青空も見えてくる。私より四つ齢上の兄が国内旅行中に宿泊先のホテルで急病。（8月初旬・緊急入院…そして8／23死去）この為、和歌山方面へのてくてく日本は日延べし、更に喪に服するべきの所、一段落したのを良いことに空いた2日間を使い日立～勿来まで行こう…と決め、この出発となった。…少なくとも半年位は喪に服すべし…と親戚に云われているにも拘らず…。8：40過ぎ日立着。例によって近代的なスケルトンの駅舎。コンコースの隅にて〝短パン姿〟に。人目を気にしつつ大胆に着替える。そして8：55西口からてくてくスタート。

平和通りから市民会館通りへ　樹齢は50～100年はあろうかと思える老桜並木（平和通り＝桜通り）を進んで市民会館通りに右折して入る。右側に日立セメントの溶鉱炉のような工場群。古ぼけていて、もう操業しているようには見えないなぁ。〝茨城新聞日立支社〟のこちらもひなびた建物。市民会館通りを進む。

市民会館　市民会館では〝五輪真弓ショー！〟〝ヤマトセレモニー「家族物語」〟だって。右に宮田小。この正面入り口の塀に「東海第二原発から16㎞」の看板を見てギクッとする。…3・11以来、

神峰《かみね》公園裏 ←

各地の原発は地域の脅威！として忌み嫌われる存在になったかのようだ。わかるような、悲しいような気がする。「カーボディショップ＝へこみ・キズなお〜る」「ものを運ぶプロ集団＝運送屋」の看板。…ウン！分かりやすいよ。

←

山下町十字路（交）

日立はまさに坂の街。左手の山から右の海に向かって傾いている。流れる下水や川にしても、水はサラサラと止まることなく流れ、そのぶん清潔のようだ。山下町十字路で左から来た国道6号線にぶつかり、右折して国道を歩く。日が差してくる。山側、山裾に海の方を向いて立ち並ぶ住宅群が射す陽光にあたりキラキラと輝くように明るい。笑っているようにも見える。生保内（オブウチナイ）団地入口（交）。東京まで１４３㎞の標識。ブルドックツアー日産観光!!　国土交通省前（交）（国道事務所のこと）。県道10号線を突っ切り切り割を登る。ＪＲ線を陸橋で越える。

←

国土交通省前（交）

←

滑川浜入口（交）

滑川浜入口（交）を過ぎると、右側から海沿いを走ってきた国道6号日立バイパスが合わさる。公設市場前（交）を過ぎ、陸前浜街道（国道6号）を行く。俄然大型車の通行増え少々おびえつつ歩く。ＭＧＭの巨大看板！何じゃこれは！マイカー２００台は駐車しているか。パチンコ屋のお化け？

←

公設市場前（交）

これから国道の両サイド、大型量販店のオンパレード。田尻小、田尻浜入口、「おおはたあきひろ氏・民主党」看板ポスター多し。確か一時、国交大臣をしていたか。当時、現役の私も霞が関の大臣室に2回程、業界陳情で訪問したなあ。高層階の大臣室はバカ広く、今思えば短かった民主党政権時、一仕事やりそうな顔つきだった。茨城のこの辺りが地盤だったか（心の中で頑張れよ！といっておこう）。「高萩まで11㎞」とある。

←

田尻浜入口（交）

←

小木津《おぎつ》駅入口（交）

下相田団地入口（交）、日立電線の名称目に付く、左手に大工場あり。高磯台団地入口（交）、日立電線グラウンド、日立市日高町、ＪＲ小木津駅へは左へ１㎞。右手近くに小城のような建物。

←

〈高浜町海岸堤防付近〉

東連津川《とうれんず》 ← 常磐道接続ＩＣ ← 十王駅入口 ← 十王川 ← 館山神社 ← 小貝浜入口 ← 鵜のパラダイス入口 ←

北部消防署（右）社宅入口、日立電鉄交通サービス・バス停♀、松ケ丘団地入口（交）、下って小木津浜入口♀、そして東連津川を渡ると常磐道へのＩＣあり。

ファミリーマートで一服。リポビタン飲んでトイレを使わせてもらう。折笠（交）、十王駅入口（交）、駅まで２㎞はあるか。この右側一帯は（やや下り）川尻漁港・海水浴場となっている。川尻町（交）を過ぎると橋を渡る。

十王川かしら？上り気味に進み右カーブにかかるところに、何と！「館山神社」あり。私のふるさと房州館山と何の関りもないだろうが一瞬驚く。聖徳太子ゆかりのこの神社（そばに慰霊碑もある）にわずかながらお賽銭を献ずる（急な階段あり）。豊浦中、小貝浜入口、右側一帯、燈台、浜、ウミウ渡来地、鳥島、「国民宿舎・鵜の岬」鵜のパラダイスあり。民家少なく小山・畑など多し。左側まだまだ日立電線関係多し。

伊師《いし》浜(交)
↓
トラックパーキング
↓
小石川橋
↓
国道461号線分岐
↓
稲村橋
↓
高浜町(交)
↓
海岸沿い歩く
↓
高萩海水浴場
↓

うららの湯、鵜の岬(交)、峠を越えると眼前に稲田オンパレード。一面両側田んぼ。伊師浜○┴(椎名観光バス)、一日5本。直線道路です。

汗が垂れる。歩道脇の溝に、先程から小さなメダカのような魚の群れ。シジミのような貝多し。ドジョウもいたかも。もっと先の水のたっぷりの溝には5㎝位の大きなオタマジャクシがウヨウヨ。見えないけれど右側林の向こうは長～い伊師浜海岸。一本道の国道の右側に県北トラックパーキング。(ダンプの休憩施設。タイムリーな施設だと思う)10台位が駐車して休んでいた。トラック運転手さんしっかり休憩してネ。左前方、小高い林の上に巨大なアンテナ2基。県北日立生コン(右)。その先小石川橋を渡る。今、国道6号線(陸前浜街道)を歩いている。

浄化センター。左へ大きくカーブして国道461号線が分岐している。右はせいぜい200～300mで海(伊師浜海水浴場)。左から常磐線急接近。共に併行して下り気味で花貫川にかかる稲村橋を渡る。この川の上流に渓谷があるらしい。標高600mの「土岳」あたりから渓谷を伴っている。「核兵器廃絶都市宣言」の大看板あり。

……余分な事だが、アメリカの核の下で平和を保っている日本に、声高らかに核廃絶がいえるのかどうか。大いなる矛盾、違和感あり…。花貫川は川幅50m位ながら良き川だ。高浜町から海岸堤防沿いを歩く。砂浜は幅70～100mはあるか。所々テトラポット、堤防の高さ、見た目3～4m。堤防そばから住宅、集合住宅もあって危ないな～と思う(前頁写真)。3.11直後でもあり、大いに不安に思う。「津波浸水想定区域図」の看板あり。集合住宅はその域内ではないか!!突き当たって左カーブ。

関根川沿い
←から国道へ
←赤浜（交）
←ファミリーマート
←駅入り口
←南中郷駅

堤防と離れると東小学校。新磯馴橋《しんいそなればし》で関根川の対岸沿いの道を行く。荒崎橋で渡り返し国道に戻る（この海沿い迂回で高萩駅や中心街をやり過ごした）。羽根田橋を越え右手土手の上に中村自工を見て里山と田んぼを切り開いた上り坂の国道を行く。

何にもなく赤浜、落ヶ沢（交）、これといったものもなくトラックにおびえつつ汗をかきかき歩く。何やら後方から空を覆う黒雲が迫ってきた。なぜか、喉カラカラ。何とか田んぼの中の一本道を越えて家のある所へ…。急げ！急げ。ようやく上り勾配を越えると小店舗が増えてきた。見透かしたかのように降り出し、天の助けか、ファミリーマートに飛び込む。缶ビールを買って飲んでいるうち益々激しく豪雨となった。コンビニ軒下の幸いにしてあったベンチに座り、ゴミ籠に捨てられていた傘を差しながら、縮こまってジッと我慢。雷ゴロゴロ鳴って約40分、今日の続行はもはや困難と判断し、止み間を狙いＪＲ南中郷駅へ急いだ。駅到着15：00。国道6号線から左に分かれて10分。歩け歩けまた雨くるぞ！に逃げ込んだ。ゴロゴロ！ピカピカ！やれやれ、やるだけはやりました。…ズブ濡れの雨具の上衣を脱ぎ、手持ちのタオルで拭けるところは何度も拭きました。

〈番外〉

○田尻小学校…大畑代議士の看板に気を取られたが、この小学校南側の崖下に岩壁に彫られた度志観音があるという。ここから東連津《とうれんず》川河口一帯は仏ヶ浜といわれ北側の岩壁に10体以上の磨崖仏があるという。

○手綱の浜…高戸（交）から赤浜（交）にかかる右側海岸一帯（国道を歩いているだけでは見えぬが）を、その昔、手綱の浜と称したらしい。（万葉集の歌に出てくる）

○大咲浪《おおさきろう》・小咲浪…高萩海水浴場の堤防上を歩いたのだが関根川に沿い、海岸を離れる直前、右、沖合に見え隠れした島あり。小咲浪かは不明だった。その昔、沿岸を航行する小舟にとって岩礁つづきのこの海岸は水戸領内一の難所だったという。

○「長久保赤水《ながくぼせきすい》」：雷雨に襲われ、それと訪れる事もせず、国道沿いにあったのに見逃したか。悔いが残ったのがこの人の旧宅。「水戸藩の地理農政学者」で赤水図といわれる「改正日本輿地《よち》路程全図」を完成させた・日本初「緯線を記入した地図」。明治初期まで刊行地図の主流になったといわれる。（水戸藩の地理・農政学者）

茨城県ウォーク⑧　南中郷↓勿来（陸前浜街道）

平成27年9月5日（土）

JR南中郷駅〜粟野（塩田川）〜塩釜神社〜市営団地〜北茨城署〜大北橋〜天妃山〜雨情生家前〜歴史民俗資料館（雨情記念館）〜磯原二ッ島〜神岡上・神岡〜大津新橋〜大津漁港〜鵜島の鼻〜五浦岬公園〜五浦観光ホテル〜六角堂（茨城大五浦美術文化研究所）〜天心記念五浦美術館〜長浜海岸〜井戸の入隧道〜平潟港〜南中郷〜磯原〜五浦〜勿来漁港〜海水浴場〜南中郷〜磯原〜五浦〜勿来温泉〜南中郷〜磯原〜五浦〜勿来駅
8：04スタート〜14：00勿来着　約6時間　約18・5km

プロローグ

前日は、もう1時間ほど頑張って歩けそうだったが、突然の雷雨で恐れおののいて最寄駅（南中郷駅）に逃げ込んだ。あとの激しい雷雨を思えば正解だったと思う。ここにはビジネスホテル的な宿もなく、となりの磯原駅周辺のホテルにTELを入れる。セントラルホテルに決まる。駅から2分。190円の切符を買って20分後に来た電車で磯原駅に行く。高萩駅周辺にはろくすっぽ宿らしいものも見当たらなかったのに、何でこの磯原駅周辺には簡単にゲットできたのだろう。わかった事だが、この磯原駅周辺が北茨城市の中心という事らしい。多分、周辺数町をまとめて市制を敷いたものらしく、駅周辺もそれに合わせて整備中のようにも見えた。

磯原駅近くのビジネスホテル ―レール― 南中郷駅 ← 国道6号線へ ← 中里ニュータウン入口 ← 塩田川 ← 塩釜神社 ← 市営下桜井団地 ← 北茨城消防署前（交） ←

小さな市街地だが駅前広場をはじめ、小ギレイに整いつつあるようだ。一泊6，000円で清潔な部屋だった。ここで一夜を過ごし、朝方（コンビニで前夜買った）パン・オニギリを食べ、部屋のポットでインスタントコーヒーを入れ朝食とした。そして8時前の電車にあたふたと乗り、南中郷駅に戻り昨日の続きを歩くことにした。土曜の朝、南中郷駅は無人でした。駅舎は建て直し直後とみえ小ざっぱりしている。花火が何故だかポンポンと上がり大きな音だ。朝から景気がいいぞ!!田舎はこれだからいいのだ。元気をもらい、8：04駅前をてくてくスタートした。数分で国道に出た。セブンイレブンがやけに目立つ。他に店舗らしきものまばらの通りを行く。「東京から161㎞」の標柱あり。「北茨城市核兵器廃絶平和宣言都市」の大看板あり。中里ニュータウン入口（交）を過ぎ下り気味に行くと、国道すぐそばに墓地が拡がる珍しい光景あり。ほどなく二級河川「塩田川」を越える。右側に50ｍも行けば海だ。覗いて見ると土曜のせいかサーファーが多い。浜辺にワンボックスカーを並べ…あのパターンだ。

浜沿いの国道を行く。ブライダルビフォー（美鳳）。左側にJR線と併行する。線路挟んで鳥居と狛犬（線路が境内を縦断している?）、塩釜神社というらしい。社は小高い森の中（その森の上は見えないけど一大住宅分譲地）。この先、これといったランドマークもなく直線道路を頑張る。北茨城海浜キャンプ場、シーサイドゴルフ入口、自動車学校入口、下桜井南団地でようやく右カーブ。右手に水準点の石碑を見て進むほどに道路両サイドに農家のような家並み。どの一軒も敷地広く、母屋の外に別棟もあり大きな家が続く。何のかんのいいつも農家の生活はトータルとして恵まれている点も多いと実感。右に「馬頭観音」現われる。石塀、ブロック塀の家。そして消防署前（交）。

← 大北橋 ← 大北川蛇行 ← 天妃山《てんぴさん》 ← 雨情生家前 ← 歴史民俗資料館 ← 野口雨情記念館 ← 磯原二ッ島 ←

左へ大カーブ。大きな川を渡る。大北川だ。橋のたもとに4mはあろうか、石造りの白い「交通安全菩薩」があって、台座と仏像本体が折れてバッタリ倒れたままになっていた。3.11で折れてしまったのだろうか。大北橋を越える。土手から土手100mあろうか。水の幅も広い。野性味充分な雰囲気。ヨシ原も広大だ。海の水が上がってくると見え川幅・水量・ヨシ原も伸び伸びあり。500mも下れば河口だ。大蛇行。この辺りが国道6号線と磯原駅が最も接近しているところらしい。(磯原町本町1~4丁目)川沿いからは見えぬが、左手高台には工場や研究所それに市役所などがある。国道6号を川沿いに進むと震災で壊れた護岸の大規模復旧工事中とぶつかった。川と別れる辺りから「天妃山」の名勝となる。

大きなホテルが右、左に野口雨情の生家があった。大きな家だなぁ。〝茨城百景=磯原海岸と雨情〟が売りの「としまや・月浜の湯」の庭先から海岸線を前に来し方を振り返る。

緩い弓形、やや黄色味を帯びた砂浜が雄大に連なっている。砂防工事中あっちでもこっちでも。この辺の海岸線は3.11で大きな被害を受けたところだ。右側に「御大典」の石碑。

「北茨城市歴史民俗資料館」「野口雨情記念館」…煉瓦造りの立派な建物だ。中には入らず軽く一礼して辞去。「天興童心!」

国道6号線そばに四阿付きの小さなお堂あり。小さな仏像多数まつられており、見るからに心のなごむお堂だ。「旅の安全成就」を願い手を合わす。10円。

また、小川のほとりに馬頭観音があり、海までは50mほどか。国道6号を右から左へのオーバーブリッジ(二ッ島陸橋)。この下をくぐる。シーサイド磯原ホテル、二ッ島ホテル、〝通りゃんせ〟の像、顕彰碑。海岸近くに島。二ッ島にはみえないが「ゾウサン」にそっくり。水を飲んでい

神岡 ← 大津新橋 ← 大津漁港 ← 鵜島の鼻 ← 五浦岬公園 ← 五浦観光ホテル ← 六角堂方面望む ← 天心記念五浦美術館 ← 長浜海岸（浜庄）← 「井戸の入隧道」←

るようで愛すべき島だ。これから先、国道６号線（陸前浜街道）をおよそ2.5km以上一本道です。右側、防風林長～い。左、浄化センター、そしてＭＲＴと称す村田総合スクラップセンター。けたたましいこと。ダンプの出入り多し。歩く歩く。そして遠ざかれ！

神岡地区５Ｆ建ての公営住宅（団地）が何と10棟以上。この先から国道に分かれて右、大津漁港の方へ進む。大津漁港から五浦《いづら》方面へ。関南《せきなみ》大橋（魚の橋）渡って港へ。この辺りまで来ると岡倉天心ゆかりの標柱多し。港の公園、腰を下ろし水分補給。骨格のしっかりした大津漁港だ。漁業歴史資料館。右手に係留されている１００隻もあろうか漁船を見つつ坂を上る。「災害で壊れた岸壁を直しています」の看板。五浦団地 ♀ バス１日５～６本。

右手鵜島の鼻。五浦岬公園、あえぎつつ登る。小高い岬の頂上。展望台からの眺めすこぶる良し。茨城百景〝五浦〟の碑。崖の上、展望台から北の方向、六角堂がチラチラ見える（修復終わっているようだ）。そして北の海岸線遠く、火力発電所の大きな建物も見える。値段の高そうな五浦観光ホテル・広い敷地の景勝地に君臨。茨大美術研究所などなど。黄門の井戸。

県道３５４号線を行く。五浦美術館。この辺り道路等、整備が行き届いている。市の巡回バス６本。六角堂はうっかり歩いていると見えません。大型ホテル「天心の湯」閉鎖。３．11以降、客が減ってしまったか。ほどなく県道３５４号とわかれて長浜海岸沿いの道に入る。グッと発電所が近づく。浜沿いの民宿料理〝浜庄〟で昼めし。めしが来るまでビール中瓶。地魚カレイの煮付けのうまかったこと。店を出て坂道を行く。「井戸の入隧道」をくぐる。出ると下り坂。くねった道の両サイド、民宿のオンパレード。復興のシンボルは鮟鱇（アンコー）だそうだ。６．７ｍ級の津波で５名死ス。平潟入口 ♀（常盤交通バス）。

平潟港←観光百選・平潟港!!小ぢんまりした港。ここを過ぎるとすぐ隣は福島県に入る。アッという間に勿来漁港・魚市場もあるが小さな港。港側の公園に大理石の巨大アンコウが台石つきであった。国道

国道6号←6号線に合流（県石材組合提供）。二子浦温泉（源泉井戸）、松川浦の磯、勿来の関入口三差路。す

線へ　　ぐ左のJR陸橋＝「勿来の関・架道橋」と書いてある。勿来の関に寄り道をする。これをくぐって

　　　　緩やかな上り坂を行くと駐車場。そして更に左カーブでグッと入ると〝勿来の関公園〟があった。

勿来漁港←国道にもどる。東京から175㎞。「関入口」のバス停なんと一日一本のみ。右下に広がる勿来

勿来の関入口←の浜一帯綺麗な白砂の浜。青い海。沢山のテトラ。土曜日なるも、この浜にサーファーはたっ

（勿来の関）た一人。JR線と併行して進む。関田橋（交）、勿来温泉、お城前（交）、更に踏ん張って進む。

勿来温泉←ようやく左前方に駅ホームらしきものが見えた。〝関の湯〟宿の駐車場は広いが客らしき駐車は

勿来駅←1台のみ。なかなか客が来ないのか。駅前広場は小広く整備されて清潔だった。勿来駅14：00

着　今日中に千葉まで帰るには丁度良いタイムでした。

○大津浜・長浜一帯（特に大津浜には「風船爆弾の作戦本部」があった）は第二次世界大戦末期に風船爆弾の放流基地となっていたところ、昭和19～20年初めにかけ約9，300個の風船爆弾が放流され、約360個は北米まで届いたという。その記念碑があった。（ワラにもすがる当時の戦況、いたましくも悲惨なる時代だったのだなぁ）

○六角堂は、「茨城大五浦美術文化研究所（岡倉天心旧居）」の長屋門（有料）をくぐって入らないと見えない。岬の公園の突端・断崖に立てば見える。

○大津港と平潟港：水戸藩領内屈指の漁港として栄え（大津港）毎年五月に御船祭が行われる。また、大津浜

に1824年（文政7年5月）、英国捕鯨船々員が上陸する事件が起き、異人殺傷騒動があったという。平潟港は江戸時代：東廻り航路の寄港地で陣屋が置かれた。江戸末期、幕軍と官軍・戦いの舞台にもなった。「井戸の入」坂の上の大日堂墓地に官軍兵士の墓があった。

〈風船爆弾放流基地の碑〉

○…てくてく炎天下歩いてへたり込み、腹も空いてお昼！という時に私は郊外レストラン（チェーン店が多い）に入ることも多い。勝手知ったる店づくり、店員教育、トイレ等の関連施設が整っており、迅速でもあり、平均的にハズレは少ない。一方で、その地域でのめし屋…そばや、海鮮めし屋…地域の親父などがやっている店は料理出てくるまで時間がかかったり、関連施設不充分だったりする。トイレ・ドリンク・店員の愛想なども…だが、実はこういう店で実においしい昼飯に出くわす事も少なくない。日本そば、天ぷら、そして本日の〝浜屋〟の魚の煮付け。チェーン店か地域の店か1，000～1，500円はかかり安くはないが、体調・食欲・時間の余裕の有無…などにより臨機応変に選んで楽しむのも「てくてくウォーク」のコツだと思っている。

○岡倉天心の五浦時代…国中が幕末から維新の激動で翻弄され美術の世界も閑却されたなか、日本美術の復興・

保存にあたり、天心は東京美術学校創設に尽力。また、同校校長も務めた。その後、東京谷中初音町に日本美術院を創立。１９０６年日本美術院を磯原町に移す。下村観音・横山大観らと共に五浦で新しい創作に打ち込み名作を産む。１９１３年（大正2年）に没するまで五浦の地は近代日本美術の歩みの中重要な役割を果たした。著書「茶の本」「東洋の理想」を出版するなど、東洋や日本の美術・文化を欧米に紹介することにも尽力した。

○海に突き出た半島は断崖を成し浜は白砂が多く、波は大きいが青い海は美しい。大きな波が寄せては返す豊かな海。この美しくて豊かな海を汚したのは誰か。放射能で汚染させたのは誰か。六角堂を壊したのは天災。だが復興は出来る。原子炉被害はどうか。人（日本人）の手により造り出したものが、人の手に負えなくなってしまった。日常生活に於いて、また経済活動の隅々までエネルギーとしての「電力漬け」になっている我々。「安価で大量・しかも安全」として国策で推進してきた原子力発電が、50年や１００年に一度の大震災・津波に遭遇したとはいえ、「安心」・「低コスト」という二面について、その神話は脆くも崩れ、世界を震撼させると同時に、日本の恥部を曝け出すこととなった。あれから既にかれこれ5年も過ぎた今、国の柱ともいわれる「新しいエネルギー政策」は、国民合意のもとに形成された…とはいえない。我々国民の代表として選任した国会（議員）が、この問題に対し「希望につながる大胆な改革」を実行しているとは思えない。常識的な国民の一人として、我々はどうしたらよいのだろうか。巡ってくる日々の仕事や生活を送るうちに、いつの間にか中途半端・優柔不断な姿勢に流されてしまうのであろうか。

三重県ウォーク②　四日市→近鉄千里

平成27年9月14日（月）

近鉄四日市駅→諏訪栄町→JR四日市駅〜新朝日橋〜曙町〜大井の川橋〜海山道駅入口〜塩浜〜小倉橋〜新五味塚橋〜楠駅入口〜北長太《きたなご》新橋〜清和酵源〜鈴鹿漁港〜堤防沿い〜若松漁港〜心海寺（大黒屋光太夫記念館）〜千代崎橋〜愛宕小〜白子漁港・白子駅〜（国道23号線）ガスト〜寺家5〜8丁目〜堀切橋〜磯山駅前〜中の川橋〜千里駅

9：20〜16：00　6．5時間　25km弱か

プロローグ

さあ、今日からまた、伊勢湾西側を歩くのだ。サラリーマン現役のころ出張や業界旅行などで、四日市・津・松坂・伊勢など観光客として「食」「お参り」などで訪れた事も一度ならず。しかし今回のように、ただ歩いて訪れる…という事になると、初見参も同じこと。

てくてく歩く立場からすると、出来れば都会のような市街地は早く抜けて自然豊かな道を歩いてみたい…とは思うが、今まで俗にいう太平洋ベルト地帯と称されている東海道沿いのウォーキングでは、なかなかそうも行か

各都市の人口と財政力指数　2012.3

	人口（万人）	財政力
四日市	306千人	（1.02）
津	280千人	（0.74）
鈴鹿	194千人	（0.91）
松阪	166千人	（0.64）
桑名	139千人	（0.90）
伊勢	132千人	（0.64）
伊賀	94千人	（0.66）
名張	82千人	（0.76）
志摩	56千人	（0.47）
亀山	48千人	（1.12）
いなべ	45千人	（0.47）
鳥羽	21千人	（0.48）
尾鷲	20千人	（0.39）
熊野	19千人	（0.28）

なかった。都会や市街地にも再発見、且つ味わうべきものも多し…と思いつつ今日もまた…。

稲毛海岸
←
東京駅
←（レール）
四日市駅
←
中央通り
←
右折、県道6号線へ
←
踏切・高速のガードくぐる
←
曙（交）
←
大井の川橋
←

3：40起床。4：50家を出る。5時過ぎの電車に乗り東京駅へ。ひかり号で名古屋駅下車（8：19）。近鉄急行で四日市駅頭に立った。9時過ぎ到着。

ＪＲ東日本の「大人の休日クラブ（シニア）」会員による割引は30％オフ。〈これはＪＲ東日本のサービスなので、ＪＲ東海の東海道（山陽）新幹線利用には制約があるのだ〉その為、東海道新幹線でいうなら「のぞみ」は乗車できず、30分に1本程度の「ひかり」各停の「こだま」利用となる。それでも30％オフは大いに助かるのだ。空いていた近鉄車内で短パンに着替え、9：20近鉄駅前スタート。くすの木並木の50ｍもの大通りだ。市役所や裁判所など従えた堂々たる通りだ。この近鉄とＪＲ駅を結ぶ「くすの木通り？（約1.1㎞）」は四日市の中心街だ。稲葉三右衛門の像と碑あり。ＪＲ駅前は広々としたターミナル。そして構内には引込線のコンテナセンターが拡がっているのだが、「旅客」という点では近鉄に水をあけられており、近鉄駅寄りの繁華に比べるとＪＲ付近は大きく見劣りがする。「明治安田生命」角で右折して、阿瀬知川にかかる新朝日橋を渡る。〝まごころこめてお付き合い（佐川）〟〝プロのためのプロマーケット四日市センター〟などのキャッチフレーズを見ながら、県道6号線を行く。

踏切渡り、高速ガードくぐり、トラックなど車、甚だ多し。曙町 ♀（Samco バス）。行く手前の方に巨大な煙突2基。

大井の川にかかる「大井の川橋」…50ｍ程の川だが工場地域らしく？水が汚ない。左側には工場群、その向こうに海。そして左、三菱化学の大工場（四日市石油化学コンビナートの一角）。

←海山道《みやまど》駅←鈴鹿川←新五味塚橋（鈴鹿川派川）←鈴鹿漁港←

右には何とも単純そうな駅名「海山道」駅（読み方は〝みやまど〟）、左側は四日市合成、四日市石油などなど。この道路、この時間、四日市々街方向ずっと渋滞しています。「新聞・雑誌無料集荷場」あり。…ゴミの分別、町からのゴミ箱撤去の昨今、逆に誰でもが紙類を捨てられる…という事は一つのアイデア。資源ゴミの回収です。

塩浜駅（右）入口を見て塩浜本町の軌道のある交差点を過ぎると、鈴鹿川にかかる小倉橋を渡った。幅150m、流水幅50m、流域広くいい川だ。楠町小倉（交）この先コンビニ三差路左折、そしてサンクスを右折。右側に楠緑地公園・交流会館などあり。「耐震型緊急用貯水槽〝1人1日・3ℓとして〝5，500人×3日分」があり、こういう施設初めて見ました。

そして鈴鹿川派川（新五味塚橋）を渡る。鈴鹿川が上流、国道23号線辺りで海にむかって2筋に分かれたその分流らしい。幅100m水流50m大きな川だ。

海に向かって流域も広い。鈴鹿山脈が右側奥に高く黒く連なっている。いつの間にかトラック・ダンプ激減。マイカーも減ったぞ。田んぼ出てくる。郊外スーパー「ミスタートンカチ」だって。

鈴鹿市に入る。長太《なご》栄町・長太旭町（交）、左・飼料専用工場が大きい…この辺なぜか臭い!!

左の鈴鹿漁港へ行ってみる。漁港の岸壁で、目の前に広がる伊勢湾を見渡している。とてつもなく広く見える。海際は海中100mにテトラポットのオンパレード。堤防は高さ10mはなさそう。けれど堤防手前の陸側はガクンと下がって、田んぼ・海水をかぶる事もあるだろうに。この湾、左のずっと奥は名古屋。正面はるか、知多半島や渥美半島か。そして右手からは志摩半島になるのだろうか。この陸地（左からと右からの）の切れ目が右正面遠くにあり太平洋なのだろう。巨大な海水の湖のように思えなくもない。

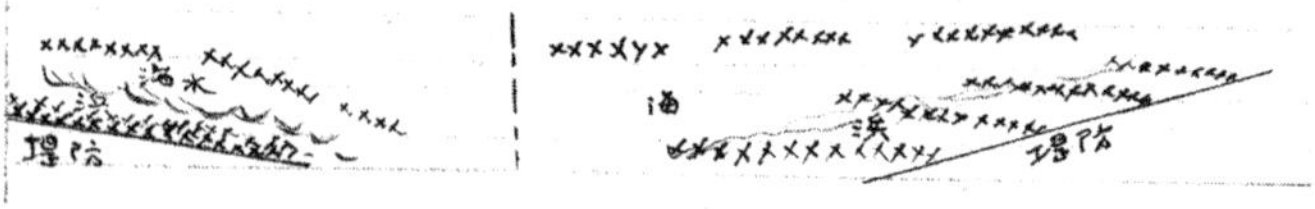

防潮対策 若松漁港 ← 大黒屋光太夫記念館 ←

さて足元から津方面にかけては護岸堤防が長々と続き、そこを歩く。堤防を固めるようにテトラを山積み、そして砂浜。わずかな所もあり50m程の浜もある。そして海水。更に50～１００ｍ海中にテトラを積み上げ、堤防前に長さ２００～３００ｍの障壁を構成している。防潮堤防から海に向かって直角にテトラ堤防を１００ｍ間隔位に伸ばしている浜もある。

更に堤防を歩き進んで行くと、堤防内側に民家が堤防沿いに並ぶ。年月に耐えた、昔の漁師の家であるようにも見える他、堅固・重厚な瓦屋根の旧い家並みが多数見える。堤防無かりし頃、直に海に出て漁をする町並みだったはずだ。

この先、若松漁港、千代崎港、白子漁港と堤防沿い或いは県道6号線と歩きつつ漁港を見ながら進む。いずれも川が海に流れ込む地形をうまく利用している。特に若松港は海岸沿いの道路を挟んで内側にも港、外側にも港をもっている。内側の方は〝船溜まり〟に近い機能のようだが両者は道路の下の水路でつながってる。千代崎

千代崎港←愛宕小←白子漁港←近鉄白子駅←国道23号線へ←鼓ヶ浦駅入口←

港も流れ込む金沢川の河口を内側にえぐり取るように造成されている。そしてやや規模の大きい白子港は蛇行して海に入ってくる堀切川を広く掘り下げ拡大させている。延々と伸びる砂浜に漁港を築くやり方はこうしたスタイルになるようだ。九十九里浜や相模灘でも見てきた。

近鉄名古屋線と県道6号線と海岸線はお互いに近く並行して続いている。話を千代崎漁港付近の県道6号線まで戻して続ける。この道路は「四日市・楠・鈴鹿線」と称するらしい。春日神社・南若松町と過ぎ、左側に市立愛宕小。「あいさつ運動実施中」ののぼり旗と幕が道路に向け掲出されている。〝みらいを築く鈴鹿の子・早寝・早起き・朝ごはん！〟とある。

私のような見ず知らずの他人に、大きな声で挨拶してくれる子供達は愛らしい、うれしいし、また、町のイメージも良く感じられる。けれども何度もいいますが、大人（先生も）は子供にそうするよう指導・しつけているのに自らは大人同士であれ、知人でもなければ挨拶はしない。常々内心でおかしいなぁと思ってしまう。〝行き交う人に挨拶するのは子供であって、大人になれば無闇に挨拶しなくていいんだよ！〟と教えているようなものではないのかなぁ。…大人になると色んな人もいるから用心深く！という事もわかるけど…もっと大人同士でも挨拶を交わしたら世の中明るくなるのに…と脳天気に思う私です。

近鉄白子駅は小綺麗な駅でした。白子1丁目で右折、レールを渡り白子3丁目（交）で左折して国道23号線へ。ガストで昼食1，３００円也。寺家5、寺家7（交）、磯山4（交）、ズンズン歩き磯山駅を過ぎコンビニの角で一休み。中の川にかかる中の川橋を過ぎ、レールを左に見ながら千里団地入口（交）を過ぎると千里駅（左）でした。

丁度16：00という事。程々に疲れがたまってきたので、今日はここまでとしました。２６０円払っ

堀切橋←
磯山駅←
中ノ川←
千里駅←

て四駅先の「津」までレール。駅そばの朝食付き5，500円の「ビジネスホテル・エコノ津」に投宿。今日は9：20～16：00と歩いた。休憩のべ1時間として、正味てくてく6時間25分足らずか。一日中青空に恵まれ気持ちよく歩けた。汗はかいたが、プラタナスの木陰に入ると流石に秋に入ったなぁの感懐もわいた。ようやく歩くにはいいシーズンとなってきた。

○大黒屋光太夫記念館…千代崎港手前の県道右側に記念館あり。若松村（現鈴鹿市）生まれ。漁師で1782年（天明2年）17人乗り廻船・新昌丸で白子港から江戸へ向け出港するも、遠州灘で暴風雨に遭遇。8か月漂流し、アリューシャン列島アムチカ島に漂着後、カムチャッカ半島に行き、シベリア総督に帰国歎願のためイルクーツクへ。さらに帝都サンクトペテルブルグで女帝エカテリーナ2世に謁見。帰国が許され1792年軍人ラスクマンに伴われ僅か3人（光太夫、小市、磯吉）のみ根室に帰った。小市も死亡し9年半たって江戸に軟禁。11代将軍家斉や老中松平定信らとも会い、聞き取り記録「北槎聞略《ほくさぶんりゃく》」は当時のロシア事情を紹介した貴重な資料となった。1828年（文政11年）78才で江戸にて死す。（岩波新書・山下恒夫著・大黒屋光太夫…帝政ロシア漂流の物語に）

○稲葉三右衛門…全財産を投じて四日市港の再建に尽力。JR線四日市駅の東側港の一角に、稲葉記念公園があった。（立ち寄らなかったが…）。防波堤・西防波堤（潮吹き防波堤）と顕彰碑（稲葉三右衛門彰功碑を含む四日市旧港・港湾施設）が重要文化財として指定されている。四日市で廻船問屋を営んでいたが、明治6年（1873年）に安政の大地震（1854年）以降大きく破損し衰退した四日市港の再建に着手。三右衛門の全財産をはじめとする20万円（今でいう100億円くらい）と12年の歳月をかけて近代的港に蘇った。（三重県の歴史散歩より）

三重県ウォーク③　津（千里）↓松阪

平成27年9月15日（火）

近鉄千里《ちさと》駅↓田中橋南詰〜イオンタウン〜（左へ1㎞　河芸《かわげ》漁港）〜朝陽中〜河芸町民の森センター（右）〜白塚漁港入口〜栗真《くりま》中山町〜三重大学前〜江戸橋北詰〜津駅入口〜塔世橋（県庁前）〜左・津城跡・市役所〜岩田橋〜津球場入口〜大倉・阿漕駅入口（交）〜垂水（交）藤方北（交）〜ガスト〜オートレース場〜雲出本郷町（交）〜北へ1㎞大橋・松浦武四郎記念館〜小舟江町北〜中道町〜三渡橋〜久米（交）〜大塚町〜松阪北跨線橋〜阪内川（みくりや橋）〜松阪城跡〜松阪駅（JR近鉄）〜ビジネスホテルエース・イン

8：20〜16：30　実働7時間強、27㎞見当

プロローグ

昨日はウォーキングの終点国道23号線沿いの近鉄千里駅からレールでビジネスホテル予約のある津駅まで出たので、本日はレールで千里駅まで戻り、そこからウォーク開始する。「ビジネスホテルエコノ」は朝食サービス込みで5，500円。しかも到着時ウェルカムドリンク（コーヒー）サービスもあった。助かります。ありがとう。

近鉄千里駅←

さて本日は5：00お目覚め。6：30朝食。7：30宿を退出・津駅に出て各停に乗車。8：10過ぎ千里駅下車。そして8：17てくてく開始。短パン・Tシャツスタイル。天候はくもりのち晴れ…という。ここは「津市河芸《かわげ》町上野」です。国道23号を津駅方向に向かう。上野北・上野南(交)、

朝陽中学←白塚団地入口（交）←栗真小《くりまこ》川町（交）←吉田クリニック←三重大学前（交）←大学病院前（交）←志登茂川←

左に広大なイオンショッピングセンター、中別保（交）、左に1㎞行くと「河芸漁港」との標識・直進、一色（交）、右に朝陽中、今歩いている国道23号線の別称＝伊勢街道（参宮街道）とある。朝陽中の後ろ山側に、JR伊勢鉄道（三セク）、その更に山側に河芸町民の森総合センターあり。右手斜め前方に相当高そうな伊賀越え・笠取山など布引山脈・800m級の山々がはっきり見えている。南中瀬♀、この辺り「津行」のバス1日、2本のみ…とは〝エッ、そんなに少ないの？〟という感じ。左手、痔神大明神、中瀬（交）、左側に〝1円パチンコ・イチパチ県下最大〟と称するゲーム店、「少林寺拳法・三重・津支部」、白塚団地入口（交）、「ヨガ・ホットヨガ・ボディデザイン…」、「セルトリ痩身専科」、ビバホームタウン（何でもあります一つのショッピングタウン）、白塚漁港入口（交）、漁港…英語で書くと「フィッシングポート」というんだね。左側500m足らずで近鉄「白塚駅」がある。漁港は更に500～600m東寄り。

「栗真小川《くりまこがわ》町」（交）、複線の近鉄レールを大きな陸橋でまたぐ。左を見れば海岸まで1㎞ってところか。「〇〇水産」という名の複数の工場が目に入る。右に目をやれば平野の奥に山々。多分伊賀の方向（布引山地）だろう。標高600～800m（徳川家康の伊賀越え？）。右手、逆川神社。〝からだもみほぐし〟60分・2，980円…リラクゼーション・なごみ…アロマオイルは3，990円ですって。「空港アクセス」港まで6㎞…船で中部空港へアクセスか。左「吉田クリニック」新しく大きな病院…ここからバス便、俄然増えている。

栗真中山町（交）、三重大学前…三重大学病院前…更にバス便多数へ（客も多けりゃバス増便だ）江戸橋北詰（交）、志登茂川・江戸橋（川幅100mもあるか。護岸キッチリ整備。見た目、面白味ナシ）、上浜3丁目、上浜2丁目、上浜1丁目、「空港アクセス」港まで左4㎞。栄町4丁目、

津駅前（正面駅舎）

← 安濃川《あのう》 ← 三重銀行本店 ← 津城趾 ← 藤堂高虎公の像 ← 大倉（交） ← 藤方（交） ←

津駅入口（交）を右折して、津市街中心部へ。駅前だ。地方の中心都市だが落ち着きを感じる。先を急ぐ。

安濃川だ。川幅１００ｍはあるか。ヨシの多い良い川だ。〈いい川、いい橋、いい気持ち〉塔世《とうせ》橋、県警本部、三重銀行本店、北丸の内（交）、第二銀行、松阪肉「朝日屋」ミートショップ、右・津城趾、駅前よりもこちらの方が繁華。整然として美しい街路。百五銀行、市役所、大きなホテル、堂々たるヤシの並木、津藩初代藩主藤堂高虎公の像、「月の夜の何をあこぎに鳴く千鳥」（芭蕉）。…（あこぎ↓阿子木浦）

岩田川（川幅１００ｍ）いい川だ。ここにも百五銀行の高層ビル。左・津ヨットハーバーへ、左・じょうあん寺、津球場入口、岩田（交）、大倉（交）、右に行けばＪＲ阿漕駅。この辺り両サイド車の販売店多し。藤方北（交）、「行けど萩、行けどススキの原広し（漱石）」「君に誓う阿蘇の煙の絶ゆるとも…」吉井勇。

←

今日もガストで昼食です。１，３５０円也。左・御殿場海岸、松坂まで15㎞。左、すぐそばに津競艇場、70～80ｍの川＝相川の相川橋。高茶屋小森北（交）。赤ちゃんデパート「ニワ」、雲出本郷町（交）、この辺り左側（海側）、「津・松阪港」といい埋立臨海工場群となっている。

雲出川《くもず》

右に国道165号線分けた。雲出大橋北(交)、香良洲口、雲出川、雲出大橋、久々大河の風格充分！水流幅だけで150mはあるか。竹の繁茂した河川敷、すぐ右手（上流）に高さ5m程の堰堤・その長さ200mはあろうか：気に入った。〝荒ぶる男の雰囲気、この川にあり。〟

↓

松浦武四郎記念館入口

松浦武四郎記念館、右へ1㎞（北海道の名付け親の標示あり）。小舟江町《こぶなえちょう》北、曽原（交）、松阪市三雲地域振興局、中道町（交）、小津町（交）で国道23号線「中勢バイパス」の下をくぐる。三渡橋を渡る。左手はもう殆ど海のような広さです。小津ランプから（国道23号線から）国道42号線となった。（これから先はるか「吉野・熊野」をめざし当分の間、国道42号線のお世話になる。）

↓

国道42号線へ

肉料理・梅津本店（右）、久米（交）、右、近鉄松ヶ崎駅前（交）、左にイオンを見て大塚町（交）、松阪北跨線橋で近鉄とJR線をまたぐ（JRは非電化？）。橋の上から俯瞰して見ると市街は駅の山側（城のある方向）がより繁華の様だ。また、前方右手奥にはくっきりと高い山が見える。国見山・大台ヶ原方面ではないか。わざわざレールを跨ぎ、松阪城趾経由で駅に向かうこととした。

↓

松坂北跨線橋

阪内川（みくりやばし）川幅60m・水流30m、みくりや神社。川に添った道を少し行くと左に松阪商人の館・道路の反対側は本居宣長の旧宅跡。三井家発祥の地そばの交差点（本町）・右折、松阪もめん手織りセンター、旧長谷川邸、市役所を右手に見つつ緩やかに坂を登る。

↓

御厨橋《みくりや》

↓

松阪商人の館

↓

本居宣長旧宅

↓

三井家発祥の地

↓

松阪城趾←←本居宣長記念館←駅前通り←近鉄・JR松坂駅

松阪城趾の石垣にぶつかる。松阪城碑あり。梶井基次郎文学碑、歴史民俗資料館、本居宣長記念館、松坂城跡の石垣展望台に上ったり、茶店に寄ったりしてしばし休息する。夢桜、公民館、福祉センターと廻り、日野町「駅前通り」の商店街（半数閉まっていたが）を覗きつつ駅そばのビジネスホテルエースインに投宿（このビジネスホテルはクレタケチェーンだった）。どうも右足が痛い。早速ひと風呂浴びる。なんとフニャフニャした水膨れが3ヶ所もある。ベッドの上で点検・救急セットから針を取りだし、プシュプシュと刺す。イテテ！何故か水が出てくる。ガーゼでふき取り傷軟膏を塗り、絆創膏を貼って一丁上がり。アーアスッキリ気分です。一晩寝ると治るでしょう。疲れも抜ける。8：20～16：30　正味7時間以上　30㎞近い。

○このところ、伊勢湾三重県側を歩いてきた。名古屋熱田神宮から木曽三川を跨ぎ、桑名へ。そして四日市、津、松阪と通過。9月16日には伊勢、鳥羽へも足を延ばす。この揖斐川から鳥羽に至るラインは「東海道・伊勢参りライン」とも重なり、ほぼ三重県の中心を貫いている。桑名はもと11万石の城下町であり、53次の宿場町として栄えた。一方幕末から維新にかけての戊辰戦争では、18代藩主の松平貞敬《さだあき》が、会津の松平容保の実弟で且つ、共に京都守護職にあったことから、この戦争では幕府側として容保と共に戦った。鳥羽・伏見の戦いで桑名藩と鳥羽藩は旧幕府側として戦った。当初旧幕府側に同情的であった津藩が、新政府側に説得され、山崎で旧幕府軍を砲撃したため、旧幕府軍は総崩れとなった。（東海道の宿場町であり、伊勢参宮道の賑わい、そして日本有数の港を抱えた）四日市を挟んで、桑名（松平）と津（藤堂）との緊張関係を想像するのも「てくてく男」の気まぐれか。桑名城跡の天守台跡に剣の形をした「戊辰殉難招魂碑」があり、また本丸跡入口には、桑名藩の戦争責任を負って切腹した桑名藩士を顕彰する「精忠苦節《せいちゅうくせつ》」碑もある。（私は現認してない。後ほど知った。）一方、「津」に関して、１６０８年、伊予今治から入城した藤堂高虎は、大がかりな津城修復、城下の整備、また１６１５年、大阪冬の陣・夏の陣での功績で、32万石の大名となる。商人保護政策も奏効し、城下は繁栄。…その後の明治維新後の城取り壊し、１９４５年7月大空襲により、市街7割消失などを経たが、毎年10月には津祭りが盛大に行われ、藩祖高虎をたたえている。「津」を過ぎて松阪に入る。京・大阪から伊勢参り、また東からの伊勢ルートが交わる交通の結節点であり、戦国末期、蒲生氏郷により、松阪城が築かれ、氏郷は会津に移封（栄転）されるまでの短期間に築城とあわせ城下町を整備し、楽市楽座を採用して各地から商人を集め、経済活動活発化に努めた。松阪商人、伊勢商人と後に称せられる人が江戸をはじめ各地に進出、繁栄の礎となった氏郷をたたえ、松阪市では毎年11月3日に氏郷祭を行っている。

○松浦武四郎…奈良県境に近い津市最奥に源をもつ、大河雲出川は津市を流れ、伊勢湾に注ぐ手前で松坂市境を流れているが、国道23号線が雲出大橋を架け渡って松坂市内へ入るが橋を渡って間もなく右手に入って行くと、小野江小近くに「松浦武四郎」の生誕地があり、記念館がある。郷士の四男として生まれ、16才に江戸に出、以後長崎を含め各地を遊学。長崎でロシア南下の危機を知り、蝦夷地を目指し（28歳から6度も）その足跡は樺太・千島に及び調査した。明治政府のもとでは蝦夷地開拓御用掛もつとめ、北海道の道名・支庁名・郡名の選定にも尽力。自然の動植物、アイヌの人々の生活や文化を克明に調査し、多くの紀行や地図を出版。和人の入植によるアイヌの民族的危機をふまえ、アイヌ文化の尊重、アイヌ本位の開拓という立場に立ち続けた。武四郎の人生はまさに旅そのものであった。（三重県の歴史散歩）

三重県ウォーク④　松阪→伊勢

平成27年9月16日（水）

松阪駅（ビジネスホテル）→駅前（交）～新町（交）～松阪工高グランド～茶与町～宮町～金剛橋～朝田・立田町～跨線橋（近鉄線）～櫛田町～早馬瀬町～金剛坂（交）～（鳥羽・松阪線）～有爾中《うになか》（明和町）～世古（玉城町）～湯田～掛橋（参宮線をまたぐ）～高畑～度会橋（宮川）～二俣町～山田上口駅入口～尼辻～伊勢市駅

7：40～13：30　5時間30分　約20km

8：30頃から終日、シトシトと切れ目のない雨…カッパ着用

駅前ビジネスホテルスタート→

松阪市では11月3日に毎年この街の基礎を築いた蒲生氏郷をたたえ「氏郷まつり」を開いているという。他に松阪といえば、古ならば松阪木綿とすべきだが松阪牛がよく知られている。また、越後屋＝三越＝三井財閥発生の地としても知られている。また、東西交通・南北交通の要衝として旧くから京都・奈良＝伊勢・伊勢熊野の交流の十字路的役割を担ってきたといわれる。昨晩は、有名な松阪牛を味見することなく今朝5：30起床。左右の足の裏チェック。水ぶくれチェック。いい具合に痛みなし。足指の爪もチェック。絆創膏で痛みそうな部分にペタペタ貼る。6：30サービス朝食。7：43歩き始める。ビジネスホテル「エースイン松阪」よバイバイ。今日は朝からドンヨリ曇っている。予報に照らせば、あと一時間もしないうちに雨降りとなるとの事ですが…。

←道まちがえる←

「おこしなして松阪」の幟旗の文句を唱えながら歩く。…ところが先入観からミスを冒したとみえ、おかしいぞ。日野町から新座町、松阪工業高校グランド、「御城番屋敷」に出てしまった。

北口（お城側）から南口方向へ修正 ←
県道37号線へ（鳥羽・松坂線） ←
国道42号線と交差 ←
櫛田川 ←

昨日は城跡周辺を歩き、この「御城番屋敷」の整然と区割された植え込みなど心に残ったものだが、そこへ来てしまいあわてて軌道修正。（…駅前スタートしたら目的地・伊勢方面は西南方向だ…と勝手にイメージし、しばらく歩き右方向へ足を進めたこと…地図もみずウワの空で、感覚だけで…寝ぼけていたのかしら…と後で原因を考えてもわからずじまい）更に良くなかった事は、左へ大きく方向を変え歩き進み、茶与町・大黒田町（交）へ進んでしまった。運悪く、道を聞こうにも人が通らず勝手に…だろう！で進んだのが大ミスの元となった。

再び茶与町（交）そして駅入口（交）まで戻り、案内標識に従い、愛宕町3丁目、そしてJR・近鉄線のレールをオーバーブリッジで越え、「清生《せいせい》南（交）」を右折して県道37号線に入り、正しい軌道に戻った…というわけ。伊勢まで19㎞の標識あり。ここで8：52、スタートから1時間強。（前夜泊まったのが駅北口（山側）、今日歩くのは反対側南口（海側）…北側のビジネスホテルから南側に回ることで方向音痴になるとはトホホ…）

5m程の名古須橋を渡る。大津町（交）三重交通松阪営業所。二級河川・金剛川（幅20m程）を越える。殉職警官の慰霊碑を見て右側に宇野重工（株）、真盛川（15m程）、国道42号線（松阪多気バイパス）を横切る朝田町南（交））。さすがにこの辺り畑・干からびた田んぼの風景。右へカーブ。近鉄線を越える。豊原（交）、この先で左に近鉄櫛田駅を臨んで郵便局前を通ると櫛田橋＝櫛田川。川幅は200mもあろうか。流水部分だけでも100mはあるか。堂々たるよき川だ。見た目、雲出川といい勝負だな。川の格は。

この櫛田川は県境の高見山系から中央構造線に沿って北東流している。流域は河岸段丘が発達。古くから集落が発達し上流域には縄文遺跡が多数発見されているとか。

〈櫛田川〉

→ 漕代・斎宮《さいくう》 →

また、和歌山からの参勤交代路としても栄えたといわれる。櫛田川を渡る辺り、雨は強くなり雨合羽の中に汗も流れる。先程のレール陸橋を越えてからは両側田んぼ。稲刈りも済んでいない田も多い。分離された歩道もなく、わずかに白線区分はあるが、ススキやくずのツルなど繁茂し車道にはみ出して歩く。水をはねて通り過ぎるトラックもあれば、車の方でも気を使ってくれるケースもあり、雨中のリュック背負っての一人歩きは、こんな時は少し悲くなったりホッとしたり。殆ど一直線の道。早馬瀬（交）、稲木町（交）、多気郡明和町域へ、左側には並行して近鉄レール線。漕代駅・斎宮駅と続くが、今歩いている県道37号線とレールの間のレール寄りに一本道があって、旧伊勢街道・参宮街道というらしい。斎宮駅は斎宮跡に位置している。

→ 有爾中《うになか》 →

斎宮には往時600人近くの宮人等が居住。頂点は斎王…天武天皇の時代から始まる「未婚の内親王・王女」で天皇の血縁から選ばれ、京より移り住んだ。漕代～斎宮にかけてのエリアには、今でも「斎宮歴史博物館」はじめ歴史を語る史跡が多い…という。（通りに面したアッチコッチの民家に「笑門」と示したお飾りあり…どんな謂れがあるのかしら？）

金剛ヶ丘、有爾中、みの村、世古1、世古2（交）、湯田、いいあんばいに雨は小降りとなりシトシトへ…しかし止み間なく靴も靴下もグッショリ。ただ直線通りを行く。大野橋を越え（外城田川）ＪＲ参宮線陸橋を越え、掛橋（交）、ようやく左へカーブ、高畑、川端口で大きな川に突き当たった。

宮川・度会橋←

これは大きい宮川だ。河口に近いせいか海水も上っているのか「度会橋」を越える。河川敷も広く、公園（宮川堤公園）もある。この川の西側に伊勢神宮（外宮）があり、宮川はその昔よく氾濫したそうだ。

ＪＲ山田上口駅←

度会橋東詰、中島（交）、浦口（交）、左手にＪＲの山田上口駅あり。新旧入り混じった民家・商店、玄関に〝笑門〟と記したお飾りの家多し。宮町（交）の分離帯のある立派な道路、尼辻（交）、緩やかに右カーブ。左手にＪＲ線と近鉄線並んで迫ってくる。一之木（交）をすぎ、緩やか右カーブで「伊勢市駅ロータリー」着です。駅舎は前面ＪＲで後ろが近鉄です。14時着。ようやく雨は小雨シヤシヤですが、歩いてきた私はグッショリです。ともあれ電話予約した「ビジネスホテル・タウンホテル・イセ」を捜し当て、チェックインした。ヤレ、ヤレ!!

伊勢市駅←

○一級・二級の河川について（河川法第4条第一項等による）一級河川は国土の保全上、または国民の経済上から特に重要な水系として国土交通大臣が指定した川を指す。

・一つの水系にあっては、その水源から河口までの本流とそれに流れ込む支流をまとめて呼ぶ。
・一級河川の支流は、どんなに細くて短くても一級河川と称す。
・全国で１０９水系、１３，９５０河川が指定されている。

一級河川は国が管轄し、二級河川は都道府県が、また、準用河川は市町村が夫々管轄する。私が生まれ育った、千葉県に関わる一級河川は利根川のみ（関係ないね…）。

三重県ウォーク⑤　伊勢↓鳥羽

平成27年9月17日（木）

伊勢市駅↓タウンホテル・イセ～伊勢市役所～明倫小前～（戻って）岩渕～消防署前（交）～伊勢学園校～山商前（交）（宇治山田商高）～国道23号へ～通町IC～汐合橋～二見局～二見浦駅～新二見トンネル～辻の橋～松下～池の浦～堅神～商船学校前～鳥羽神鋼前～鳥羽駅

8：30～13：00　4時間30分　約15km（道中ずっと雨）

昨日はPM2：00すぎにはビジネスホテルにたどりついた。雨の中での20kmはよく歩いたと思う。ゆっくり遅い昼飯を！と思いしも、9月で平日しかも雨という事もあろうが、「飯を食べるようなレストラン、そば屋」の店がなかなか見付からない。宿の部屋に入るには早すぎるので、ぬれネズミのまま街中をさまよう。チェーンレストラン和食の〝さと〟というのがありそこに入る。結局夕食もここへ来て済ませたわけだが…人口10万はあろうかという観光都市でありながら、うまくてあったかいソバを食べたいと思ってもなかなか店はないものだなぁ。

何事も人生長くやっていると、気は短くなってくるが、また一方ですぐ妥協する。まぁまぁ…とかほどほどなら…とか思ってしまう。〝さと〟で腹ごしらえをして、そそくさと宿に向かった。

部屋数は10もあるかないかのチンマリしたビジネスホテル。3Fまであるけどエレベーターは無し。どうやらリタイヤしたらしいオッサンが受付やら何やらをやっている。部屋に貼り紙「ポット・テレビ・クーラーを一度に使うとヒューズとぶ恐れあり…」と書いてあった。また、掲示物等画びょうやテープで止めてあったのもリタイヤジーサン（?）らしい雰囲気でした。親しみの持てるビジネスホテルです。これがチェーンビジネスホテルだと、諸設備があり受付の応答もマニュアル化して、ハキハキもしているのだが、まあこれからの時代、中高年旅行者は、益々増えるだろうしビジネスホテル需要も右肩上がりだろう。だが客の心は気まぐれ、そんな中、人も雇わず生活できるだけの商売を気楽に経営する。八百屋にしろパン屋にしろ床屋にしても〝俺の代限りで〟という考えは確かにある。代金を受け取って商いを続ける…頭の中でイメージするように簡単ではないはずだ。けど、私は支持します。言葉は悪いけど、〝時代遅れの宿屋〟という生き方。積み重ねた年輪がにじみ出るような商売のやり方…工夫して頑張って欲しい！と応援します。

さて、今朝は目覚めた5時頃から外は雨。宿のすぐそばにレールが走っており、幾度も窓外の雨足を見ては落胆。ハラを決めてリュックに雨カバーを付け上下合羽を着て雨対策万全の中、エイッヤアで8：30ビジネスホテルを出た。宿を出、左にレール踏切を見て右に行くのだと見当をつける。さすれば程なく左から廻り込んでくる近鉄線に沿えば宇治山田駅前に出、そのすぐ先を左折すれば県道22号に出る…と目論んでいた。ところが雨中での合羽姿で思うように標識も確認しなかったせいか、右カーブを意識し過ぎた。大分進んでも宇治山田駅は見えず、市役所前を歩き明倫小まで来ていよいよおかしい…と思い、たまたま傘をさし、ゴミ出しに出てきたオバサンに聞くと「アラアラ、大分方向違いの方に来たわネ」５００ｍ程戻って市役所（交）を右折すべし!!と教わる。ジダンダ踏んで後戻り。今度は県道22号線に出、近鉄レールをくぐり、勢田川の橋を渡る。二見街道入口（交）、消防署前（交）、警察署前、伊勢学園前、宇治山田商高前を過ぎ、黒瀬（交）で国道23号線に左折して入る。ＪＲレール陸橋を越え、国道23号本線の左側道を通って「通町ＩＣ」を右折。これでめでたく二見方面真っ直ぐの国道42号線に入る事ができホッとした。雨中の歩行では足元を見つめながら〝猪突猛進スタイル〟で歩くせいか、道を間違えてしまう。（雨の所為というより齢のせいかも）。

上り下りの小さな繰り返しをするタイル張りの歩道を雨に打たれ頭を下げて進む。両側には田んぼ、そして陸橋かと進むとなんと大きな河だ。五十鈴川・汐合橋となる。五十鈴川といえば伊勢神宮内宮にかかる宇治橋やお清めの河原を思い起こす。水清き川だ。先刻越えてきた勢田川とこの五十鈴川は、海間近の河口手前のところで合流して、長年大量の土砂を堆積させ砂浜（三角州）を造成してきたと伝わる。宮川河口ともかかわり、大湊町、二見浦を構成している。国道42号線で渡る汐合大橋付近は海に近く、川幅は見た目３００ｍはあろうかとも思える。水量もたっぷりだ。

先を急ぐ。今歩いている国道42号線は、別名「二見道」。歩道も整っており歩きやすい。一本右側（山側）に旧道の二見道（県道１０２号）があるようだ。時折、雨にけぶって二見浦のホテル群のような建物が左手前方にかすんで見える。二見浦表参道の標識を見るあたり、右側からの旧道と合流。程なく雨中の二見浦駅へ右に曲がる。小ぎれいな駅だが閑散として誰も居ない。無人駅だ。程なく列車が着いたが降車客は若いアベックが一組のみ。傘をさして歩いていった。駅前広場にタクシーが2～3台全く暇そうに止まっていた。この駅（JR参宮線）、列車は1～2本／時間だ。しかもワンマンということだった。

ズブ濡れの私にとって、人の居ない綺麗な駅舎は極楽のようなもの。汗をぬぐい、トイレを使い、ジュースを飲んでリラックスし元気を取り戻す。駅の山側近くに、「伊勢・安土桃山文化村」というのがあるそうだ。この雨では行く気にもなれず、今日はここで打ち切りにしたいなぁ～と思った程だったが、脱いだ合羽をまた身に着け、鳥羽に向け再スタート。伊勢自動車道に続く取付道路を右にわけ進む。国道42号線はいよいよ歩道もなくなり草が繁っていたりで狭く歩きにくい。左側に海が近くなるにつれホテル群が出てくる。この辺り海辺に「夫婦岩」があるはずだったと思いつつ新二見トンネルをくぐる。

雨の日は余分なものを身に着けているので視界が悪く怖い思いをします。また、五十鈴川派川（江の橋）を渡り、川沿いを上流に向かい、ＪＲ松下駅のそばを通り、ひと踏ん張りふた踏ん張り登り下りして山間を歩くと左にパールセンターが出てきた。池の浦シーサイド駅（臨時駅）。また、左に海を見つつ進む。そして海の上をＪＲ線が走っているのに驚く。大きく周り込むと右から出てきた近鉄線とも平行する。商船高校前では驚いた。近鉄駅、ＪＲ、国道とまるで海の上を走っているようなものだ。相当の津波が来たら大きな災害になるだろうに…と大いに心配となる。また、山間の道を急ぐ。ともかくＰＭ２：00には雨中の鳥羽駅に到着。ターミナル建物内で上から下までズブ濡れの衣服を人目を気にしつつ着替える。雨で冷えた身体に武者震いがはしる。ブルブルッと。

そして暖かいウドンを食べとにかくあったまりました。散々でした。レールで松阪まで帰ります。

松阪には15日、駅至近の「エースイン」に泊まったが、今晩はお城側とは反対側、駅から数分離れた「フレックスホテル」にお世話になった。私のてくてく歩きでの「伊勢・鳥羽」は雨中のてくてくで特に散策することもなく寂しく終わったことになる。「何事のおわしますをば知らねども、かたじけなさに涙こぼるる」（西行法師）。高校時代の修学旅行で、また現役時代の出張を兼ねた伊勢志摩めぐり、そして妻と二人での旅…などで訪れている。特別な信仰を持たない私でも大鳥居から玉砂利を踏み皇大神宮の前に立った時は、「唯一神明造りの簡素な美しさ」に我々が失ってきたものの大切さを思ったりしたものです。２０１６年（平成28年）５月…来年ですが、「Ｇ７・伊勢志摩サミット」がここで開催される予定です。（第42回・Ｇ７伊勢志摩サミット。ホスト・安倍総理、志摩市賢島、伊勢志摩観光ホテル　５月26日～５月27日）

「てくてく日本・一人歩きの旅、時々山登り」

平成27年9月22日（火）

御正体山《みしょうたい》（道志山塊最高峰1，682ｍ）登山（山梨）

単独行

富士急行都留市駅↓（バス）↓道坂隧道入口〜道坂峠〜岩下の丸〜牧ノ沢山〜白井平分岐〜御正体山頂〜峰宮跡〜林道〜仏ノ沢分岐〜林道〜三輪神社＝御正体登山口↓（バス）↓都留市駅

9月22日は19日から始まった5連休＝シルバーウィークの真っただ中。全国的に行楽ムードです。折しも好天見込みで5日間共秋晴れ！という事で、どっと人出のあった5日間でした。私は19・20日の土日が故郷館山のお祭り「八幡んまっち」でその見学やらで館山在。そして23日は仲間とゴルフ。その間の一日（9／22）、御正体山に出かけたというなんとも結構なシルバーウイークというわけ。

例によって千葉発特急「あずさ3号」6：38を利用。さすが大型連休。自由席は次の船橋で満杯。錦糸町、新宿、立川と乗り込んでくる人々、通路も立つ人で満員。途中で降車するのもひと苦労です。こんな経験は本当に珍しい。途中大月乗り換えでともかく8：45頃　富士急都留市駅に降り立つ。こんな行楽日でも、この時間に降り立ったハイカーは私の他5人。うち4人はさっさとタクシーで山へ。私は9：03発でバスに乗り登山口のある道坂トンネルへ。客は3人、赤字バス運行ごくろうさまです。登山開始は9：45となった。道坂峠まで先ずは約20分の登り。ここまでは今倉山登山で前に来たことがあり、今日は峠で左右にわかれる分岐を右、御正体山へのルートに入る。御正体山は、1813年、妙心上人が開いた山。上人35才の時、上人堂にこもり、即身成仏をとげた。ミイラは上人故郷の岐阜県横蔵寺に安置されている…と伝わる。（山梨県の山…ガイドブック…から）

このルートは御正体山頂から北側に延びて下る長大尾根道。どちらかというとハイカーに敬遠されるようだがこれをたどる。樹林帯、北尾根、そして曇り空となれば薄暗い雰囲気だが、意を決して黙々と登る。ザッと

3〜5時間とみて、ゆっくり焦らず歩く。ルートは笹が覆いかぶさる部分もあり、ヒザ上まで濡れる。コブをいくつか超えると南東側が見えてくる。西丹沢から丹沢主稜にかけてか、ドーム型の大室山や菰釣山《こもつるし》などの鈍い輪郭が見え、また、眼下には細い道志の山村と黄色い田んぼが細長く見える。登るにつれ北側（うしろ）の今倉山や二十六夜山が高くせり上がってきた。

「岩下の丸」と称す三角点も気付かぬまま登って下って通過。太い幹に「日本の領土・牧ノ沢山」と書いた木札がしばってあった。これも鼻の先で「なんじゃらほい！」と笑いつつ進むと、左に確かに一本ルートが下っている。読みにくい字を読むと「白井平分岐」と読める。あとで知った事だが、この分岐を下り、御正橋（道志川にかかる）に到達する道が、御正体登山の一つのメインルートであったのだ。（この麓の御正橋から上る途上に1合目・2合目…と大理石柱の標柱があって、私が登ってきて出くわした分岐辺りが5．6合目見当か）更に上り進むと左側に7合目の標柱あり。この辺から俄然急坂の登りとなった。8合目は？9合目は？と気になりはじめる。紫色のトリカブトがやけに多く咲いている。外にこれといった花もなく、また、紅葉にはさすがにまだ3〜4週間は早いか。顕著な色付きもなし。横倒しになった8合目標柱を見てあえぎながら登る。突然上の方から複数人数の声が聞こえ、大きくなり、バタバタと若者が5〜6人下りてきた。足取りも軽く、声も軽快！若さっていいなぁ〜とうらやむ。急に自分が老け込んだ気分にさせられる。その後、中年夫婦も一組下山してきた。私とはルートは逆だったが、それなりに登ってきているのだな。

頑張った私も12：40頃山頂到着。ざっと3時間かかったか。樹林に囲まれた小広い頂上には誰もおらず一人で弁当を食べ、テルモスでコーヒーを入れ、しばし静かな山頂にたたずむ。記念の山頂写真をとって下山にかかるとする。ブナ、ミズナラ、ツガ、モミと広葉樹と針葉樹の混ざった黒木の大木をふんだんに見て歩くと峰宮跡に着く。左から鹿留川《ししどめ》からの登路の分岐があった。左へ池の平に通ずるルートは御正体山の最短ルートだという。これを左に送って右ルートをとる。長いロープが連続して垂れている。登るにしろ、下るにしろロープを頼りたくなる程の厳しい急坂というわけ。知らず知らず急ぎ足となり、膝にヅンヅンくる。怪我をするのは下りに多いよ！といい聞かせつつ、ストック（1本）をうまく使い下山する。辛抱してグングン進む。突然右手がひらけ、目の下に舗装された道路（林道）が現れる。北側対岸の今倉山赤岩などの稜線が陽が当たり明るく横たわっている。

林道を下る。何んと10トントラックほどのダンプが次々と道一杯にもうもうと砂ぼこりを巻き上げながら上がってくる。その度に土手にへばりついてやり過ごす。休日でも工事は続けているらしく、登山道は林道でズタズタ。30分もヒイヒイいいながら下ると仏ノ沢の水場に出合う。左から清らかな水が流れている。下から登ってくると、ここで林道とわかれ、山道に入るわけだが、私は林道沿いに下ってきてしまったわけか。

冷たい水でたっぷり喉を潤し、汗をぬぐってもう少し頑張って、三輪神社そばの登山口まで無事下山した。14：40　登り始めからざっと5時間弱。ガイドブックによる予定時間より1時間近く早く歩いた事になろうか。日帰りとしては大きな山だった。がっぷり四つの山だった。だがとても地味な山でもあった。登山口でバスを待つ60才程のオッサンひとり。聞けばこの連休中、都留市の民宿に連泊し、連日近辺の沢をさかの

ぼって川魚づり（ヤマメ中心）をキャッチアンドリリースで楽しんでいるという。彼は「いい齢をして、おたくも好きだねぇ」と私をさしていう。お互い様じゃ！

このオッサンのおかげで駅までのバスが30分後に来ると知りそれじゃ一緒にバスに乗ろうと決め、旧知でもあるかのように人相のあまり良からぬ「釣り馬鹿オッサンと山馬鹿ジジイ」は話し込みすっかり仲良しとなった。…というおまけ付きの山行でありました。

○・一山百楽（田淵行男）
・山想えば人恋し　人を想えば山恋し（針の木小屋・百瀬慎太郎）
・エイ・ヤ！と布団を蹴とばし山へ行く（詠み人知らず）

三重県ウォーク⑥　松阪↓栃原

平成27年9月18日（金）

松阪駅↓Hフレックス～JR・近鉄線路越え～竜泉寺・愛宕町～長月・南町（交）～茶与《ちゃよ》町（交）～春日町（交）～大黒田町（交）～駅部田《まえのへた》町（交）～花岡山 ♀～篠田山（交）～山室町北（交）～南勢病院～厚生病院～蛸路《たこじ》～八太町北（交）～中万町《ちゅうまちょう》（交）～櫛田川（新両郡橋）～相可《おうか》1（交）～役場前～仁田（交）～佐奈局（駅）～勢和多気～丹生～川添神社～栃原（駅）

8：00～12：35　4時間30分　約19㎞

～3日ぶりの晴れ。栃原から名古屋経由で今日中に帰る～

紀勢本線…てくてく歩いて、この日本最大の半島を越えるとしたら、先ずは海岸線を意識して、いわゆる熊野参詣道、伊勢路をイメージする。という事は具体的には、ＪＲ紀勢本線と国道42号線・熊野古道を追い求めて歩くという事になった。

〈松阪↓東松阪↓徳和↓多気↓相可↓佐奈↓栃原↓川添↓三瀬谷↓滝原↓阿曽↓伊勢柏崎↓大内山↓梅ケ谷↓紀伊長島↓三野瀬〉…これらは紀勢本線の駅名だけれども、今自分がどのあたりを歩いているのかを確認して行く意味で常に意識の底に留めつつ歩こうと思う。

プロローグ

昨日は伊勢から鳥羽まで歩いた。状況が良ければ鳥羽駅から近鉄志摩線に沿って船津から賢島サミット予定の志摩市まで足を延ばしたかったが、鳥羽ターミナルビルから見る天候、そしてズブ濡れの私のコンディションを考慮して鳥羽駅終了とした。事実夜になるまで雨は降り続いていた。翌日（今日）はてくてく一筆書きの連続性を意識して、松阪から国道42号線に沿って尾鷲方面に歩くので、鳥羽から松阪まで近鉄線で戻った。松阪での宿は、会員である東横インなどは満室。駅をはさんで城趾とは反対側の駅から7～8分の「フレックスホテル」となった。このホテルは、前身はシティホテルではなかったか、と思わせる外観設備があり、事実当日も大小宴会が入っていたようだ。

松阪フレックスビジネスホテル←レールを陸橋で越える←茶与町（交）←大黒田西（交）（国道166号線分岐）←南勢病院←

6：20までグッスリ眠った。目覚めると朝日が射しているではないか！起きてテレビをつけて驚いた。南米チリでマグニチュード8.3の大地震発生。日本の各地沿岸に津波が打ち寄せているという。紀伊半島沿岸にも警戒情報が次々と発表・発令されている。8～9時になれば峠を越えるだろうという。大事に至らなければ…と案じつつビジネスホテルを出る。四囲の空を見渡せば、松阪とはこんなに高き良き山々と共に在ったか…と心躍った。

ホテル前の国道42号線を宮町（交）で右折。ＪＲと近鉄両線も陸橋で越える。今日は昨日と違い青空の広がる上天気。陸橋の高みから見まわすと内陸側に高い山々がグルリととり囲んでいるのが今日は見えた。１，０００ｍを越える高見山地の山々だ。気分爽快也!!竜泉寺、愛宕町、長月、南町（交）。

2日前に迷い込んだ茶与町（交）も難なく抜け、レトロの「昭和食堂」を見て、春日町（交）、大黒田（交）、パチスロランドサンパーク、カラオケジョイジョイも過ぎ、駅部田町（まえのへたちょう）（交）、新しいスタイルの「コメダコーヒー店」、「カラオケ本舗・まねき猫」、「松阪京楽パチンコ」、花岡山♀、左に徳和駅（約2.5㎞）、久保町（交）、イオンマックスバリュー、篠田山（交）、葬祭場、山室町北（交）、右に大きい南勢病院、山あいの道の雰囲気になってきて足の運びも調子が上がってきたぞ。歩いている国道42号線は「東熊野街道」と称するらしい。

← 厚生病院 ← 蛸路《たこじ》 ← バイパス新両郡橋（櫛田川）← 川を越えて多気町 ← シャープ三重工場 ←

その先更に右手に松阪厚生病院がある。咲いている彼岸花、色づき始めた柿、刈り残されて倒れている稲など眺めつつ歩く。ウーム調子が出てきたぞ。道路の歩道にも「止水栓」「空気弁」などと印したマンホールの蓋もどんな図柄かな…と見つつ。緩やかな登りカーブ、通るのは車だけ。人影は見えない。みんな車なんだ。歩道は明るくてよろしい。上がったはずの空から通り雨が降ってきた。頭上には流れてきた黒い雲。あの雲が降らしているんだな。人家無くなる。オヤオヤ！私の携帯なっている。多分、津波を心配しての妻か友人だろう（大丈夫だったよ…）。山の上にゴルフ練習場。「蛸路《たこじ》」八太《はった》町北（交）、右へ行けば「松阪ちとせの森」で国学者本居宣長の墓があるらしい。これから緩やかだが長～い下り坂。栗のイガが沢山落ちている。八太町（交）、国道42号線バイパスの工事現場。道の駅か「熊野の郷」…温浴施設でした。

中万町北（交）、中万町、そして新両郡橋＝（伊勢に行くとき渡った川）櫛田川だ。目の前が明るく開け、岩もゴロゴロ、水量多く水清し。１５０ｍ以上あるだろう。〝いい河、いい橋、いい天気!!こういう川の流れに出合うとなぜか元気が出るぜ〟キャラメル２個ほおばる。たとえ残っていたキャラメル２個でも貴重品です。空はまたすっかり晴れました。今歩いている国道42号線は少し上流にある多気八太線が旧道で、（こちらに両群橋がある。）こちらが松阪・多気バイパスと称するようだ。（この先で合流する）。多気郡多気町に入る。相可《おうか》駅への道をわけ、ＪＲ線を陸橋で越える（ＪＲ線は一つ手前の多気駅で参宮線と分かれ、紀勢本線となって相可を経て新宮まで続いている）。陸橋で越える辺りから前方を眺めると、これから進む小高い丘（左側）の上に大きな箱型の建物が見える。やたらトカゲがニョロニョロ遊ぶ歩道をズンズン登って行くと、巨大な工場でシャープの三重工場だった。巨大な事務所とも見える外観は工場らしくもないが、幾棟も連なり21世紀の大工場という趣き。歩いても歩いてもシャープ。どなただったかの川柳「台湾の目のつけどころがシャープです」を思い出しました。

〈シャープ工場〉

多気ニュータウン

役場南（交）

仁田北（交）

右側は全容は見えぬが「多気ニュータウン・相可台」というらしい。これだけの大工場ともなれば、1,000戸単位のニュータウンもおかしくはない。「多気クリスタルタウン相可台」という看板もあった。商工会館、文化会館、役場、ホテルエコノ、図書館…とシャープ進出による効果とおぼしき箱ものがずらり。「大工場一つで新しい街ができるよき見本といえようか」。郷土資料館もでき、イオンセンターも進出。温浴施設まで…。「美しい町づくり条例！多気町」の看板あり。下り気味に役場南（交）。ここで右からの旧道と合流。天啓（交）、山あいを進む。赤いべべ着た6体のお地蔵さんあり。山の斜面にかかる墓地を地域のオジーサン・オバーサン総出で掃除をしていました。仁田北（交）、紀勢本線の線路のすぐそば柿畑続く。山あいの小川が白濁している。汚いなあ…原因は近くの○○興産の工場（？）から発しているのかもしれない。

一つの公害垂れ流し!!佐奈川越えて五桂口。仁田（交）では左から県道13号線が合流。正確ではないかもしれぬも、この県道13号線は伊勢市中心部少し松阪寄りの度会《わたらい》郡玉城町の田丸から来ており、熊野古道伊勢ルートはこの田丸から国道42号線に合流したルートを「熊野古道伊勢ルート」というのではないか…という有力説。今は国道となっているが、この先30～40㎞と

←和玉神社←「さな」駅←

進むうち「古道」が国道42号線に出たり入ったり、平行したり…で遭遇するようになった。さて「かぎり無き　世に残さむと国のため　たふれし人の名をぞとどむる」（明治天皇御製）、和玉神社、西南の役からの戦没者を弔う。国事国難に殉じられた郷土出身者へ。

多気郡とか多気町や相可《おうか》…などの地名は、遠く離れた千葉県生まれ育ちの私にとって全くなじみのない地名ではあるものの、山あいの、或いは小高い丘も続いていたであろうこの多気に、シャープの大工場が進出して一変！道路は発達し新住民も住宅も増え、公共施設もふんだんに整う。…だが、1日何百人の人が通勤するのか、おびただしい駐車場はあれど工場から15分のJR相可駅はさびれにさびれている。ホームは片面のみ、無人駅、ワンマン運行、もちろん駅前商店もなし。利用者は見たところ高校生のみだ。それも朝夕のみ。これだけ新住宅がありながら、結局、車なのだ。病院も、店も、役所も、職場もどこに行くのも…。てくてくの旅で相可駅は幾度も通ったが、その度にこの不自然のようなアンバランスな街の姿に考え込んでしまう。ローカルに職場を！は今、全国の田舎の悲願だが、工場ができたとしてもそれだけで駅も駅前商店も栄えるわけではない…という現実を充分踏まえた新しい街づくりのアイデアが欠かせない…と痛切に思う。

佐那神社、「さな」という駅あり。あるはずだ…と捜さないとわからぬような小駅。何にもありません。国道42号線とはレールを挟んだ反対側に一本の旧道あり。俗にいう古民家と称するような重厚な古い家も多い。住んでいないかもしれぬ家もあるが、この通りも「その時節」には大いに栄えた街道であったろう…と思いを馳せる。「柿の木や　往時をしのぶ　さなの駅」。「元気な時に逢いたかったぜ　さなの駅よ　さなの人よ」

〈栃原駅〉

← 日本一清流の里 ← 川添神社 ← 栃原駅

平谷（交）、伊勢自動車道「勢和多気ＩＣ」の高速くぐって丹生《にゅう》、右に国道３６８号線わける。丹生大師右３㎞。おきん茶屋。丹生（交）から先、歩道なし。勢和多気ＩＣ入口。山また山あいの道をてくてく歩む。「日本一清流の町」の看板あり。奥宮川とある。この山あいの一帯、川の流れ谷をくねって流れるが、どうやらあの伊勢市二見浦を型づくった宮川の源流地域のようだ。駅も近づいた頃、コンビニあり。品揃えは50％くらいか。それでも、パン、ビール、バナナが買えたよ。三重県多気郡大台町栃原駅近くに川添神社あり。お参りした。ひっそりした好ましい雰囲気の神社です。10円也。電車来るまで2時間近くある栃原駅。電車（2両・ワンマン）来るまで人っ子一人来ず。パンツ一丁になり、靴下、靴、シャツ、ホームの砂に並べて干す。天真爛漫。実にいい気分。栃原バンザイ！

半分青空半分秋曇り、風はそよ風、電線に雀が50羽程とまって、余所者の私の噂でもしているのかしら。…今回の4泊5日のてくてくは、ここで中〆です。多気を過ぎたあたりから風景様変わり。いよいよ熊野路の予告編をみせられている様相。〝金儲けに励む世界〟から「自然と人間の世界へ」入ってきたみたい。5日間を振り返りつつ、千葉へ今日中に帰ります。

三重県ウォーク⑦　栃原↓伊勢柏崎

平成27年10月20日（火）～21日（水）晴れ

栃原駅↓県道709号分岐～伊勢茶センター～スーパー海物語～熊野古道標識～神瀬新橋～大台町下楠《しもくす》・楠ケ野 ♀～七保大橋北～三重県アマチュア盆友会碑～大台町粟生《あお》（交）～頭首湖前 ♀～頭之宮四方神社《こうべのみやよもうじんじゃ》～高菜～道標地蔵～宗教法人・神霊学会・主神教～弁慶岩・祈願地蔵の碑～三瀬公園（石材）定峠《さだとうげ》・茶屋跡～下三瀬 ♀～上三瀬 ♀～大台厚生病院～大台役場・道の駅大台～新舟木大橋～レストラン・丸太ん坊～皇大神宮・別院～道の駅・大紀町・木つつ木館～大紀町役場前～滝原小～大宮中学・大宮小～勝瀬（交）～阿曽大橋・網掛山（544m）登山口～阿曽大橋・岩船橋・岩船公園～柏野（交）～スーパーにしむら・紀勢大橋（大内山川）山海の里・紀勢～伊勢柏崎駅

7：40～15：30　正味7時間30分以上　約28km

10月20日（火）

前回は4泊5日（9／14～9／18）で四日市～津～松阪～伊勢～鳥羽～栃原と歩いた。三重県南部の紀伊・熊野路に入り始めた。最終日の9月18日は、午前中を中心に目一杯歩き紀勢本線・栃原という所で終了。無人の栃原駅では列車が来るまでの2時間、「駅へ入る・出るも自由で散策したりホームで寝そべったり」それなりに楽しかった。2両編成の多気行きに乗車し、多気で伊勢方面からの快速名古屋行きに乗り換えた。名古屋まで1，800円也。1両は自由席、もう1両は座席指定。2両で名古屋までかっ飛ばし2時間で着いた。そして15：00前のひかり号に乗車、東京・千葉へ戻った。それから約1ヵ月経ったが、今回10月20日〜10月26日の7日間かけて栃原〜紀伊勝浦まで「てくてく独り歩き」の挑戦となった。

今回の初日10月20日（火）栃原から歩くわけだが、10月20日早朝千葉を出ても多気から紀勢線乗り換えの時刻がうまく合わず、結局初日は相可駅から歩いて15分の「ホテル・エコノ」までで一日目とする。電車の本数と宿泊施設の有無でこうなってしまう。大いに不経済だといえるがローカルでは止むを得ない。（都会でスイイ移動するようには行かないよ！）

そういうことなのでゆっくり、AM10：00に千葉の家を出て、快速で東京駅へ。12：03ひかり号で名古屋に。上天気の予報だがドンヨリしています。14：37名古屋発、鳥羽行「快速みえ（JR）」に乗車。例によって2両編成のディーゼル。1両指定。この電車松阪あたりまで満員。4人座席に4人座ってギッシリ。たった2両だものネ。沿線に大きな町（桑名・四日市・津・松阪・伊勢…）があるのに、なんで2両なの？近鉄との競争に負けていることが一つ。今一つは、やはり車社会だからかもしれない。でもなにも2両でギュー詰めにしなくても!!4人ボックスの4人、私と幼児連れの若いママ、それに70歳内外のオバアサン（若いママは5歳児も連れていた）。このオバアサンと若いママの話がおもしろかった。

特にオバアサンの話では、息子夫婦が成功して名古屋の高級住宅地に住んでいて、そこへ行った帰りだそうだ。ご自分の実家は松阪で300坪のお屋敷住まいとの事。名古屋の有名デパート、高級店の話、息子と孫がいかに優秀かを話し同席の若いママに相槌を求めていた。方言も入って、私は2時間退屈しなかった。

多気駅で下車。通常はここで新宮方面列車に乗り換えるのだが、2時間近く列車なし。特急はあるものの相可や栃原などには停車しない。ここからホテルのある相可《おうか》まで歩いても1時間くらいで行けそう。ならば歩こう、歩きにきたんだ！という事で下車して多気駅前に出る。偶然、相可台方面のミニバスが間もなく発車。これに飛び乗る。客は女子高校生と私の2人のみ。200円也。運転士は客がたった2人なのに、帽子・マイク着装で律義に案内している。私は現役時代、バス運転士の乗客への接客接遇の向上に苦労した経験を持つが、都会・郊外住宅地・ローカル部、夫々の運行においては客数・客層の違いがありマニュアル化した一様の接客には、まだまだ工夫・改善の余地は大きい…とこんな時にも感じてしまう。

歩けば1時間のところ、バスでは10分ほどで相可駅前に降り立つ。駅は低い平地にあり、シャープ工場などは高台のため見えず。見当つけて両側に広がる新興住宅地への坂のぼる。遠回りしたが20分ほどで国道42号線沿いの見覚えのある「ホテル・エコノ」に着く。ＪＲ利用者を見込んでの立地ではなく、シャープ関連の人々をアテにして建てたものだ。そんな宿泊者でほぼ一杯。…「大きな工場・そばに寄宿舎の如くビジネスホテル一つあり」

10月21日（水）晴れ

5：00起床。6：35宿を出、相可駅6：50着。7：10のワンマン電車で栃原へ（宿の朝食サービスは6：30から…でパス）。

今日は阿曽か柏崎まで歩くとして泊まる宿がない。宿出がけにフロント嬢に確認すると、同じ部屋でもう一泊可という。一日歩いた後、また、レールで戻ってきて…とならざるを得ぬ。2両編成6人降りて1人乗った。相可高校あり。7：38栃原に着く。下車、私1人、乗車高校生5～6人。快晴。東の空に昇ったばかりの朝陽。ものすごいモヤ。放射冷却かしら。１００ｍ先もおぼつかぬ。「幻想的な景色の中、出来立ての朝」、国道を歩き始めた。「半ズボン、半そで」スタイル！頑張るぞ。聞く人もいないけど声に出す。

大台町、近畿自然歩道、道の駅そばの休憩舎、国道42号線進む。この辺りお茶の産地なのだ。「おいしいお茶の町」の看板。松阪行高速バス停（1日7本）、新田（文）、旅館岡島屋（店仕舞い近いか）、喫茶店「トウヘンボク」、伊勢茶センター、この先歩道ありません。スーパー「海ものがたり」、不動谷橋、神瀬、突然「熊野古道→←」の標識あって、右手の林の中から小道が合わさる。神瀬新橋200m先道路そばです。馬鹿曲り、神瀬（殿様井戸、眼鏡橋）標識あり。ここから大台町下楠《しもくす》、下楠は清流日本一とある。見え隠れするのは宮川水系だ。左・古ぼけた大きなゴルフ練習場。よくもまあこんなところに。倒産？楠ケ野《くすがの》♀、電話工事で道路掘削、ヘルメット・帽子・制服の日焼け顔のオッサン、てくてく歩いてくる私が珍しいのか立ち話をなかなか終わらせてくれず、結構暇そうです。

「山下清か山頭火みたいに見えたか奥伊勢路」。この辺り国道にじゃれつくように古道あり。小道から出てきた軽トラ、後ろに止まって「オジサンどいてよ！」という。おっと御免よ、貸切のように歩いていると車が来る。しかし、この兄さん凄くやさしい。恐縮しながら通り過ぎる。「兄ちゃん、仕事頑張れよ！」というと、「オジサンも気を付けてネ…」という。「おじさんといわれりゃ嬉しや奥伊勢路」。田舎はいいなあ〜。三瀬谷行の乗合バスが乗客たった一人乗せて、私を追い越していった。左へ七保《ななほ》方面を分け、七保大橋北（交）、多気郡農協、三重県アマチュア盆友会名簿碑のある家、尾鷲まで64㎞の標識、右手山の中腹・緑引き裂いて（紀勢自動車道）高速が走る。粟生《あお》（交）、頭首湖前♀、「男のくつろぎの時間」↑床屋、右に「大台ホルモン」…潰れそうで潰れない店、頭之宮四方神社《こうべのみやよもうじんじゃ》、左には大台町の公共センター複数あり。左前方に少し離れて三角錐の富士山のような小山あり。高奈♀、1日6本、まちかど博物館、右、ひのくちばし、その奥にお地蔵さん幾体もあり。「右・高瀬道、左・山田松阪道」の道標地蔵あり。地域のバアサン2人が花を献げたり、手入れをしていました。お地蔵さんって男だけなのかなあ…とふと思った。

〈道標地蔵〉

宗教法人神霊学会、主神教・四層黒塗りの天守閣に金シャチ一対、傍にドンとそびえる朱色の鳥居。この辺り国道沿いに猫の額ほどの田や畑あり。いずれも動物の被害が大きいとみえ、高さ1．5m程の金網や柵が張り巡らせてある。大変だなあ～。「弁慶岩と祈願地蔵の碑」、高速過ぎれば緩やかな大下り。古道に1㎞ばかり入る。砂利道《みち》、マメ柿たわわ美しい。採って食べると渋いのなんの！レールのガードをくぐり間もなく国道にもどる。定《さだ》峠、観音堂あと、「下三瀬《みせ》」♀、三瀬砦跡、上三瀬♀、大台厚生病院（新築？）（左）、その先右にも厚生病院（廃止？）、三瀬谷橋渡ると久しぶりコンビニあった・あった！「サークルK」で「150円メンチ2個＋オニギリ2個＋コーヒー」〆て700円をパクついた。大台役場、道の駅「奥伊勢おおだい」。ここでも一休み。新船木大橋、右宮川ダム。この辺り凄い渓谷美!!大紀町へ、大きなドライブイン「あら竹」閉鎖？レストラン「丸太ん棒」。左、山側からの小さな清冽な沢水、手と顔を洗いゴクリゴクリと頂く。甘露！甘露！大自然と一体感！左・「三瀬坂峠」への標識を見る。熊野街道の碑。皇大神宮・瀧原宮（左）木つつ木館（道の駅・大紀町）12：40。ボールペンなくす、予備のゴルフ場でもらった鉛筆出す。大紀町役場、滝原診療所、滝原小学校通学路「胸はって　よい子は　あわてず　みちくさしない」とある。出合（交）、大宮中・大宮小への道、右下にわける。

勝瀬（交）、近畿自然歩道・阿曽1．8㎞、右下に広い河原をもつ川が流れている。奥河内川？宮川の支流かなあ？左・阿曽温泉へ、JRを陸橋でまたぐ、網掛山登山口まで左1㎞とある（標高544m）。

阿曽大橋50m程あろうか。清流です。少し進んだ道端の大岩の上で、リュックを下ろして痛む足を靴を脱いでチェックする。もう少しの辛抱だよ！と少し汗臭い愛しい足にいい聞かせ、絆創膏を貼り直して（チチンプイプイして）やる。「ベトコンラーメン」、岩船橋、「岩船公園」、釣り人専用駐車場（100台位）がある。柏野♀（特急？）、柏野（交）、右・柏野大橋、スーパー「にしむら」ほか、一つのショッピングゾーンを成している。オバサン3人が一台の「軽」に乗ってやってきました。気のよさそうなオバサン「車じゃなきゃ、来られません。週一回乗せてもらってまとめて買って帰るんです。ここへ来れば何でもあるから…」という。山あい集落の年寄りは買い物も大変なんだ。「山海の郷、紀勢」紀勢大橋、流れる大きな清流は大内山川。泳いでいる魚が見えます。

大紀町森林組合事務所（立派）もあるが漁業協同組合の事務所もあります。大紀町は一言でいうと材木の町だが、大内山川の川魚の管理も組合員以外には厳しいルールがあるようです。伊勢柏崎駅は川のそば。緑色の跨線橋と5坪程の簡易駅舎のみ。誰〜もいません。幸いにも一軒ある店で缶ビールは買えました。1時間15分待って多気行きワンマン電車に乗る。今回歩いた国道42号沿線など染み染み振り返るように感慨深く車窓から眺める。アソ、タキハラ、ミセヤ、カワゾエ、トチハラ…と戻った。すでに陽は山陰に入り、足早に夕のとばりが降り相可駅で降りた時は、寂しさを感じました。「ホテル・エコノ」へ。〝何なのだ心地良き疲れとこの寂しさは〟

○「弁慶岩と祈願地蔵の碑」
祈願地蔵…現地の人が口語に訳し書いてあった。「道中安全祈願地蔵」熊野詣でを行う人々が、道中の安全を祈り願った地蔵「三界万霊・右、さんぐう道九里。左、さいこくなちさん二十八里。天保年間1830銘」

○大紀町柏野区岩船公園…2015年大紀町合併10周年記念（公園）。ダルマ起き上がりコボシ、四阿風休憩所、赤瓦のトイレ、駐車場等完備。気持ち良し。

○三瀬坂峠《みせさか》…巡礼者は険しい渓谷を避け、短絡にもなる峠越えをした。三瀬の渡しで宮川と別れを告げて峠越えを目指す。三瀬坂峠（標高256m）は高い峠ではないが、急坂のつづら折りが続く。茶屋跡や宝暦6年に祀られたとされる地蔵などがあり、古道の雰囲気を感じます。道は歩きやすく危険は少ない。（2．2㎞、60分）…とパンフは教える。

○大内山川…大内山という山あり。矢ケ峰（６３７ｍ）の稜線続きの一峰だが、その水を集めて大内川と称す。これも宮川の源流の一部?清らかな流れです。ところで、大内山駅の一つ先に梅ケ谷《うめがたに》という名の駅あり。…私は大相撲のファンの一人だが、ここに昔大関、横綱の故郷があったのかも…と思い、千葉の自宅に帰って調べたら、残念。二駅とも相撲には無関係でありました。
「元大関大内山」は茨城県ひたちなか市出身。また、「13代横綱の梅ケ谷」は福岡県朝倉市梅ケ谷出身でした。（お粗末の一席！ハイ）

三重県ウォーク⑧　伊勢柏崎→相賀《あいが》

平成27年10月22日（木）晴れ

（伊勢柏崎駅から）

紀勢大橋（大内山川）～坂津橋（右）～崎（交）～曹洞宗・國昌寺～新不動野橋～山丸様前 ♀～江尻橋（交）～萬松山長久寺入口～大紀小学校～間弓（交）～大内山中学～高速梅ケ谷《うめがたに》 ♀～梅ケ谷（交）～熊野古道・荷坂峠～これより紀北町～視界全開となる～マンボウの町紀北町～小滝橋・小滝不動明王～片上南（交）～「紀伊長島マンボウ」道の駅～赤羽川（長島橋）～総合支所・消防署・長島漁港～加田西（交）～加田教会前 ♀～江ノ浦トンネル～古里北（交）～古里トンネル～道瀬跨線橋～地蔵前 ♀道瀬トンネル～三船トンネル～船津川～船津駅前入口～三船中学校～「海山資料館」～往古川～中新田～船津（交）・「かっぱの里」づくり～海山北入口（交）～相賀駅----------（泊）尾鷲

8：10～16：20実質　7時間50分　28～30km～3日ぶりの晴れ

プロローグ（相可《おうか》・雑感）

昨日は栃原から伊勢柏崎まで歩いた。柏崎から相可までディーゼルに乗り、戻って、「ホテル・エコノ・多気」に2泊目泊まった。シャープ工場至近で9階建ての新しいビジネスホテルで、6，000円×2泊。朝食サービスあるも7：11の電車に乗るには利用できぬ。昨夜買ったアンパンをかじり、インスタントコーヒーで朝食とり、宿を出る。今日は、日中25℃にもなる…10月も下旬なのにというので、半ズボン・Tシャツでスタート。駅まで15分。駅の南の丘には、戸建て住宅500戸はあろうか。50～80坪くらいの敷地。マイカー2台分の駐車場。また、駅の山側にも旧い住宅の他、新築住宅も見た目500戸くらいはありそう。

いわゆる商店街はなく、駅利用者も少ない。何故だろう？それは幹線道路沿いにある〝パワーセンター〟とそれでも2台は持っているマイカーが生活の中心を成しているのだ。（ホテル出がけのテレビでは、巨人野球賭博報道でドタバタ。昨日は新監督で沸いていたのに）

伊勢柏崎駅 ←
「崎」（交） ←
（紀勢大内山ＩＣ） ←
新不動野橋 ←
江尻橋 ←
大内山川 ←

今日は「伊勢柏崎」から歩く。「相可↓柏崎」はレールで（670円）。寂しい駅舎を出、川沿いから橋を渡り、道の駅そばの国道に出る。〝ウワァ！〟驚くほどの濃霧。大内山川からの蒸気もあるのだろうか、綿あめのような薄い雲がいくつも横にたなびいている。視界100ｍくらいかな。車もライトを点けている。太陽はダイダイにボケて輪郭がうっすらです。「お茶とカキと稲とミカン、それに木材とアユ…」で出来上がっている。町の国道を山に分け入るように向かって歩く。この先、大内山川、国道、レールとくっついたり離れたりしながら進む。

左、並大神社、前方大内山川の谷を右から左へ、はるか高いところを紀勢自動車道が緑の天空を横切って行く。（この景観を見て思い出したことがある。そうだ！今から15年ほど前、千葉県道路整備促進協のメンバーと道路整備の地方視察でここを訪れたのだ。当時工事中のトンネルや陸橋を貸切バスで巡りヘルメットを被り見学した…その場所だ!!）「大内山牛乳！モ～ト飲もう…」だって。坂津橋を右に渡る。「崎」というこれは大きな交差点。左は「錦・トロピカルガーデン」へ。トイレ休憩舎の他、カラフルなトーテムポール多数あり。

高速、国道、県道が交差している。新不動野橋、江尻橋と過ぎ、「友釣り専漁区域…これより下流の標識あるところまで、9月5日まで。大内山川漁協」とある。この辺は国道42号線改修で取り残された旧い道路と集落があっちこっちに残っているので、そこを歩く。旧道が農家の生活駐車場みたいに、ニワトリも歩き、犬が寝そべったり…いい感じに有効活用されていた。曹洞宗　國昌寺を示すバカデカイ石碑。大内山川を挟んで対岸（右側）高く、岩むき出しの険しそうな山肌が陽の光を浴びてスゴんでいました。

（新不動野橋ほか）

川面いっぱいに切り口のある高さ１ｍほどのコンクリート堤があり切り口のみから水が下流めざして流れ出ている。→この先の大内山川にはよく見かけた施設。どういう意味があるのでしょうか…治水？川魚漁？

←大紀小学校←大内山中学←梅ケ谷峠 分岐←荷坂峠

山丸様前♀、江尻橋南（交）、右手に大きな「おおうちやま」駅あるらしい。萬松山長久寺入口、大紀町立大紀小学校、３Ｆ建て、誰も姿見えぬ、先生の車かな5～6台駐車あり。散り落ちて積もったプラタナスの枯れた大きな葉っぱを蹴飛ばして、黄色に散ったイチョウも踏んでてくてくと子供の見えぬ小学校脇を進む。往時は３Ｆ建校舎いっぱいの生徒の歓声であふれていたかも…何故か涙ぐむ。間弓（交）、高速くぐりました。左上、大内山中学校（ヒッソリしています）「入舟券・アユオドリ一匹５００円」の看板あり。高速梅ケ谷♀、新宮まで１０６㎞とある。右・県道７５８号線・ツヅラト峠へ、梅ケ谷（交）。右手に梅ケ谷駅ありそう。熊野古道伊勢路は「梅ケ谷」でわかれ、標高３５７ｍのツヅラト峠を越えるツヅラトルートと、国道42号線に沿って荷坂峠を越えるルートに二分する。荷坂越えは江戸時代中期、徳川吉宗の時代に紀州藩の街道整備に伴って「紀伊の国」の正式な玄関口となったルート。勾配は緩く道幅も広い…とのことで「峠」を越えることとした。

路は益々山合に入って行く。こんな山だらけでトンネル無くて済むのだろうか…と進む。うまく山と山の間を抜けて続く。右手に熊野古道荷坂峠の標識あり。標高１７５ｍ。この先国道には排水溝の幅ほどの白線しかなく、ダンプ疾走する、国道の方が怖そうだ。距離的には国道経由より近いらしいので古道を選択。

立て看板→

←国道へ合流←紀北町マンボウの丘←大下り←道の駅紀伊長島マンボウ←

右にわけ入る。足裏にしっとりくる。人の心に優しい道だ。古の旅人が踏み締めた静かな道です。「腰掛け石」・「ツツジの群生」少し頑張ると見晴らし台「沖見平」山並みが素晴らしい。猪鹿よけの旧い石積みを見ながら下ると、国道に出ました。これより紀北町へ。左手はるか下手の方に半島の合間に青い海が見えた。「熊野の海だ！」と昔の人は感謝感激したという。

今だって、感動します歩いて峠越えなら。その先に「マンボウの丘」駐車場ありて、大展望だ。神々しくて美しい。自分の位置がこんなに高い所にいるのか…と実感させられた。マンボウの街、紀北町、絶景です。ここからの下りは圧巻。大きくうねりながら下って行く。眺め良し、だがやたらに長い。後ろから来たマイカーの人から「乗ってゆきませんか？」と2度ほど声かけられた。丁寧に断り歩く。車と歩く人、全くの他人じゃなかった！なんて思ったりして。私も甘いのお、雨の日の恨みも忘れて…。小滝橋、小滝不動明王、20mほどの滝、傍に名水あり。峠を下りてふり返り、仰ぐと、この荷坂峠下りはなかなかどうして、山ひだをぬって下っている。逆なら大変だ。片上南（交）、左・熊野灘臨海公園。

マンボウ
で昼食
←
長島漁港
←
道瀬トンネル（みのせ駅近く）
←
船津川
←
（船津駅近く）
←
往古川
←
海山IC入口
←
相賀《あいが》駅
←レール
（尾鷲駅）泊

たどりついた道の駅（紀伊長島・マンボウ）で、ミックスフライ定食880円。ビール買ってテラスであ〜ァくつろいだ。目の前に小さいが湖（片上池）、片上川橋、踏切そばに商店「ふみきり屋」と称す。県道766号、赤羽川（長島橋）、左〜100mで海（長島港）。トンネルあるも、歩行者トンネルあり（長島トンネル長さ550mはあったか、あーよかった）。長島（交）、左側、総合支所、消防署、長島漁港、天然の地形を生かした奥深い港で、一番奥に長島造船のドックもある。加田（西）（交）、古里トンネル233m、歩行者トンネルあり。

道瀬跨線橋上から古里湾方向パチリ、島だらけです。どの島も崖と緑豊かで別名「紀伊の松島」とも。カメラマン4〜5人はいた。古里北♀、左下・古里温泉、地蔵前♀、道瀬トンネル358m、歩行者トンネルあり。すぐ左手、海。テトラあり、大きくはないが綺麗な海だ。右手、みのせ駅か。上り気味に進むと三船トンネル・420m・歩行者トンネルなし・白線のみ・制限速度40㎞・大型トラック倍くらいのスピードでかっ飛ばしている。ビクビク歩きです。

トンネル出て左に入江のような…しかし堰でした。坂を下って上って須賀新、火・水・木？船津川渡る。船津駅前（交）左3分で駅。上里東（交）、診療所前、右・三船中学校、「海山資料館」、往古川（往古橋、二級河川、幅30mほどあるもなぜか水ゼロなぜ？）中新田♀、船津（交）、「かっぱの里づくり」看板、海山IC入口、カーブ道。更に進む。住古川以外にも山側からの川あるも、いずれも見下ろせば砂利ばかり、水はゼロ。なぜだろう？

右山側、左に開けている。住宅・スーパー・役所・出先建物など多数。右カーブのところ左に直線で入ると相賀《あいが》駅とのこと。黒い屋根、平屋の駅舎、電話BOX、紅い簡易ポストの駅舎。（この紀勢本線、ここまで駅舎らしい建物無い駅も多かった）無人駅。以前はそれなりの利用者もあった…という雰囲気はわかる。結局今は何にもない。今朝は8：10歩きスタートで、今16時20分です。

正味7時間30分を短パンTシャツで頑張った。…さて今日の宿は尾鷲《おわせ》市内のビジネスホテルがとれたので一つ先の尾鷲までディーゼル利用。明日、また、相賀まで戻り歩くのだ。

○「かっぱの里づくり」

船津の永泉寺には「ばんた淵のかっぱ」という立派な掛け軸が保存され、その中では、かっぱが手を合わせ、和尚さんに謝っているユーモラスな絵が描かれており、心温まる民話と共に残っている。この豊かな自然環境を守り、歴史的にも意義のある「かっぱ伝説」を後世に残そうと「かっぱの里づくり」と称し、船津区、子供、婦人会が協力して里づくりをしている。…「山は海の恋人・川は仲人」海山町船津区。2002年3月。

三重県ウォーク⑨　相賀《あいが》→大曽根浦

平成27年10月23日（金）晴れ

（相賀駅から）

国道42号線へ～銚子橋（銚子川）～三重（交）バス営業所～権兵衛洞門～道の駅「海・山」～鷲毛 ♀・馬越峠登り口～夜泣き地蔵～馬越峠～展望台～登山口（オウセ側）～松の湯～尾鷲港～魚市場から市街地散策（約4・5km）～矢ノ浜道へ～紀州電工（右）～手（矢）の川橋～発電所（火力）敷地（左）～レールと平行・馬の浜 ♀～県立熊野古道センター～（左）松の生えた小島　三つ（赤い鳥居）～熊野古道センター入館～国道311号線へ戻る～大曽根浦漁港へ　～大曽根浦駅へ…熊野市泊

7：40～15：00　7時間20分　約15km

10月22日（木）
- みのせ
- ふなつ
- あいが ●
- おわせ
- おおそねうら

10月23日（金）
- くき
- みきさと
- かた
- にぎしま
- あたしか ●
- はだす
- おおとまり
- くまのし
- ありい

10月24日（土）
- こうしやま
- きいいちき
- あたわ
- きいいだ
- うどの
- しんぐう ●
- みわさき
- きいさの
- うぐい

10月25日（日）
- なち
- きいてんま
- きいかつうら ●
- ゆかわ
- たいじ
- しもさと
- きいうらがみ
- きいたはら
- こざ
- きいひめ
- くしもと

プロローグ

昨日の頑張りで、またまた、足の指と足裏が痛んでいる。まあ毎度のことなので気にしつつも手当てできることはやって、スタートする。今日23日の朝も良い天気だ。朝食はビジネスホテルの5Fレストラン。この5Fからの見晴らしが抜群。3方窓で正面・尾鷲湾・ポッカリ島も浮かんでいる。両サイド山、正面は街並みの上に朝日の光線を浴びたキラキラした海、美しい。ヒラアジの干物も出た朝食、ライスも良く、おいしかった。600円は安い!! 飯がうまいと宿そのものも好きになれる。短パン・Tシャツ姿で腹よし、体調よし宿を出、1駅電車に乗って「相賀駅」まで戻って歩き始める。

相賀駅
←
銚子川
←
道の駅「海山《みやま》」
←
馬越峠入口
←

7：40に相賀駅を出て歩き始める。無人駅で高校生らしき学生を3～4人見かける。駅を出て300mほど先の国道42号線へ。一本手前の道を左に折れれば熊野古道だが、その先で合流となるので国道にぶつかり左へ行く。銚子神社を横目に見て進むと全長200mもあるかという大きな橋に出る。二級河川・銚子川にかかる銚子大橋。河原は穏やかに広く、2km程下流で海か。紀伊も栃原を過ぎ南下するにつれ、山も迫り川は清流をうたう地区は多い。その中でも銚子川は標高1，500m以上の高度の大台ヶ原に源を生じ、年間雨量4，000㎜ともいわれる多雨量も加わり、という事は地形も急峻で岩石地帯という事もあり泥で濁る事少なく澄んでおり、日本有数清流の川として知られている。川遊びの他、河口付近は海水と川水の分離（ゆらゆら帯）が見られる貴重な川といわれる。上流には魚飛渓などと称す渓谷美も有名だという。

橋を渡ってすぐ左に三重交通(株)高速バス(営)を見て進む。左からかぶさるように「ゴンベ洞門」が現れる。前方右奥、遠く河原の奥に高くそびえる山あり。標高1，008mの橡山あたりか。そして道の駅「海山《みやま》」がある。魚飛渓・右4kmの表示。「便《びん》の山」(交)、標高599mの便石山《びんしやま》があるらしい。道の駅から約500mほどで「ゆしげ」〇┴あり。そこに熊野古道でよく知られた馬越《まごせ》峠入口の標識あり。国道42号の川沿集落便の山集落には「種まき権兵衛の里」がある。

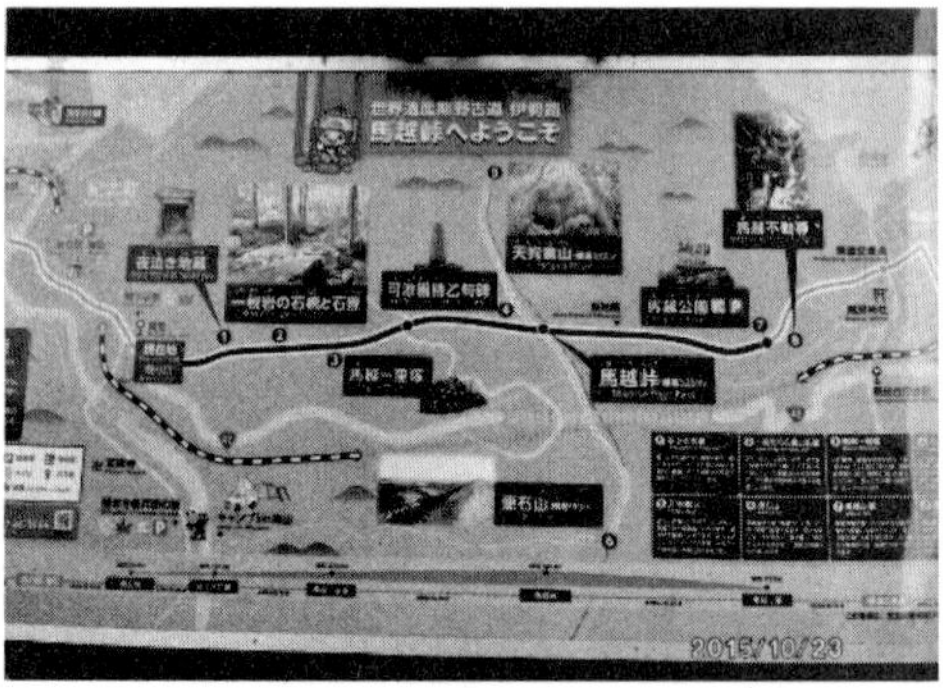

〈馬越峠〉

「種まき権兵衛の里」看板 ← 国号と別れ峠道へ ← 「夜泣き地蔵」休憩ベンチ ←

砂利・セメント？工場の建物に「種まき権兵衛の里」と大書きしてあった。さて由緒ある石畳で有名な馬越峠を越えるべく国道42号とわかれ、左、峠への階段に入る。登り始めてほどなく、石畳が現れる。この先2㎞ぐらいの延長で続く。予想外の整然とした石畳、そしてこの長さ、熊野古道大門坂よりもずっと長い。一つの驚きでした。100m単位に登り口から下山終了まで22区分した道標がある。今は「夜泣き地蔵」と称されているお地蔵を過ぎると、右側山腹が伐採されて明るい。林道が横切るところに休憩ベンチがあり眺めがよろしい。

私はここで、誰かが忘れていった魔法瓶をゲット。先行者が困っているだろうと峠頂上まで持参して休んでいた年配のバアーサンに無事渡した。石畳はこの地方特有の多雨から土砂の流出を防ぐ目的もあって石と石のすき間が殆どないように詰められていた。

馬越公園展望台 ←

心もしっとりするようなオゾン一杯の林の中に続く手入れの良い登り坂。口笛で鳥の鳴き声を真似しながら進むと、馬越峠に到着した。峠（325mの高さ）には休憩舎など、また、江戸時代の俳人の句碑もあった。馬越峠にて「くつはむし道に這い出よ馬古世坂」（可涼園桃乙）天狗倉山（522m）への道も分岐。下りにかかっても断続的に石畳は続いており、昔の人の執念の強さに感嘆した。少し下がった馬越公園展望台からは尾鷲市街や港が一望。皇太子殿下の碑もあり。

→銭湯 松の湯 → 尾鷲港 → 弁財島 → 熊野古道センター →

市街に向け更に下りの歩を進める。川のほとりの尾鷲神社にお参りし、小川を渡り左に今ではなかなか珍しい銭湯「松の湯」あり。また林町6丁目には高いシュロの植栽のある豪邸もあった。途中、林町の「ひもの・西野商店」で干物を妻年子に宅急便で送る。（後ほど味を聞いたところ、とても美味だった！とほめていた）。港の市場を覗くと鯛がたくさん水揚げされていた。正面に火力発電所の大きくて高い煙突。尾鷲の街における火力発電所のウェイトは、大きなものを占めるのだろう。（税収・雇用・敷地面積…）右に「紀州電工」二級河川・矢の川渡る（100m以上ある・河口だからか）。「八鬼の里」との標識あり。「向井西八鬼山登山口」から入れば、かつて西国一の難所として山賊や狼が出没。巡礼者を悩ませた伊勢路の中での難所を含んだ随一の峠道「八鬼山《やきやま》越えルート」に続いている。魅力的な峠道だが古道制覇を目指す旅でもないので、登れば約10㎞5時間コースとの事なので割愛した。

馬の浜♀、右・県立熊野古道センター、県道778号線を海に沿って大曽根浦方向に進むと、左・海岸に小さな松林をのせた島が二つ並んでいる。弁財島との事で、干潮時は陸続きとなるのだそうな。

右・県立熊野古道センターへ行ってみる。クネクネ道路を登って行くと、見晴らしのよい高台に立派な木造建築があった。尾鷲ひのきを使用（6，500本もという）した交流棟・展示棟と鉄筋コンクリート造りの研究収蔵棟からなっている。古道や周辺地域の情報を提供するビジターセンターで企画展・講習会などが開催されるという。私が訪れた今日は、観光バスで来た小学生が多数来ており、60歳がらみのボランティアオジサンが子供達に盛んに説明していた。ま～るく輪になって座らせ、優しい言葉遣いの説明はグッドでした。

大曽根浦駅 ← 最大の難所トンネルオンパレード ←レール← （九鬼《くき》） ←レール← （三木里《みきさと》） ← （賀田《かた》） ←
レール

私にも何かと親切に説明してくれた。県道778号線に戻り大曽根浦駅まで歩く。左下に大曽根浦漁港が人影もなくひっそりと見える。さて、この先どうするか？4本の道路ルートある。①県道778号線を行く。 ②国道311号線を行く。 ③国道42号線（熊野尾鷲道路） ④国道42号線（東熊野街道） の四つ。…（国道42号はふたルートある）

基本的考えながら、国道42号線（バイパスも含め）にせよ、国道311号線にせよ。八鬼山トンネルが控えている。いずれも2㎞超（歩いて30分）もある長～いトンネルがあり、これまで幾度も恐い目に合ってトンネル恐怖症の私は身がすくんでしまう。

しからば県道778号線で大曽根浦まできたのだが、すでに14：00をまわっているのにこのまま県道778号線で山路を行き、国道311号線の大トンネルを出た先で合流したとしても、その先の国道311号線は更にトンネル（新たな）を含み「熊野市」に歩いて抜けるのは危険かつ不可能と思えた。疲れた身体でもあり大曽根浦駅から本日はレールに乗り「熊野市駅」まで行き、そこで一泊し、そして明日は、熊野市駅から3駅程レールで戻り、歩き直すこととする。だから今はレールに乗り熊野市駅まで行く。車窓からの雑感を記す。列車（ディーゼル2両）に乗り、大曽根浦駅を出ると、あるわあるわトンネルのオンパレード。次の九鬼まで八つは数えた。しかも、その内の三つは長かった。まるでトンネルで列車が呼吸困難になるのを避けるように、出ては一呼吸、また、トンネル…という風情。九鬼駅を出てからもまた、長いトンネル。出ると入江、そして人家が見えて「三木里」。

そしてトンネル、そして入江と人家「賀田《かた》」。また、山に突っとるように突進し長～いトンネル出ると入江・人家・漁港・「二木島《にきしま》」。そして出るとトンネル。暗闇からパアッ～と目の前が開けて、

（二木島《にきしま》）←（新鹿《あたしか》）←（波田須《はだす》）←（大泊《おおどまり》）←熊野市駅←喜楽←みはらし亭（泊）

レール

目の覚めるような小さいが絵画のように美しい弓形の砂浜。「新鹿《あたしか》」。砂浜と人家の間にガッチリとした堤防…堤防が頼りの集落。駅を出たらトンネル。そしてパッと開けて「波田須《はだす》」。同じようにトンネル・トンネル集落と入江で「大泊」。小さなビルも何棟かある大き目の港町。川もあります。私は列車の運転席後ろに立ち、目まぐるしく変わる景色に目を凝らし、メモを繰り返すうちに熊野市駅に着きました。明日は罪滅ぼしで数駅戻って峠越えに挑戦して歩いてくるつもりです。熊野市駅は趣きのある駅舎です。広場はバスターミナルとなっており久しぶりに駅らしい駅です（三重の三角屋根をのせた新しい平屋の駅舎）。駅前食堂「喜楽」に入ります。外観はさえない食堂風ですが、中は思ったより綺麗でした。洒脱な会話で応ずるグラマーなお姉さんと楽しい会話。でもこのネーサン、パートで17：00で帰ってしまった。看板のパートが帰ったら、後はジーサンが一人。これがこの店のご主人。途端に私と二人で黄昏れの気分に。熱燗2本飲んで、マァマァの天丼食べてサヨナラした。駅前という事もあり他にこれといった食堂も見当たらず、私のような風情の旅人がよく来店する。…とのことなので、〝お互い年寄だけど、もうひと踏ん張りして頑張ろうぜ！〟とエールを贈る。〝その気はあんだけど、身体が効かねぇ…〟と。

今日の予約ビジネスホテルまで数分歩くと「亀齢橋」そばに今宵の宿、「みはらし亭」がありました。スーパーでこのところ飢えていた果物（リンゴ・みかん・柿）と缶に入った水割りを買い込んで宿に飛び込みました。

大曽根浦の浜にて

○大曽根浦から国道３１１号や県道７７８号を辿って尾鷲に抜けることを今日は断念し、大曽根浦駅からの列車に乗って熊野市駅に向かう前、列車の待ち時間が、２時間近くあったので駅舎のほど近くにひっそりとたたずむ漁港に降りてみた。

一皮二皮ほどある民家（漁師さんのうちか）の軒先にお邪魔するかのような迷路みたいな小道をなぞって浜に出た。そして今、小さな堤防の先端に仰向けに寝そべって海を見たり、ものを思ったりしつつ川柳のようなものをメモっている。ここまで降りてくるのに人っ子一人にあわず休眠しているかのような静けさ。ただ打ち寄せる波がパチャパチャと小声でさえずるばかり。この位置から見渡すと、対岸の黒々とした山並みが大きくせり出している。こちら側の大曽根浦との間が尾鷲湾だ。右が外洋、左が深く入り込んだ尾鷲の港と町だ。カキの養殖か魚の生け簀かあっちこっちに生け簀風の囲いが浮かんでいる。左から発電所の一角を成す長い輸送管のような栈橋が延びてきている。あとは稀に湾を行き来する小さな漁船の姿。切り立った海岸線には目立つほどの砂浜は見えず。寄せる波の白さだけが目立つ。峰と峰との谷間に沢があって、海に入り、船溜まりがあって集落がある。

しかし地形が切り立っているだけに一度《ひとたび》津波が寄せると、小さな入江の集落に向かって、そして尾鷲の港や町に大波となり襲うに違いない。幾百年来、幾度かの津波に洗われ被害を出し、対策を講じ、そして百年も経たぬうちに忘れる。そして或る日、想定外ほどの津波が襲い、泣き叫ぶ事態となる。それでもここに住み、生活をし、人は一生を終える。起きるかもしれない大災害に、心の隅に恐れはあるにしても人の住む事は絶えない。

そんな宿命をはらんでいるような自然の地形は、日本の場合、津々浦々にあるのだがこの紀伊半島の熊野地方には、とりわけ凝縮されているように思える。おそらくそんな所では漁も盛んで、裏返してみれば天然の良港という事にもなるわけだ。

三重県ウォーク⑩　新鹿《あたしか》→峠越→新宮

平成27年10月24日（土）晴れ

熊野市駅からレールで戻り（新鹿駅から）

国道を下って浜へ～国道311号歩く・右、徳司神社～国道311号ふたむらホテル（閉館）そば～古道へ～小学校石垣～王子跡～民家群～波田須神社～波田須小学校・徐福の里～大吹峠案内図・休憩所・トイレ～峠・猪垣・竹林～峠口～大堤防～熊の宮川～松本峠登り口～峠（地蔵）・展望台～笛吹橋・吉田大明神石祀～国道42号・砂浜大観～獅子岩～花の窟～有馬海岸堤防～行止まり国道42号～神志山（交）～下市木（交）～新緑橋～阿田和駅前～みかんパーク七里浜～井田舞子バス停・紀宝町～海亀公園～側道に入り紀宝警察～六反田～熊野川に出くわす～川沿いから熊野大橋～新宮駅

8：40～17：30　9時間弱　約36km

熊野市駅 ―― レール ―― 新鹿《あたしか》駅 ←

今朝は5：00お目覚め。身支度を整え、7：00に宿提供の朝食を済ます。和食ではあったが、コーヒーサービスも有難かった。テレビの予報によると、本日は「午前中くもり、午後晴れてくる」というもの。雨は降らぬかと思いつつ宿を出る。まず、駅（熊野市）まで歩き、列車で新鹿（あたしか）駅まで戻る。（3両連結・ワンマン・200円）新鹿駅（無人）下車、私以外30歳代の夫婦らしき男女2名のみ。鶯色の窓枠に白い壁、質素な駅舎にママチャリ2台・自宅に立てかけるように置いてある。先程の2人も、同ルートを歩いてみたいとの事です。3両列車にも客は数人いるかどうか、大変な赤字ローカル線だ。外に出て歩く準備をしていると、パラパラと小雨が落ちてきた。出鼻を挫かれるイヤーな気分。

新鹿海水浴場 ←

8：40、二人連れが出た後、少し間をあけて、まずは民家の細道をあまり音をたてぬよう下る。何しろ旧い漁村の民家の軒下をかすめるように歩くので…。右に徳司神社（逢神坂峠を越えてきたポイントに社と案内板あり）。そして左前面には美しい砂浜が拡がっている。夏ともなると海水浴客等で相当に賑わうらしい。弓形で砂浜の幅も50ｍ近くある。今回はサーファーが2～3人海に入っていたが波が無くて戸惑っているようです。少し浜の見晴らしの良い所では、マイカーを停め、こちらもサーファーとおぼしき若者が「（波が無く）どうしようか？」という風情だ。浜から離れ、国道311号で徐々に高度を上げる。新鹿の浜が美しい。どんどん登って行くと新鹿中跡が右上、廻り込んで進むと、右下から古道が上がって来、国道と一旦合わさった。

国道311号線から、古道へ ←

私は国道を来すぎてしまった様子。そして程なく、トンネル脇から古道に入る。すぐに石畳が現れる。相当古い。伊勢路の石畳としては最も古い、鎌倉時代の道。一つ一つが重厚で大きく江戸時代の石畳とははっきり区別がつく。（地元パンフレット。）

波田須《はだす》の道 ←

気持ちよく雰囲気を味わいつつ登ると、突然峠に出る。なんと「民家と峠」を示す碑があった。その民家をはじめとして歩を進めると、右側（山の斜面の狭い土地）に数棟もの（人が住んでいるのかどうか…）家がある。（波田須は二千年以上の昔に不老不死の仙薬を求めて中国からやってきた「徐福」が上陸した里と伝わる。海と山の間に棚田や民家が点在する伝説と神話の里です（地元のパンフ）。私が辿っている細い道（1～2ｍ幅）の左下には波田須の小さな港と家並みが見下ろせる。その数軒の家にも人が住んでいるようないないような。仙人みたいな風貌のオジサンに挨拶をする。それにしてもこのような地形によくも家を建て、住んで生活してきたものだ。…人が住んで暮らす…という事の凄さ、適応力に驚く。今でこそ、眼下に車の通る道路があり、トンネルで抜けることは当たり前…だがトンネルも舗装道路も車もなき時代はこの古

波田須集落と海 ←

道のように山の斜面を削り、小さな峠を幾つも越えて歩いて生活するしかなかった。（否、峠は滅多には越えなかったかも…）それが当たり前と思いつつ。入江をとり囲むようにして下から中腹へと畑も人家も上がってきている。よく千枚田というが、ここは（大げさだが）千枚部落を思わす。軽自動車ならやっと上って来れそうな３～４ｍほどのクネクネ道も上がってきている。そんな中腹をぬうようにして古道はクネクネ横切って進む。半円を描いて歩き。大きく振り返って目を凝らすと何処で追い越したのか、駅で見かけた男女２人が、今峠から民家の方へ（私が歩いてきた道）進んでくる姿が見えた。私は大きく両手を上げ振って見せたが、気が付かなかったか反応はなく少し寂しかった。とにかく人の姿を見れば嬉しかったから。「波田須の道」の碑、この辺り上ったり下ったりを繰り返すが苔むした石畳が美しい。また少し国道を歩いた。

徐福の宮 ←

徐福茶屋・波田須小学校などのバス停あり。徐福の宮（左・下）、波田須バス停、見下ろせば左下を２両の列車が行く。観光客や旅人として通過するだけなら、珍しくも楽しくもあるが、ここに住み暮らしてきた人々、今も暮らしている人々を思うと、「頭《ず》が高いなぁ、俺は」と思えてくる。徐福にしろ、古道や石畳にしろ廃校となってしまった学校にしろ…その一つ一つに数知れぬ奥深いものがあったに相違ない。野末に傾いたり苔むし放置されたる小さな墓の一つに古びた造花が２本ありました。

大吹峠越え ←
（２０５ｍ）

大吹峠入口にたどり着いた。ここには休憩舎・トイレがあり有難い。（10：28）。狭すぎず、広すぎずの古道の石畳を踏んで登る。猪や鹿から田畑を守るため江戸時代に築かれた…という「猪垣」を見る。大吹峠・茶屋跡に着く（昭和25年頃まで茶屋があったという）。そのなごりの（おにぎりを包んだ）ハランやハナショウガが一部繁茂していた。下りにかかると孟宗竹の林です。風に揺れるわけでもなく、明るさを感ずる。

大泊 ← ← 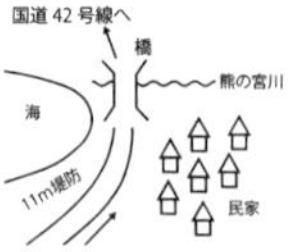

← 松本峠入口 ← 傷つき地蔵 ← 展望台 ←

14段階に分けた道標を見つつ下る。往時の棚田跡とおぼしき小さな段々の地形と一つ一つを区切る石積みが下るほどに右側に続く。生活をし、仕事場でもあったが、今は孟宗竹と杉の林の中です。草や竹が生えていても石垣（石積）は明瞭です。左側にも農具などを保管したらしい小さな廃屋が潰れかかって見える。確かに古道沿いに生活があったのだと思えば涙も滲む。井戸の跡もあった。大吹峠口（下山口）に下り立つ。入口を示す紅いチャンチャンコのお地蔵さんにお参りし、更に下りつつ進むと右側に絶壁の岩壁が見える。石切り場の跡ではないか。山を下りると目前に大泊湾が拡がり、大きくはないが白い砂浜が目にまぶしい。

砂浜の山側に11ｍほどの堤防が万里の長城のように張り巡らしてあり、その内側には浜と同レベルの低地に１００～２００戸余の民家が並ぶ。真に堤防に守られている風情だ。堤防が切れる辺りに大泊橋（熊の宮川）があり、それを渡ると国道42号に出た。

国道42号を少々上って行くと松本峠登り口標識を見てそれに従い石畳を行く。苔むした美しい道で歩きやすい。峠（１３５ｍ頂上）には人の背丈を越えるお地蔵さん（傷付き地蔵）や碑が立っていました。10ｍを越える竹林を背景に大きな石像は紅いエプロンと白い腰巻を付けて参詣客を見下ろしているようです。更に10分足らずで展望台でした。

これから向かう七里御浜の雄大な海岸線がどこまでものびやかに展開している大観です。この大観は凄い。参拝の人は往時さぞ感激したことでしょう。これから先、熊野古道は新宮まで峠越えはない…との事です。心軽く笛吹橋まで下りた。吉田大明神石祀（村鎮の社）。下りの石畳は明治元年に「木本」との「古泊」の漁師がマグロの水揚げに関し騒動を起こし、代官所が罰として漁師たちに造らせたもの。（パンフ）

獅子岩

下ってくる途中に聴こえた歓声は、近くにあるはずの木本高校のグランドあたりか。熊野市駅の方は通らず国道42号を横切って浜沿いを行く。ここも古道です。凄い砂浜です。幅は100mもあります。砂というよりは砂利です。区切る堤防の高さは7~10mくらいか。右から浜にせり出している岩鼻に巨岩「獅子岩」が〝なるほど〟と思わせる形状で海を睨んでいました。浜を半周して、国道に一旦出て「牛丼ランチ」で腹ごしらえとする。また、浜に出、コンクリートの堤防に腰を下ろし、しばし砂浜と蒼い海を眺める。景観に圧倒される。天地創造のワンシーンみたいです。

〈花の窟《いわや》〉

○花の窟《いわや》

日本書紀に伝わるイザナミノミコトが葬られたといわれる御陵で社殿は無し。国道42号線沿いの右側（山側）に小さな公園を成しており、通りかかるマイカーが駐車し、一服したり写真を撮ったりしていた。

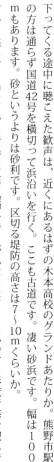

熊野灘 ←
花の窟 ←
熊野古道「本宮道分岐」 ←
（国道311号線）を右に分ける ←
紀伊市木《いちぎ》 ←
阿田和《あたわ》 ←

幅広い砂浜（砂利浜）は急傾斜となっていて、その下の方で大波が割れている。サーファーは一人もおらず、この傾斜と急波では無理とわかる。何だか一枚岩のような岩壁が国道42号線右側そばに屹立してるなあ〜。と思いつつ近づく。これが「花の窟」という世界遺産の一つ。岩壁の最上部からロープが垂れている。巨岩（高さ45ｍ）そのものがご神体で社なし。2月と10月にお綱かけ神事の祭りがある…との事です。〝日本最古の神社〟といわれるそうだが、自然崇拝の象徴という事でしょうか。

国道42号線を更に1㎞余進むと、国道311号線を右に分ける分岐です。今まで、熊野古道を念頭にしつつ南下してきたが、熊野古道伊勢路は「花の窟」神社が鎮座する熊野市有馬で海岸沿いに新宮を目指して南下する浜街道と「本宮」を目指す「本宮道」に分かれる。右に分かれる「本宮道＝国道311号線」を行けば古道「横垣峠（305ｍ）」をこえ十津川村（奈良県）をかすめ、更に和歌山県との境を歩くなどして「熊野本宮大社」を目指す。その先は熊の街道「中辺地《なかへち》」を経て、国道311号線として紀伊田辺・白浜に到達する。

分岐を見送ってまた、浜に出て堤防上を歩く。堤防工事を50〜100ｍくらいに区切って工事を進めたらしく、年度と施工業者名が昭和43年頃から平成に至るまで、三重県の名と共に銘記されている。それでもあの三陸大津波（3．11）級が打ち寄せたら防ぎきれるのかとの思いは果てない。堤防工事のドン詰まりから国道に上る。釜の平♀、志原尻（交）♀、志原川、神志山《こうしやま》、三軒家、下市木《しもいちき》（交）、学会熊野会館、阿田和《あたわ》、「みかんパーク七里浜」、「ヤシの浜公園」。御浜町から紀宝町に入る。ウミガメ公園、井田小学校、平島、ホームセンター、ドンドン進む。警察、鵜殿駅前、行く先に大煙突、煙モクモク、煙は右にたなびいている。

役場前もひたすら歩く。早馬（交）、小さい川を渡り、六反田（交）、左に大工場（発電所？）、

JR新宮駅（駅前ビジネスホテル）

右に廻り込むとアッ！大河だ。満々と水をたたえた幅２００mを越えるか、河口だと分かっていても広い。海の一部みたい。やっと「しんぐう」まで来たか…と思うとまた、この水の悠々たるたたずまいを前にして、ドッと疲れが出てへたり込んだ。汗もかいたし足裏も痛むし…。それにしても対岸にはどこで渡るのか。左岸を上がって１㎞行ってもレールの鉄橋、更に数百m行ったら国道42号線の新熊野大橋。これを渡ってやっと対岸へ。

この川が三重県と和歌山県の県境を成している熊野川だ。大橋上から市街地への道路は車が渋滞。国道とわかれ左への道をとり新宮駅へ向かう。泣きたいほど足が痛む。ヤシの木がそびえる広場を前にずいぶん横長（２F？）の駅舎・新宮駅についに着いた。

今日の仕事は自分なりにやり終えた（歩き終えた）。それにしても今日は長かったなぁ。駅近くの予約ビジネスホテルにチェックインする。（オットその前に売店で買い物して…）。このビジネスホテル、私の部屋は10㎡も無いほどの狭さ。そこにベッド、バス、トイレ、小さなデスクと椅子。テレビは壁掛けスタイル…。よくもまあコンパクトにレイアウトしたものだ。でもこんなスタイル慣れっこになりました。いつの間にか心の中で〝人間一人生活するのにこんなに狭くても小さくてもやっていけるもんだな〟と思っている自分がいます。今朝は8時40分からスタートして新宮着が17時半になっていた。9時間近くのウォーク、ざっと35㎞超えだったと思う。重さ約10㎏のリュックを背負い、途中メモや写真を撮りながら…。我ながら本当にご苦労様なことです。ひと風呂浴びて、ビール飲んでベッドにひっくり返っていると、10年も前になるか…妻と２人で〝熊野古道、中辺路《なかへち》ルート〟で田辺から本宮大社・那智大社・神倉神社…などお遍路したことを思い出した。夫婦２人の弥次喜多道中もあれはあれで楽しかったなぁ〜なんて。

○国道42号線と峠越え
紀伊半島全体を鳥観すると、半島の海岸線をグルリと国道42号線が走っている。私が続けている「てくてく日本一人歩きの旅」は海岸に沿って歩くことを目標としている。という事は、紀伊半島については国道42号線をなぞって進めば、海岸線一周となる。事実そうして松阪から南下して熊野路にさしかかった。険しい地形の連続の中、国道は改修したりバイパス化する中で山中をトンネルで抜けているケースが多い。トンネルを通過すれば近道にはなるが…。

このトンネルが歩いて通行する私にとっては強敵で、危険も多いと思っている。可能な限り長いトンネルの一人通過は避けたい…とも思っている。一方で、国道42号線は熊野古道とダブったり併行したりしている箇所は多い。よってこの古道をできるだけ歩くという事はトンネルを通らなくても済むことも意味する、(古道は峠はこえるがトンネルはない)。よって10／24のコース取りについては国道42号線は通らず、「波田須の道」「大吹峠越え」「松本峠越え」を選んだわけです。…〈そうこういっても正直、吐露しておくと「大曽根浦から新鹿」までは歩いていない（レール使用）のです。〉…長大トンネルの多いこの区間・後日必ずや歩いてみたい。

○浜街道（七里御浜）
松本峠展望台で七里御浜の大観に感激したが、峠を下ればこの浜を辿ることになった。厳密には「鬼ケ城から紀宝町鵜殿」まで約25㎞にわたり砂利浜が続く。世界遺産「七里御浜」です。この海岸に沿った一帯が浜街道と称す。国道42号線と平行に走る旧道もあるが、浜そのものを旅人は巡礼で歩いたようであり、有馬の一里塚や、市木《いちぎ》川河口に海水逆流被害の碑や一里塚も残っていた。河口ごえは親知らず子知らずの難所として知られ、川が海に入る浅瀬など（橋もない時代）を無理して渡り、命を落とすことも珍しくなかったといいます。（巡礼供養碑…こうしやま浜）。

熊野川の大河は渡し場（成川）から船で渡り、速玉大社などの参拝に向かった…と伝わる。

著者略歴

おだゆきかつ
１９４３年生まれ
千葉県館山市出身

京成電鉄（株）・京成バス（株）
勤務を経て
千葉県バス協会・会長
東京バス協会・会長
公益社団法人・日本バス協会
副会長歴任

Tomorrow is another day 巻 I

あたらしい旅のかたち てくてく日本一人歩きの旅

（千葉～東海道～三重・伊勢　編）

2023年1月17日発行

著　　者　おだゆきかつ

発 行 所　銀河書籍

〒590-0965

大阪府堺市堺区南旅篭町東 4-1-1

TEL：072-350-3866　FAX：072-350-3083

発 売 所　株式会社星雲社（共同出版社・流通責任出版社）

〒112-0005 東京都文京区水道 1-3-30

TEL：03-3868-3275

印刷・製本　有限会社ニシダ印刷製本

乱丁、落丁本はお取替えいたします。

ISBN978-4-434-31533-6 C0026

文中には同じ語句であっても漢字・ひらがな・カタカナと様々な表記があります。これは著者が歩きながらメモ取りをし、その時々の状況により表記が違ったからです。この本ではこれらの表記をそのまま反映しております。誤字脱字・間違った表記など見づらい点がございましたらどうぞご容赦ください。

銀河書籍